江西政协年鉴

2017

《江西政协年鉴》编纂委员会　编

《江西政协年鉴》编纂委员会

《江西政协年鉴》编纂办公室

中国人民政治协商会议会徽

EMBLEM OF THE CHINESE PEOPLE'S POLITICAL CONSULTATIVE CONFERENCE

中国人民政治协商会议江

2017 年 1 月 15 日，省政协十一届五次会议在南昌开幕

2017年5月31日至6月3日，全国政协副主席兼秘书长张庆黎率全国政协视察团在赣视察国家生态文明试验区建设情况

2017 年 9 月 16 日，全国政协副主席马飚率全国重点督办提案“保护南方古村落”调研组在浮梁县古衙进行调研

2017 年 1 月 14 日，省领导鹿心社、刘奇、姚增科、黄跃金等在南昌会见港澳政协委员和特邀海外列席代表

2017 年 1 月 17 日，省委书记鹿心社参加由九三学社、科协、科技、社科及特邀（香港地区、南昌市、九江市）界别组成的联组讨论

2017 年 4 月 24 日，省委副书记、省长刘奇来到省政协走访并座谈

2017年11月14日，省委副书记姚增科来到省政协走访并座谈

2017 年 1 月 15 日，黄跃金主席在省政协十一届五次会议上作常委会工作报告

2017 年 1 月 15 日，刘晓庄副主席在省政协十一届五次会议上作关于十一届四次会议以来提案工作情况的报告

2017 年 1 月 14 日，省政协十一届二十二次常委会议在南昌召开

2017 年 1 月 17 日，省政协十一届二十三次常委会议在南昌召开

2017年7月3日至4日，省政协在南昌召开十一届二十五次常委会议，就“加强地方金融体系建设，推动实体经济发展”进行专题协商

2017年9月11日至12日，省政协在南昌召开十一届二十六次常委会议，围绕“进一步加快赣江新区发展”协商议政

2017 年 11 月 6 日，省政协在南昌召开十一届二十七次常委会议，深入学习贯彻中共十九大精神

2017 年 11 月 27 日，省政协十一届二十八次常委会议在南昌召开

2017年5月19日，省政协召开“推进城乡环卫一体化工作体系建设”对口协商座谈会，副主席孙菊生出席

2017年6月7日，省政协召开“降成本、优环境、促发展”专项民主监督情况通报会，省政协副主席陈俊卿，省政府副省长吴晓军出席

2017 年 6 月 21 日，省政协召开“加强我省对外开放主要平台建设”对口协商座谈会，副主席胡幼桃出席

2017 年 6 月 21 日，省政协召开加快赣江新区建设情况通报会，副主席姚亚平出席

2017年8月22日，省政协召开“社区文化建设”界别协商座谈会，副主席汤建人出席

2017年9月4日，省政协召开“古镇的保护及利用开发”专题协商座谈会，省政协主席黄跃金、副主席李华栋，省政府副省长郑为文出席

2017年9月8日，省政协召开长江江西段省级河长巡河督导座谈会，副主席蔡晓明出席

2017年9月29日，省政协召开“促进我省少数民族地区特色旅游发展”界别协商座谈会，副主席刘晓庄出席

2017年10月12日，省政协召开"城市社区依法治理和服务创新"专题协商座谈会，省政协主席黄跃金、副主席郑小燕，秘书长肖为群出席

2017年7月14日，省领导参观《红旗飘飘——中国共产党党旗诞生历程珍贵档案展》图片展

2017年9月11日，省政协召开到龄请辞省政协常委座谈会并颁发荣誉证书，省政协主席黄跃金出席

2017年9月21日，省政协召开第十一届委员会“喜迎十九大，委员在行动”履职成果报告会

编辑说明

一、《江西政协年鉴》是江西省政协本级部门年鉴，由政协江西省委员会办公厅编纂，稿件由省政协办公厅各处室、各专门委员会办公室及各设区市政协、各省直管试点县政协提供。

二、《江西政协年鉴》是一套系统记述江西省政协系统履职活动的年度资料性文献。其编纂宗旨是根据国务院《地方志工作条例》和《江西省实施地方志工作条例办法》的规定，逐年全面、真实地记录江西省政协的基本情况，为存史、资政、育人服务。

三、《江西政协年鉴》每年出版一卷，2013 年首卷出版。

四、本卷年鉴着重记载 2017 年江西省政协系统发生的重大事情。内容分为省政协篇、设区市政协篇、省直管试点县政协篇三大部分。省政协篇设工作报告、省政协领导讲话、决议决定、重要会议、重要活动、专题协商、专题调研、视察工作、民主监督、专门委员会工作、组织概况、大事记 12 个栏目。设区市政协篇和省直管试点县政协篇设全体委员会议、常务委员会会议、专门委员会工作、重要活动、重要文件、组织概况、大事记 7 个栏目。

五、本年鉴内容层次设置是为了方便分类编纂和读者阅读，并不反映严格的科学分类体系，各专门委员会和各设区市政协、各省直管试点县政协的排序和层次并不表示其地位和规模。

目　　录

江西省政协篇

工作报告

省政协领导讲话

决议决定

重要会议

重要活动

专题协商

专题调研

视察工作

省直管试点县政协篇

江西省政协篇

政协江西省第十一届委员会常务委员会工作报告

（2017 年 1 月 15 日在政协江西省第十一届委员会第五次会议上）

黄跃金

各位委员、各位同志：

受政协江西省第十一届委员会常务委员会的委托，我向大会报告工作，请委员审议。请列席会议的同志提出意见。

一、2016 年工作回顾

在中共江西省委的坚强领导下，省政协常委会高举爱国主义、社会主义旗帜，坚持团结和民主两大主题，围绕大局议政建言，聚焦中心谋策献计，紧贴民生解忧帮困，大力加强自身建设，为推动我省经济发展和社会事业进步，实现"十三五"良好开局，作出了重要贡献。

一年来，常委会围绕中心、服务大局认真履职，坚持在继承中发展、在发展中创新，发挥优势、突出重点、增强实效，全年工作呈现四个特点：

一是广泛凝聚思想政治共识。凝心聚力是政协的根本任务。常委会始终坚持把增进思想政治共识作为重大政治任务，落实到履职全部工作之中，坚决维护以习近平同志为核心的中共中央权威。坚持和完善中国共产党领导的多党合作和政治协商制度，坚定不移地走中国特色社会主义政治发展道路。坚持求同存异，正确处理一致性和多样性的关系，在各种履职活动中更加广泛地凝聚发展共识、改革共识、法治共识、反腐倡廉共识和价值观共识等，引导政协各参加单位、广大政协委员为中国特色社会主义事业凝心聚力、共谋发展。

二是深入推进协商民主建设。认真贯彻中共中央和中共江西省委关于推进社会主义协商民主建设的重要决策部署，坚持把协商民主贯穿履行职能全过程，增加协商密度，丰富协商内容，创新协商形式，加强与各民主党派协作互动，推动省市县政协上下联动。坚持协商前举行情况通报会、深入调研，协商中邀请党政领导及部门负责同志与委员面对面交流互动，协商后加强跟踪问效，不断提高协商成效。

三是大力提升委员履职能力。加强委员学习培训，坚持常委会议上举办学习报告会，专委会全体会议组织专题学习会，选派委员和政协干部参加全国政协学习培训班，为委员知情明政创造条件。加强委员联络和服务工作，坚持走访和慰问委员，加强委员活动经费保障，提高服务委员的水平。探索改进委员履职的新途径、新方式，不断提高政治把握、调查研究、联系群众、合作共事的能力，使委员履职更富活力、更有成效。

四是注重增强建言献策实效。通过搭建平台、优化服务，提高委员履职积极性，建言献策取得了丰硕成果。一年来，收到并经审查立案的委员提案561件，确定重点督办提案21件；编辑《建言献策》233期，向全国政协报送信息364篇，向省委省政府反映社情民意信息和重要意见建议117篇；形成建议案和调研视察报告50篇、委员会议发言260篇。许多重要建议被党政及其部门采纳，并转化为工作举措。比如，就全面推开“营改增”试点工作，组织调研形成的《关于推进“营改增”的几点建议》，省财政、国税、地税等部门认真研究吸纳，为我省平稳推进“营改增”、顺利实现税制转换作出了贡献。

主要做了以下工作：

——过去一年，我们强化理论武装，不断夯实共同思想政治基础。

始终把坚持和发展中国特色社会主义作为巩固共同思想政治基础的主轴，深入学习贯彻中共十八大和十八届三中、四中、五中、六中全会精神，深入学习贯彻习近平总书记系列重要讲话精神和治国理政新理念新思想新战略，特别是对江西工作提出的“新的希望、三个着力、四个坚持”重要要求，组织收看学习习近平总书记在庆祝中国共产党成立95周年大会、纪念红军长征胜利80周年大会上的重要讲话，确保中共中央的决策部署在政协工作中得到贯彻落实。召开政协常委会议专题学习贯彻中共十八届六中全会精神，深刻领会和把握全会取得的政治成果、思想成果、理论成果和制度成果，为推进全面从严治党，建设风清气正的政治生态贡献力量。认真学习贯彻全国政协十二届四次会议精神，把握政协工作的新要求、新任务。及时学习贯彻中共江西省委十三届十三次、十四次全会和省第十四次党代会等重要会议精神，确保始终围绕中心、服务大局建言献策。在中共江西省委的统一部署下，切实抓好省委政协工作会议精神的贯彻落实，由省政协领导带队，组成5个督查组分赴11个设区市和有关县（市、区）进行督查，向省委报送了督查报告。

制定实施年度理论学习计划，围绕全省改革发展重点工作，举行了报告会、研讨会、座谈会等各类学习活动，编发《学习参考资料》8期，帮助委员更好地知情明政、建言献策。先后举行经济形势分析报告会、全面深化改革报告会，深化我们对当前经济形势的认识和把握，了解和掌握全面深化改革的新任务、新要求。分别召开新任省政协专委会负责同志、新任设区市政协主席和省直管县政协主席座谈会，促使更好把握政协工作的特点和规律。在中共党员中深入开展“两学一做”学习教育，注重学做结合、知行合一，树立良好形象。

——过去一年，我们围绕实施“十三五”规划协商议政，助推经济平稳健康发展。

坚持把围绕实施“十三五”规划协商议政作为中心任务，通过组织委员开展调研、协商、视察、监督等活动，认真履职，建言献计，助力我省“十三五”开好局、起好步。围绕“着力加强供给侧结构性改革，培育和壮大新兴消费”“实施创新驱动发展战略，推动产业转型升级”“优化农产品有效供给，建设现代农业强省”开展3次专题议政性常委会议协商，所提意见建议得到省委省政府主要领导的充分肯定，有关部门认真吸纳，推动了相关工作落实。

按照“三办”联合印发的年度协商工作计划，还开展了形式多样的协商活动31次。其中，就“推进城市管理综合执法”“国有文艺院团转企改制”“提升森林质量”“推进民办教育改革与发展”“大力帮扶实体经济”“县域宗教文化资源保护”“加强我省仲裁工作”“传统媒体和新兴媒体融合发展”等召开协商座谈会；就“资源枯竭型城市产业结构调整与优化”等召开18次提案办理协商座谈会；就“进一步提高省财政预算制定与执行的科学化水平”“市县落实‘河长制’的情况”开展了民主监督活动；并就“进一步完善我省平安景区创建及高速公路服务区安全防范工作”“金融业发展”“赣江新区建设”开展了委员视察活动，协商质量和效果不断提升。比如，傅克诚等住赣全国政协委员就《国务院关于支持赣南等原中央苏区振兴发展的若干意见》贯彻落实情况深入调研，调研成果形成了全国政协委员联名提案，并确定为2016年全国政协重点督办提案，全国政协领导率队来赣调研，召开国家有关部委参加的重点督办提案办理协商座谈会，进一步推动了苏区振兴发展。

——过去一年，我们坚持正向激励和履职反馈，发挥委员主体作用。

坚持正向激励、强化引导，开展优秀建言献策成果评选活动，在省政协常委会议上通报表彰了优秀会议发言、建议案、调研视察报告、社情民意信息等160篇，反映社情民意信息工作先进单位22个、先进个人41名。加强委员履职统计、反馈，对委员参加会议、提交提案、反映社情民意信息、会议发言、撰写调研视察报告等7个方面情况进行登记，半年一统计，全年一汇总，履职情况既向委员个人书面反馈，也向委员所在单位和省委有关部门通报，增强委员履职责任感和使命感。

——过去一年，我们以纪念孙中山先生诞辰150周年为契机，扩大同心圆、拓宽团结面。

组织开展孙中山先生诞辰150周年纪念活动，收听收看习近平总书记在纪念孙中山先生诞辰150周年大会上的重要讲话，认真落实省委对学习贯彻习近平总书记重要讲话精神的要求。与民革中央、民革江西省委会共同举办了纪念孙中山先生诞辰150周年书画展，与南昌市政协共同举办了纪念孙中山先生诞辰150周年图片展，省四套班子领导参观了图片展，省政协5位党外副主席分别撰文纪念孙中山先生。以“三亲”、统战特色为原则，征集整理“孙中山与江西”相关史料。通过这一系列活动，进一步学习弘扬了孙中山先生与时俱进、坚韧不拔、献身祖国的崇高风范和天下为公、心系民众的博大情怀。

深化团结联谊工作，组织港澳委员和特邀代表就我省高新产业发展情况开展返赣视察。协助省委省政府做好2016赣港经贸合作活动、第四届“绿发会”等外联内引工作。配合做好以港澳全国政协委员为主导的港澳青年社团代表访赣活动，扩大赣港澳青年交流，举办港澳委员活动日、报告会等，受到港澳人士的高度评价。发挥省政协海外扶贫基金会助力公益慈善事业的作用，引导各界人士捐资助学、扶贫济困，全年共筹集资金3754.2万元，其中联合赣商总会筹资3217万元。向养老院、村级活动室、残障人士、特困学生等捐资728.1万元，资助了15个县(市、区)1562名贫困学生。捐资2650万元，正在全省完善1060个标准化村卫生计生服务室，为各界人士服务社会提供了广阔的舞台。

——过去一年，我们不断加强制度建设，提高履职科学化水平。

制度建设带有根本性、全局性、长期性。坚持建章立制，以制度建设为保障，不断提升履职科学化水平。一方面，注重建立健全规章制度。制定了大会发言工作规则和重点工作督查办法，修订了省政协反映社情民意信息工作条例，完善了服务政协调研和协商会议工作机制、重大会议活动牵头协调机制等10多项制度，涉及会议协商、委员服务与激励、经常性工作、自身建设等内容。另一方面，注重抓好各项制度的贯彻执行。强化制度观念和规则意识，加大制度落实力度，提高制度执行力，推动制度的有效实施。比如，认真落实《委员履职情况登记反馈办法(试行)》,加强委员履职统计、反馈工作。认真实施《省政协优秀建言献策成果评选办法》,开展了优秀建言献策成果评选表彰活动。

各位委员、同志们,过去一年常委会取得的成绩,是中共江西省委坚强领导、省人民政府大力支持的结果,是省政协各参加单位、全体政协委员和各级政协组织紧密协作、团结奋斗的结果,也是社会各界倾情支持、共同推动的结果。我代表省政协常委会表示衷心的感谢!

在肯定成绩的同时,也要清醒地看到,与新形势、新任务、新要求相比,我们的工作还存在一些不足。比如,民主监督方式方法有待进一步创新,调研质量有待进一步提高,协商内容有待进一步拓展,委员履职活动参与面有待进一步扩大。这些方面要认真研究,并在今后工作中切实加以改进。

二、2017 年主要工作

2017 年,省政协工作的总体要求是:全面贯彻中共十八大,十八届三中、四中、五中、六中全会和中央经济工作会议精神,深入学习贯彻习近平总书记系列重要讲话精神和治国理政新理念新思想新战略,认真贯彻落实省第十四次党代会、全省经济工作会议精神,牢牢把握团结和民主两大主题,充分发挥政协作为协商民主重要渠道和专门协商机构的作用,着力提高协商建言实效,着力增强政协统战功能,着力强化民主监督职能,着力提升自身建设水平,不断推动我省人民政协事业创新发展,努力促进决胜全面建成小康社会、建设富裕美丽幸福江西,以优异成绩迎接中共十九大胜利召开。

(一)深入学习贯彻中共十八届六中全会和省第十四次党代会精神。牢固树立政治意识、大局意识、核心意识、看齐意识,紧密团结在以习近平同志为核心的中共中央周围,向中共中央看齐,向党的核心看齐,向党的理论、路线、方针、政策看齐,向党中央决策部署看齐,坚决维护以习近平同志为核心的中共中央权威,确保正确的政治方向。学习贯彻好中共十八届六中全会、中央经济工作会议精神,切实把思想和行动统一到中共中央对世情国情党情的形势分析和判断上来,统一到中共中央关于全面从严治党的重大战略部署上来。深入贯彻落实省第十四次党代会精神,准确把握基本省情特征,切实把智慧和力量凝聚到省党代会确定的今后五年奋斗目标、总体要求、主要任务和路径举措上来。认真学习贯彻全省经济工作会议精神,准确把握今年经济工作的主线和重点,找准坚持稳中求进工作总基调的切入点和着力点。

今年下半年将召开中国共产党第十九次全国代表大会,这是全党全国各族人民政治生活中的一件大事。要及时组织委员采取多种形式,全面深入学习贯彻中共十九大精神,积极开展“喜迎十九大、委员在行动”主题实践活动,进一步夯实团结奋斗的共同思想政治基础,为全面建成小康社会广集智慧、汇聚力量。

(二)聚焦建设富裕美丽幸福江西建言献策。围绕“加快赣江新区建设”“加强地方金融体系建设,推动实体经济发展”“加快我省国家生态文明试验区建设”开展专题议政性常委会议协商;围绕“大力推进脱贫攻坚”“推进城市社区依法治理和服务创新”“古镇保护与开发利用”召开专题协商座谈会;围绕“推进城乡环卫一体化工作体系建设”“加强我省对外开放主要平台建设”“促进我省少数民族地区特色旅游发展”“社区文化建设”召开对口或界别协商座谈会；围绕“加强宗教文化研究”“现代农业示范园区建设”“弘扬客家文化”“‘全面两孩’政策后产科儿科医疗资源紧缺问题”组织开展委员视察活动。要深入实际、深入基层、深入群众调查研究，充分利用建议案、提案、调研视察报告、民主监督专报、社情民意信息等形式履行职能，强化跟踪问效，推动转化落实。

（三）不断巩固和拓展最广泛的爱国统一战线。深入贯彻中央统战工作会议精神，以爱国主义和中国特色社会主义作为统一战线的共同思想政治基础，广泛团结各界人士，不断巩固和拓展最广泛的爱国统一战线。要积极为民主党派和无党派代表人士参政议政创造条件、搭建平台，鼓励和支持民主党派、无党派代表人士参加政协的各种会议和活动，充分保障民主党派和无党派代表人士在政协更好履行职能、发挥作用。重要群团组织是政协的参加单位和重要界别，要深入贯彻中共中央党的群团工作会议精神，积极组织开展工青妇等界别活动，充分发挥群团界别委员的作用。政协联系和服务各族各界代表人士，要适应社会阶层结构的深刻变化，把加强大团结摆在更加突出位置，进一步加强同党外知识分子、民族宗教代表人士、港澳台同胞和海外侨胞的团结联谊，进一步促进赣港澳台青少年互动交流。密切与非公有制经济人士、新的社会阶层人士的联系沟通，按照“亲”“清”要求加快构建新型政商关系。引导各界代表人士通过政协议政平台，有序参与协商、合理表达诉求，共同致力于中国特色社会主义事业。组织港澳委员及特邀海外代表返赣视察。不断提高省政协海外扶贫基金会运作水平，继续发挥扶贫济困的作用。充分发挥委员联系群众的桥梁纽带作用，多做春风化雨、解疑释惑的工作，多做雪中送炭、排忧解难的工作。

（四）充分发挥委员主体作用。委员是政协工作的主体，政协工作成效如何，很大程度上取决于委员主体作用的发挥。要加强委员队伍建设，强化委员学习培训，定期举办学习报告会，创新学习培训形式，使委员知世情、晓国情、通省情、察民情，经常组织委员学习政协理论和履职知识，提升委员素质能力，发挥委员在本职工作中的带头作用、在政协工作中的主体作用、在界别群众中的代表作用。认真落实《委员履职情况登记反馈办法（试行）》，加强委员履职服务，认真做好本届政协以来委员履职情况统计反馈工作，对委员履职进行量化考核，完善委员履职档案，并作为换届时继续提名的重要依据和参考。继续开展优秀建言献策成果评比表彰活动。加强与委员的联系沟通，及时向党委、政府和有关部门反映委员的诉求，做到有反馈、有回复。完善委员履职保障机制，充分保障委员民主权利，要采取措施，进一步扩大委员参加调研、视察、监督等履职活动的参与面，在市县调研时尽可能多安排住当地省政协委员参加。在政协统一组织下，积极探索创新，鼓励和支持委员自主有序开展调研、视察、社情民意调查等履职活动，委员所在单位要为委员履职提供保障、创造条件。鼓励和支持委员根据专长，申报参加年度协商议题的调研视察活动。

（五）进一步提升自身建设水平。加强对各党派团体参加政协共同性事务的协商，与民主党派开展联合调研视察。注重发挥专委会的基础性作用，发挥专委会主任会议、专委会全体会议作为重要协商层次的作用。加强政协党的组织建设，成立专委会分党组，发挥分党组在专委会中的领导核心作用。召开提案表彰大会，对十一届省政协优秀提案、先进承办单位、先进提案工作者进行表彰。加强提案办理，注重跟踪问效，组织开展提案办理“回头看”，引入第三方评估机制，提高提案办理实效。进一步突出界别特色，增强界别功能，发挥委员主体作用，每个界别的工作要有计划、有主题、有载体、有成效。主席会议成员分别听取各界别履职情况汇报，鼓励和支持政协各界别发挥优势，积极开展履职活动。第二季度开展委员履职成果报告周活动，鼓励和支持委员在界别会议上报告建言献策的成果。充分运用“互联网＋”平台，探索推进网络议政、远程协商等新的协商形式，建立网上委员之家，开展网上深层次互动交流。充分发挥新媒体优势，不断增强政协宣传工作的覆盖面和影响力。开发和运用好委员履职APP平台。加强“三亲”史料征集工作，发挥存史、资政、团结、育人的作用。大力加强政协机关建设，确保政协履职规范有序、务实有效。

三、加强和改进人民政协民主监督工作

人民政协民主监督是中国共产党坚持发展人民民主的重要体现，是我国社会主义监督体系的重要组成部分，是政协服务党和国家全局工作的重要方面。中共十八届六中全会通过的《中国共产党党内监督条例》强调“党内监督和外部监督相结合”“人民政协依章程进行民主监督”，第一次把人民政协民主监督写进党内法规，成为中共加强外部监督的一种有效形式和制度安排。加强和改进人民政协民主监督，有利于加强和改善中国共产党的领导，推进科学、民主、依法决策和工作部署的落实；有利于推动解决人民群众关心的实际问题，维护人民群众的切身利益；有利于坚持中国共产党领导的多党合作和政治协商制度。中共中央正在研究制定加强和改进人民政协民主监督工作的意见，中共江西省委将出台实施意见，我们要认真组织学习贯彻落实。

（一）准确把握人民政协民主监督的基本原则。政协在依照章程进行民主监督过程中，必须始终坚持和维护中国共产党的领导，自觉把党委决策部署贯彻到民主监督中去；始终坚持准确把握功能定位、发挥优势作用，尽职而不越位、帮忙而不添乱、切实而不表面；始终坚持大团结大联合，贯彻实事求是、平等协商、民主议事精神；始终坚持发扬民主、增进团结，用好“团结—批评—团结”公式，确保民主监督始终沿着正确方向和轨道进行。

（二）创新人民政协民主监督的形式和方法。坚持调研、协商、监督有机结合，加强对党委重要决策部署、重大工作举措贯彻执行和重要约束性指标落实等情况的民主监督，推动工作贯彻落实。要继续探索行之有效的监督途径和监督载体，坚持寓民主监督于政协会议、委员提案、反映社情民意信息、调研视察、参与工作检查等活动之中。要围绕改革发展的重点难点、群众关注的焦点热点和法律实施过程中的重要问题开展民主监督，今年要围绕“市县落实‘河长制’情况”“经营类事业单位改革情况”“扶贫专项资金使用情况”组织开展民主监督活动。各专委会要围绕生态环境保护、保障和改善民生以及城市管理、食品安全、民营医院发展等，自选课题提出民主监督性的委员提案或反映社情民意。积极推荐党外委员应邀担任司法机关和政府部门特约监督人员，明确任期，界定职责。加强与党委和政府监督机构的联系，强化党内监督与党外监督良性互动，与新媒体联合开展民主监督，形成监督合力。

（三）完善人民政协民主监督工作机制。健全知情明政机制，密切专委会与对口党政部门的联系，组织委员参加或列席党委、政府及有关方面召开的重要会议。健全协调沟通机制，完善民主监督议题遴选、活动安排等方面的会商机制，完善政协组织内部开展民主监督活动协作机制。健全办理反馈机制，明确办理反馈主体、内容、流程、时限，督促认真办理、及时反馈。健全权益保障机制，尊重和保障政协委员参加民主监督的知情权、参与权、表达权、监督权。

（四）积极营造宽松和谐、民主团结的监督氛围。人民政协是发扬社会主义民主的重要形式，人民政协民主监督是一种非权力性的监督，履行职能靠的是平等协商的民主科学精神，靠的是直面问题的真知灼见，靠的是以理服人。要鼓励和支持委员树立科学思维、运用科学方法，敢于批评、善于批评，发挥话语权的作用，不求说了算，但求说得对、提得准。提倡热烈而不对立的讨论、真诚而不敷衍的交流、尖锐而不极端的批评，营造既畅所欲言、各抒己见，又理性有度、合法依章的民主氛围，让各界人士、各方面的愿望呼声、意见建议在政协平台上得到反映和表达。

各位委员、同志们，新征程任重道远，新使命催人奋进。让我们紧密团结在以习近平同志为核心的中共中央周围，在中共江西省委坚强领导下，尽心履职，同心协力，为决胜全面建成小康社会，谱写富裕美丽幸福江西新篇章作出积极贡献。

政协江西省第十一届委员会常务委员会关于十一届四次会议以来提案工作情况的报告

（2017 年 1 月 15 日在政协江西省第十一届委员会第五次会议上）

刘晓庄

各位委员、各位同志：

受常务委员会委托，我向大会报告省政协十一届四次会议以来提案工作，请委员审议，请列席会议的同志提出意见。

一、提案基本情况和办理成效

十一届四次会议以来，省政协委员、省政协各参加单位和各专门委员会，按照中共中央、全国政协、中共江西省委关于进一步加强人民政协提案办理协商的有关要求，着眼于为决胜全面建成小康社会、建设富裕美丽幸福江西等重大战略，紧紧围绕全省经济社会发展中的重要问题和涉及群众切身利益的实际问题，积极通过提案履行职责。全年共提交提案 623 件，经审查立案 561 件。立案提案中，大会提案 547 件，平时提案 14 件；委员个人及联名提案 450 件，党派、团体、界别、专门委员会等集体提案 111 件。总体看，提案内容涉及经济、政治、文化、社会、生态文明建设五大领域，问题导向鲜明，意见建议操作性强，受到承办单位的重视。截至 2016 年 12 月 31 日，立案提案全部办复。办理质量继续有所提高，提案所提问题已经解决或所提建议已被采纳的（A 类）共 350 件，占提案总数 62.4%；列入计划拟解决或采纳的（B 类）共 160 件，占 28.5%；作为工作参考的（C 类）51 件，占 9.1%，为我省“十三五”规划开好局、起好步发挥了积极作用。

围绕改善经济发展环境、推进产业升级、开放型经济发展、沿长江经济带建设、发展现代农业等方面，提出提案 188 件。关于优化企业发展环境的提案，省委、省政府下发《关于开展降低企业成本优化发展环境专项行动的通知》。关于推进中医药产业转型升级的提案，省发改委等单位出台《关于加快中医药发展的若干意见》《江西省中医药健康服务发展规划》；省食药监局积极推进我省黄栀子等 6 个中药名优产品和基地建设，先后通过国家《中药材生产质量管理规范》（GAP）认证。关于加大供给侧改革的提案，省工信委等单位编制《江西省新能源汽车十三五发展规划》《2016 年江西省新能源汽车推广应用补助方案》，加快新能源汽车的推广应用。关于做大做强开放型经济的提案，省委、省政府印发《关于深入贯彻开放发展新理念构建全面开放新格局的意见》，通过“2 + N”文件框架对全省开放发展进行“顶层设计”。关于发展农村电商、推进现代农业发展等提案，省商务厅推动出台《关于加快我省农村电子商务发展的意见》等文件；省农业厅对全省农村综合产权交易市场建设试点工作进行了全面部署，推动出台《关于引导农村综合产权交易市场健康发展的实施意见》。

围绕法治江西建设、科学发展综合考核、精准扶贫、慈善救助等方面，提出提案 61 件。关于支持法律服务机构推动法治江西建设的提案，省委、省政府“两办”印发《关于建立全省公共法律服务平台的意见》。关于完善市县科学发展综合考核的提案，省考评办、统计局新增“创新创业”指标，把“美丽中国‘江西样板’建设”“河长制落实及成效”等项目纳入考核体系，并提高生态文明建设指标权重。关于精准扶贫、解决因病致贫问题等方面的提案，省扶贫移民办等单位推动出台《江西省统筹整合财政涉农扶贫资金实施意见》《关于建立贫困户贫困村贫困县退出机制的意见》，有针对性地制定了农村残疾人贫困户、农村低保对象、因病致贫家庭情况调查等精准识别和建档立卡的政策措施。关于设立“江西慈善奖”的提案，省民政厅、人社厅积极争取全国评比达标表彰工作小组批准我省设立“赣鄱慈善奖”。

围绕科技成果转化、教育事业发展、旅游业发展、文化产业发展等方面，提出提案 126 件。关于深化高校科研院所科技管理体制改革、促进科技成果转化等提案，省教育厅大力推进协同创新，确定南昌大学、江西科技学院为综合改革试点高校；积极配合省科技厅制定《江西省鼓励科技人员创新创业的若干规定》。关于发展现代职业教育和学前教育的提案，省教育厅、财政厅等单位调整了我省公办高职生人均拨款标准；新建 200 所公办幼儿园，并将 1500 所农村学校附属幼儿园转办为独立园，使公办幼儿园所占比例提高到 30% 以上。关于用好“海昏侯”，助推江西旅游业发展的提案，省旅发委将海昏侯墓发掘、研究成果编排进《江西风景独好》旅游形象宣传片，利用微博、微信平台对其进行重点聚焦，在全省旅游产业博览会设置“探密海昏侯大墓”VR 体验馆。

围绕提升基层卫生服务能力、统筹城乡居民医疗保险、社区网格管理等方面，提出提案 108 件。关于提升基层卫生服务能力建设的提案，省卫计委印发《江西省村卫生计生服务室标准化建设指导意见》，实施“提升县级公立医院综合能力三年行动计划”，制定边远山区和连片特困地区乡村医生岗位补贴等多项制度。关于统筹全省城乡居民基本医疗保险的提案，省政府印发《关于整合城乡居民基本医疗保险制度的实施意见》。关于提升我省社区网格管理水平的提案，省综治委印发《关于开展全省综治中心建设年活动的通知》和综治中心建设、信息化建设、网格化管理建设等三项规范。

围绕水资源、土壤、空气污染治理等方面，提出提案 78 件。关于水资源、土壤污染治理的提案，省环保厅制定《江西省 2016 年水污染防治工作计划》，并先后印发《江西省土壤污染防治重点工作方案》等 5 个文件。关于农村地区面源污染的提案，省农业厅等单位新建 13 个农业面源污染国控监测点，建立水稻、蔬菜、柑橘、茶叶、棉花等农作物病虫害绿色植保农药减量示范区 380 个，核心示范区面积 120 万亩。关于区域大气污染防治的提案，有关承办单位与湖北、湖南建立大气污染联防联控机制，开展空气质量改善专项行动。关于加强污水处理厂污泥处理处置的提案，省住建厅等单位联合印发《关于加强全省污水处理厂污泥处理处置工作的通知》。

二、推进提案工作的主要措施

一年来，常务委员会遵循“围绕中心、服务大局、提高质量、讲求实效”的提案工作方针，以提高提案质量、提升服务水平、推动提高提案办理成效为目标，努力推动提案办理协商广泛多层制度化发展。

（一）加强组织领导，进一步增强提案工作合力。常委会认真贯彻落实中共中央《关于加强社会主义协商民主建设的意见》《关于进一步加强人民政协提案办理工作的意见》和省委有关文件精神，切实加强对提案工作的领导。主席会议多次听取提案工作情况汇报，审议提案工作重要事项，研究确定年度重点督办提案，全面部署提案工作。主席会议成员领衔重点督办提案，参与提案专题调研和办理协商。各专门委员会结合开展对口协商，牵头组织重点督办提案和办理协商工作。省政协机关加强对提案工作的统筹协调和各项保障，基本形成了提案工作“一盘棋”格局。

（二）加强服务引导，进一步提高提案质量。一是通过组织征集、印发提案调研参考提纲、开展视察调研、提案办理协商、界别活动等形式，拓宽委员知情明政渠道，帮助委员提好提案。二是重点抓好集体提案的组织、征集工作，通过召开集体提案征集协调会，充分调动和发挥党派、团体、专门委员会提案履职的积极性以及在提高提案质量中的示范带动作用。三是严把提案审查立案关，坚持全会期间初审、会后再审立案的做法，在充分保护委员积极性、保障委员民主权力的基础上，通过严格提案审查和开展立案协商，增强委员的提案质量意识，促进提高提案质量。

（三）积极搭建平台，稳步推进提案办理协商。一是在全体会议期间，选择社会各界关注度高、提案较集中的“加快发展现代物流业”问题，以“会中办案”形式，组织提案者与相关承办单位进行提案办理协商，取得较好成效。二是遴选出 21 件涉及全省经济社会发展和群众关注的民生问题提案，由省政协主席会议成员和各专门委员会分别进行重点督办，通过听取专题汇报、组织视察调研、召开提案办理协商会等形式，有力推动了相关提案的办理落实。三是选择 10 件上年度、所提问题已列入计划逐步解决的（B 类）提案，进行跟踪问效，加大督办督查工作力度，使提案中的一些意见建议以及办理承诺得到较好落实。四是会同省委、省政府、省政协三家办公厅，对 2016 年度提案办理及跟踪问效工作进行督查，及时发现办理工作中存在的问题，提出整改意见建议，进一步推动提案办理落实。

（四）深入调查研究，积极拓展提案成果。按照《2016 年度省政协协商工作计划》安排，以“资源枯竭型城市产业结构调整与优化”提案为线索，会同相关部门和设区市政协开展专题调研和提案办理协商活动，形成《关于我省资源枯竭城市转型发展的建议》调研报告。省委书记鹿心社、省长刘奇批示有关部门和相关设区市，认真研究吸纳建议，持续推进资源枯竭城市转型发展。

（五）加强沟通联系，进一步完善提案办理工作机制。全体会议前夕，组织参与大会提案工作的联络员进行提案业务学习和培训。召开提案办理工作联络员会议，学习中央有关文件精神，通报提案办理情况，分析、点评提案办理工作，交流提案办理工作经验。通过以会促学、以会代训等措施，进一步提高了提案办理联络员队伍的整体素质和业务能力，增强了与承办单位经常性工作联系，完善了提案办理协同协商机制。

一年来，提案办理协商工作推进有序，取得了一定的成效，但也存在一些需要加强和改进的方面。如，有的提案内容空泛、意见建议不具体，质量有待进一步提高；界别和平时提案数量依然偏少；少数承办单位对提案办理工作重视不够，重答复轻办理的现象依然存在。对此，需要进行认真研究，切实加以改进。

三、2017 年提案工作要点

2017 年是实施“十三五”规划关键之年。要深刻领会、深入贯彻中共十八大和十八届三中、四中、五中、六中全会，以及省委第十四次党代会精神，深入贯彻中央和全省经济工作会议精神，切实发挥提案办理协商在健全社会主义协商民主中的优势和独特作用，以提高提案质量和提案服务质量为抓手，以推进提案办理协商、提高提案办理质量为目标，推动我省政协提案工作再上新台阶。

（一）完善制度建设，推动工作发展。按照全国政协的工作部署，依据中央、全国政协和省委有关文件精神，结合我省政协工作实际，在深入调研、广泛征求意见、深入开展协商的基础上，制定《江西省政协提案办理协商实施办法》，为深入推进提案办理协商提供制度保障。

（二）强化精品意识，着力提高提案质量。把提高提案质量作为深入开展提案办理协商的关键。一是注重提案者的协商主体作用，强化重质量、求精品意识，鼓励和引导政协委员注重发挥自身优势，深入基层、深入群众、深入调研，按照科学性、前瞻性、可行性的要求，找准服务大局与发挥政协优势、委员专长的结合点，多提落点实、实效强的精品提案。二是注重发挥党派、团体、专委会的集体智慧和优势，注重发挥集体提案的示范引领作用，促进提案质量不断提高。三是注重发挥政协提案工作制度化、规范化、程序化、信息化的优势，严格立案审查，优化立案协商，从源头上把好提案质量关。四是通过示范引导和组织征集，提高界别提案、平时提案的比重。

（三）加强督办工作，推动提高办理实效。一是明确督办目标。按照民主协商、求同存异、增进共识、推动落实的目标要求，督促承办单位开展提案办前、办中、办后协商。二是突出督办重点。把委员关注度高、群众普遍关切、办理难度大的提案纳入督办范围，通过重点督办，推动提案办理落实，发挥示范、引导作用。三是提高督办效能。加强与党委政府督查部门的协调配合，综合运用重点督办、个案督办、专题督办、跟踪问效督办等形式开展提案督办工作。

（四）增强服务意识，着力提高提案工作服务水平。一是坚持和完善重点督办提案遴选和督办制度，抓好省委、省政府领导阅批重要提案的跟踪办理。二是进一步密切省市县三级政协提案工作联系，加强工作交流和业务指导，建立互动、联动机制。三是评选、表彰省政协十一届三次会议以来的优秀提案、先进承办单位和先进提案工作者，树立典型，激励先进。四是丰富宣传形式和内容，充分利用中央、省级媒体及省政协门户网站、《光华时报》等宣传渠道，公开提案工作信息，宣传提案工作成效，积极回应社会关切。五是适时建立政协提案办理移动办公系统，及时跟踪公开提案办理的情况。

各位委员、各位同志，提案办理协商是健全社会主义协商民主制度的重要形式和途径。

做好提案工作使命崇高、责任重大。我们要始终坚持提案工作方针，动员和组织全体省政协委员、政协各参加单位、各专门委员会，围绕我省经济社会发展中的重要问题和重大民生事项，认真调查研究，积极运用提案建言献策、履职尽责，为实现我省“决胜全面建成小康社会、建设富裕美丽幸福江西”战略目标作出新贡献。

政协江西省第十一届委员会提案委员会关于省政协十一届五次会议提案初步审查情况的报告

（2017 年 1 月 18 日）

省政协十一届五次会议期间，省政协委员、各界别和各专门委员会，以高度的政治责任感和使命感，深入贯彻中共十八大，十八届三中、四中、五中、六中全会和中央经济工作会议精神，深入贯彻省第十四次党代会精神，围绕我省改革发展稳定大局和人民群众关心的问题，积极运用提案履行职责、建言献策。至本次会议规定的提案截止时间，大会共收到提案515 件。大会提案组根据《政协江西省委员会提案工作条例》和《江西省政协提案立案审查实施细则（试行）》规定，对收到的提案进行了初步审查。按提案主体分，委员个人及联名提案 394 件，占 76.5%；各民主党派省委会、省工商联及其他界别提案 106 件，占 20.6%；政协专门委员会提案 15 件，占 2.9%。按提案内容分，经济建设方面 204 件，占 39.6%；政治建设方面 62 件，占 12%；文化建设方面 88 件，占 17%；社会建设方面 103 件，占 20%；生态文明建设方面 58 件，占 11.4%。按提案提交方式分，通过提案动态管理系统提交提案 496 件，占 96.3%；纸质提案 19 件，占 3.7%。

总体看，本次会议提案涉及面广、质量高、针对性强。提案者坚持问题导向，紧扣深化供给侧改革、抓好生态文明试验区和赣江新区建设、坚持绿色发展、强化创新驱动、扩大双向开放、振兴实体经济、推进农业现代化、打好脱贫攻坚战等事关我省发展的重要问题，以及就业、教育、医疗、养老等民生问题，精心选题、深入调研，提出了许多有价值的意见建议。

大会选择委员关注度高的助推我省中医药发展方面的提案，召开提案办理协商会，省委、省政府领导及 16 个承办单位负责同志与提案者共商解决问题的办法，取得了初步成果。

大会闭幕后，提案委员会将对初审提案进行再审、立案，并将审查结果报主席会议审定。对立案提案，及时送交有关单位办理；对不立案提案，与提案者沟通后，作为委员工作建议或社情民意信息转有关部门处理。对本次会议提交提案截止时间后收到的提案，将按平时提案及时处理。

省政协领导讲话

在省政协十一届五次会议闭幕会上的讲话

黄跃金

（2017 年 1 月 18 日）

政协江西省第十一届委员会第五次会议，经过全体委员和与会同志的共同努力，即将闭幕。会议充分发扬民主、共商发展，始终洋溢着团结奋进、风清气正的浓厚氛围，发挥了广开言路、广谋良策、广聚共识的重要作用。

中共江西省委对这次会议高度重视，省委常委会听取了政协工作和会议筹备工作的汇报，对开好会议提出了明确要求。会议期间，鹿心社、刘奇、姚增科等领导同志出席了开幕大会和闭幕大会，听取大会发言，还在会后仔细阅研，提出成果运用意见，并参加联组讨论，与委员们共商改革发展大计，共谋全面小康良策。

几天来，委员们以强烈的责任意识和务实作风，认真审议了省政协常委会工作报告和提案工作报告。委员们还列席了省十二届人大七次会议，听取、讨论了刘奇同志所作的政府工作报告和其他报告，并予以高度评价。大家聚焦我省经济社会发展重大问题和事关群众切身利益的实际问题，通过提案、大会发言、分组讨论、反映社情民意信息等形式认真履行职责，积极议政建言，充分展示了政协委员胸怀大局、情系民生的价值追求，生动体现出社会主义协商民主的生机与活力。

由于年龄原因，钟利贵同志辞去了十一届省政协副主席职务，毛学东、钟录生、汪玉奇、文红莲、章凯旋、扶名福、熊正明、李应春、何大欣、徐效钢、陈守国等 11 名同志不再担任省政协常委，还有一些同志不再担任委员、专委会副主任。钟利贵和这些同志都是在江西红土地上成长起来的优秀干部，为江西改革发展作出了重大贡献。钟利贵等同志在省政协任职期间，敬业奉献、团结合作、务实创新，为政协事业做了大量卓有成效的工作。在此，我提议，让我们以热烈的掌声，向钟利贵等同志表示衷心感谢和崇高敬意！根据省委的提名，并经本次大会选举，蔡晓明、陈俊卿同志当选为本届政协副主席，王萍、左和平、朱来友、刘定明、肖礼庆、汪忆新、傅卓成等同志当选为本届政协常委，对他们的当选，我们表示热烈的祝贺！

各位委员、同志们，新的一年，我们要在中共江西省委的坚强领导下，以高度的事业心和责任感，准确把握政协工作规律和特点，围绕中心、服务大局，多进诤言、多谋良策、多出实招，为决胜全面建成小康社会、建设富裕美丽幸福江西贡献智慧和力量。

我们要坚持中国共产党的领导和人民当家作主、依法治国的有机统一。习近平总书记在庆祝人民政协成立65周年大会上的重要讲话中强调,要坚持中国共产党的领导、人民当家作主、依法治国有机统一,自觉把中国共产党的决策部署贯彻到人民政协工作中去,准确把握人民政协性质、地位、职能和作用,坚定不移走中国特色社会主义政治发展道路。要始终坚持党对政协工作的领导。坚持中国共产党的领导是当代中国最重大的政治原则。坚决维护以习近平同志为核心的党中央权威,是坚持党的领导的根本所在,是坚持和发展中国特色社会主义的根本保证。我们要积极引导各界别代表人士,始终坚持中国共产党的领导。牢固树立"四个意识",在政治上做到同向,在思想上做到同心,在行动上做到同行。要充分发扬人民民主。中国共产党领导人民实现人民民主,就是保证和支持人民当家作主。人民政协是发扬人民民主的重要形式,集协商、监督、参与、合作于一体,是社会主义协商民主的重要渠道和专门协商机构。我们要在履职全过程中充分体现协商民主,使政协协商民主过程成为发扬民主、集思广益、推进科学决策的过程,成为统一思想、扩大共识、凝聚共识的过程。要合法依章履行职责。政协工作要按照宪法法律、政协章程和有关政策要求,依法依规履职尽责。自觉在宪法法律和政协章程范围内开展工作,不断完善理论学习、会议组织、委员服务、调研协商、经常性工作、自身建设等方面的制度规范,推进履行职能科学化。

我们要坚持团结和民主的有机统一。团结和民主是政协工作的两大主题,是人民政协性质的集中体现。在人民政协,团结是方向、是目的,必须始终着眼团结,不断增进团结,努力扩大团结。只要我们把统一战线的共同思想政治基础这个圆心固守住,包容的多样性半径越长,画出的同心圆就越大,团结的面就越宽,团结的人就越多。民主既是目的,也是手段。要切实尊重和保障党外人士民主权利,加强对各党派、各团体、各界别参加政协共同性事务的协商,不断深化同党外人士的合作共事。通过充分发扬民主,坦率务实地交换意见,促进各方面意见的讨论交流,从而不断增进共识、加强团结,努力实现团结目标下的民主和民主基础上的团结。

我们要坚持发挥委员主体作用和推动党政科学民主决策的有机统一。发挥委员主体作用,是人民政协履行职能的重要基础,是人民政协谋事干事成事的力量所在。建言献策是委员履行职能的重要方式、发挥委员主体作用的重要体现。献策不决策,虽说是政协不同于党委政府的组织特征,但建言献策的初心和目的都是为党政当好参谋助手,为党政科学民主决策服务,以献策促进决策。在党政决策之前,我们要知情明政、审时度势,坚持问题导向和目标导向,深入调查研究,既吃透上情,又掌握下情,走进实际工作中探根底,走进基层一线中摸实情,在真心诚意与群众交朋友中听民意,在建净言献良策上下功夫,既要提决策可行性意见,也可提决策不可行性的看法,既要反映大多数人的意愿,也要尊重少数人的诉求,切实为党政提供有效智力支持。在决策实施之中,要及时研究提出解决落实的措施,摸不透搞不清问题真相不罢休,说不准写不实的意见建议不出手,力求说得实、说得准、说得对,着力推动省委、省政府的决策部署和决策实施。

我们要坚持发挥政协界别优势和建设富裕美丽幸福江西的有机统一。由界别组成是政协组织的显著特色。界别具有联系广泛、渠道畅通、智力密集、专业性强、位置超脱等优势。新时期新阶段,我省的工作目标就是决胜全面建成小康社会、建设富裕美丽幸福江西。我们要突出界别优势,进一步加强界别工作,发挥界别作用,引导和推动界别群众对我省工作目标做到任务认同、价值认同、情感认同。各界别召集人要在组织本界别委员认真履职的基础上,主持研究谋划今年本界别的活动主题和活动形式,做到界别活动有计划、有主题、有形式、有成效。各专委会要发挥联系界别的纽带作用,指导各界别做好有关工作。办公厅要增强服务意识,为委员参加界别活动提供坚实保障。我们都为江西好,只有江西好,大家才会好。同心相应、同道相成,让界别委员动起来、界别工作活起来、界别作用强起来,使界别成为凝聚委员的大舞台,成为团结群众的连心桥,成为汇聚民意的快车道,奋力迈出决胜全面建成小康社会、建设富裕美丽幸福江西的坚实步伐。

时代在召唤我们,目标在激励我们。让我们更加紧密团结在以习近平同志为核心的中共中央周围,在中共江西省委的坚强领导下,同心协力、和衷共济、务实创新以优异的成绩迎接中共第十九次全国代表大会的胜利召开!

在省政协十一届二十五次常委会议上的讲话

黄跃金

（2017年7月4日）

这次省政协常委会议，主题是围绕“加强地方金融体系建设，推动实体经济发展”协商议政。昨天上午，毛伟明同志作了讲话，帮助我们全面了解我省金融体系建设情况，深化了对相关问题的认识。蔡晓明副主席就《调研报告》作了很好的说明，在晓明、俊卿两位副主席的率领下，省政协经济委员会组成调研组，赴省内外深入开展调研，形成的《调研报告》，坚持问题导向针对性强，思路建议创新性强，措施有力操作性强，大家反映这是一个深入调研、凝聚众智、比较成熟的调研报告。部分省直单位负责同志参加了会议，面对面听取委员意见建议；6位同志作了大会发言。昨天下午进行分组讨论，大家围绕会议主题，提出了许多真知灼见。会议还通过了有关人事事项，由于年龄原因，冷芬俊同志不再担任省政协常委、委员及港澳台侨和外事委主任职务，徐良平同志不再担任省政协副秘书长，周寥寥同志不再担任省政协办公厅副主任。这三位同志在政协工作岗位上勤勉敬业，认真履职，为全省政协事业创新发展和机关建设作出了重要贡献，让我们以掌声对他们表示感谢和敬意！因工作需要，会议还增补了姚庆艳同志为省政协委员。这次会议印发了全国政协十二届二十一次常委会议的主要精神传达提纲给大家，供大家学习掌握，我就不重复讲了。

下面，我根据会议主题的议政情况和加强和改进政协民主监督工作两个方面，谈一些看法，供大家参考。

一、着力健全我省地方金融体系，切实提升金融服务实体经济的能力和水平

金融体系是否健全，是衡量一个地区经济发展水平的重要标志。地方金融作为金融体系的重要组成部分，是促进地方经济发展的重要支撑。当前，深化金融体制改革的重点是发展支持实体经济的金融体系。因此，我们要牢牢把握金融服务实体经济的本质要求，不断提高金融服务实体经济的能力。昨天听了大家的发言，根据大家的讨论情况，有以下几点认识。

第一个看法，正确认识和处理发展金融业和促进实体经济的关系。习近平总书记指出，国家强大要靠实体经济，要改善金融服务，疏通金融进入实体经济特别是中小企业、小

微企业的管道,引导资金更多投向实体经济。金融与实体经济密切联系、互促共生,金融首要任务还是要支持实体经济的发展。金融是经济运行的血脉,实体经济是金融业发展的基础和前提,离开实体经济的支撑,金融业将是无源之水、无本之木。比尔·盖茨曾说过:"世界需要的是银行服务而不是银行本身。"只有实体经济的发展基础稳固,金融业发展方可持久稳健。

对发展金融业而言,近年来,我省虽然不断做大金融总量,大力支持了实体经济平稳向好发展,但金融业服务实体经济还存在不少困难和问题。在当前形势下,金融业发展的根本要求还是要"回归服务实体经济",在破解企业融资难、融资贵这个重点环节上精准发力,让更多金融活水流向实体经济。要通过产品创新、流程再造、改善服务等方式来完善企业贷款业务。要加快建立和完善与中小企业贷款目标相配套的激励约束机制,依托运用互联网技术、采用大数据分析,找到兼顾自身风险与更好地服务企业的平衡点,努力提供更加便捷、更高质量、更多元化的金融产品和服务供给。

对促进实体经济而言,近年来我省中小企业发展迅速,已成为国民经济和社会发展的重要基础,特别是在稳定经济增长、推进技术创新、保障民生福祉等方面发挥着越来越重要的作用。据统计,目前全省规模以上中小企业户数突破 1 万户,达到 10738 户。今年 1—4 月,全省规模以上中小企业完成增加值 1742 亿元,同比增长 10.5%,占规模以上工业的 71.42%;实现主营业务收入 8107 亿元,同比增长 18.9%,占规模以上工业的 71.94%;利润总额 492 亿元,同比增长 16.9%,占规模以上工业的 77%。中小企业还成为我省扩大就业的重要渠道,今年以来吸纳就业人数 195 万人,占规模以上工业的 73.86%。同时,我省已有小微企业创业创新示范基地 35 个,入驻小微企业 2600 家。可以说,中小企业在我省经济中已占据半壁江山,成为全省经济增长最重要的支撑力量。同时,我们也要看到,实体经济要素流失严重,实体企业特别是中小企业面临多重生存困境,在金融服务方面企业始终有两个问题没有很好解决:一是中小微企业融资难、融资贵的问题。我国银行的平均贷款期限为 2 年,但我们到企业调研时,几乎所有的企业反映贷款期限都是 1 年。很多大企业、大融资项目能够获得更长的贷款期限,所以"平均两年"是被平均了。因此,中小微企业在扩大再生产方面,仍然存在融资需求问题。二是在创新创业型企业方面。由于创新创业型的企业和传统的银行信贷文化不一样,没有资产、没有抵押品、没有信用或者信用很低,因此很难符合银行信贷需求,同时资金需求又不是一年两年。例如研发一个新药,周期通常是几年甚至是十几年,如果只提供一年期的流动资金贷款,显然不能满足其需求。当前,企业要在练好"内功"的同时,用足用活用好政府政策和金融支持。省政府已经出台了 100 条优惠政策,企业都可以享用。从事新制造经济、新服务经济、绿色经济、智慧经济、分享经济等企业,要围绕我省培育新动能行动计划,充分利用银行的信贷支持。我省金融界开展了"百家银行进千企"对接活动和金融专家服务团入企帮扶等活动,企业要积极争取更多金融支持。国家证监会已出台资本市场扶贫政策,各贫困县要争取有 1—2 家企业辅导备案。

在经济发展新常态下,只有进一步促进金融业与实体经济有序互动,切实构建一种良性、健康、互惠的关系,才能实现合作共赢、共同发展。

第二个看法,正确认识和处理金融创新与金融监管的关系。金融的变迁本身是创新—监管—再创新—再监管的循环反复。金融创新和金融监管的关系,相当于一个硬币的两面,是一对矛盾的共生体,也是一个相互促进螺旋发展的过程。要辩证地看待并妥善处理好金融创新和金融监管的关系,坚持监管与创新并行不悖的思路,既鼓励金融创新,提升服务实体经济效率,又加强金融监管,防范金融风险,推动我省金融业的健康持续发展。

一方面,鼓励支持金融创新。金融创新是金融发展的强大动力。要坚持以服务实体经济发展为前提,加快推进我省金融业创新。我认为,起码有这几个方面:一是推进金融服务创新。当前,互联网、人工智能、云计算、大数据等新兴技术不断降低金融服务门槛,面对新的竞争环境,银行业机构需要加快金融服务创新、重塑客户体验,不断推进金融服务的多元化、便捷化、数据化和均等化,为企业提供一站式、系统化的金融服务,提高金融竞争力。大力发展普惠金融,加大对中小微企业和“三农”等薄弱环节的支持力度,强化对扶贫开发的金融服务。二是推进金融产品创新。随着互联网技术的普及与发展,正在改变银行业的发展模式,尤其是各类市场主体对金融产品的需求呈多元化、多样化趋势。要坚持市场导向,准确把握和了解客户需求,加强金融产品研究与创新,量身订制适应江西经济发展动能转换需要的金融创新产品。要积极开发适合中小企业需求的金融产品,鼓励商业银行拓宽抵质押品范围,探索制定以专利、品牌、技术等无形资产进行抵押或质押贷款的具体措施。充分借助互联网平台,发展各类“直销银行”和自助银行,鼓励各类互联网企业拓展“支付+”业务,发展在第三方支付基础上的金融业务。三是推进融资担保体系创新。相比其他普惠金融机构,融资担保具有受众面广、融资成本较低、合作渠道较为成熟等特点。从世界各国融资担保业发展历程看,越是产业调整和经济下行时期,融资担保的作用越发明显。融资担保是破解中小企业融资难、融资贵问题的重要手段和关键环节。要整合资源做大做强省、市两级政府性融资担保机构,为企业融资增信搭建平台、提供服务。探索建立融资担保的风险分担机制,整合地方政府、银行和政策性民营担保机构等各方共同参与,发挥“担保”在金融服务链条中的重要作用,全力支持企业经营发展。四是推进金融平台创新。包括投融资平台、互联网支付平台、金融交易平台、海外投资统保平台、理财平台、服务平台等,如调研报告中讲到的要探索建立新技术产业化研究基金,设立和引进种子基金、天使基金,引进国际国内著名风投公司等,为促进中小企业发展创造条件。要创新财政金融协同机制,增强财政金融互动,进一步释放财政金融杠杆效应。

另一方面,切实加强金融监管。习近平总书记在作“十三五”规划建议说明时指出,现行监管框架存在着不适应我国金融业发展的体制性矛盾,必须加快建立符合现代金融特点、统筹协调监管、有力有效的现代金融监管框架,及时规避和防范因创新引发的金融风险。加强金融监管,有这么几个方面:一要明确对金融新业态的监管主体。监管重点要放在建立新业务、新业态的制度规范和监管标准上,对金融创新业务,要根据实体产业需求和金融机构风险状况疏堵并举、分类施策,避免监管政策“一刀切”。二要加强创新载体的前瞻性研究。要坚持需求导向、问题导向,对金融创新载体开展前瞻性研究,提高综合研判能力和水平,推动由“事后化解”,逐步向“事前防范”和“过程监管”转变。三要深化对金融机构分类施策、差异化监管。银行业机构同质化经营问题仍然较为突出,需要通过深化对金融机构分类施策、差异化监管,引导金融机构专业化分工、特色化经营,形成面向市场的广覆盖、差异化、高效率的银行业机构体系。四要依法依规加强监管。要完善金融法规,严格依法监管,严厉打击各种非法、违法金融业务等活动,严厉打击各种逃税金融债务和金融诈骗犯罪行为,以完善的金融法治和有效的金融监管来维护金融的安全稳定和经济的健康发展。五要建立完善科学审慎的监管体系。包括金融监管政策和金融监管标准的统一协调体系;机构监管、功能监管、影子银行监管、市场监管以及金融消费者保护相互协调全覆盖的监管体系;融金融数据、金融信息集中与共享于一体的金融风险有效化解处置体系,促使从局部监管转向全面监管,形成综合、系统、科学、统筹的监管大格局。

第三个看法,正确认识和处理推进金融开放和维护金融稳定的关系。金融活,经济活;金融稳,经济稳。随着我国的世界经济地位提高,金融的进一步开放是必然趋势,推进金融开放最重要的底线是金融安全和稳定。金融开放过程中,必须更好地把握开放可能带来的潜在风险,只有适度的金融开放才可能会带来金融体系的稳定性。当前,要推动我省构建开放合作的金融服务体系,大力引进国内外银行、券商、保险和租赁、信托等金融机构。要加强与“一带一路”沿线国家和长江经济带的金融业合作开展业务服务,积极组织参加亚洲金融论坛等金融对外交流活动。要着力提升我省资本市场开放合作水平,支持地方金融机构境外上市,鼓励省内生态农业、文化旅游等领域优质龙头企业赴境外融资。

现在,金融风险防范面临全新挑战,诱发金融风险因素复杂化、多元化;金融风险之间互相交汇、互相叠加,使得我省金融风险防控形势越来越复杂。立足实际和问题,防患于未然,有不少同志建议,要从以下几个方面入手:一是强化对金融风险相关信息收集整理。结合分析宏观经济数据与微观监管数据,加强对风险的早期识别,强化对具有融资功能的非金融机构、民间借贷、互联网金融机构的统计监测,有效判断区域性风险的变化和趋势。当前,我省尚未建立区域金融稳定协调合作机制,难以及时获得全面的金融风险信息,要引起我们的重视和应对。二是完善部门联动的金融风险评估体系。现行金融业分业监管体制,各自为政、各自监管,缺乏统筹共建共享机制,对维护区域金融稳定带来了严峻挑战。要强化跨行业、跨市场、线上线下金融风险评估,健全跨境金融风险评估,在金融体系层面和银行、证券、保险等行业层面,均加强对区域性、系统性风险的评估,利用各监管机构的专业特长和信息优势,从不同的角度发挥作用。三是建立相应风险预警机制。要强化省金融办的地方金融监管职能,建立健全适合我省省情的区域性金融风险预警和处置框架,研究制定多层次的应急措施和处置方案,有针对性防范可能出现的区域性、系统性风险。

第四个看法,正确认识和处理绿色资源和绿色金融的关系。今年6月,我们江西有两个国家级好消息,一是经国务院常务会议决定,我省成为全国首批绿色金融改革创新试验区的省份,这是江西金融业发展史上的一个里程碑。二是中央全面深化改革领导小组召开第三十六次会议,审议通过了我省国家生态文明试验区实施方案,这是江西绿色发展的纲领性文件,充分体现了党中央、国务院对江西工作的重视和对江西人民的关心。绿色资源是江西发展的最大优势,绿色发展是中央的重托、人民的期待。可以说,江西具有发展绿色金融的良好基础。发展绿色金融是我国转变经济增长方式、建设循环经济体系的重要途径,对我省而言,是把绿水青山转化为金山银山的生动实践,也是做好治山理水、显山露水的重要行动。

有研究认为,我国未来每年至少需要2万亿元人民币以上的绿色投资,融资需求巨大。目前,我省绿色金融尚处于探索阶段,绿色经济仍然不强,生态优势向发展优势的转化率仍然不高,迫切需要构建利用绿色资源发展绿色金融的机制,避免再走“先污染后治理”的老路,实现绿色发展。同时,我们也要看到,我省发展绿色金融还存在一些困难问题:一是绿色信贷规模总量较小。截至2017年一季度末,全省绿色信贷占全部贷款余额的比重不足7%。二是配套政策体系不完善。三是绿色信贷信息披露制度有待完善。《能效信贷指引》

中明确要求各商业银行应及时公开绿色信贷政策及相关数据，但实际情况却不尽如人意。四是融资渠道比较单一。目前绿色融资仍然以银行信贷为主要方式，通过债务融资工具等直接融资方式所占的比例还比较低。2017年一季度末，全省企业累计发行债务融资工具18亿元，其中没有一家大中型绿色企业。

发展绿色金融的核心是要通过金融手段引导资金流向绿色产业，从而带动其他要素资源向绿色产业流动，严格限制资金流向污染行业，减少对资源和环境消耗型企业的投资。要以建设赣江新区绿色金融改革创新试验区为契机，充分利用政策优势，促进建立有利于绿色金融发展的正向激励机制，鼓励金融机构提供更多绿色金融产品和服务，撬动更多社会资本投入绿色领域。要积极探索绿色金融更好地服务实体经济，探索形成有效服务实体经济绿色发展的可复制可推广经验。加强协作，形成合力，完善与绿色金融相关合作机制和监管机制，共同推动绿色金融发展。

二、深刻理解和把握政协民主监督的新内涵、新要求

今年2月，中共中央办公厅印发了《关于加强和改进人民政协民主监督工作的意见》；为贯彻落实中办《意见》，中共江西省委出台了《关于加强和改进人民政协民主监督工作的实施意见》。这是中共中央和中共江西省委颁发的第一个关于人民政协民主监督的专门文件。这两个文件针对如何更加有力有序有效地开展政协民主监督工作，提出了一系列新内涵、新要求，是今后开展政协民主监督的基本遵循和行动指南。

人民政协民主监督职能主要源于中国共产党与各民主党派、无党派人士团结合作、互相监督的理论和实践，回顾其发展历程，可以看出，政协民主监督在不同历史时期有着不同表现形式，从最早提出的互相监督，逐步发展成为政治监督，到现在中办《意见》作出的“协商式监督”新概括，体现了政协民主监督在继承中发展、在发展中创新。互相监督、政治监督和协商式监督三者一脉相承、与时俱进，在本质上是一致的，在国家政治生活中发挥着不可替代的重要作用。长期以来，由于缺乏实施细则和保障机制，相对于政治协商和参政议政，民主监督是薄弱环节和履职短板，被普遍认为难度比较大、满意度比较低。中办《意见》和省委《实施意见》都强调了加强和改进人民政协民主监督工作的重要性，省委《实施意见》把它概括为“五个有利于”。这两个文件的制定和下发，对于补齐政协履职短板、完善政协三项职能，具有历史性的重要意义，务必认真学习贯彻落实。我认为，要深刻理解和把握好这么几个方面。

一要深刻理解和把握政协民主监督的基本原则。根据中央要求，结合近年来全省各级政协的实践经验，省委《实施意见》提出了“五个坚持”的原则。我理解：一要坚持中国共产党的领导，坚定正确的政治方向。政协依章程开展民主监督，关键是坚持党的领导，这是根本保证，也是政治规矩，政协民主监督必须在党委集中统一领导下开展。政协党组要确保党的领导落实到民主监督工作全过程和各方面。二要坚持围绕中心、服务大局。三要坚持问题导向，抓住主要矛盾，提出务实意见和建议。四要坚持从协商式监督的要求和原则出发，把协商民主贯穿于监督全过程。五要坚持增进共识，融协商、监督、参与、合作于一体。

二要深刻理解和把握“协商式监督”的性质定位。中办《意见》对什么是政协民主监督作出了一个新概括，即“协商式监督”。所谓“协商式监督”，是指在协商中监督、在监督中协

商的方法，至少包括三层内涵：一是政协民主监督的性质定位，即人民政协不是国家权力机关，政协是依据政协章程通过提出意见、批评、建议进行监督，监督的效果不是靠强制约束力，而是靠影响力。二是政协民主监督的原则方法，即政协民主监督不能采用行政命令的方法进行，也不同于一般社会舆论、群众监督的发议论方式，而必须根据政协章程、依托政协组织、适应政协性质要求，坚持相互尊重、平等讨论、求同存异、理性包容的原则，通过提出意见、批评、建议的方式进行监督。三是突出了政协民主监督的特点和优势，就是既可以对涉及宪法法律和法规的实施，涉及人民群众切身利益的实际问题解决落实情况等，广开言路、畅所欲言，发挥政协民主监督广泛性、灵活性的优势，在国家政治生活中发挥重要作用；又可以围绕"党和国家重大方针政策和重要决策部署的贯彻落实情况"开展监督，发挥对国家权力运行和实施的民主监督作用。这种民主监督，不是西方多党制、两院制下的那种互相掣肘、权力制衡，而是与党和国家机关的监督互为补充、相辅相成，是坐在一条板凳上提问题、出主意、想办法，实现加强监督、有效制约与保持集中领导、富有效率的有机统一。相对于其他监督，政协民主监督是一种高层次、有组织的民主监督。

三要深刻理解和把握政协民主监督的主要内容和重点。政协民主监督的内容是丰富的，中办和省委文件都明确了八个方面的主要内容，省委《实施意见》还把"党代会工作报告、政府工作报告"纳入到政协民主监督内容之中。新形势下，要有的放矢，明确政协民主监督的重点，坚持聚焦党和政府大政方针、重大决策和省委工作部署的贯彻落实情况开展监督。这有利于抓住主要矛盾和矛盾的主要方面，强化问题导向，找准存在的困难、短板和薄弱环节开展工作，使监督不流于现象表面，从而提高监督实效。今年，要认真组织实施好"降成本、优环境、促发展"民主监督议题。与此同时，还要组织实施好年度协商计划中明确的"市县落实'河长制'情况""经营类事业单位改革情况""扶贫专项资金使用情况"等三项民主监督活动，提出有情况、有分析、有对策的意见建议，帮助党委政府解决问题、推动工作。

四要深刻理解和把握政协民主监督的主要形式。省委《实施意见》提出了 5 类监督形式，即会议监督、视察监督、提案监督、专项监督、其他形式监督，并鼓励各级政协结合实际积极探索创新民主监督的方式方法。省委《实施意见》还对推荐特约监督员或组织民主监督小组、社情民意信息监督、民主评议监督等提出了明确具体的要求。比如，强调收集民主监督性的社情民意信息，设立基层政协信息直报点，向上级政协组织反映情况、提出建议。明确在党委的统一安排下，政协每年可选取 1—2 个公共职能部门或单位，开展工作性的民主评议。

五要深刻理解和把握政协民主监督的工作程序。省委《实施意见》注重突出政协民主监督工作的程序化和可操作性，对确定监督议题、组织监督活动、报送监督意见、办理监督意见等作出了详细规定，从制度上保证了政协民主监督工作更加规范有序。在贯彻中办《意见》的基础上，还提出了不少细化措施。比如，在确定监督议题方面，提出"要有两项以上重点监督议题纳入政协年度协商计划"，确保监督有计划、有题目、有载体。在办理监督意见方面，提出"凡列入政协年度协商计划的重点监督议题，以及经党委、政府专题研究或党委、政府领导批示研办的政协民主监督意见的办理情况，党委、政府督查部门要加强督查"，确保监督有力度、促落实、见成效。

六要深刻理解和把握政协民主监督的工作机制。制度机制建设带有根本性、方向性。

省委《实施意见》提出建立健全四套机制，即知情明政、协调落实、办理反馈、权益保障机制，目的就是把政协民主监督纳入党委工作总体部署，确保在党委集中统一领导下有力有序有效开展。比如，提出建立办公厅会商制度，统筹协调政协民主监督议题、工作安排等重要问题；明确政府每年底结合提案办理情况，向政协通报民主监督意见办理落实情况；强调尊重和保障政协委员在参加民主监督工作中的知情权、参与权、表达权、监督权等。

七要深刻理解和把握委员在履行政协民主监督职能中的主体作用。中办《意见》和省委《实施意见》都明确了履行政协民主监督职能的主体，是“参加人民政协的各党派团体和各族各界人士”。在人民政协民主监督中，唱主角的是参加政协的各党派团体和广大政协委员，他们通过人民政协这个平台履行民主监督职责，行使民主监督权利。各级政协机关作为民主监督工作的组织者，并且是具有主观能动作用的组织者，要把平台搭建好，把服务工作做到位，保障委员民主监督权利，畅通委员民主监督渠道，支持委员履行监督职能，让委员们把发现的问题和解决问题的意见建议讲出来，切实为他们提供组织化平台和服务。

在省政协十一届二十六次常委会议上的讲话

黄跃金

（2017 年 9 月 12 日）

这次省政协常委会议，主题是围绕“进一步加快赣江新区发展”协商议政。昨天上午，吴晓军同志作了讲话，帮助我们全面了解赣江新区建设情况，深化了对相关问题的认识。姚亚平副主席就调研报告作了很好的说明，在姚亚平副主席的率领下，省政协组成调研组，赴赣江新区和外地部分新区深入调研，形成的调研报告，坚持目标导向、问题导向、效果导向，具有很强的针对性和可操作性，大家反映这是一个深入调研、汇集众智、凝聚共识、注重实效的调研报告。省委有关部门、省直有关单位和赣江新区管委会负责同志参加了会议，面对面听取委员意见建议；6 位同志作了大会发言。昨天下午进行分组讨论，大家围绕会议主题，提出了许多真知灼见。会后，请办公厅认真整理大家的意见，进一步充实完善调研报告，尽快形成《建议案》上报。

会议通过了有关人事事项，并对省政协十一届三次会议以来的优秀提案、先进承办单位和 2016 年度优秀建言献策成果进行了书面通报表扬。还印发了全国政协十二届二十二次常委会议主要精神传达提纲给大家，供大家学习掌握。经过大家的共同努力，会议圆满完成了各项议程，开得很好。下面，我结合大家的发言和讨论情况，就这次会议的主题谈点认识，与大家交流。

2016 年 6 月，国务院正式批复同意设立江西赣江新区，标志着赣江新区成为全国第 18 个、中部地区第 2 个国家级新区，是我省又一个具有历史意义的重大国家战略。国家级新区是承担国家重大发展和改革开放战略任务的综合功能区，国务院赋予了赣江新区“两区两地”四大战略定位，这既是战略定位，更是重大使命。赣江新区自去年挂牌成立以来，在省委、省政府和新区建设领导小组的高度重视、高位推动下，在南昌市、九江市和省直有关部门的大力支持、协作配合下，实现了良好开局，但也面临着许多困难、问题和挑战。

我理解，应把握好这么几个方面。

一、统筹规划、建设、管理三大环节，着力推动赣江新区持续健康较快发展

规划、建设、管理三者相辅相成、相互促进、缺一不可，规划是先导，建设是基础，管理是保障。新区要发展好，必须树立全局思维、系统思维，坚持规划、建设、管理三者有机统一，

促进持续健康较快发展。

1. 规划要“一张图”，注重先行引领。规划是新区建设的重要前提和依据。无论从国外还是国内看，在设计、建设、管理方面受到普遍赞誉的城市，都有一个科学的规划。要坚持高端引领、规划先行，科学编制好赣江新区总体规划、专项规划和控制性详规，注重与国家重要战略规划相对接，注重与南昌、九江规划相对接，注重以人为本、尊重自然、传承历史、绿色低碳，增强规划的科学性、前瞻性、引领性，使新区规划建设立足实际、着眼长远、彰显特色。要创新规划理念，把握战略定位、空间格局、要素配置，探索推进“多规融合”，形成“一本规划、一张蓝图”，增强规划的权威性，逐步形成科学的新区规划体系。

2. 建设要“一盘棋”，注重科学有序。在以往的发展过程中，不少地方存在无序建设的问题，在浪费土地资源之余，环境污染、住房紧张、交通拥堵等“城市病”也如影随形。要坚持集约发展，按照框定总量、限定容量、提高质量的原则，科学划定开发边界，控制新区开发强度。加强新区的空间立体性、平面协调性、风貌整体性、文脉延续性等方面的设计，加强对历史文化古迹的保护与传承，留住新区传统的地域环境、文化特色、建筑风格等“基因”特色。统筹地上地下基础设施布局，促进城市地下空间开发利用，加强城市地下综合管廊建设，做到既重视面子，又重视里子。

3. 管理要“科学化”，注重规范高效。国家级新区新在先行先试，尤其是在管理体制和管理模式上要创新。在行政管理方面，赣江新区涉及南昌青山湖区、新建区和九江共青城市、永修县部分区域，下设 4 个组团，层级较多，就像调研报告中所提到的，办事需要两边汇报、两边协调、两边平衡，难免导致行政效率和管理效能较低等情况。现在，有不少管委会型的新区在行政管理体制上有很好的做法和经验，我们要积极学习借鉴，逐步完善赣江新区的管理体制和运行机制，构建大部制、扁平化、灵活高效、协调统一的行政管理体制。在城市管理方面，要不断完善管理和服务，充分整合区域内各类行政资源，探索形成协同管理、精简高效、权责一致的城市管理模式，让新区居民生活得更方便、更舒心、更美好。

二、统筹改革、开放、科技三大动力，着力增强赣江新区创新驱动能力

新区发展需要依靠改革、开放、科技三轮驱动，来解决制约新区科学发展的突出矛盾和深层次问题，培育新区创新驱动能力，不断增强新区持续发展能力。

1. 深化供给侧结构性改革。一方面，要围绕提升新区行政效能，深入推进“放管服”改革，进一步简政放权，加强事中事后监管，实现放管结合。探索推行行政审批事项目录清单、行政权力清单和责任清单管理模式，明确权力边界，落实责任主体。在新区开展“证照分离”先行先试，推进企业“多证合一、一照一码”登记制度改革，大幅度缩短企业从筹备开办到进入市场的时间，提高社会投资创业效率，为全省“证照分离”改革顺利实施提供可行经验，有效化解“领照容易、领证难”的矛盾，切实解决企业“准入不准营”的问题，并要切实加强过程管理。另一方面，要围绕劳动力、土地、资本、创新等要素，推动新区在供给侧结构性改革方面积极探索，使新区在化解产能过剩、降低企业成本、消化地产库存、防范金融风险等方面发挥示范带动作用。

2. 扩大全方位开放合作。坚持把扩大开放合作摆在突出位置，积极融入经济全球化，坚持开放带动战略，以开放促改革，以开放促发展，打造内陆地区重要开放高地。一要搭建

开放平台。充分依托南昌综合保税区、九江出口加工区、铁路物流园和综合交通枢纽等现有载体,推进“一区三口岸”等开放平台建设,打造内陆地区的国际陆港,积极融入“一带一路”建设,持续深化与长三角、珠三角、海西经济区的合作,加强与长江中游城市群的合作,推动赣江新区走出国内、走向国际,发挥在扩大对外开放合作中的窗口和支点作用。二要畅通开放通道。积极参与融入长江经济带海关区域通关一体化改革建设,推进智慧口岸建设,建立新区关检合作“三个一”和“一站式作业”新型大通关模式,力争在全省率先建成国际贸易“单一窗口”。三要优化开放环境。充分利用国际国内两个市场和两种资源,积极营造对接国际投资贸易通行规则的营商环境,推动贸易便利化,促进国内国际要素有序流动、资源高效配置、市场深度融合,不断提升对外开放水平。

3. 发挥科技创新引领作用。一个地方、一个企业要突破发展瓶颈,根本出路在创新,关键靠科技创新。赣江新区及周边聚集了江西3/5的科研机构,2/3的高等院校,70%以上的科研人员,创新能力和创新资源较为突出。新区要充分利用好这种优势,把科技创新摆在核心位置,以创新的思路和办法破解难题、推动工作。一要确立技术领跑战略,坚持走创新发展道路。创新是企业持续发展的不竭动力。要加强技术研发,强化企业创新主导地位,加大创新研发投入力度,着力打造研发机构,不断提高创新能力。二要坚持世界眼光、面向全国。以科研院所和高等院校为依托,以云计算、大数据、物联网等技术为手段,推进多层次科技创新平台建设,加快突破电子信息、生物医药、新能源、新材料、智能装备制造等领域的核心技术,催生一批具有引领性、带动性的尖端技术。三要创新人才引进、管理模式。强化创新激励,加大创新人才投入,在全球范围内引进创新人才,完善技术创新成果转化与分享机制,提高创新人才分享比例,允许创新人才通过员工持股等方式参与创新成果转化应用;完善与拓宽创新人才晋升通道,提高研发创新人员薪酬标准。四要注重推动科技成果转化。建立健全以技术交易市场为核心的技术转移和产业化服务体系,促进先进科技与产业深度融合,提高产业发展的科技含量,把新区打造成为以科技创新为核心的全面创新示范区,最大限度地释放创新潜能,激发创新创造活力。如广州南沙新区致力推进科技创新中心建设,着力打造珠三角创新发展的新引擎。2016年南沙新区全社会研发经费投入占地区生产总值比例达2.5%,建成国家和广东省、广州市认定工程中心、实验室70多家,国家高新技术企业80多家,广东省认定新型研发机构数量占广州市的25%。在成果转化方面,南沙新区实现高新技术产品产值1364.2亿元,占规上工业企业产值的47.63%。

三、统筹生产、生活、生态三大布局,着力促进赣江新区新型城镇化建设

新区作为城市拓展的新空间,要充分体现以人为核心的新型城镇化理念,遵循城市发展规律,合理布局好生产空间、生活空间、生态空间,促进生产空间集约高效、生活空间宜居适度、生态空间山清水秀。

1. 在生产空间上,要优化产业布局、加快产业集聚,促进产业迈向中高端。要培育壮大特色优势产业。在现有主导产业的基础上,通过引进增量、提升存量,不断增强产业综合实力,构建具有国际竞争力的现代产业体系。优化产业链条,通过各种平台,引进一批高科技产业项目,加强“造链”“补链”“强链”,形成较为完善的产业链条。坚持“互联网+”思维,改造提升传统产业,大力发展新兴产业,加快培育新产品、新技术、新模式、新业态,让产品

更有市场、企业更有竞争力、产业焕发新活力，打造中部地区乃至全国重要的战略性新兴产业和高技术产业基地。要加快发展现代服务业，完善产业配套，重点促进金融、电子商务、知识产权、研发设计、文化创意等现代服务业发展，推动生产性服务业向专业化和价值链高端延伸、生活性服务业向精细化和品质化转变，促进产业向中高端迈进。

2. 在生活空间上，要坚持产城融合、宜居宜业，打造现代化新城新区。国家级新区是新型城镇化的重要载体。要按照尊重自然、传承历史、绿色低碳的理念，优化新区城镇布局和形态，提升通透性和微循环能力，为新区居民创造宜居便捷的生活空间。坚持产业与城市融合发展，促进城镇发展与产业支撑、就业转移与人口集聚相统一，推动新型工业化和城镇化良性互动，促进产业发展与城市功能同步提升，形成以产兴城、以城促产，产城有机融合的发展格局。坚持城乡统筹发展，推进城乡规划、基础设施和基本公共服务一体化，提升基础教育、医疗卫生、文化体育、信息等公共服务水平，促进城乡公共资源均衡配置。科学规划建设一批特色小镇，打造城市特色风貌，提升新区城市品质和形象。改革完善城镇化发展体制，深化户籍、住房、土地、财税等制度改革，加快以人为核心的新型城镇化进程。

3. 在生态空间上，要坚持绿色发展理念，加快生态文明建设先行示范。坚持把生态文明理念融入新区建设发展各方面和全过程，探索生态文明建设新模式，提升新区发展新优势。一要加强生态环境保护。实施生态功能分区控制，依法划定河湖等水体保护线、绿地系统线、历史文化保护线、永久基本农田和生态保护红线，统筹流域上下游、干支流生态建设，在建设中保护、在保护中提升，构筑绿色生态重要屏障。二要形成绿色生产方式和生活方式。严格执行新建项目环保准入制度，坚持资源集约节约利用，促进新型工业化与绿色化深度融合，构建绿色化的能源结构和产业体系，打造一批低碳城镇、低碳园区、低碳企业、低碳社区。污染严重的企业应搬迁或改造提升。倡导节约适度、绿色低碳、文明健康的生活方式和消费模式，形成全社会共同参与生态文明建设的良好风尚。三要加快绿色金融改革创新试验区建设。今年6月，国务院批复同意赣江新区建设绿色金融改革创新试验区。这是给新区最大的“红包”。要以此为契机，充分利用政策优势，建立有利于绿色金融发展的正向激励机制，鼓励金融机构提供更多绿色金融产品和服务，拓宽绿色产业融资渠道。正像委员们在发言中所建议的那样，要大力发展绿色银行总部，外资银行可先设办事处，设立绿色债券、绿色产业发展基金等。探索建设环境权益交易市场，搭建绿色金融发展平台，培育绿色金融市场主体，引导资金流向绿色产业，形成新的经济发展动能和增长点。四要推进生态文明制度创新。完善环境治理和生态保护市场化机制，探索建立自然资源资产有偿使用、排污权交易、碳排放权交易、水权交易、用能权交易等制度，探索建立生态保护补偿制度，逐步形成源头严防、过程严管、后果严惩的生态文明制度体系，为打造美丽中国“江西样板”先行区提供有力保障。

四、统筹政策、市场、法治三大体系，着力营造支持赣江新区发展的良好氛围

新区要发展建设好，必须紧紧依靠政策体系、市场体系、法治体系作为坚实保障，以推动形成各方全力支持的良好氛围，为赣江新区加快发展聚合力、添助力。

1. 夯实政策支持。从国家到省里，已经出台了一系列支持赣江新区发展的政策，新区要用好这些政策“大礼包”，加快建设和发展。一是用好国家扶持政策。目前，赣江新区已

争取到人力资源服务产业园、绿色金融改革创新试验区、“双创”示范基地、国家循环经济示范试点等一批“国字号”牌子，正在申报共青城国家级高新区、国家服务贸易创新发展试点等，要充分利用好先行先试权和这些“国字号”牌子，既向上争取更多更好的政策支持，又促进这些政策转化为推动新区发展的“助推剂”。二是争取省里更大扶持。省委、省政府已出台了许多政策文件，省直有关单位也陆续出台了相关配套措施，新区要用好用足省里出台的这些政策措施，特别是加快推动《若干意见》30 条政策措施的有效落地。要继续统筹各项政策扶持，尤其是省直单位要在资金安排、项目布局、体制创新、用地管理等方面向新区倾斜，推动各类要素加快向新区集聚，各类资源加快向新区流动，为新区发展注入强大动力。三是营造良好氛围。建立激励和容错纠错机制，加大正向激励力度，鼓励干部敢于改革、善于创新，充分调动干部干事创业的积极性。要注意总结一些好的做法，建立常态化的宣传报道机制。

2. 发挥市场作用。进一步规范市场秩序，推行市场准入“负面清单”，清单之外领域，各类市场主体可依法平等进入，充分释放市场活力，发挥市场在资源配置中的决定性作用。加快推行现代流通方式，促进商品和服务的高效流转，逐步形成统一开放、竞争有序的现代市场体系，形成公平竞争的发展环境。加大政府向社会组织购买服务的力度，出台政府购买公共服务清单，推进政府公共服务供给方式的市场化、社会化改革。创新投融资机制，探索负面清单投资管理模式，按照“非禁即入”“非禁即准”原则，鼓励社会资本和外资参与新区建设发展。同时，要更好发挥政府在新区建设发展过程中宏观调控、产权保护、消除隐性壁垒、完善市场规则、健全服务体系等方面的作用。

3. 加强法治建设。由于赣江新区挂牌成立不久，在法治体系方面有待进一步完善。要在加快经济建设的同时，高度重视新区法治建设工作，就像调研报告中所提出的，可以借鉴其他新区的成熟做法，尽快制定赣江新区条例，为赣江新区持续健康较快发展提供有力的法治保障。要优化法律服务，探索建立新区法律顾问机制、国际仲裁机制，为新区开展工作提供专项法律服务，提高新区建设的规范化、法治化水平，尽最大努力释放制度红利。

在省政协十一届二十七次常委会议上的讲话

黄跃金

（2017年11月6日）

这次省政协常委会议的主题是深入学习贯彻中国共产党第十九次全国代表大会精神。10月18日至24日，十九大在北京举行。作为江西省代表团的一员，我有幸参加了十九大，聆听学习了习近平总书记所作的报告。十九大闭幕后，10月26日，中共江西省委召开全省领导干部会议进行了传达学习。10月30日至11月1日，全国政协召开十二届二十三次常委会议进行了传达学习。11月5日，中央宣讲团在江西举行了报告会。下面，我就这几次会议的学习和讨论情况，结合政协工作实际，就深入学习贯彻落实中共十九大精神，讲几点认识。

一、深刻领会中共十九大的历史地位和重大意义。中共十九大是在全面建成小康社会决胜阶段、中国特色社会主义进入新时代的关键时期召开的一次十分重要的大会。大会高举中国特色社会主义伟大旗帜，以马克思列宁主义、毛泽东思想、邓小平理论、“三个代表”重要思想、科学发展观、习近平新时代中国特色社会主义思想为指导，分析了国际国内形势发展变化，回顾和总结了过去五年的工作和历史性变革，作出了中国特色社会主义进入了新时代、我国社会主要矛盾已经转化为人民日益增长的美好生活需要和不平衡不充分的发展之间的矛盾等重大政治论断，深刻阐述了新时代中国共产党的历史使命，确立了习近平新时代中国特色社会主义思想的历史地位，提出了新时代坚持和发展中国特色社会主义的基本方略，确定了决胜全面建成小康社会、开启全面建设社会主义现代化国家新征程的目标，对新时代推进中国特色社会主义伟大事业和党的建设新的伟大工程作出了全面部署。这是一次不忘初心、牢记使命、高举旗帜、团结奋进的大会，在中国共产党历史上、中华人民共和国历史上、中华民族历史上都具有重要的里程碑意义。我理解，主要体现在：一是大会作出中国特色社会主义进入了新时代的重大论断，为我国发展标定了新的历史方位。二是大会把习近平新时代中国特色社会主义思想确立为党的指导思想，为坚持和发展中国特色社会主义提供了强大思想武器。这是十九大最大亮点和最重大历史贡献，实现了党的指导思想与时俱进。三是修改后的党章充分体现了十八大以来党的理论创新、实践创新、制度创新成果，充分体现了十九大报告确立的重大理论观点和重大战略思想。四是大会选举产生了新一届中央领导集体，为新时代中国特色社会主义发展提供了坚强领导。讨论时大家一致认为，以习近平同志为核心的新一届党中央，是一个体现全党意志、凝聚全党共识、反映人民期待，值得全党全军和全国各族人民充分信赖的领导集体；是一个承前启后、继往开来，充分体现当代中国共产党人风貌的领导集体；是一个朝气蓬勃、富有活力，能够引领承载着中国人民伟大梦想的航船的坚强领导集体。

二、深刻领会过去五年历史性成就和历史性变革。十八大以来是党和国家发展进程中极不平凡的五年。以习近平同志为核心的党中央科学把握当今世界和当代中国发展大势，顺应实践要求和人民愿望，举旗定向、运筹帷幄，以巨大的政治勇气和强烈的责任担当，团结带领全党全军全国各族人民，积极应对各种风险挑战，解决了许多长期想解决而没有解决的难题，办成了许多过去想办而没有办成的大事，党和国家事业取得历史性成就、发生历史性变革，集中体现在经济建设取得重大成就、全面深化改革取得重大突破、民主法治建设迈出重大步伐、思想文化建设取得重大进展、人民生活不断改善、生态文明建设成效显著、强军兴军开创新局面、港澳台工作取得新进展、全方位外交布局深入展开、全面从严治党成效卓著等十个方面，党的创造力、凝聚力、战斗力和领导力、号召力显著增强，国家经济实力、科技实力、国防实力、综合国力、国际影响力和人民获得感显著提升，极大地增强了全党全国人民的自信心和自豪感。五年来的成就是全方位的、开创性的，五年来的变革是深层次的、根本性的。过去五年取得的历史性成就和发生的历史性变革，根本在于我们党有以习近平同志为核心的党中央的坚强领导，有习近平新时代中国特色社会主义思想科学指引，有习近平总书记作为党的领袖的雄才大略、掌舵领航。

三、深刻领会中国特色社会主义进入了新时代的重大政治论断。中国特色社会主义进入新时代是贯穿十九大报告的一条主线。新时代我国社会主要矛盾已经转化为人民日益增长的美好生活需要和不平衡不充分的发展之间的矛盾。这个新时代，是承前启后、继往开来、在新的历史条件下继续夺取中国特色社会主义伟大胜利的时代，是决胜全面建成小康社会、进而全面建设社会主义现代化强国的时代，是全国各族人民团结奋斗、不断创造美好生活、逐步实现全体人民共同富裕的时代，是全体中华儿女勠力同心、奋力实现中华民族伟大复兴中国梦的时代，是我国日益走近世界舞台中央、不断为人类作出更大贡献的时代。报告用“三个意味着”揭示了新时代的丰富内涵：一是意味着近代以来久经磨难的中华民族迎来了从站起来、富起来到强起来的伟大飞跃，迎来了实现中华民族伟大复兴的光明前景；二是意味着科学社会主义在二十一世纪的中国焕发出强大生机活力，在世界上高高举起了中国特色社会主义伟大旗帜；三是意味着中国特色社会主义道路、理论、制度、文化不断发展，拓展了发展中国家走向现代化的途径，给世界上那些既希望加快发展又希望保持自身独立性的国家和民族提供了全新选择，为解决人类问题贡献了中国智慧和中国方案。

四、深刻领会新时代中国共产党的历史使命。实现中华民族伟大复兴是近代以来中华民族最伟大的梦想。中国共产党一经成立，就把实现共产主义作为党的最高理想和最终目标，义无反顾肩负起实现中华民族伟大复兴的历史使命，团结带领人民进行了艰苦卓绝的斗争，谱写了气吞山河的壮丽史诗。今天，我们比历史上任何时期都更接近、更有信心和能力实现中华民族伟大复兴的目标。中华民族伟大复兴，绝不是轻轻松松、敲锣打鼓就能实现的，必须准备付出更为艰巨、更为艰苦的努力。报告指出，实现伟大梦想，必须进行伟大斗争、建设伟大工程、推进伟大事业。这“四个伟大”，紧密联系、相互贯通、相互作用，其中起决定性作用的是党的建设新的伟大工程。推进伟大工程，要结合伟大斗争、伟大事业、伟大梦想的实践来进行，确保党在世界形势深刻变化的历史进程中始终走在时代前列，在应对国内外各种风险和考验的历史进程中始终成为全国人民的主心骨,在坚持和发展中国特色社会主义的历史进程中始终成为坚强领导核心。我理解,这“四个伟大”是对中国共产党初心和使命的庄严宣示,也是对中国共产党人情怀和追求的庄重展示。只有进行伟大斗争,才能为实现伟大梦想排除一切困难和障碍;只有推进伟大工程,不断增强党的政治领导力、思想引领力、群众组织力、社会号召力,才能为实现伟大梦想提供坚强政治保证;只有始终坚持和发展中国特色社会主义,才能为实现伟大梦想铺就康庄大道。“四个伟大”相互关联、相辅相成,构成具有内在逻辑关联的有机整体,统一于新时代党和国家全部事业发展的伟大实践,贯穿于新时代中国特色社会主义全过程。只要毫不动摇坚持和完善党的领导,毫不动摇把党建设得更加坚强有力,始终成为坚强领导核心,中国共产党就一定能肩负起新时代的历史使命,为中华民族作出新的伟大历史贡献。

五、深刻领会习近平新时代中国特色社会主义思想的科学内涵。中共十八大以来,习近平同志坚持解放思想、实事求是、与时俱进、求真务实,坚持辩证唯物主义和历史唯物主义,紧密结合新的时代条件和实践要求,以全新的视野深化对共产党执政规律、社会主义建设规律、人类社会发展规律的认识,进行艰辛理论探索,取得重大理论创新成果,创立了习近平新时代中国特色社会主义思想。习近平新时代中国特色社会主义思想是马克思主义中国化的最新成果,是党和人民实践经验和集体智慧的结晶,是中国特色社会主义理论体系的重要组成部分,是全党全国人民为实现中华民族伟大复兴而奋斗的行动指南,必须长期坚持并不断发展。报告用“8 个明确”揭示了习近平新时代中国特色社会主义思想的科学内涵,用“14 个坚持”概括了新时代坚持和发展中国特色社会主义的基本方略,回答了新时代坚持和发展中国特色社会主义的总目标、总任务、总体布局、战略布局和发展方向、发展方式、发展动力、战略步骤、外部条件、政治保证等重大问题,是对党的十八大以来取得的全方位、开创性成就和深层次、根本性变革的经验总结与思想升华,彰显了党与时俱进、理论创新的品格伟力。我理解,要把握好习近平新时代中国特色社会主义思想的五个鲜明特点:一是继承性。习近平新时代中国特色社会主义思想是对马克思列宁主义、毛泽东思想、邓小平理论、“三个代表”重要思想、科学发展观的继承和发展,实现了马克思主义中国化的新飞跃。二是系统性。习近平新时代中国特色社会主义思想是对“新时代坚持和发展什么样的中国特色社会主义、怎样坚持和发展中国特色社会主义”这个重大时代课题的系统回答,是一个完整的科学理论体系。三是实践性。实践是检验真理的唯一标准。习近平新时代中国特色社会主义思想坚持问题导向,以解决问题为己任,着力聚焦和解决当代中国面临的一系列重大现实问题,解决了许多长期想解决而没有解决的难题,办成了许多过去想办而没有办成的大事,五年来的历史性成就充分证明习近平新时代中国特色社会主义思想对我国经济社会发展具有巨大指导和推动作用。四是创新性。许多重要理论、重要论断、重要方略等都是根据新形势、新任务、新目标不断创新,与时俱进。五是时代性。习近平新时代中国特色社会主义思想站在时代前列,指引着新时代的前进方向,开辟了中国特色社会主义的最新境界。

六、深刻领会新时代中国特色社会主义发展的战略安排。从十九大到二十大,是“两个一百年”奋斗目标的历史交汇期。既要全面建成小康社会、实现第一个百年奋斗目标,又要乘势而上开启全面建设社会主义现代化国家新征程,向第二个百年奋斗目标进军。报告提出了从 2020 年到本世纪中叶 30 年分两步走的战略安排,即从全面建成小康社会到基本实现社会主义现代化，再到全面建成富强民主文明和谐美丽的社会主义现代化强国。这对于动员全党全国人民万众一心奋力夺取新时代中国特色社会主义伟大胜利、实现中华民族伟大复兴中国梦具有重大意义。要立足新时代，把握新目标，坚忍不拔，锲而不舍，朝着十九大确定的宏伟目标奋勇前进。

七、深刻领会新时代中国特色社会主义发展的重大部署。报告深刻把握中国特色社会主义进入了新时代的发展特点，从建设现代化经济体系、发展社会主义民主政治、推动社会主义文化繁荣兴盛、提高保障和改善民生水平、建设美丽中国等方面，就推进社会主义经济建设、政治建设、文化建设、社会建设和生态文明建设等重大任务作出重大部署。这是习近平新时代中国特色社会主义思想和基本方略在各个领域的具体展开，是我们党积极应对新时代社会主要矛盾变化、统筹推进“五位一体”总体布局和“四个全面”战略布局的重大举措，顺应了新形势下人民群众过上美好生活的热切期待，为做好各项工作提出了明确要求。要按照十九大的部署要求，深入贯彻新发展理念，围绕统筹推进经济、政治、社会、文化和生态文明建设建言献策，为推动我省改革发展事业凝心聚力。

八、深刻领会新时代党的建设的总要求。坚持党的领导，坚持党要管党、全面从严治党，是进行伟大斗争、推进伟大事业、实现伟大梦想的根本保证，也是中国共产党紧跟时代前进步伐、始终保持先进性和纯洁性的必然要求。报告明确提出了新时代党的建设总要求，强调坚持和加强党的全面领导，坚持党要管党、全面从严治党，以加强党的长期执政能力建设、先进性和纯洁性建设为主线，以党的政治建设为统领，以坚定理想信念宗旨为根基，以调动全党积极性、主动性、创造性为着力点，全面推进党的政治建设、思想建设、组织建设、作风建设、纪律建设，把制度建设贯穿其中，深入推进反腐败斗争，不断提高党的建设质量，把党建设成为始终走在时代前列、人民衷心拥护、勇于自我革命、经得起各种风浪考验、朝气蓬勃的马克思主义执政党。这充分展现了我们党对于全面从严治党的战略思考，体现了始终从严管党治党的坚强决心和责任担当。要深刻认识新时代中国特色社会主义对我们党自身建设提出的新要求，坚持把党的政治建设摆在首位，以“永远在路上”的韧劲和定力，推动全面从严治党向纵深发展。

九、结合政协实际，抓好中共十九大精神的学习贯彻落实。

学习贯彻中共十九大精神是当前和今后一个时期全省各级政协组织和广大政协委员的首要政治任务。大家要以高度的政治责任感、强烈的历史使命感、紧迫的工作责任感，认真深入地学习贯彻十九大精神，自觉把思想统一到十九大精神上来，把力量凝聚到十九大确定的目标任务上来，推动我省人民政协事业不断发展。

1. 在学懂弄通做实上下功夫，迅速兴起学习贯彻十九大精神的热潮。一是要学懂。十九大提出了许多新理念、新论断，确定了许多新任务、新举措，要多思多想，努力掌握十九大精神的政治意义、历史意义、理论意义、实践意义。要读原著、学原文、悟原理，注重采取理论和实践、历史和现实、当前和未来相结合的方法，把每一点都领会深、领会透。要按照《中共中央关于认真学习宣传贯彻党的十九大精神的决定》要求，做到“六个聚焦”：把学习着力点聚焦到习近平新时代中国特色社会主义思想是党必须长期坚持的指导思想上，聚焦到五年来党和国家事业取得历史性成就和发生历史性变革上，聚焦到作出中国特色社会主义进入了新时代、我国社会主要矛盾已经转化为人民日益增长的美好生活需要和不平衡不充分的发展之间的矛盾等重大政治论断的深远影响上，聚焦到贯彻落实十九大的重大决策部署上，聚焦到以习近平同志为核心的新一届中央领导集体是深受全党全国各族人民拥护和信赖的领导集体上，聚焦到习近平总书记是全党拥护、人民爱戴、当之无愧的党的领袖上。二是要弄通。要联系地而不是孤立地、系统地而不是零散地、全部地而不是局部地理解十九大精神，把学习贯彻十九大精神同学习马克思主义基本原理贯通起来，同伟大斗争、伟大工程、伟大事业、伟大梦想的历史使命贯通起来，同十九大作出的各项战略部署贯通起来。三是要做实。清谈误国、实干兴邦，一分部署、九分落实。要把学习贯彻十九大精神转化为政协履职实践，围绕“五位一体”总体布局和“四个全面”战略布局，围绕中央决策部署和省委、省政府中心工作，瞄准重点，补短板、强弱项，紧扣打好防范化解重大风险、精准脱贫、污染防治三大攻坚战等协商议政、献计献策。要大兴调查研究之风，坚持问题导向、目标导向，扑下身子、沉到一线，迈开步子、走出院子，到车间码头、到田间地头，问计于基层，问计于百姓，求知于实践，努力发现问题、研究问题、分析问题，做到宏观超前、注重实效。

2. 深入学习贯彻习近平新时代中国特色社会主义思想，巩固共同思想政治基础，加强委员队伍建设。要坚持用习近平新时代中国特色社会主义思想武装头脑、指导实践、推动工作，不断增强学习贯彻的自觉性和坚定性，全面贯彻党的基本理论、基本路线、基本方略，增强政治意识、大局意识、核心意识、看齐意识，坚定道路自信、理论自信、制度自信、文化自信，在思想上同心，在目标上同向，在行动上同行。要加强委员队伍建设，提高政治把握能力、调查研究能力、合作共事能力、联系群众能力、廉洁自律能力，全面增强履职本领，努力做到懂政协、会协商、善议政和守纪律、讲规矩、重品行，发挥在政协工作中的主体作用、本职工作中的带头作用、界别群众中的代表作用。

3. 充分发挥政协作为协商民主重要渠道和专门协商机构作用。政协是具有中国特色的制度安排，是社会主义协商民主的重要渠道和专门协商机构。有事好商量，众人的事情由众人商量，是人民民主的真谛。要坚持党的领导、人民当家作主、依法治国有机统一，围绕团结和民主两大主题，把协商民主贯穿政治协商、民主监督、参政议政全过程，着力增进共识、促进团结。要健全以政协全体会议为龙头，以常委会议专题协商为重点，以专题协商座谈会、对口协商座谈会、界别协商座谈会、提案办理协商座谈会等为常态的协商议政格局。要加强和改进人民政协民主监督工作，充分发挥协商式监督特色优势，重点监督党和国家重大方针政策和重要决策部署贯彻落实，确保真正监到点子上、督到关键处。要贯彻落实中共十九大关于巩固和发展最广泛的爱国统一战线的战略部署，充分发挥统一战线组织功能作用，高举爱国主义、社会主义旗帜，牢牢把握大团结大联合的主题，坚持一致性和多样性统一，找到最大公约数，画出最大同心圆。

现在是11月上旬，2017年的工作即将收官，本届省政协任期也将结束，工作任务仍然十分繁重。一要完成好今年各项工作任务。认真对照党组工作要点、协商工作计划和重点任务分工安排，抓好落实，全面完成今年各项工作任务。二要做好本届省政协工作的总结。深入总结本届省政协在履职成效、工作举措、制度机制等方面的有益探索和经验做法，深化对新形势下人民政协事业发展的规律性认识。三要谋划好明年重点工作。要围绕十九大作出的战略部署和省委提出的工作要求，认真谋划明年调研协商的重点议题和履职重点工作。四要认真做好省政协十二届一次会议筹备工作。早谋划、早部署，注重工作改进和创新，提高服务质量，精心组织，周密部署，确保大会圆满顺利召开。

在省政协十一届二十八次常委会议上的讲话

黄跃金

（2017 年 11 月 28 日）

这次省政协常委会议，主题是深入学习贯彻中共十九大精神，围绕“加快我省国家生态文明试验区建设”协商议政。昨天上午，郑为文同志作了讲话，帮助我们全面了解我省国家生态文明试验区建设情况，深化了对相关问题的认识。孙菊生副主席就调研报告作了说明，在孙菊生副主席的率领下，调研组深入 9 市 20 余县开展调研，坚持上下联动，组织全省 100 个县（市、区）政协开展协作调研，并学习借鉴外省经验做法，形成了这个调研报告。大家普遍反映，这是一个深入调研、直面问题、建议可行的调研报告。省委有关部门、省直有关单位负责同志参加了会议，面对面听取委员意见建议；6 位同志作了大会发言。昨天下午进行了分组讨论，大家围绕会议主题，提出了许多真知灼见，为群同志作了归纳和汇报。会后，请省政协人资环委认真整理大家的意见，进一步充实完善调研报告，尽快转化成《建议案》报送省委、省政府。会议通过了有关人事事项。经过大家的共同努力，会议圆满完成了各项议程，开得顺利。下面，我结合大家的发言和讨论情况，就这次会议的主题谈点认识，与大家交流。

一、深刻领会中共十九大对生态文明建设作出的重大部署，充分认识加快生态文明建设的重要意义，建设生态文明，关系人民福祉，关乎民族未来

十九大报告对生态文明建设作出了重大部署，提出了一系列新思想、新要求、新目标和新部署（在新思想方面，将坚持人与自然和谐共生作为新时代坚持和发展中国特色社会主义的基本方略重要内容，提出生态文明建设是中华民族永续发展的千年大计、人与自然是生命共同体等重要论断。在新要求方面，明确我国社会主要矛盾已经转化为人民日益增长的美好生活需要和不平衡不充分的发展之间的矛盾，我们要建设的现代化是人与自然和谐共生的现代化。在新目标方面，提出到 2020 年，坚决打好污染防治攻坚战；到 2035 年，生态环境根本好转，美丽中国目标基本实现；到本世纪中叶，建成富强民主文明和谐美丽的社会主义现代化强国。在新部署方面，提出推进绿色发展、着力解决突出环境问题、加大生态系统保护力度、改革生态环境监管体制），把生态文明建设提升到前所未有的新高度，为推动形成人与自然和谐发展现代化建设新格局、建设美丽中国提供了根本遵循和行动指南，也

为我省打造美丽中国“江西样板”指明了方向和路径(比如,报告共提到了43处“生态”,15处“绿色”,12处“生态文明”,8处“美丽”等。十九大报告堪称最生态、最绿色、最美丽的党代会报告)。要深刻领会十九大对生态文明建设作出的重大部署,充分认识加快生态文明建设的重要意义,积极围绕推进我省国家生态文明试验区建设持续献计出力,助推形成节约资源和保护环境的空间格局、产业结构、生产方式、生活方式、保障体系、制度体系,努力走出一条具有江西特色的生态文明建设新路子。我认为,可以从以下几个方面理解把握。

1.要从中华民族永续发展“千年大计”来认识生态文明建设的重要性。十九大报告明确指出,“建设生态文明是中华民族永续发展的千年大计”。改革开放以来,我国经济持续高速增长,取得了举世瞩目的成就,但同时也带来了很大的资源环境压力,生态环境已成为国家发展的短板、人民生活的痛点。虽然过去五年来生态文明建设成效显著,不仅国内生态环境状况得到改善,而且我国已成为全球生态文明建设的重要参与者、贡献者、引领者,但“生态环境保护任重道远”,生态环境供给与需求的矛盾仍然突出,环境问题仍频发多发,时刻敲响着警钟。缓解生态环境压力,非一朝期之功,需要进行持续不断的努力,所以,上升为“千年大计”。

2.要从社会主要矛盾转化来认识生态文明建设的重要性。十九大报告指出,“我们要建设的现代化是人与自然和谐共生的现代化,既要创造更多物质财富和精神财富以满足人民日益增长的美好生活需要,也要提供更多优质生态产品以满足人民日益增长的优美生态环境需要。”也就是说,不仅要创造更多的物质和精神产品,而且要提供更多的优质生态产品,来满足人民日益增长的对美好生活,特别是对美丽环境的需求。随着社会发展和人民生活水平提高,人们对干净的水、清新的空气、安全的食品、优美的环境要求越来越高。老百姓过去“盼温饱”,现在是“盼环保”;过去“求生存”,现在是“求生态”。人们希望安居、乐业、增收,也希望天更蓝、山更绿、水更清、环境更优美。

3.要从国家现代化战略目标来认识生态文明建设的重要性。十九大报告将“美丽”纳入国家现代化战略目标之中,提出到本世纪中叶,“把我国建成富强民主文明和谐美丽的社会主义现代化强国”,“我国物质文明、政治文明、精神文明、社会文明、生态文明将全面提升”。在原来的“富强民主文明和谐”基础上增加了“美丽”二字,实现了把美丽中国与中国梦紧密结合起来,美丽中国成为我国实现到2035年、2050年奋斗目标的必要条件,成为全国各族人民的共同追求。到此,奋斗目标中就正好包含了“五位一体”总体布局的全部内容。只有将生态文明建设目标纳入国家现代化战略目标,才能确保各方持续重视生态文明建设。

4.要从人与自然和谐共生的高度来认识生态文明建设的重要性。十九大报告将“坚持人与自然和谐共生”作为新时代坚持和发展中国特色社会主义的14条基本方略之一,充分体现了社会主义生态文明观的新境界。人与自然是不可分割的共同体。人类必须尊重自然、顺应自然、保护自然。人类只有遵循自然规律才能有效防止在开发利用自然上走弯路。报告强调,必须树立和践行绿水青山就是金山银山的理念,像对待生命一样对待生态环境,将科学处理人与自然的关系作为中国特色社会主义的题中要义,是马克思主义生态思想的一大创新。特别是首次提出“社会主义生态文明观”,从价值、理念层面对生态文明建设提供了支撑。

绿色生态是江西最大财富、最大优势、最大品牌。今年10月,中办、国办印发了《国家生态文明试验区(江西)实施方案》,这既是中央赋予江西的重大使命,也是我省推进绿色崛起的重大机遇。我们要坚持对标十九大关于生态文明建设的新方针新任务,以习近平新时代中国特色社会主义思想为指引,充分认识生态文明建设是功在当代、利在千秋的大事,以对人民群众、对子孙后代高度负责的态度,下决心把生态环境保护好、建设好、治理好,使青山常在、清水长流、空气常新。

二、加快构建绿色、低碳、循环并行的绿色产业体系,着力推进绿色发展

十九大报告关于生态文明建设的第一条举措路径就是推进绿色发展。结合我省实际,就是要深入贯彻绿色发展要求,牢固树立绿色发展理念,加大科技创新力度,加快产业转型升级,构建绿色产业体系,推动形成绿色发展方式,把生态优势转化为经济优势。

1. 以创新为引领,加大科技创新力度。要坚持创新引领,加大科技创新力度,推动产业发展模式向绿色化、智能化、信息化转变。加快绿色技术推广应用,有针对性地引导重点产业升级,促进传统优势产业提质增效,推进传统制造业清洁化生产、循环化改造、资源综合化利用,从源头上推动传统产业实现绿色转型,减少资源消耗、污染排放。大力发展智能制造技术、产品和服务,推进工业设备智能化、制造方式智能化、产品智能化、管理和服务智能化,以智能制造加快推动产业升级。

2. 推动新兴产业培育壮大。坚持把“生态+”理念融入产业发展全过程,大力开发绿色农业、绿色工业、绿色服务业等,积极培育新产业、新产品、新商业模式、新服务。结合我省实际,发展特色农业、生态农业、休闲农业、品牌农业,推进农业绿色化发展。大力发展节能环保产业、清洁生产产业、清洁能源产业,培育和引进一批节能环保装备研发、制造企业。积极发展生态旅游、健康养老、休闲度假等现代服务业。加快发展绿色金融,依托赣江新区绿色金融改革创新试验区建设平台,发展绿色信贷、绿色债券、碳金融等绿色产品,健全多层次的绿色金融服务体系,推动更多实体经济向绿色转型。把生态资源保护利用与脱贫攻坚相结合,推行“生态保护+产业发展”模式,建立绿色创业扶贫基金,大力发展林下经济、生态旅游、扶贫电商等生态产业,增强贫困地区和贫困群众的自我发展能力,让贫困群众从生态文明建设中得到更多实惠。

3. 推动资源节约集约利用。资源开发利用既要支撑当代人过上幸福生活,也要为子孙后代留下生存根基。要树立节约集约循环利用的资源观,降低能耗、物耗,实现生产系统和生活系统循环链接,用最少的资源环境代价取得最大的经济社会效益。加强清洁生产、污染治理、生态修复等领域的技术创新和推广。大力发展循环经济,深入实施资源综合利用、再生资源回收,积极推行企业循环式生产、产业循环式组合、园区循环式改造,提高全社会资源产出率,形成绿色低碳循环发展新优势。

三、加快构建政府、企业、社会共同参与的环境治理体系,着力解决突出环境问题

十八大以来,习近平总书记多次强调,加快构建政府企业公众共治的绿色行动体系。十九大报告更是鲜明提出,着力解决突出环境问题,构建政府为主导、企业为主体、社会组织和公众共同参与的环境治理体系。当前环境形势严峻,生态文明建设任重道远,需要政

府、企业、社会公众共同参与，合力打好污染防治攻坚战，解决好突出环境问题。

1. 对政府层面来讲，就是要形成绿色领导方式。绿色领导是绿色发展的前提。要践行绿色发展理念，形成绿色领导思维，提高绿色发展能力，做到懂生态、爱环境，成为生态保护的积极倡导者和践行者。政府是环境监管主体，也是公共服务的主要提供者，要构建全面开放、政策完善、监管有效、规范公平的绿色公共服务体系，为社会提供绿色制度、绿色政策、绿色产品和绿色服务，履行好监管职责和引导作用。要完善公共财政支持政策，建立与经济发展水平相适应、相协调的生态文明建设公共财政投入增长机制，为生产生态产品提供有力支持，充分调动经营主体生产积极性。要完善基础设施投入政策，提高环保基础设施建设的标准，加强城市和工业园区污水处理设施及配套管网建设，改进农村生活污水处理模式。要完善金融和税收扶持政策，建立健全鼓励绿色产业发展的支持政策，对生态产业给予扶持，完善生态产业贷款财政贴息、保险保费财政补贴、税收优惠减免政策。

2. 对企业层面来讲，就是要形成绿色生产方式。企业是市场经济的主体，其生产方式对环境的影响最直接，影响程度也最大。企业要牢固树立"节约资源就是最佳效益、保护环境就是最好发展"的理念，在生态保护中担当主体责任，建设资源节约型、环境友好型企业，走出一条经济效益、生态效益与社会效益相统一的绿色发展之路。积极开发绿色产品，加强绿色标识管理，在生产过程中，以节能、降耗、减污、降噪、降碳为目标，提升企业工艺、装备、能效水平，加快构建科技含量高、资源消耗低、环境污染少的产业结构和生产方式，实现生产方式绿色化。充分运用"互联网＋"模式，打造线上线下的绿色产品营销模式，推行绿色供应链管理，大幅减少生产和流通过程中的能源资源消耗和污染物排放。

3. 对社会公众层面来讲，就是要形成绿色生活方式。习近平总书记指出："生态文明建设同每个人息息相关，每个人都应该做践行者、推动者。"要坚持从我做起，以节约资源保护环境为荣、以浪费资源破坏环境为耻，养成自然、环保、节俭、健康的生活习惯，影响并带动身边更多的人贯彻绿色理念、践行绿色实践，推动全社会逐步形成勤俭节约、绿色低碳、文明健康的生活方式和消费模式。要弘扬绿色文化，把生态文明宣传教育纳入社会主义核心价值观体系，引导人们牢固树立社会主义生态文明观，形成崇尚绿色发展、生态文明的新风尚。总而言之，环境是我们每个人的环境，生态是我们每个人的生命。保护生态环境，政府有职责、企业有责任、公众有义务，只有政府的领导方式绿色化、企业的生产方式绿色化、公众的生活方式绿色化，才能令大地更绿，天空更蓝，生活更美，还自然以宁静、和谐、美丽。

四、加快构建保护、治理、修复并举的生态安全屏障体系，着力加强生态系统保护

十九大报告提出，实施重要生态系统保护和修复重大工程，优化生态安全屏障体系。如何来构建这个屏障体系呢？我理解，就是要坚持保护、治理、修复"三道防线"并举，筑牢生态安全屏障，切实保护好青山绿水。

1. 加大生态保护力度。十九大报告明确提出，必须坚持节约优先、保护优先、自然恢复为主的方针。要加大生态保护力度，守住生态保护红线、永久基本农田、城镇开发边界三条控制线，优化生产空间、生活空间、生态空间，健全资源总量管理和全面节约制度，加快推行"多规合一"，实现国土空间集约、高效、可持续利用。要完善天然林保护制度，扩大退耕还林还草。要严格保护耕地，积极推行轮作休耕，健全耕地草原森林河流湖泊休养生息制度。

2. 加大生态治理力度。要从源头防治，着力解决突出环境问题，强调山水林田湖草生命共同体的完整性和系统性，坚决打赢污染防治攻坚战。一要着力抓好大气污染治理。建立大气污染预警预案系统，重点抓好工业园区的污染治理、施工及扬尘整治、农业秸秆禁烧、机动车达标排放监测等防治工作。要加大对扬尘的治理力度，重点推进市政、建筑和拆迁、园林绿化等施工扬尘防治工作，加强扬尘治理执法监管，推动落实建设单位、施工单位、监理单位和渣土运输单位等责任主体的责任，推动扬尘治理工作有力有效。加大农业秸秆综合利用和禁烧工作力度，在努力消除路边、沟内秸秆废弃及田间焚烧现象的同时，强调秸秆的综合利用，采取多种措施，推动形成秸秆发电、秸秆炭化、秸秆还田、秸秆代木等综合利用模式，实现传统利用向高效利用转变，单一利用向商品化、系列化、产业化综合利用转变，有效解决因秸秆露天焚烧引起的大气污染问题，促进资源节约，保护生态环境。二要大力推进水污染防治。严格执行生态保护红线制度，加大流域治理的力度，禁止江河源头区发展规模化畜禽养殖，禁止向“五河一湖”及东江源头保护区超标排放污水。加大河流断面水质污染整改，建立以流域为单元的水环境综合治理体系，建立覆盖全流域重点污染源、排污口的在线监测系统，推动水环境综合整治，坚决消灭劣Ⅴ类水，保障水环境安全。三要夯实农村环境基础。十九大报告强调实施乡村振兴战略，提出要加强农业面源污染防治，开展农村人居环境整治行动。要积极开展农村人居环境整治行动，加大村庄整治力度，加大对农业农村污染防治的工作力度，推进化肥、农药减量使用，加强畜禽养殖废弃物综合利用，加快农村生活污水和垃圾处理等环保设施建设，加大农村生活污水、生活垃圾处理力度，鼓励农村生活垃圾分类和资源化利用，切实降低生活污染，推动农村人居环境明显改善。同时，要积极参与国际环境治理行动。

3. 加大生态修复力度。要加大重要生态保护区、水源涵养区、江河源头区的生态修复和保护力度。加快山体修复，着重加强对山体自然风貌的保护，在保障安全和生态功能的基础上，探索多种山体修复利用模式。开展水体修复，系统开展江河、湖泊、湿地等水体生态修复，增强水体自净能力，让良好生态环境成为人民生活的增长点、成为经济社会持续健康发展的支撑点、成为展现良好形象的发力点。通过从保护到修复，补齐生态短板。

五、加快构建体制、机制、法治并重的生态文明制度体系，着力保障生态文明建设

习近平总书记多次强调：“只有实行最严格的制度、最严密的法治，才能为生态文明建设提供可靠保障。”建设生态文明，是一场涉及生产方式、生活方式、思维方式和价值观念的革命性变革。实现这样的变革，必须依靠制度和法治。只有构建更加完善、更加科学的制度体系，才能更好地走向生态文明新时代。

1. 要推进生态文明体制改革。生态文明体制改革是全面深化改革的一项重要内容，十八大以来的五年，是我国生态文明体制改革密度最高、推进最快、力度最大、成效最多的五年，生态文明体制发生了历史性变革。十九大报告鲜明提出加快生态文明体制改革，并把改革生态环境监管体制作为重中之重，强调加强对生态文明建设的总体设计和组织领导，设立国有自然资源资产管理和自然生态监管机构，完善生态环境管理制度，统一行使全民所有自然资源资产所有者职责，统一行使所有国土空间用途管制和生态保护修复职责，统一行使监管城乡各类污染排放和行政执法职责。这项体制改革的部署契合了山水林田湖

草“生命共同体”系统保护的需要，体现了生态系统的综合性和监管的综合性，可以克服以往多头监管和“碎片化”监管问题，做到归属清晰、权责明确、监管有效。

2. 要注重生态文明机制创新。生态文明机制创新是国家生态文明试验区建设的一项重要任务和内容。一是健全完善生态保护补偿机制。健全让生态损害者赔偿、受益者付费、保护者得到合理补偿的机制，探索多种形式的生态补偿机制，引导生态受益地区与保护地区之间、流域上游与下游之间，通过资金补助、产业转移、人才培训、共建园区等方式实施补偿。二是建立完善市场化机制。在生态文明建设过程中，既要发挥政府作用，更要完善市场化机制，发挥好市场作用。要创新生态文明建设投融资机制，积极引入社会资本，培育环境治理和生态保护市场主体。要推行政府购买服务、环境污染第三方治理、合同能源管理和合同节水管理等新模式，推进污水垃圾处理设施运营管理单位向独立核算、自主经营的企业转变。要推进市场化改革，完善自然资源资产价格形成机制，统筹推进排污权、碳排放权、水权、用能权等市场交易机制建设，促进各类环境资源有序流动、高效配置。要进一步改革和完善生态环境保护的特许经营制度和特许保护制度，消除实行政府和社会资本合作模式的制度障碍，不断提高市场机制的效力与活力。三是严格实施生态评价考核和问责机制。把资源消耗、环境损害、生态效益等指标纳入经济社会发展综合考核评价体系，增加生态文明建设考核权重，强化指标约束，并根据区域主体功能定位实行差别化的考核制度。要严格问责，以“零容忍”的态度，对生态环保工作的事前、事中与事后，进行预防监控，开展领导干部自然资源资产离任审计，用好责任追究这根“指挥棒”，以压力层层传导的方式，使责任落实成为生态文明建设的重要保障，促使领导干部提高保护环境的主动性和自觉性。

3. 要加强生态文明法治保障。要树立“绿色”法治思维，用法治思维和法治方式谋划推进绿色发展，推动生态文明建设纳入法治化轨道。一要建立健全生态文明相关法律法规。坚持立法先行，建立有效约束开发行为和促进绿色循环低碳发展的生态文明法律体系，加强重点流域和重点区域生态环境保护立法，完善大气、水、土壤、森林、湿地保护、节约能源资源、矿区和库区生态修复等方面的地方性法规规章，在立法工作中着力解决人民群众最关心最现实最直接的生态破坏、公众利益受损问题，使立法工作引领推动生态文明建设。二要加大执法力度。坚持以问题为导向，着力解决涉及群众切身利益的突出环境问题，增加人民群众在生态文明建设中的获得感。要坚持日常巡查、突击检查、随机抽查和区域联合执法、跨地区交叉执法等相结合，继续保持环境执法严管高压态势，对环境违法行为实施“零容忍”。三要加大司法保护力度。充分发挥公、检、法等司法机关的职能作用，依法惩治涉环保类案件，严厉打击破坏环境资源犯罪，为加快推进生态文明建设与绿色发展提供公正、高效的司法服务和保障。

在省政协十一届第五十四次主席会议上的讲话

黄跃金

（2017 年 6 月 14 日）

为贯彻落实中办发〔2017〕13 号文件精神，按照省委的要求，结合我省实际，省政协在广泛征求各方面意见的基础上，代拟了《中共江西省委关于加强和改进人民政协民主监督工作的实施意见》。5 月 19 日，省委第 18 次常委会议审议通过了《实施意见》并于近日印发。鹿心社书记就加强和改进政协民主监督工作提出了把握定位、突出重点、增强实效等三点明确要求。学习贯彻好中办发〔2017〕13 号、赣发〔2017〕10 号文件，对于推进我省人民政协民主监督工作具有重要意义。下面，我就学习贯彻两个重要文件精神谈几点认识和体会。

一、充分认识加强和改进人民政协民主监督工作的重大意义

今年 2 月，中共中央办公厅印发了《关于加强和改进人民政协民主监督工作的意见》，这是中共中央颁发的第一个关于加强和改进人民政协民主监督工作的专门文件，是新时期做好人民政协民主监督工作的经验总结、理论概括和制度创新，是深入贯彻以习近平同志为核心的中共中央对人民政协民主监督提出的新思想新观点新要求的重要体现，是深入推进人民政协履职制度建设的重大举措。《意见》对人民政协民主监督的重要意义、总体要求、主要内容、监督形式、工作程序、工作机制和加强党的领导等内容，提出了明确要求，为我们更好地开展民主监督工作提供了依据和遵循。面对新形势新任务，进一步发挥人民政协民主监督的独特优势和重要作用，对于推进党和政府科学决策、民主决策、依法决策，推动党和国家大政方针、重大改革举措、重要决策和省委部署的贯彻落实，促进国家机关及其工作人员转变作风、改进工作、反腐倡廉，推动解决人民群众关心的实际问题，加强中国共产党同各民主党派、各人民团体、各族各界人士的团结合作，具有重大而深远的意义。

省委《实施意见》认真贯彻以习近平同志为核心的党中央关于人民政协工作特别是人民政协民主监督的新思想新观点新要求，认真贯彻落实中办《意见》精神，紧密结合江西实际，提出了加强和改进人民政协民主监督工作的总体思路、目标任务、具体举措。主要有以下几个特点：一是提法和观点与中央文件高度一致，基本框架和主要内容基本上直接引用中办《意见》。二是结合我省实际，提出了一些具体细化，具有针对性、实用性和可操作性的实施意见。但不追求出台多少条“干货”，也不搞“层层加码”。三是把中办《意见》中的“视

情”“可”“应”等一些带有弹性的词语，一部分改为了“要”，更有“刚性”“硬性”，方便各地各部门操作落实。亚平、为群同志作为文件起草小组组长、副组长，在前期学习研讨、深入调研的基础上，认真对标对表，广泛征求意见，反复数易其稿，进行修改完善，做了大量深入细致工作，最终形成审议稿送审。

具体说来，相比中办《意见》，省委《实施意见》在每一部分的内容上都作了进一步细化。如导语部分提出了“进一步推进人民政协民主监督工作的制度化、规范化、程序化”的表述，中办文件中没有，这是省委文件进一步拓展的内容。在第一部分“基本原则”中，提出“聚焦党和政府大政方针、重大决策和省委工作部署的贯彻落实情况开展监督，为我省改革发展汇聚强大正能量”“坚持从协商式监督的要求和原则出发，树立‘公、和、诚、实’的理念，秉持公心、和合包容、坦诚相见、实事求是”，这都是省委文件拓展细化的内容。又如，第二部分“明确政协民主监督主要内容”中，新增加了“党代会工作报告、政府工作报告”的内容；第三部分对民主监督的五种形式作了更为具体的表述，比如细化了反映社情民意信息和开展民主评议工作的民主监督形式；第四部分“规范政协民主监督程序”中提出，“党委、政府应根据重大决策落实情况和年度工作重点，提出人民政协民主监督议题”，既体现了党政对政协工作的重视和支持，也有利于政协工作紧紧围绕中心、服务大局；第五部分“健全政协民主监督工作机制”中，新增加了“政府每年底要结合提案办理情况，向政协通报会议监督意见报告、视察监督报告、专项监督报告等民主监督意见办理落实情况”的表述内容和措施。第六部分加强党对政协民主监督工作的领导，明确要求“各级党委每届任期内至少要开展1次支持政协履职活动情况和民主监督工作情况的检查督办活动，每年至少听取1次政协党组关于民主监督工作情况的汇报，研究解决政协民主监督工作中的重要问题”。这些具体化的措施和要求，对于我省提高政协民主监督的制度化、规范化、程序化，切实做到民主监督有计划、有题目、有载体、有成效，具有十分重要的指导意义。

二、全面准确地理解把握政协民主监督的新内涵、新要求

中办《意见》和省委《实施意见》总结了政协各级组织和广大政协委员的实践经验，针对如何切实有效地开展政协民主监督，提出了一系列新内涵、新要求，这些是我们做好民主监督工作的基本遵循和行动指南。我认为，应重点把握以下几个方面。

一是深刻理解“协商式监督”的性质定位。中办《意见》不仅对加强和改进政协民主监督提出了许多重要的新举措，而且在涉及政协民主监督理论方面也提出了不少重要的新观点，其中一个集中表现，就是对什么是人民政协民主监督作出了一个新概括，即“协商式监督”。《意见》指出：人民政协民主监督是在坚持中国共产党的领导、坚持中国特色社会主义基础上，参加人民政协的各党派团体和各族各界人士在政协组织的各种活动中，依据政协章程，以提出意见、批评、建议的方式进行的协商式监督。所谓“协商式监督”是指在协商中监督，在监督中协商的监督。这里讲的“协商”，不是说政协开展民主监督是否还要事先与监督对象商量一下，问能不能监督？也不是说政协的民主监督可以不问监督效果，只是可听可不听的“软”监督。我理解至少包括三层内涵：首先是政协民主监督的性质定位，即人民政协不是国家权力机关，政协是依据政协章程通过提出意见、批评、建议进行监督，监督的效果不是靠强制约束力，而是靠政治影响力；其次是政协民主监督的原则方法，即由政协

的性质所决定,政协民主监督不能采用行政命令的方法进行,也不同于一般社会舆论、人民群众监督的发议论方式,而必须根据政协章程、依托政协组织、适应政协性质要求,坚持相互尊重、平等讨论、求同存异、理性包容的原则,通过提出意见、批评、建议的方式进行监督;第三是突出了政协民主监督的特点和优势,就是进一步表明政协的民主监督,既可以对涉及宪法法律和法规的实施,涉及人民群众切身利益的实际问题解决落实情况等,广开言路、畅所欲言,发挥政协民主监督广泛性、灵活性的优势,在国家政治生活中起到一种政治寒暑表、社会解压阀的作用;又可以围绕"党和国家重大方针政策和重要决策部署的贯彻落实情况",有组织、有重点地开展监督,发挥对国家权力运行和实施的制约和监督作用。但这种制约和监督,不是西方多党制、两院制下的那种互相掣肘、权力制衡,而是与党和国家机关的监督互为补充、相辅相成,实现加强监督、有效制约与保持集中领导、富有效率的有机统一。

二是准确把握政协民主监督的基本原则。根据中央要求,结合近年来全省各级政协的实践经验,省委《实施意见》提出要把握好以下原则。第一,坚持中国共产党的领导。这是政协履职尽责的根本保证。要始终不渝地坚持中共中央的集中统一领导,坚决维护中共中央权威,认真贯彻中共中央和省委决策部署,依照宪法、法律和政协章程有序开展,确保坚定正确的政治方向和高度自觉的政治意识。第二,坚持围绕中心、服务大局。始终聚焦党和政府大政方针、重大决策和省委工作部署的贯彻落实情况开展监督,寓监督于服务支持之中,为我省改革发展汇聚强大正能量。第三,坚持问题导向。抓住主要矛盾,摸准真实情况,找到问题关键,鼓励和支持委员提意见、建诤言,使政协民主监督更加契合党政需要、顺应群众期待。第四,坚持从协商式监督的要求和原则出发,秉承公心、和合包容、坦诚相见、实事求是,把协商民主贯穿于监督全过程。第五,坚持增进团结,融协商、监督、参与、合作于一体,广泛凝聚共识、智慧和力量。

三是进一步明确政协民主监督的主要内容、形式程序、工作机制。中办《意见》和省委《实施意见》对政协民主监督的重大问题进行了全面阐述,规范了政协民主监督的内容、形式、程序和工作机制。第一,明确政协民主监督的重点。省委《实施意见》指出,聚焦党和政府大政方针、重大决策和省委工作部署的贯彻落实情况开展监督,这有利于我们抓住主要矛盾和矛盾的主要方面,强化问题导向,找准存在的困难、短板和薄弱环节开展工作,使监督不流于现象表面,紧扣关键内容、精准聚焦发力,从而提高监督实效。第二,丰富和完善民主监督形式。提出了5类监督形式,即会议监督、视察监督、提案监督、专项监督、其他形式监督,并鼓励各级政协结合实际积极探索创新民主监督的方式方法。省委《实施意见》结合我省政协工作实践,对推荐特约监督员或组织民主监督小组、开展社情民意信息监督、民主评议提出了明确具体的要求。第三,规范政协民主监督工作程序。注重突出人民政协民主监督工作的程序化和可操作性,对确定监督议题、组织监督活动、报送监督意见、办理监督意见都作出了详细规定。明确要建立健全四套机制,即知情明政、协调落实、办理反馈、权益保障机制,目的就是要把政协民主监督纳入党委工作总体部署,确保在党委集中统一领导下有力有序有效开展。

三、着力抓好中办《意见》和省委《实施意见》文件精神的贯彻落实

学习贯彻落实好两个文件精神，是当前和今后一个时期全省各级政协组织的重要任务，我们要从加强民主政治建设、促进中央和省委重大决策部署贯彻落实、推进政协事业发展的高度，深入学习贯彻中共中央、全国政协和中共江西省委关于加强政协民主监督工作的重要部署，切实增强做好政协民主监督的责任感、使命感，真正把文件精神转化为履职实践。

一要把握定位，坚定正确方向。我们要深刻认识到，人民政协民主监督，主要是以提出意见、批评、建议的方式进行协商式监督。协商是方式和原则，监督是手段和途径，协助党委政府解决问题、改进工作、增进团结、凝心聚力是目的。要敢监督，解决认识问题。虽然政协民主监督不具有法律约束力和强制性，但靠政治影响力和话语权，具有对权力运行的制约和监督作用。要坚决克服畏难情绪和患得患失、怕得罪人的消极倾向，树立“公、和、诚、实”的理念，敢于讲真话、道实情、进诤言。要真监督，解决行动问题。坚持问题导向，聚焦党和政府的中心工作，抓住主要矛盾，摸准真实情况，找到问题关键，敢于讲真话、道实情、进诤言，精准聚力发力，提出务实建议，做到既“挑刺”又“出招”，避免走过场、搞形式。要善监督，解决路径问题。坚持形式与内容相匹配，同履行政治协商、参政议政职能相结合，融协商、监督、参与、合作于一体，寓监督于协商会议、调研视察、委员提案、大会发言、反映社情民意信息、参与工作检查等活动之中。要在平等讨论、相互尊重中形成合力，坚持科学民主的方法、讨论的方法，设身处地多提建设性意见，不存旁观之心、不为敷衍之事，做到在参与中支持、在支持中服务、在服务中监督。四要实监督，解决实效问题。要重视监督意见的办理落实，坚持跟踪问效、跟踪调研、跟踪监督，推动监督成果吸纳转化，确保真正监到点子上、督到关键处，取得实实在在的效果。

二要突出重点，坚持精准聚焦。要围绕经济发展的重点、深化改革的难点、群众关注的热点以及法律实施过程中的重要问题开展民主监督，精准聚力发力，提出务实建议。为推进省委、省政府重大决策部署更好地落实，经请示省委同意，今年省政协新增加“降成本、优环境、促发展”这项民主监督课题。前不久，俊卿同志主持召开了情况通报会，对此次专项民主监督活动进行了动员部署，下一步将深入开展视察调研。2015 年我们曾历时七个月，就“优化企业发展环境”开展过一次专项民主监督，形成《关于我省企业发展环境存在的问题及相关建议》，提出了 8 个方面问题和 12 条具体建议。省委、省政府主要领导多次予以高度肯定，要求对政协所反映的问题和建议，列出清单、明确责任、出台措施、多见实效。我们要再接再厉，以省委、省政府《关于降低企业成本优化发展环境的若干意见》和《关于进一步降低企业成本优化发展环境的若干政策措施》100 条具体政策措施的贯彻落实情况为突破口，深入企业实地调研，抓住主要矛盾，摸清真实情况，找准问题关键，切实助力全省降低企业成本、优化发展环境专项行动，推动政协工作与党政工作同频共振、同轴运转、同步推进。要围绕年度协商计划中明确的“市县落实‘河长制’情况”“经营类事业单位改革情况”“扶贫专项资金使用情况”等三个课题，精心组织开展民主监督活动，提出有情况、有分析、有对策的意见建议，帮助党委政府解决问题、推动工作。

三要明确主角，发挥委员主体作用。中办《意见》明确提出了履行政协民主监督职能的

主体,是“参加人民政协的各党派团体和各族各界人士”。在人民政协民主监督中,唱主角的是参加政协的各党派团体和广大政协委员,他们通过人民政协这个平台履行民主监督职责,行使民主监督权利。而各级政协机关作为民主监督的组织者,并且是具有主观能动作用的组织者,把平台搭建好,把服务工作做到位,让委员们把发现的问题和解决问题的意见建议讲出来,为他们开展民主监督提供组织化平台和服务。一是保障委员民主监督权利。积极支持委员通过会议发言、提案、反映社情民意等形式提出批评和建议。二是畅通委员民主监督渠道。对于委员们所反映的重要意见建议,更快捷直接地向省委、省政府反映,更好地发挥政协委员在民主监督、参政议政中的作用。三是支持委员履行监督职能。鼓励和支持政协委员担任特邀监督员、检察员、教育督导员、审计员,参与党委、政府及有关部门组织的调查、检查、公共决策听证会和行风政风评议活动,认真负责提出意见建议,不断拓宽政协民主监督渠道,增强实效。四是提升委员监督能力。加强委员履职服务管理,通过举办专题讲座、作学习辅导,为委员们理解把握世情国情省情提供帮助,不断提升委员参与民主监督积极性和能力水平。

四要强化保障,营造良好氛围。要采取集中学习、座谈研讨、委员培训等多种形式,掀起学习贯彻两个重要文件精神的热潮。要加强人民政协民主监督理论研究,省人民政协理论研究会要精心组织开展两个文件精神的辅导宣讲,宣传党中央关于人民政协民主监督的新部署新要求。今年全国两会期间,晓庄同志在报纸上发表理论文章,对协商式监督进行深入解读,社会反映很好。要加强与党委和政府监督机构的联系,强化党内监督与党外监督良性互动,与媒体舆论联合开展民主监督,形成监督合力。要加大宣传力度,宣传各地政协开展民主监督的经验、做法和成效,加大对重点监督活动宣传报道力度,营造良好舆论环境。要提倡热烈而不对立的讨论、真诚而不敷衍的交流、尖锐而不极端的批评,营造既畅所欲言、各抒己见,又理性有度、合法依章的民主氛围,让各界人士、各方面的愿望呼声、意见建议在政协平台上得到反映和表达,努力使政协民主监督更具民意、更接地气、更有生命力。

《关于“加强地方金融体系建设 推动实体经济发展”调研报告(草案)》的说明

蔡晓明

(2017 年 7 月 3 日)

各位常委会组成人员、各位同志:

受主席会议委托,我就本次常委会审议的《关于“加强地方金融体系建设 推动实体经济发展”调研报告(草案)》,作简要说明,供大家审议时参考。

金融是国民经济的血脉,是现代经济的核心。金融业的基本职能就是服务和支持实体经济发展。近年来,在经济发展进入新常态的大背景下,面对金融改革创新和经济转型升级的历史机遇,面对经济运行下行的压力和困难,省委省政府先后出台了《关于加快全省金融业改革发展的意见》(简称“金融 30 条”)、《关于降低企业成本优化发展环境的若干意见》(简称“80 条”)等一系列政策措施。为服务好省委省政府重大决策,省政协常委会将“加强地方金融体系建设 推动实体经济发展”作为第二季度专题协商议题,由我和俊卿牵头负责,省政协经济委和省政府金融办牵头组织实施。

加强地方金融体系建设和推动实体经济发展,题目比较大,内涵也非常宽泛,供给侧和需求侧两个方面相互作用、相互影响,两端都需要发力,但最后落脚点则是促进实体经济发展,解决问题的最终办法就是以企业的“痛点”作为我们加快金融供给侧结构性改革的“出发点”和“着力点”,通过改善金融服务机制、调整和优化金融供给结构、创造一流金融环境等,为江西金融增添新的“亮点”,为我省经济社会发展注入更多的“金融血液”。这次调研和调研报告的起草,我们就是按照这个基调和思路,以问题为导向,以实体经济贷款难、融资贵和金融体系放款难等为切入点,力争在一些重点难点问题上找到方子、寻求突破。比如,江西金融业“弯道超车”问题。江西是一个经济欠发达的省份,在许多领域都是急起直追,我们能否通过适应新常态、把握新机遇,在金融这块有所突破和超越?金融的发展规模和活跃程度,决定着一个地方的经济实力和发展水平。邓小平同志就说过,“金融搞好了,一着棋活,全盘皆活”。作为现代服务业,金融业不仅在促进产业转型升级、服务实体经济发展、推动全民创新创业等方面发挥了独特作用,而且本身也完全可以发展成为支柱产业。在深圳,金融业以 1% 的从业人员贡献了全市三分之一的总体税收。这就需要我们从战略的高度来认识金融、谋划金融，进一步明确全省金融发展思路；需要各级领导干部把金融素质作为自己必须具备的一种基本素质，加快提升金融政策理论水平和金融管理能力，并善于利用金融工具为实体经济服务、为脱贫攻坚助力。再比如，中小微企业还贷周转资金矛盾，也就是俗话说的“过桥资金”问题。近年来，全国各地企业老板“跑路”，以及民间借贷、高利贷等问题层出不穷，有的地方甚至还出现了大学生裸贷风波。可以说，“过桥资金”是压垮企业的最后一根稻草，是诱发腐败问题的重要环节。这既反映了银行作为资金供给方，在金融手段、金融产品等方面存在问题，反映了许多实体企业财务不透明、管理不规范和对一些非银融资平台的不熟悉，也说明了政府有关部门在建立权威统一的信用体系、推进政银融合、强化担保平台功能和建设、建立有效的“追偿”联动机制等方面还有大量的工作要做、要创新。

这次调研得到了省政协主席会议高度重视，主席会议对调研报告和本次协商工作进行了专题研究。跃金主席还亲自审定专题调研工作方案，并多次提出具体要求。根据黄主席指示精神，从3月份开始，调研组深入南昌、九江、赣州等地进行实地调研，远赴重庆、四川、安徽、浙江等地开展学习考察，先后组织召开了银行业、非银行金融业、金融相关行政监管部门等15次分类座谈会。调研过程中，我们坚持把调研工作与督查落实省委省政府“降成本、优环境”专项行动相结合，把了解情况与相关政策解读相结合，把宣传推介典型与破解难题相结合。目前，省政府金融办、省政协经济委正会同省工信委、省财政厅和相关银行、保险、证券等单位，就“园区金融建设”主题特别是园区金融机构布局、融资平台构建等，蹲点上饶经济技术开发区进行有关服务对接，力争为全省各类园区提供可借鉴可复制的样板。

从调研的情况来看，目前，金融业已成为我省现代服务业的排头兵和支撑我省国民经济发展的重要产业。去年，我省金融业增加值达到1056亿元，占GDP和服务业增加值的比重分别达到5.75%、14.21%。今年一季度末，全省金融业总资产近4万亿元，贷款余额突破2万亿元，贷款增速全国排名第4、中部第2。具体来说，省政府金融办2013年组建以来，我省金融业出现了“四大”可喜变化：一是信贷投放步伐明显加快。全省贷款增速连续8年高于GDP增速6个百分点，近三年均是GDP增速的2倍，贷款余额与GDP的比值由三年前的0.9上升到1.2。二是直接融资渠道明显拓宽。全省企业直接融资达到2768.2亿元，是全年目标任务的两倍多。境内外上市公司增至55家，新三板挂牌企业135家。江西联合股权交易中心成立一年以来，挂牌展示企业达到1043家，挂牌企业总股本262.8亿元。三是金融改革创新可圈可点。全省86家农信社全部完成改制，实现农商银行全覆盖。城商行机构网点实现县域全覆盖，村镇银行县域覆盖率已达88%。各类金融产品和服务，实现了全省所有行政村全覆盖。6月14日，国务院决定在浙江、江西、广东、贵州、新疆五省(区)选择部分地方建设绿色金融改革创新试验区，金融部门正抓紧跟进出台相关政策和措施。四是地方金融体系建设逐步完善。三年来，我省组建的省级法人金融机构就有20家相继开业，省级法人金融机构银证保三业已实现全覆盖。特别是新组建的江西银行，不仅总资产超过3000亿元，而且实现分支机构县域全覆盖。目前，我省银行业金融、证券期货和保险机构分别达到38家、19家、43家。

然而，我省金融业存在的总量偏小、体系不全、结构不优、质量不高等基本矛盾并没有改变。作为一大产业，我省金融业增加值占GDP的比重远远低于8.3%的全国平均水平；

作为一种工具,我省的金融业远远无法满足江西经济社会发展的需求,融资难、融资贵等问题仍然反映非常强烈。“总量偏小”主要表现为:2016 年末,全省社会融资规模仅占全国的 2.3%,贷款余额占全国的 1.95%,金融业增加值占 GDP 的比重 5.75%,而四川、重庆、安徽、浙江四省(市)金融业增加值占 GDP 的比重则分别为 8%、9.4%、6% 和 9%。其中,重庆金融行业资产规模达到 4.8 万亿,税收贡献占全市比重达到 12.1%。“体系不全”主要表现为:与兄弟省市相比,我省银行业金融机构、证券期货机构、保险机构等数量仍然太少,尤其是地区金融发展很不平衡,地方保险业、融资租赁等尚处于起步阶段。与安徽省相比,我省融资担保在保责任余额不到安徽省的 1/5,放大倍数不到安徽省的一半;与四川相比,目前四川银行业、证券期货业、保险金融机构已达到 872 家,小额贷款、融资担保公司达到 833 家。“结构不优”主要表现为:我省金融业目前境内 A 股上市公司仅占全国的 1.2%,各类融资租赁企业仅占全国的 0.2%。特别是直接融资比重低,社会融资仍未摆脱主要依靠银行贷款的现状,信贷服务对欠发达地区、农村地区和民生领域的金融支持比较薄弱。在支持实体经济的贷款中,存在供求对接不畅、脱实向虚问题,特别是房地产贷款占新增贷款比重 1/2 以上。“质量不高”主要表现为:一方面,金融创新能力和新型金融发展不足,经济证券化和金融国际化水平不高,P2P、众筹融资、大数据金融、绿色金融等发展缓慢。全省金融业发展仍以外延扩张为主,集约经营和内涵式增长能力不强,大量资金在金融体系内自我循环。另一方面,产融政融结合不够,现有省级金融法人机构普遍不强。而邻省福建的兴业银行,资产已达 5 万亿元,浙商银行、徽商银行也是万亿级资产的现代银行。重庆渝富集团作为股权类国有资本运营公司,其集团本部总资产已达到 750.93 亿元,净资产 381.12 亿元,合并报表总资产约 1910 亿元。我省金融业发展存在的这些矛盾和问题,产生的原因是多方面的,既有先天的不足,如金融业发展起步晚、经济落后特别是以制造业为重点的实体经济不发达等,更折射出江西金融业在金融改革开放意识、金融环境和监管、金融人才队伍建设特别是高端人才的培育、引进和使用与周边省市的差距。为此,调研组提出以下七方面具体建议。

第一,进一步明确我省金融发展思路。思路决定出路。无论什么时候,我们对一个地方阶段性的目标和任务、走向和定位,都要有清醒的认识和判断,都应该有科学的规划和明确的工作重点。借鉴四川建设西部金融中心和重庆建设功能性区域金融中心的思路,结合我省区域位置、产业基础等因素,调研组认为:我省地方金融的发展,应该追求功能和特色,突出满足和服务自身的经济发展,即建立促进实体经济发展的功能强大的地方金融体系。同时,以促进产融结合为重点,积极推进金融供给侧结构性改革,着力改善金融服务机制,特别是担保机制、社会诚信惩戒机制,着力加快多层次资本市场建设,推动金融机构集团化发展,努力为金融业营造一流的发展环境。

加强我省地方金融体系建设、谋划江西金融发展,离不开“大金融、普惠金融、新金融、绿色金融、产业金融”等发展理念的支撑。我们不仅要做大做强各类银行机构,也要重视发展各类非银行的金融机构,还要重视发展各种类金融机构;要从农业大省和中小企业占经济比重较大的实际出发,着力提高金融服务的深度和覆盖面;要鼓励各类金融机构运用互联网、大数据、云计算等技术提升市场竞争力,加快构建强大的金融数据平台和征信体系,加快形成互联网时代的金融公共基础设施;要以国家在我省建设绿色金融改革创新试验区为契机,加快建立绿色评价体系,加快构建一批扶持生态环境发展的金融工具,以及建立江西绿色金融产品交易市场等平台;要着力引导金融资本与产业资本无缝对接,形成金融与产业实体有机融合协同发展的良好态势。

第二,大力推进产融结合和政融互动。金融生存发展的根本,是支持实体经济。没有产业支撑的金融是"无源之水、无本之木"。为提高我省金融服务实体经济和金融资源配置效率,引导产业资源与金融资源高效对接,促进政府、企业、金融等深度融合互动,调研组认为,必须抓住产融结合、政融互动两个关键,重点在以下六个方面下功夫:一是加快产业项目库建设,形成以项目为导向的金融服务模式和投资人主导的项目决策模式。省发改委、工信委要抓紧建立动态管理的项目库,及时发掘、不断更新优势企业做大做强项目、新兴产业发展项目、传统产业改造升级项目、高新技术项目、基础产业项目和现代服务业项目,并对各类投资基金和金融机构开放。二是按市场化和专业化思路,加快设立和有效运用各类产业投资基金。目前,我省已规划了"1 + N"的产业基金群模式,但基金管理非常分散,以项目为导向的基金发起和管理方式还没有建立起来。建议借鉴重庆经验,抓紧建立基金项目投资委员会和专家评审会,明晰项目投资决策程序,确保项目科学决策效率。三是设立创新创业金融服务平台。如,设立新技术产业化研究基金,设立和引进种子基金、天使基金,引进国际国内著名风投公司等。尤其是要通过股债结合,为不同成长阶段的科创型中小企业提供全生命周期的股权融资服务。四是建立应收账款债权凭证流转系统和无缝对接的贷款到期续办系统。建议借鉴安徽、浙江、重庆经验,组建应收账款债权管理公司。同时,开展小微企业还款方式创新,采取将转贷基金委托给政策性担保公司运作等方法,切实化解中小微企业还贷周转资金瓶颈矛盾。五是鼓励企业财务公司发展产业链金融。包括积极组建财务公司,赋予已组建财务公司的企业开展产业链金融试点,积极发展企业财务公司与银行的战略合作,用上下游企业之间货物供求的价值关系为银行贷款增信,解决贷款抵质押不足问题。六是积极发展融资租赁业务。建议抓紧研究、制定租赁领域的优惠扶持政策,包括整合工商、财税、外汇、司法、海关、边检等行政职能,支持达到资产规模的地方法人银行组建金融租赁公司。

第三,努力优化金融供给结构。优化金融供给结构是金融支持供给侧改革的核心,是解决实体经济贷款难、融资贵和银行方面存在的放贷难、资产荒等困难的关键。目前,我省优化金融供给结构的当务之急,就是要加快建立一批带动力强的地方金融机构,大力发展一批非银行类金融机构。同时,借助互联网等新技术,大力发展新金融。为此,调研组提出了四点具体建议:一是做大做强江西银行。主要是完善管理体制,加大市场化选聘经营管理者力度,加快在市、县、中心集镇和城市社区布局,并通过江西银行广州分行、苏州分行在沿海增设机构和服务窗口。同时,全力支持江西银行等地方法人金融机构赴境内外上市,以及开展制度创新、产品创新、服务创新、技术创新和业务模式创新,努力把江西银行建设成为综合性、集团型的区域性银行和全国性银行。二是做大做强江西金控集团。参照重庆渝富集团做法,赋予江西金控集团培育和壮大地方金融机构的发展平台、国资国企改革推动平台、国有资本优化布局操作平台、"股权投资、资本运作"市场化运作专业平台等功能定位。同时,抓紧建立对金控集团控股企业的股权管理和政府资产保值增值情况等方面考核评价体系。三是加快构建多层次资本市场和融资体系。重点是依托医药、新能源、农业、旅游等优势产业,培育更多的企业进入资本市场,充分发挥江西联合股权交易中心作为全省中小微企业金融综合平台功能作用,积极引导和鼓励各类私募基金做大做强。四是大力促进新金融发展。重点是引导和扶持我省银行机构完善在互联网、移动互联网背景下的金融服务场景,以及大力促进互联网支付平台、投融资平台和理财平台健康发展。

第四,加快建立和完善政策性担保为主体的融资担保体系。融资担保具有金融性和中介性双重属性,在实体经济尤其是中小微企业融资中发挥着至关重要的增信作用。融资担保体系的不完善,是当前我省地方金融体系建设的瓶颈,已直接影响和制约全省实体经济可持续发展。调研组认为,目前我省可以从以下四个方面发力。一是进一步壮大省级担保集团。省财政通过预算安排、资产划拨、专项资金等方式向省级担保集团增资。省级担保集团则通过股权、再担保业务、信息技术等纽带,引领带动市、县(区)担保机构发挥政策性金融功能作用。二是持续加大财政投入,提升融资担保能力。如安排省级专项资金专项用于补充县域融资担保机构国有资本金,并以省财政预算安排、省风险补偿基金收益、追偿回收款及省再担保机构划转的风险准备金等为来源,建立和充实省级融资担保风险补偿专项基金。三是探索风险分散机制,破解银担合作难题。重点是积极争取我省列入“中央与地方财政担保风险分担补偿政策试点”省份,并将持续稳定的资本补充机制、科学有效的比例再担保机制、均衡合理的风险分担与代偿补偿机制集成创新,加快建立以风险补偿为核心的风险分担机制。四是合力筑牢“追偿”有力防线,保障担保公司的生存底线与合法权益。主要是建立包括法院、检察院与公安等部门在内的有效“追偿”联动机制。

第五,着力壮大发展非国有金融机构。今年两会期间,习近平总书记在参加联组讨论会时强调:非公有制经济是稳定经济的“重要基础”,是国家税收的“重要来源”,是技术创新的“重要主体”,是金融发展的“重要依托”,是经济持续健康发展的“重要力量”。江西作为欠发达地区,更要做好做足非公有制经济这篇大文章,充分激活民间资本潜能。为此,调研组提出了五条具体建议:一是加快组建“赣民投”。为进一步提升我省民间投资的规模和水平,推动一些由单个或几个企业难以做到的大项目建设,建议参照全国工商联组织“中民投”的做法,加快成立江西民营投资股份有限公司(简称“赣民投”),重点布局新能源、中医药、健康养老、农业开发、通用航空等领域。二是加快组建一批民营银行。如,做好以推动农业产业化为宗旨和以发展供应链金融为特色的裕民银行营运准备;组建以江西中医药产业振兴为特色的江西药都银行,以服务老区经济为特色的瑞金银行、兴国银行等。三是拓展服务民营经济的金融商务区。借鉴成都金融区和金融创新园的模式,加快金融机构的聚集,将红谷滩全省金融商务区拓展至江西商联中心,着力打造集商务交流、金融服务、文化展示、商业人才培训等为一体的赣商企业总部经济区。四是立足县域和服务三农功能,加快推进农商银行“小银行+大平台”改革。目前,全省各级农村信用社已基本完成向农商银行的股份制改造,省联社已名不符实,建议深化省联社改革,加快组建省级农商银行。五是支持信誉好实力强的民营集团公司进入金融业实施多元化经营战略。重点是扶持正邦、博能、双胞胎、恒大高新等实体企业,以及华章汉辰担保集团、省旅游集团、江西金融发展集团等混合所有制企业做大做强,力争培育若干个业务规模千亿级的综合金融服务龙头企业。

第六,全力建设赣江新区绿色金融改革创新试验区。绿色金融改革创新试验区是我省一块金字招牌。我们要紧紧把握这次难得的机遇,充分发挥先行先试优势,努力把赣江新区打造成绿色金融产品的创新中心、绿色证券交易中心、新金融业态的成长基地、产城融结合的样板区域。当前,主要是做好以下五方面工作:一是大力开展绿色金融产品和服务创新。重点是探索主要污染物排放权、节能环保项目特许经营权、海绵城市建设政府和社会资本合作(PPP)项目收益权、风景名胜区交通及服务特许经营权、绿色工程项目收费权和收益权等抵质押融资模式。二是招揽各类新型金融机构。如,吸引PE、VC、种子基金、天使基金等多种形式的风险创业投资机构在赣江新区注册,打造具有产业集聚效应的私募小镇,吸引更多信托、资产管理、担保、金融租赁、期货、小额贷款等金融机构来江西发展。三是搭建金融产品交易平台。包括建设区域性绿色债券二级交易市场,打造全省绿色农产品、林权、稀有金属、陶瓷、文化艺术品等交易市场或期货交易所,建设区域性碳排放交易市场等。四是重视引入各类专业中介和金融智库。包括吸引绿色金融认证机构落户,引入金融信用服务中介,引入金融专业知识中介,以及与国内知名高校、研究院所、金融机构共同设立协同创新中心。五是打造区内法人金融机构。如,建立政府控股或参股的新型股份制银行机构(赣江银行),设立赣江新区金融股权投资公司,通过市场化、专业化、企业化的运作,最大限度发掘政府管理资源的价值潜力,形成最有价值的资产。

第七,进一步优化金融发展环境。环境是一个地区无形的广告,是最大的"品牌"。环境好,发展就快,就会形成"洼地"效应、集聚效应,汇聚更多的人流、物流、资金流和信息流。为此,调研组提出了三方面具体建议:一是理顺地方金融管理体系。建议参考外省市经验做法,成立在江西省委领导下的金融工作委员会,并组建省金融工作局,按照两块牌子一套人马模式,赋予该机构人事推荐权、监督权、考核权等。同时,抓紧出台地方金融管理条例。二是构建多层次金融服务、监管和保障平台。如,加强社会信用体系建设,扶持民营征信机构发展,建立包括企业纳税信息、进销存信息、诚信经营信息等中小企业信用信息平台;倡导诚信文化,加大失信惩戒力度,推动金融企业加强法律维权工作,让"诚信"成为各类企业顺利融资最根本的基石。三是加强金融人才的引入、培育和激励。包括设立省级金融科技应用实验室和孵化器,鼓励行业龙头企业牵头组建金融技术创新战略联盟,推广赣州金融专家服务团帮扶工作经验,以"千百万""赣鄱英才555"等人才工程为基础,加大对高级金融人才、短缺金融人才的引入、培育和激励。同时,建立省政府金融业发展专家委员会等金融智库机构,化解金融业人才不足的瓶颈。

这次调研及调研报告的有关情况,我就介绍到这里,谢谢大家!

关于进一步加快赣江新区发展调研报告(草案)的说明

姚亚平

(2017 年 9 月 11 日)

各位常委会组成人员、各位同志:

受主席会议委托,现在我就《关于进一步加快赣江新区发展的调研报告(草案)》有关情况,向常委会议作简要说明,供大家审议时参考。

一、调研课题十分重要,但难度不小

“进一步加快赣江新区发展”课题,列入了 2017 年度省政协协商工作计划,报经省委常委会议审议批准,是今年省政协一项重要履职活动,备受政协委员和社会各界瞩目和关注。

但这个课题调研起来难度不小。难就难在:

一是各方面思想认识需要进一步统一。大家都觉得建设赣江新区是好事实事,但是对于新区如何建设、如何发展,看法不一致,争议比较大,公说公有理,婆说婆有理,智者见智,仁者见仁。政协虽然位置超脱,比较好讲话,但也要客观公正、不偏不倚。因此,我们要努力寻找最大公约数,增进最大共识度,为加快赣江新区发展画出最大同心圆,并不容易。

二是对新区取得的成绩、面临的挑战以及今后发展的建议,都不好轻易下结论。去年 6 月,国务院批复成立赣江新区。目前,新区正处于编规划、打基础、拉框架、建平台的起步阶段。对成绩应给予充分肯定,对面临的挑战也要有比较清醒的认识,充满真情善意地为新区发展建言献策。要坚持从讲政治的高度,从战略全局的角度,带着感情和责任,充分听取各方意见,作出自身独立的判断。这个“度”的拿捏,不好把握。

三是社会关注度高、期望值大。中央赋予赣江新区长江中游新型城镇化示范区、中部地区先进制造业基地、内陆地区重要开放高地、美丽中国“江西样板”先行区四大战略定位,强调把赣江新区打造成为中部地区崛起和长江经济带的重要支点。省委、省政府紧扣四大战略定位,提出把赣江新区建设成为全省创新的引领区、开放的先行区、改革的试验区、合作的示范区和发展的重要增长极五个目标要求。赣江新区建设发展情况如何,改革创新推进得怎么样,中央和地方非常关注,全省上下满怀期待,干部群众寄予厚望。新区已经成为展示江西形象的重要窗口和平台,新区的发展将影响到社会各界对江西的评价。我们围绕这一万众瞩目的重要课题建言,也是重任在肩。

二、调研报告起草过程中把握的原则

报告起草中,我们注意把握了以下原则:

1. 坚持推动中央和省委决策部署的落实。省政协调研的出发点和落脚点是帮忙促进、推动落实,更好地把中央的要求和省委、省政府文件精神落到实处。所以不是讨论赣江新区应不应设立,而是聚焦于新区如何建得更快更好。

2. 坚持立足全国看新区。赣江新区是全国18个国家级新区之一,是承担国家重大发展和改革任务的国家级综合功能区。因此,我们不论看成绩、看挑战,还是看发展前景,都应该树立全局意识、坚持国家标准,跳出江西看江西,在与其他17个新区的横向比较中,找准定位,明确努力方向。为此,报告中不厌其烦地列举了许多对比数据。比如,关于地区生产总值。根据国家发改委批复的《赣江新区总体方案》,2015年赣江新区生产总值为570亿元(由于统计口径问题,赣江新区提供的2015年地区生产总值数据与此不同,但调研组经过慎重考虑,认为应以国家发改委认定的权威数字为准)。2016年,赣江新区生产总值582.3亿元,在17个已公布统计数据的国家级新区中(西咸新区未公布)暂居第14位,与2015年相比,只增加了12.3亿元。关于固定资产投资。赣江新区去年是1070.8亿元,暂居第11位;而固定资产投资超过1500亿元的新区达9个。关于争先态势。赣江新区目前仅获得4个国家级“牌子”:人力资源服务产业园、绿色金融改革创新试验区、“双创”示范基地、循环经济示范试点。据新区反映,正在积极申报共青城国家级高新区、国家服务贸易创新发展试点等。而其他新区都拥有一大批国家级“牌子”,如贵安新区有10个,湘江新区有7个,西咸新区有18个。而且,国家对新区每年是有检查和考核的,如果不自我加压、进位赶超,就有排名落伍的可能。

3. 坚持问题导向。重点探讨面对新形势新环境,赣江新区建设和发展情况如何,面临哪些困难和压力,有什么需要加强和改进的地方,需要什么新的支持。因此,讲成绩充分肯定但不详细列举。另要说明的是,根据赣江新区反映,新区正在编制《总体规划》和《环境保护规划》《产业发展规划》《物流规划》《综合交通规划》等专项规划,预计9月底完成。讲问题力争讲深讲透,抓住关键。提建议突出针对性,不追求面面俱到。凡是省委、省政府文件已经作了明确规定,贯彻落实好就能妥善解决取得成效的,报告尽量不作为建议提出或者点到为止。

4. 坚持留有余地。尽管省委、省政府作出了顶层设计,出台了政策文件,但由于成立时间不长,赣江新区很多工作刚刚开始推进。究竟新区应该参考学习哪种发展模式,走什么样的发展道路,创出哪些特色,体现什么优势,特别是行政管理体制问题,大家觉得这些问题还比较复杂,各方面意见还不统一,现在建言的时机还不是很成熟,还需今后进一步深入开展专题调研,提出意见建议。

5. 坚持围绕新区建设和发展的重大问题提建议。按照政协的履职要求,坚持以讨论新区建设和发展中的综合性、战略性、前瞻性问题为主。重点围绕落实新发展理念、高起点规划新区建设、探索新区科学发展体制机制、推动产业集聚发展和转型升级、加快生态文明建设先行示范、打造创新人才高地等提出对策建议。尽量少提或不提应该重点发展什么产业、如何加强污染防治等操作层面的具体建议。

三、调研经过

省政协一直高度关注赣江新区的发展。去年12月,新区挂牌成立不到两个月,黄跃金主席就率领住赣全国政协委员视察团视察赣江新区,为如何建设新区贡献智慧和力量。对于此次专题调研活动,黄跃金主席高度重视,亲自审定调研方案,亲自审阅调研报告,多次作出明确指示,为调研报告的起草提供了指导和遵循。

6月以来,由我牵头带队,省政协办公厅组织实施,组成调研组先后赴赣江新区四个组团和贵安新区、湘江新区、西咸新区三个省外新区,集中人员、时间和精力开展了四轮实地调研,举办情况通报会1场、座谈会4场,并开展不同层面、不同视角的问卷调查,多方面听取专家学者、企业人士、干部群众的声音诉求。调研组全体成员尽心尽职、齐心协力,坚持调查与研究并重,一路考察座谈,一路讨论研究,敞开心扉分析问题,畅所欲言交换意见,集思广益研究对策。其间,召开调研组全体成员参加的文稿研讨会2次,大家反复沟通协商,精心推敲打磨问题和建议,几易其稿,为完善报告付出了很多心血。

报告形成后,分别书面征求了主席、各位副主席和有关单位的意见。南昌市、九江市、省发改委、赣江新区都认真研究,反复沟通协商,并书面回复了修改意见。调研组认真梳理和逐条分析了这些意见和建议,做到了能吸收的尽量都吸收,并反馈了修改情况。9月1日,省政协十一届56次主席会议对调研报告进行了审议。调研组根据主席会议提出的意见,对调研报告进一步作了修改完善,形成了今天提交常委会议审议的草案。

四、报告的框架结构和主要内容

在报告结构内容上,分为六个部分。

第一部分是导语,简要说明这次调研的由头。

第二部分概述新区建设取得的初步成效。

第三部分主要分析赣江新区面临的挑战和压力,提到了三个方面:一是主要经济指标不容乐观,二是争先态势不容忽视,三是评估达标不容松懈。

第四部分提出需要加强和改进的地方,主要有五个方面:思想认识需要进一步统一,战略定位需要进一步落实,体制机制需要进一步创新,产城融合需要进一步推进,支持力度需要进一步加大。

第五部分提出解决难题的认识和思路,起承上启下的作用。指出上述困难并非赣江新区独有独现,有些问题不是短时间内就可以解决,但是面对差距和不足,新区需要尽快统一思想,真抓实干。

第六部分提出具体建议,是报告的主体部分。采取“1+4”架构,围绕加大改革创新力度和落实中央赋予赣江新区的四个战略定位,共提出5个方面22条建议。一是创建全省有影响力的改革创新引领区,有7条。包括:赋予新区更大自主发展权、自主改革权、自主创新权，推行“纵向扁平化、横向大部制”的运行机制，深入推进“放、管、服”改革，提升赣江新区开发投资有限公司市场化水平，健全法治服务环境，重视和善于总结提升，加强督查考核。二是打造长江中游新型城镇化示范区，有4条。提出要加强规划编制工作；留住历史乡愁；健全公共服务设施；统筹城乡发展，推进农民市民化进程。三是深入推进中部地区先进制造业基地建设，有4条。主要是从增强科技创新支持、加快产业迈向中高端步伐、提高土地利用效率、加快建设绿色金融改革创新试验区等方面提出建议。四是率先构建内陆地区全方位开放合作新高地，有3条。建议新区要建设人才、开放、合作三大高地。五是建设美丽中国“江西样板”先行区，有4条。包括：守住红线，保住底线；持续改善水环境质量，率先实现域内直饮水全覆盖；高度重视自然保护区保护管理工作；落实环境污染第三方治理试点示范工作，开展国家循环经济示范试点。

这次调研取得的成果，是在省政协主席会议领导下，常委、委员积极参与、群策群力的智慧结晶，也是南昌市、九江市、赣江新区和省委、省政府有关部门大力支持的结果。由于我们调研组水平有限，报告还存在不完善之处，请大家认真审议，提出宝贵意见。谢谢大家！

《关于“加快我省国家生态文明试验区建设”调研报告(草案)》的说明

孙菊生

(2017 年 11 月 27 日)

各位常委会组成人员、各位同志:

受主席会议委托,我就《关于“加快我省国家生态文明试验区建设”调研报告(草案)》(以下简称《报告》)的有关情况,向常委会议作简要说明,供大家审议时参考。

一、《报告》的起草背景

中共十八大以来,党中央、国务院将生态文明建设纳入中国特色社会主义“五位一体”总体布局和“四个全面”战略布局,作出了一系列重大决策部署。习近平总书记去年视察江西时提出,“绿色生态是江西最大财富、最大优势、最大品牌,一定要保护好,做好治山理水、显山露水文章,走出一条经济发展和生态文明水平提高相辅相成、相得益彰的路子,打造美丽中国‘江西样板’”。刚刚闭幕的中共十九大报告提出,“建设生态文明是中华民族永续发展的千年大计。必须树立和践行绿水青山就是金山银山的理念,坚持节约资源和保护环境的基本国策,像对待生命一样对待生态环境,统筹山水林田湖草系统治理,建设美丽中国”。“美丽”也被首次写入社会主义现代化强国目标。

去年 8 月,中央办公厅、国务院办公厅印发《关于设立统一规范的国家生态文明试验区的意见》,把江西、福建、贵州三省列为首批国家生态文明试验区。今年 9 月,中央批准印发《国家生态文明试验区(江西)实施方案》。紧接着,省委、省政府印发《关于深入落实〈国家生态文明试验区(江西)实施方案〉的意见》。至此,我省生态文明建设进入了新时期。

为进一步推进我省国家生态文明试验区建设,省政协常委会将“加快我省国家生态文明试验区建设”作为今年四季度专题协商议题。这项专题调研,是在黄跃金主席领导下,具体工作由我牵头组织,省政协人口资源环境委员会具体实施的。

二、《报告》的形成过程

省政协人资环委上半年在完成“推进城乡环委一体化建设”和开展“河长制”民主监督

行活动之后，立即着手开展国家生态文明试验区建设专题调研。召开了主任扩大会议，研究制定调研工作方案。举办情况通报会，邀请省委农工部、省发改委等11个部门通报我省现阶段生态文明建设有关情况，赴福建、贵州两省学习取经，组织全省100个县（市、区）政协围绕“生态文明建设”专题开展协作调研。组织两个专题调研组，分别于8月至9月，赴赣州、吉安、宜春、抚州调研。十九大召开之后，为进一步落实十九大精神，跃金主席再次部署此项工作，提出“要大兴调查研究之风”“要出精品”“要搞好本届收官之作”等重要指导意见。根据黄主席指示精神，本委再次组织精干队伍，邀请专家组成员参加，赴九江、景德镇、上饶等部分县（市、区）做进一步深入调研。采取看、听、询、议等方式，深入城镇、农村、社区、河塘、湖岸等地，察看了近百个治理工程项目，先后举办情况通报会、座谈会30余次，掌握了大量一手资料。在《报告》的起草过程中，召开主任会议及各类研讨会议10余次，多次邀请专家审议，征求相关部门意见。集思广益，反复修改提炼。《报告》形成后，于11月17日，提交省政协十一届第六十次主席会议研究审议。主席、各位副主席对报告提出了很多很好的修改意见，办公室对《报告》做了进一步修改完善，从而形成了今天提交常委会议审议的调研报告。

三、《报告》的总体考虑

国家的《实施方案》给江西明确提出了打造山水林田湖草综合治理样板区、中部地区绿色崛起先行区、生态环境保护管理制度创新区、生态扶贫共享发展示范区的战略定位。省里的《意见》紧紧围绕国家《方案》，提出了“一年开好局、两年有变化、四年见成效”的建设目标和生态环境质量改善的具体指标。

对于这样一个重大课题，调研组经过反复研讨，一致认为，选择统筹山水林田湖草系统综合治理，保护鄱阳湖“一湖清水”，唱响“山水林田湖草，江西风景独好”品牌作为调研重点和主题。这是江西有别于福建、贵州两省的不同之处，也是我省国家生态文明试验区建设最大特点和优势。

调研中，调研组坚持问题导向，反映突出问题，不求全，只求实，不面面俱到。在掌握当前我省国家生态文明试验区建设推进情况的基础上，力求尽可能发现工作中存在的突出困难、问题，以有针对性地提出意见和建议。对于《报告》的起草，坚持说短话、写短文，力求所提建议有针对性和可操作性。在本次常委会议结束之后，我们还要充分吸纳常委们的意见及会议成果，向省委、省政府提交《建议案》。这个《建议案》也要突出体现针对性和可操作性。

四、《报告》的基本构成

《报告》在结构上共分为三大部分。

第一部分，简要介绍当前我省国家生态文明试验区建设基本情况及总体评价。调研组认为，在党中央、国务院作出把我省列为国家生态文明试验区建设的决策后，省委、省政府高度重视，成立专门机构，召开一系列动员部署和推进会议，制定出台一系列文件法规。在省委、省政府的高位推动下，我省国家生态文明试验区建设各项制度不断制定出台，环境执法力度不断加大,净水、净土、净空各项治理工程强力推进,取得了一系列建设成果。《报告》用五个空前,概括了对当前我省国家生态文明试验区建设所取得的成绩和变化,即:“关键少数”认识程度空前之深,全民环保意识空前之高,环境整治力度空前之大,制度建设空前之密,环保问责空前之严,国家生态文明试验区建设在赣鄱大地呈现一派前所未有的新气象、新变化。

第二部分谈问题。从调研情况来看,主要归纳存在五个方面的突出问题。

第一,思想认识不充分不全面。一是对部分基层干部对“试验区”建设定位认识不清,对统筹“山水林田湖草”生命共同体认识不深刻。二是对省委、省政府“一年开好局,两年大变化,四年大跨越,美丽中国的江西样板基本建成”缺乏紧迫感。三是在一些地方对如何统筹推进国家生态文明试验区建设,加速绿色崛起认识不一,办法不多。四是有的部门抓落实不够,认为文发了、会开了、督查了,国家生态文明试验区建设的任务就完成了。五是部分群众生态“维权”意识强,参与生态文明建设意识弱。这是谈到认识问题。

第二,综合治理仍有死角。在城区:工地扬尘问题仍比较突出,截至今年8月底,全省各地检查建筑工地8832个,有5521个施工工地需要整改。不少污水处理设施管网不配套,特别是有的地方老城区管网改造力度不大、进度缓慢。已建的污水处理设施普遍缺乏脱“磷”装置,是导致鄱阳湖水质“磷”超标重要原因。在农村:“户分类、村收集、乡转运、县处理”的格局没有完全落实,垃圾处理设施五花八门、标准不一。有的在前端分了类,而在运输、焚烧或填埋过程中又混在一起处理。目前,我省农村垃圾处理依然以填埋为主。畜禽养殖污染整治任务较重,中央环保督查反馈我省未配套建设粪污处理利用设施的猪场,到9月上旬,未完成整改的仍有214家。在园区:全省仍有23个省级工业园区未完成污水处理厂建设。偷排漏排现象时有发生。在山区:全省废弃矿山点多面广,情况复杂,修复治理成本高、难度大、进度不快。在流域:河长制落实中仍有薄弱环节,河长制升级版“升级”还不到位。水污染治理包括劣V类水“歼灭战”、乐安河流域重金属污染治理等仍需强力推进。河湖中乱采乱挖、乱围乱堵、乱搭乱建、乱倒乱排、乱捕滥捞等问题突出,虽然采取了严厉打击行动,但问题没有根本好转。

第三,绿色产业发展步伐不快。一是环保产业发展不足。调研发现,南昌、上饶、鹰潭、抚州等地的生活垃圾治理(包括收集转运、焚烧发电等),基本是北京、浙江、安徽等省外企业参与其中,我省企业很少或基本没有参与进来。各地的污水处理厂建设也多是外来技术,连最基本的垃圾桶、垃圾清运车基本是外省提供,导致“肥水流入外人田”。二是绿色现代农业发展不足。我省现代农业发展规模不大,新型农业发展不快,绿色品牌创建不够,缺乏叫得响的品牌。三是全域生态旅游发展不足。比如像婺源这样全域旅游的县为数太少。

第四,体制机制不够顺畅。一是存在职能职责不清。二是存在多头执法。就部门层级而言,各有各的法规,各有各的要求,存在不同程度的推诿现象。三是目标考核存争议。有的地方反映目标考核评价体系有待进一步完善,比如对河长制的考核,基层对断面监测点设置不科学多有微词,有的还出现“上游污染,下游买单”的现象。四是空间规划难统筹。空间规划划定涉及多个部门,部门与部门之间步调不一致,协调统一难,导致规出多门,衔接不紧密,影响规划的实施。

第五,人才资金技术较为乏力。一是缺乏技术。围绕净空、净土、净水的先进适用技术及产品(装备)研发上投入不足,污染防治技术成果的转化应用亟须加强,大气、水、土壤浸染防治技术成果目录尚未形成。生态环境监测网络建设(主要是生态云大数据平台建设)滞后。二是急缺人才。国家生态文明试验区建设专业性和政策性都很强,如自然资产登记、生态红线划定、污染源监测等,但相关领域人才技术力量不足,以致影响工作的进一步推进。三是缺少资金。生态文明建设大多是政府大包大揽,缺乏市场运作。

第三部分谈建议。针对上述问题,调研组经过多次研究,反复考虑,提出了5个方面共20条建议。

第一,深化认识、广泛发动,进一步在全省营造国家生态文明试验区建设浓厚氛围。一是提高思想认识。各级领导干部要深刻认识设立国家生态文明试验区的重大战略意义,深刻理解和把握统筹山水林田湖草生命共同体的丰富内涵和各个生态要素之间的相互关系。牢固树立山水林田湖草生命共同体理念,并将这种理念内化于人的道德修养、情感和意志,外化为节约资源、保护环境的自觉行动。把山水林田湖草系统保护与利用融入到经济建设、政治建设、文化建设和社会建设的各方面。二是广泛发动群众参与。加强宣传发动,唤醒全民节约资源、保护环境、自觉参与意识,唱响"山水林田湖草,江西风景独好"品牌;探索建立公众参与机制,制定我省促进绿色消费行动方案,鼓励公众绿色出行、绿色生活、绿色消费。

第二,突出山水林田湖草系统治理样板区建设,全面提升环境质量。一是科学划定生态红线。各地在划定生态红线过程中,既要按照生态功能重要性、生态环境敏感性与脆弱性,又要充分考虑现实需要。在水资源红线划定中,要同步推进水资源开发利用控制红线、用水效率控制红线、水功能区限制纳污红线的划定。二是进一步完善生态补偿。建立重点生态功能区财力补偿机制,把《江西省流域生态补偿办法(试行)》补偿范围从境内流域拓宽到重点生态功能区,实行奖补结合,不断加大对限制开发区域和禁止开发区域的市县财政转移支付。完善森林生态补偿机制,促进公益林的生态保护与开发。三是提升山水林田湖草质量。要采取坚决措施、最严厉的法律手段,保护好鄱阳湖的"一湖清水"。要合理划定公园区域,积极申报国家公园。要合理划定封禁范围,加大补植改造力度,改变现有林地的林种树种结构,提升森林质量。要加强草地资源保护,提升草原综合植被质量,提高"草"的生态效益、经济效益和社会效益。四是开展山水林田湖草系统保护与治理样板区建设,为全省推进山水林田湖草系统保护与治理提供经验,在全国造成一定的声势和影响。五是进一步加大大气污染治理。建立省市县大气污染联防联控协调机制,构建区域一体化的大气污染联防联控体系。出台《江西省建筑工地扬尘治理实施办法》,加强对扬尘治理的法治管理。严禁农作物秸秆焚烧行为,积极探索农作物秸秆综合利用新途径。规范行为,加强行业污染防控。加强工业企业排污技术研究,突出问题综合整治。六是进一步推进"净土"工程建设。坚持"管办分离",积极引入市场机制,实行第三方治理。加强垃圾焚烧处理,统筹规划垃圾焚烧发电项目建设。强化农业面源污染防治,鼓励农民使用有机肥,减少化肥农药的使用。倡导农用薄膜回收,严格控制主要粮食产地和菜篮子基地的污灌。抓好矿山绿色开发,探索矿山环境保护综合执法机制。推进工矿废弃地生态修复工程,改善废弃矿山生态环境。七是抓实推进河长制升级版的落实。按照"河长制"升级版的要求,层层压实责任,严厉打击"五河"及鄱阳湖的乱采乱挖、违法捕捞、围垦等一切破坏水生态环境行为,坚决守住"一湖清水"。加强工业园区污水处理设施建设,对未完成建设的23个县加大推进力度。对于已建园区污水处理厂,建议尽快完善脱磷设施。要进一步推进城镇生活污水处理厂设施及配套管网建设,加快百强中心镇污水处理设施建设。优化水质监测,增加监测频次,为境内主要河流水环境保护提供科学依据。

第三,加快绿色产业发展步伐,补齐绿色产业发展短板。绿色产业范围很广,这里我们仅仅从调研中发现的三个突出方面提出建议。一是大力发展环保产业。完善环保产业发展规划。出台支持本地环保企业发展政策,制定有利于节能环保产业发展的行业标准和产品、服务技术标准,重点培养发展截污纳管、农村环境治理、河道生态治理、污泥处置、垃圾分类及焚烧等领域的环保产业。扶持引领本土环保产品设备升级,加快建立现代化环保装备生产基地。二是做强现代农业。优化调整特色农业产品结构,推进农产品规模化、标准化、生态化生产,打造一批全国知名的绿色食品原料基地。加快培育农业龙头企业发展,提高农产品深加工水平,积极推进农业企业品牌创建,培育一批江西农业品牌。三是做精生态旅游。结合生态建设、农村环境整治、乡村振兴战略,科学布局全域化生态旅游。

第四,整合资源,理顺生态文明建设相关工作的体制机制。一是进一步完善工作体制机制,整合资源。二是进一步加强生态文明建设立法工作。加强对重点领域、重点区域生态环境保护与建设的专项立法。三是“多规合一”。要以主体功能区规划为基础,统筹各类空间性规划,明确省、市、县不同层次空间规划的重点内容、编制方法和管制手段,促进生产空间集约高效、生活空间宜居适度、生态空间山清水秀。

第五,多方投入,进一步强化人才资金科技支撑。一是加强人才队伍建设,充实技术力量。整合各方面资源,成立生态文明建设智库,加强山水林田湖草系统保护与治理的技术研究。二是强化政策支持,提供资金保障。三是加强科学研究,推进生态科技创新。四是加强大数据运用,促进与生态建设深入融合。尽快制定全省在生态环境监测上的统一技术标准、数据指标,建立信息化综合管理与服务平台,开放数据端口,加强与各市县生态云端口的对接,实现数据共享,提高我省国家生态文明试验区建设的科学化、数字化水平。

这个调研报告的有关情况,我就介绍到这里,请大家审议并提出宝贵意见。谢谢大家!

决议决定

政协江西省第十一届委员会第五次会议决议

（2017 年 1 月 18 日政协江西省第十一届委员会第五次会议通过）

中国人民政治协商会议江西省第十一届委员会第五次会议，于 2017 年 1 月 15 日至 18 日在南昌举行。

会议深入贯彻落实中共十八大，十八届三中、四中、五中、六中全会和中央经济工作会议精神，坚决维护以习近平同志为核心的中共中央权威，进一步增强政治意识、大局意识、核心意识、看齐意识，深入贯彻落实省第十四次党代会精神，把思想和行动统一到中共中央和中共江西省委的决策部署上来。广大委员充分发挥主体作用，各界别充分发挥自身优势，紧紧围绕我省改革发展稳定大局、人民群众关心的问题和人民政协事业的进步，深入协商讨论，积极建言献策。

会议审议并批准省政协主席黄跃金同志代表政协江西省第十一届委员会常务委员会作的工作报告；审议并批准省政协副主席刘晓庄同志代表政协江西省第十一届委员会常务委员会作的提案工作情况的报告。委员们听取、讨论并赞同省人民政府省长刘奇同志所作的政府工作报告；讨论并赞同省高级人民法院工作报告、省人民检察院工作报告和其他报告。这是一次凝心聚力、团结民主、风清气正、共商发展的大会。

会议高度评价过去一年我省经济社会发展取得的主要成就。大家认为，在以习近平同志为核心的中共中央领导下，中共江西省委、省人民政府团结带领全省人民，深入学习贯彻习近平总书记系列重要讲话精神，特别是对江西工作提出的“新的希望、三个着力、四个坚持”重要要求，坚持以新发展理念为引领，把握稳中求进工作总基调，实干为本，发展为先，统筹做好稳增长、促改革、调结构、优生态、惠民生等各项工作，全省经济稳步增长，主要经济指标增速位居全国“第一方阵”；产业结构优化提升，生产力布局更趋合理；改革开放全面深入，发展动能加快转换；城乡一体化发展统筹推进，区域发展布局更加优化；绿色优势不断彰显，国家生态文明试验区建设稳步推进；社会事业全面发展，民生福祉持续增进，实现了“十三五”良好开局。

会议充分肯定过去一年省政协工作。大家认为，在中共江西省委领导下，省政协高举爱国主义、社会主义旗帜，坚持团结和民主两大主题，围绕大局议政建言，聚焦中心谋策献计，紧贴民生解忧帮困，大力加强自身建设。在继承中发展，在发展中创新，思想政治共识广泛凝聚，协商民主建设深入推进，委员履职能力不断提升，建言献策实效显著增强，为推动我省经济发展和社会事业进步作出了重要贡献。

会议强调,2017 年省政协要全面贯彻中共十八大,十八届三中、四中、五中、六中全会和中央经济工作会议精神,深入学习贯彻习近平总书记系列重要讲话精神和治国理政新理念新思想新战略,协调推进“四个全面”战略布局,牢固树立新发展理念,认真贯彻落实省第十四次党代会和全省经济工作会议精神,牢牢把握团结和民主两大主题,充分发挥政协作为协商民主重要渠道和专门协商机构的作用,着力提高协商建言实效,着力增强政协统战功能,着力强化民主监督职能,着力提升自身建设水平,不断推动我省人民政协事业发展。

会议号召,全省各级政协组织、政协各参加单位和全体政协委员,更加紧密地团结在以习近平同志为核心的中共中央周围,在中共江西省委领导下,同心协力促改革,和衷共济谋发展,以优异成绩迎接中共十九大胜利召开,为决胜全面建成小康社会、建设富裕美丽幸福江西作出积极贡献!

政协江西省委员会关于表扬优秀提案的通报

赣协发〔2017〕14号

十一届省政协委员，省政协各参加单位、专门委员会：

省政协十一届三次会议以来，广大政协委员、省政协各参加单位、各界别和专门委员会，按照中共中央、全国政协、中共江西省委关于进一步加强人民政协提案办理协商的有关要求，按照“围绕中心、服务大局、提高质量、讲求实效”的提案工作方针，紧扣“五位一体”总体布局、“四个全面”战略布局和人民群众关心的问题，积极运用提案履行政治协商、民主监督、参政议政职能，共提出提案1758件，立案1660件。提案经认真办理后，对我省经济社会又好又快发展起到了积极的促进作用。为了鼓励先进，充分发挥提案的重要作用，不断提高提案质量，深入推进提案办理协商，根据省委、省政府有关文件精神和《政协江西省委员会提案工作条例》等有关规定，经省政协十一届第五十六次主席会议研究决定，对省政协十一届三次、四次、五次会议的60件优秀提案进行表扬（名单附后）。

希望广大政协委员和省政协各参加单位、各界别、各专门委员会，向受表彰的单位和个人学习，努力提出更多更好的提案。受到表彰的单位和个人要再接再厉，不断进取，为实施我省“创新引领、绿色崛起、担当实干、兴赣富民”重大战略作出新的贡献。

附件：优秀提案目录

政协江西省委员会

2017年9月8日

附件:

优秀提案目录

序号	案号	提案者	案　　由
十一届三次会议			
1	20150007	梁高潮等 9 人	将昌景黄高速铁路纳入省“十三五”规划的建议
2	20150010	陈文华	构建开放经济体系,促进赣闽粤原中央苏区同步小康
3	20150033	梁安琪等 15 人	关于促进我省旅游业发展的建议
4	20150093	陈 坚	关于加强城市交通设计制度和法规建设的建议
5	20150156	高永快	关于绿色产业的生产保护与政策支持相关问题的建议
6	20150167	聂玲娜	规范引导农村土地流转,发展适度农业规模经营
7	20150191	詹丰兴	高度重视气候和气候变化对生态文明建设的影响
8	20150199	民盟省委会	规范民间借贷,防控金融风险
9	20150225	卢晓勇等 5 人	关于改善中小企业续贷难问题的建议
10	20150228	省工商联	建设智慧江西,引领产业升级
11	20150269	张知明	关于推进垃圾分类工作的建议
12	20150271	陈朝清等 4 人	关于高度重视武功山旅游开发建议
13	20150307	陈根荣等 5 人	大力培育新型职业农民
14	20150313	民建省委会	关于进一步推动我省职业教育发展的建议
15	20150380	农工党省委会	加大儿童医疗服务资源投入,促进我省儿童卫生事业发展
16	20150421	李 军	关于扎实推进我省城乡文化一体化发展的建议
17	20150467	黄天水	关于为企业员工社保“减负”的建议
18	20150471	胡 玲	建议加强我省大病医保的监控工作
19	20150494	九三学社省委会	探索建立环保巡视工作机制,推动基层环保严格执法
20	20150511	张 宁	关于依法治省推行政府权力清单制度的建议
21	20159012	姚电等 12 人	用法治思维和法治方式预防和治理学闹问题
十一届四次会议			
22	20160020	民革省委会	关于加快推进我省城乡供水一体化建设的建议
23	20160041	周 锦	关于助推我省开放型经济发展的建议
24	20160066	李秀香	我省农村微观水环境系统污染严重亟待治理

序号	案号	提案者	案　　由
25	20160146	王志军	关于扶持我省现代农业产业发展的建议
26	20160175	胡秀筠	实施绿色生态战略,助推农业品牌升级
27	20160177	魏洪义	关于分区域阻击柑橘黄龙病,保护我省柑橘和蜜柚产业的建议
28	20160331	肖 萍	关于加快出台江西省科研计划专项经费管理规定的建议
29	20160385	许秀柏	关于我省三甲医院设立日间病房的建议
30	20160420	省政协社会和法制委员会	关于推进南昌市餐厨垃圾集中处理的建议
31	20160450	孙建强	打造文化产业公共服务平台,促进全省文化产业快速发展
32	20160451	张国轩	关于南昌海昏侯国遗址保护和相关附属设施建设的建议
33	20160495	民进省委会	关于对未成年犯服刑人员实施职业高中教育的建议
34	20160519	刘卫东	大力支持法律服务机构,推动法治江西建设
35	20160520	刘菊娇	成立反诈骗中心,遏制通讯信息诈骗高发
36	20160526	医药卫生界别	关于人民法院在审理医疗纠纷案件中采信医疗技术鉴定的建议
37	20169012	饶剑明	关于设立“江西慈善奖”的建议
十一届五次会议			
38	20170005	省政协港澳台侨和外事委员会	对我省高新产业发展的几点建议
39	20170043	省工商联	关于大力发展新经济,推动江西经济优化升级的建议
40	20170049	九三学社省委会	重视城市配送中心建设,破解物流最后一公里障碍
41	20170070	杨小华	关于加快制定我省清理“僵尸企业”相关措施的建议
42	20170134	民进省委会	关于构建现代农业产业体系的建议
43	20170219	省政协文史和学习委员会	关于加强南昌铁柱万寿宫遗址保护和利用的建议
44	20170221	民盟省委会	关于促进我省住宅小区物业管理健康发展的建议
45	20170225	省政协人口资源环境委员会	关于保障城镇居民二次供水安全的建议
46	20170226	周荣彪	关于对农村建房加强规划监管的建议
47	20170232	徐晓泉	大力发展乡村旅游,助推我省农村扶贫脱贫
48	20170247	李光荣	关于破解城中村改造工作难题的几点建议

序号	案号	提案者	案由
49	20170266	省政协教科文卫体委员会	关于对我省市、县(区)两级教育考试机构及职能进行整合的建议
50	20170289	宰志强	关于加强标准化基础性研究的建议
51	20170291	詹慧珍	关于加强网络空间安全人才引进与培养的建议
52	20170328	农工党省委会	关于促进我省中医药健康旅游的建议
53	20170349	民建省委会	发挥我省资源和生态优势,做大做强中药种植产业
54	20170353	民革省委会	关于做大做强江西中药饮片产业的建议
55	20170390	张 伟	建立以政府为主导的区域性远程会诊平台
56	20170400	曾鲁台	关于推进智慧农业建设,加快现代农业发展的建议
57	20170488	妇联界别	关于加大实施力度,切实贯彻落实《反家庭暴力法》的建议
58	20170499	孙鑫等 13 人	聚集新农村,汇聚青春正能量,助推美丽中国"江西样本"
59	20170508	应淑华等 3 人	关于加快推进经营性事业单位分类改革的建议
60	20170525	刘恒军	精准扶贫工作中存在的问题及对策

关于表扬2016年度优秀建言献策成果的通报

赣协发〔2017〕12号

十一届省政协委员，省政协各专门委员会：

2016年，广大政协委员、省政协各参加单位和专门委员会坚持围绕中心、服务大局，紧扣省委、省政府的中心工作和人民群众关注的热点、难点问题，通过会议发言、调研、视察等形式，认真履行职能，涌现出一批优秀建言献策成果，为推进我省改革发展稳定作出了积极贡献。为了鼓励先进，充分调动和激发委员履职的积极性，提高履职能力和水平，按照《政协江西省委员会优秀建言献策成果评选办法》（赣协发〔2015〕13号）规定，经省政协十一届第五十六次主席会议研究决定，对《关于加快推进我省城乡供水一体化建设的建议》等152篇省政协2016年度优秀建言献策成果予以通报表扬（名单附后）。

希望受到表扬的单位和个人再接再厉，不断进取，继续充分运用会议发言、调研、视察等形式多建睿智之言、多献务实之策。广大政协委员、政协各参加单位和专门委员会，要向受表扬的单位和个人学习，把参政议政的热情与不断提高履职能力紧密结合起来，努力形成更多高质量的建言献策成果，为我省迈出创新引领、绿色崛起、担当实干、兴赣富民新步伐，开创决胜全面建成小康社会、建设富裕美丽幸福江西新局面作出新的贡献。

附件：2016年度优秀建言献策成果名单

政协江西省委员会

2017年9月10日

2016 年度优秀建言献策成果名单

（排名不分先后，共 152 篇）

一、政协江西省委员会 2016 年度优秀建言献策成果奖——会议发言奖（共 119 篇）

（一）全会大会发言 42 篇（序号为 1—21 是大会口头发言；22—42 是大会书面发言）

1. 关于加快推进我省城乡供水一体化建设的建议，民革江西省委会
2. 全面推行“并联审批”，加快转变政府职能，民盟江西省委会
3. 实施大数据战略，助推我省产业升级绿色崛起，民建江西省委会
4. 深化高校科研院所科技管理制度改革，促进科技成果转化，民进江西省委会
5. 倡导全民阅读、建设“书香赣鄱”，农工党江西省委会
6. 关于解决农村地区面源污染的建议，九三学社江西省委会
7. 江西精准扶贫脱贫，职业教育大有作为，无党派人士界别
8. 加快培育我省互联网金融产业，省工商联
9. 通过政策创新让农民群众有更多的获得感，梁安琪（陈季敏代发言）
10. 关于精准扶贫与旅游开发的建议，王东林（代表省政协社法委专家组）
11. 关于推进河长制的几点建议，省政协人资环委
12. 抓住通航产业先机，让江西低空领域想飞就飞，省政协经济委
13. 关于加强江西省扶贫工作力度的建议，邝美云
14. 关于从供给端发力推进信息江西建设的建议，黄建新
15. 关于打通青年创业政策落地“最后一公里”的建议，青联界别
16. 优化赣商创业环境，激发回乡创业激情，政协抚州市委员会
17. 我省少数民族地区同步建成小康面临的问题和建议，省政协民宗委
18. 关于加强落实“新农合”医疗政策的建议，政协赣州市委员会
19. 积极推进贫困残疾人兜底保障工作，社会福利与社会保障界别
20. 关于做好农民工服务，促进社会和谐进步的建议，工会界别
21. 大力支持法律服务机构，推动法治江西建设，省政协提案委
22. 激活青年社会组织，服务和谐社会管理，共青团界别

23. 推进社区儿童之家建设,优化未成年人成长环境,妇联界别

24. 打造品牌赛事,促进江西体育产业发展,台联界别

25. 关于进一步加强应急救护培训,提升公众自救互救能力的建议,省红十字会

26. 关于建设高水平一流学科的建议,省政协教科文卫体委

27. 尽快设立江西艺术基金,繁荣发展社会主义文艺,省政协文史和学习委

28. 江西省机器人及智能制造装备产业发展调研报告,政协南昌市委员会

29. 优化企业发展环境,推动区域经济发展升级,政协九江市委员会

30. 关于健全行政执法和刑事司法衔接机制,进一步推进我省依法行政的建议,政协景德镇市委员会

31. 关于促进我省老龄服务事业发展的建议,政协鹰潭市委员会

32. 既脱贫攻坚,也美丽乡村——发展乡村旅游的思考,政协萍乡市委员会

33. 依托麻博会,壮大麻产业,政协新余市委员会

34. 关于加快推进昌铜高速生态经济带建设的建议,政协宜春市委员会

35. 搭建全民创业平台,激发非公经济活力,政协上饶市委员会

36. 关于加强农村垃圾分类处理的建议,政协吉安市委员会

37. 农村订单定向免费医学生人才培养机制再思考,韩立民

38. 吸引农民工返乡创业,推动大众创业万众创新,蔡小莲

39. 推进民办高校创新创业教育,提升人才培养水平,杨名权

40. 积极发挥宗教慈善事业的正能量,李绍华

41. 加强事中事后监管,促进江西经济健康有序发展,沈庆中

42. 像保护大熊猫一样保护耕地,刘定明

(二)全会联组讨论口头发言 40 篇

1. 深化改革、提质增效,推进江西钢铁工业转型发展,王洪

2. 认识新常态,实施集团产业升级的几点思考,张京生

3. 创新驱动打造南昌光谷核心产业集群,王敏

4. 从供给侧结构性改革看我省的创新驱动,吴锋刚

5. 发展农业电子商务,促进现代农业新发展,戴兴临

6. 实施全面开放战略的建议,曾鲁台

7. 对推动我省创新创业的几点建议,汪磊

8. 我省实施产业转型升级战略的几点建议,陈季敏

9. 顺应传媒产业大变化格局、加快发展现代传媒职业教育,刘平

10. 以特色文化基因为切入点、提升旅游产业发展水平,彭敏

11. 围绕省委提出的战略定位,实现内陆双向开放高地战略目标,蔡景章

12. 让法律服务助推我省开放发展,杨西

13. 加快九江高铁建设,带动江西经济发展,钟华坚

14. 积极适应新变化、努力推进全面开放战略,黄平辉

15. 推动瑞昌建成长江中游重要口岸城市的建议,郭少雄

16. 调动基层积极性,更好地实施全面开放战略,杨小林

17. 开创自然灾害防御与经济社会协调发展之路,詹丰兴

18. 建立七大平台，把江西建成全国扶贫攻坚的样板区，饶振华
19. 协调发展，关键在于补齐短板，黄明哲
20. 坚持协调发展战略，打好我省全面建成小康社会攻坚战，傅理学
21. 提升基础设施、强化发展支撑，陈道萍
22. 提升旅游基础设施承载能力、助推经济转型稳步发展，陈万洵
23. 实施基础设施提升战略的建议，淦垒
24. 加大投入，统筹城乡基础设施建设，兰赟
25. 关于加快城建行政执法体制改革的建议，刘强华
26. 加强宗教活动场所建设，实施基础设施提升战略，释纯一
27. 加快基础设施建设、满足城市新市民需求，王建强
28. 农村土地征收中存在的问题及建议，谢保成
29. 借“一带一路”之势，实施基础设施提升战略，徐国建
30. 建设自然保护区生态长廊，打造江西生态文明建设新样板，李秀香
31. 推进我省建筑产业现代化，促进建筑产业绿色发展，杨爱中
32. 彰显我省生态优势，唱响鄱阳湖农产品品牌，黄占共
33. 实施农村清洁工程，有效治理农村污染，宋发庆
34. 大力推进土壤污染防治，建设生态文明江西，魏洪义
35. 关于加强农村垃圾分类处理的建议，罗燕萍
36. 强化改革思维、创新服务机制，不断提升科协组织服务绿色崛起战略能力，罗莹
37. 融入“一带一路”，唱响江西是个好地方，朱丽萌
38. 整合乡村旅游资源，发展国家农业公园，万敏
39. “共享”优质教育资源是城市新区发展的“核动力”，陈东旭
40. 谋中小成长型企业“过冬”之策，为企业担当而担当，付志高

（三）常委会议口头发言 12 篇

1. 强化城乡规划引领，构建新兴消费产业发展平台，万敏
2. 跨境电商在南昌的实践和思考，郭坚华
3. 加强市场监管和司法保护，切实维护消费市场秩序，张宁
4. 打造“中医药＋”在大健康产业中赢得江西地位，开辟具有江西特色和江西气魄的生态经济示范高地，徐江明
5. 关于在我省筹建教育综合体，促进教育消费的建议，徐景坤
6. 推进一二三产融合，促进现代农业的发展，民进江西省委会
7. 夯实创新基础，增强创新动力，九三学社江西省委会
8. 关于促进南昌市科技创新与产业升级高度融合的建议，政协南昌市委员会
9. 全面推进规模化农业生产，夯实现代农业发展基础，戴兴临
10. 加强农业生态环境保护与修复，促进农业可持续发展，邝小平
11. 江西省冬季农业发展存在的问题及发展对策，潘华
12. 赣南柑橘黄龙病区转型发展的建议，彭道宾

（四）协商座谈会口头发言 25 篇

1. 中小企业“融资难、融资贵”的问题，陈晓明

2. 帮扶实体经济发展应注重精准到位发力,彭道宾

3. 加快混合所有制改革步伐,全面提升桑海集团竞争力,张京生

4. 更新观念和手段,切实有效帮扶实体经济,赵波

5. 经济下行压力下对我省民营企业稳步发展的建议,朱星河

6. 提高我省森林质量的五点建议,任江南

7. 关于完善投入政策和补偿机制,促进森林质量提升的建议,欧阳世麟

8. 加强林权管理,提高森林质量,邓丽明

9. 加大监督、立法立规,促进“名校办民校”健康规范发展,吴勤

10. 推进我省民办学前教育发展的几点建议,叶存洪

11. 江西军民科技融合发展情况及建议,杨贵平

12. 推进城市管理综合执法的几点建议,张传发

13. 关于推进我省城市管理综合执法工作的建议,凌云

14. 创新城管执法机制,提升城市服务水平,魏小俊

15. 加强规范化建设,提升民商事仲裁公信力,刘卫东

16. 从需求方谈民商事仲裁的供给侧改革,龚兆华

17. 江西祖宗文化与旅游资源开发,刘平

18. 打通宗教文化资源挖掘与利用之间的最后一寸穴道,李冬妮

19. 文艺院团转企改制政府该做些什么,徐良平

20. 我省改制文艺院团运营体制机制亟待完善,扶名福

21. 加强顶层综合协调,加大政策扶持力度,黄鹤

22. 融合——传统媒体发展必由之路,刘平

23. 我省广电媒体融合发展的情况及建议,杨玲玲

24. 明确目标方向、巩固主流阵地、扶持省级媒体,陈晓云

25. 南昌融媒体发展的困境和对策,金笛

二、政协江西省委员会2016年度优秀建言献策成果奖——建议案奖(共13篇)

1. 关于着力加强供给侧结构性改革、培育和壮大新兴消费的建议案,省政协港澳台侨和外事委

2. 关于我省实施创新驱动发展战略,推动产业转型升级的建议案,省政协教科文卫体委

3. 关于推进我省民办教育改革发展的若干建议,省政协教科文卫体委

4. 关于优化农产品有效供给,建设现代农业强省的建议,省政协经济委

5. 进一步提高省财政预算制定与执行的科学化水平的建议,省政协经济委

6. 大力帮扶实体经济,促进经济稳定增长的建议,省政协经济委

7. 关于提升我省森林质量的建议案,省政协人资环委

8. 关于我省推行“河长制”以来情况的建议案,省政协人资环委

9. 关于推进我省城市管理综合执法的建议案,省政协社法委

10. 关于加强我省仲裁工作的建议案，省政协社法委

11. 关于进一步深化我省国有文艺院团转制的建议，省政协民宗委

12. 关于推动我省传统媒体和新兴媒体融合发展的建议，省政协文史和学习委

13. 关于我省资源枯竭城市转型发展的建议，省政协提案委

三、政协江西省委员会 2016 年度优秀建言献策成果奖 ——调研视察报告奖(共 20 篇)

1. 赣江新区视察报告，省政协办公厅研究室

2. 关于推进“营改增”的几点建议，省政协办公厅研究室

3. 关于进一步深化高等教育体制改芑的调研报告，省政协办公厅研究室

4.《国务院关于支持赣南等原中央苏区振兴发展的若干意见》贯彻落实情况的调研报告，省政协办公厅研究室

5. 关于全省金融业发展情况的视察报告，省政协办公厅研究室

6. 进一步提高省财政预算制定与执行的科学化水平的调研报告，省政协经济委

7. 大力帮扶实体经济，促进经济稳定增长的调研报告，省政协经济委

8. 关于优化农产品有效供给建设现代农业强省的调研报告，省政协经济委

9. 关于我省城镇居民二次供水安全保障工作情况的视察报告，省政协人资环委

10. 关于精准扶贫、精准脱贫的调研报告，省政协人资环委

11. 关于我省重大疾病免费治疗“升级换代”的建议，省政协教科文卫体委

12. 关于促进我省体育产业发展的视察报告，省政协教科文卫体委

13. 借助乡村旅游推进精准扶贫的建议，省政协社法委

14. 关于推进我省平安景区建设和高速公路服务区安全防范工作的建议，省政协社法委

15. 关于促进我省县域宗教文化资源的挖掘和利用的建议，省政协民宗委

16. 对我省高新产业发展的几点建议，省政协港澳台侨和外事委

17. 关于弘扬江右商帮文化的调研报告，省政协文史和学习委

18. 关于推动徐霞客游线文化旅游发展与精准扶贫的视察报告，省政协文史和学习委

19. 关于我省传统媒体和新兴媒体融合发展的调研报告，省政协文史和学习委

20. 关于湖北省传统媒体和新兴媒体融合发展情况的考察报告，省政协文史和学习委

重要会议

【全体委员会议】

十一届五次会议 1月15日至18日在南昌举行。省委书记鹿心社、省长刘奇、省委副书记姚增科等领导出席开、闭幕会,并参加联组讨论和小组讨论,听取大会发言。省政协主席黄跃金主持闭幕大会并讲话,省政协副主席姚亚平主持开幕大会。会议审议通过黄跃金代表政协江西省第十一届委员会常务委员会所作的工作报告,以及省政协副主席刘晓庄代表政协江西省第十一届委员会常务委员会所作的提案工作情况报告。举行了两次大会发言,增补蔡晓明、陈俊卿为十一届省政协副主席;增补王萍、左和平、朱来友、刘定明、肖礼庆、汪忆新、傅卓成为十一届省政协常务委员。通过了省政协十一届五次会议决议;通过了省政协十一届五次会议关于提案初步审查情况的报告。

【常务委员会会议】

第二十二次会议 1月14日在南昌召开,省政协主席黄跃金主持并讲话,省委常委、省委统战部部长陈兴超在会上作有关人事事项说明,省政协副主席姚亚平、钟利贵、李华栋、汤建人、刘晓庄、郑小燕、胡幼桃、孙菊生,省政协秘书长肖为群出席会议。会议通过江西省政协十一届五次会议选举办法(草案)和总监票人、监票人名单(草案),决定提交十一届五次会议讨论表决通过;通过江西省政协十一届五次会议大会秘书处秘书长、副秘书长名单。会议审议通过了人事事项。

第二十三次会议 1月17日在南昌召开。省政协主席黄跃金主持会议。省政协副主席姚亚平、钟利贵、李华栋、汤建人、刘晓庄、郑小燕、胡幼桃、孙菊生,秘书长肖为群出席会议。省委统战部负责人在会上作有关人事事项的情况汇报。

第二十四次会议 3月20日在南昌召开,传达学习全国政协十二届五次会议精神,部署我省政协贯彻落实工作。省政协副主席姚亚平主持,省政协副主席蔡晓明、李华栋、汤建人、刘晓庄、郑小燕、胡幼桃、孙菊生,秘书长肖为群出席会议。黄跃金传达全国两会期间习近平总书记就人民政协工作、尊重知识、尊重知识分子、增进民族团结等重大问题发表的一系列重要讲话精神,传达李克强总理作的政府工作报告精神,传达俞正声主席作的政协常委会工作报告和在闭幕会上的重要讲话精神。

第二十五次会议 7月3日至4日在南昌召开。会议传达学习全国政协十二届第二十一次常委会议精神;围绕"加强地方金融体系建设,推动实体经济发展"进行专题协商;部署加强人民政协民主监督工作。省政协主席黄跃金出席并讲话,省委常委、常务副省长毛伟明出席并介绍情况。省政协副主席姚亚平、蔡晓明、李华栋、汤建人、刘晓庄、郑小燕、胡幼桃、孙菊生、陈俊卿,秘书长肖为群出席。蔡晓明就调研组《关于"加强地方金融体系建设,推动实体经济发展"的调研报告》起草情况作说明,赵波、朱力群、孙东、彭道宾、陈晓明、陈晓娟等省政协常委、委员作了大会发言。会议审议通过了人事事项。

第二十六次会议 9月11日至12日,省政协十一届二十六次常委会议在南昌召开。会议传达学习了全国政协十二届第二十二次常委会议精神，围绕“进一步加快赣江新区发展”进行专题协商。省政协主席黄跃金，省政府副省长吴晓军出席并讲话。省政协副主席蔡晓明、李华栋、汤建人、刘晓庄、郑小燕、孙菊生、陈俊卿出席会议。姚亚平就调研组《关于进一步加快赣江新区发展的调研报告》起草情况作说明，汪乙新、徐良平、罗莹、李秀香、凌云、杨西等省政协常委、委员作大会发言。会议通过了有关人事事项。杨木生同志任省政协副秘书长、办公厅主任；杨春燕同志任省政协教科文卫体委员会主任；辜清同志任省政协港澳台侨和外事委员会主任，不再担任省政协社会和法制委员会副主任（专职）职务；钟清滨同志任省政协办公厅副主任。会议根据政协章程的有关规定，接受龚林儿、陈智祥、杨斌、王际民等4名同志因年龄原因，请求辞去政协江西省第十一届委员会常务委员、委员职务的请辞。因年龄原因，杨春燕同志不再担任省政协副秘书长、办公厅主任职务；杨斌同志不再担任省政协提案委员会主任职务；龚林儿同志不再担任省政协教科文卫体委员会主任职务；陈智祥同志不再担任省政协提案委员会副主任职务。

会议对省政协十一届三次会议以来的优秀提案、先进承办单位和2016年度优秀建言献策成果进行了书面通报表扬。

第二十七次会议 11月6日在南昌召开，会议深入学习中共十九大精神，对全省政协系统学习贯彻中共十九大精神进行动员部署。省政协主席黄跃金出席并讲话，省政协副主席姚亚平主持，省政协副主席蔡晓明、汤建人、刘晓庄、郑小燕、胡幼桃、孙菊生、陈俊卿，秘书长肖为群出席。

第二十八次会议 11月27日至28日在南昌召开，会议学习贯彻中共十九大精神，围绕“加快我省国家生态文明试验区建设”协商议政。省政协主席黄跃金，副省长郑为文出席并讲话，省政协副主席姚亚平、蔡晓明、李华栋、汤建人、刘晓庄、胡幼桃、孙菊生、陈俊卿，秘书长肖为群出席。孙菊生介绍了调研情况、调研报告起草的背景、主要内容和意见建议。朱来友、任江南、肖礼庆、王东林、李秀香、郭英荣等6位同志作了大会发言。会议还审议通过了有关人事事项。

【主席会议】

第四十九次会议 1月12日，黄跃金主席主持召开了省政协十一届第49次主席会议。会议审议了有关人事事项。省委统战部常务副部长刘金炎同志作了有关人事事项的说明。会议同意，因年龄原因，徐效钢、陈守国等两位同志辞去十一届省政协常务委员职务，提请省政协十一届二十二次常委会议通过，向省政协十一届五次会议报告。会议同意，因年龄原因，李贤书、揭赣元、刘德意、毛学东、汪玉奇、章凯旋、文红莲（女）、何大欣、王世平、徐效钢、陈守国等11位同志辞去十一届省政协委员；因工作岗位变动，蔡基谱、刘士安、杨宁、汤志水、熊纬等5位同志辞去十一届省政协委员，提请省政协十一届二十二次常委会议通过。会议同意，因年龄原因，钟利贵同志辞去政协江西省第十一届委员会副主席职务，提请省政协十一届二十二次常委会议通过，提交省政协十一届五次会议表决。会议同意，免去部海镭政协江西省第十一届委员会常务委员、教科文卫体委员会副主任职务，撤销其省政协委员资格，提请省政协十一届二十二次常委会议通过，向省政协十一届五次会议通报。会议同意，李青华（女）、肖军、肖礼庆、陈俊卿、陈晓勇、蔡晓明等6位同志为十一届省政协增补委员人选，提请省政协十一届二十二次常委会议通过。会议同意，王萍（女）、左和平、朱来友、刘定明、肖礼庆、汪忆新、傅卓成等7位同志为十一届省政协增补常务委员人选，提请省政协十一届二十二次常委会议通过，提交省政协十一届五次会议选举。会议同意，陈俊卿、蔡晓明等两位同志为十一届省政协增补副主席人选，提请省政协十一届二十二次常委会议通过，提交省政协十一届五次会议选举。会议审议并同意《政协江西省第十一届委员会第五次会议选举办法（草案）》，提请省政协十一届二十二次常委会议通过，提交省政协十一届五次会议表决。会议审议并同意《政协江西省第十一届委员会第五次会议选举大会总监票人、监票人名单（草案）》，提请省政协十一届二十二次常委会议通过，提交省政协十一届五次会议表决。会议同意，朱来友、汪忆新等两位同志为省政协经济委员会副主任人选，刘定明同志为省政协人口资源环境委员会副主任人选，傅卓成同志为省政协社会和法制委员会副主任人选，刘金炎同志为省政协港澳台侨和外事委员会副主任人选。因年龄原因，徐效钢同志不再担任省政协社会和法制委员会副主任职务。提请省政协十一届二十二次常委会议通过。会议同意《政协江西省第十一届委员会第五次会议各组召集人名单（草案）》。会议审议并同意《政协江西省第十一届委员会第五次会议大会秘书处秘书长、副秘书长名单（草案）》，提请省政协十一届二十二次常委会议通过。会议审议并同意《省政协十一届二十二次常委会议方案（草）》。会议决定，省政协十一届二十二次常委会议于2017年1月14日上午在南昌召开。会议的议题是人事事项。

第五十次会议 1月17日，黄跃金主席主持召开了省政协十一届第50次主席会议。会议听取了委员分组审议有关人事事项的情况汇报，审议通过了《政协江西省第十一届委员会增补副主席候选人名单（草案）》，审议通过了《政协江西省第十一届委员会增补常务委员候选人名单（草案）》，审议通过了《政协江西省第十一届委员会第五次会议选举办法（草案）》，审议通过了《政协江西省第十一届委员会第五次会议选举大会总监票人、监票人名单（草案）》，审议通过了《政协江西省第十一届委员会第五次会议决议（草案）》，审议通过了《政协江西省第十一届委员会关于提案初步审查情况的报告（草案）》。

第五十一次会议 2017年1月18日，黄跃金主席主持召开了省政协十一届第51次主席会议。会议审议了委员分组审议政协江西省第十一届委员会第五次会议决议（草案）的情况报告。审议了委员分组审议关于省政协十一届五次会议提案初步审查情况的报告（草稿）的情况。

第五十二次会议 2月4日，黄跃金主席主持召开了省政协十一届第52次主席会议。会议研究了2017年界别工作。会议要求，要科学谋划2017年界别工作，充分发挥界别作用，推动我省政协工作创新发展。会议决定，蔡晓明同志分管省政协经济委员会工作；陈俊卿同志分管省政协委员联络、民主监督工作协调、界别活动协调等工作，协助蔡晓明同志分管省政协经济委员会工作。

第五十三次会议 2月21日，黄跃金主席主持召开了省政协十一届第53次主席会议。会议审议并原则同意《省政协十一届五次会议提案审查情况的报告（审议稿）》。会议研究了省政协2017年重点督办提案工作。会议同意，将《关于我省商品房去库存中需注意的问题和建议》等22件提案列为省政协2017年重点督办提案。会议审议并同意《省政协主席会议成员2017年联络十一届省政协委员的工作方案（草）》。会议听取了《2016年度省政协部门经费预算执行情况报告》,审议并原则同意《省政协 2017 年经费预算分配方案(草案)》。会议审议了人事事项。会议同意,肖礼庆同志为政协江西省第十一届委员会副秘书长(兼职),孙卫国同志为省政协办公厅副主任(试用期一年),招则庆同志为省政协教科文卫体委员会副主任(专职,试用期一年),以上人事事项还需提交省政协十一届二十四次常委会议审议通过。

第五十四次会议 6 月 14 日,黄跃金主席主持召开了省政协十一届第 54 次主席会议。会议学习了《关于加强和改进人民政协民主监督工作的意见》(中办发〔2017〕13 号)和《中共江西省委关于加强和改进人民政协民主监督工作的实施意见》(赣发〔2017〕10 号)文件。会议审议并原则同意《关于“加强地方金融体系建设 促进实体经济发展”专题的调研报告(送审稿)》(以下简称《调研报告(送审稿)》)。对《调研报告(送审稿)》作进一步修改完善后,提交省政协十一届二十五次常委会议审议。会议审议并原则同意《省政协十一届二十五次常委会议方案(草)》。会议决定,省政协十一届二十五次常委会议于 2017 年 7 月 3 日至 4 日上午在南昌召开,会期一天半。会议议题为:围绕“加强地方金融体系建设 促进实体经济发展”进行政协常委会的专题协商,有关人事事项。会议审议了人事事项。会议同意,因年龄原因,冷芬俊同志辞去十一届省政协常务委员、委员职务,不再担任省政协港澳台侨和外事委员会主任;因年龄原因,徐良平同志不再担任省政协副秘书长;因年龄原因,周寥寥同志不再担任省政协办公厅副主任。以上事项提请省政协十一届二十五次常委会议审通过。会议同意,姚庆艳同志为十一届省政协委员人选,提请省政协十一届二十五次常委会议通过。

第五十五次会议 7 月 25 日,黄跃金主席主持召开了省政协十一届第 55 次主席会议。会议传达学习了习近平总书记、李克强总理关于赣南等原中央苏区振兴发展工作重要批示精神。会议听取了省政协办公厅、各专门委员会 2017 年上半年工作情况和下半年工作打算汇报。会议传达学习了中共江西省委十四届三次全体(扩大)会议主要精神。

第五十六次会议 9 月 1 日,黄跃金主席主持召开了省政协十一届第 56 次主席会议。会议审议并原则同意《关于加快赣江新区建设的调研报告(草案)》(以下简称《调研报告(草案)》)。要求办公厅根据主席会议的意见,对《调研报告(草案)》作进一步修改完善后,提交省政协十一届二十六次常委会议审议。会议审议并原则同意《省政协十一届二十六次常委会议方案(草)》。会议决定,省政协十一届二十六次常委会议于 2017 年 9 月 11 日至 12 日上午在南昌召开,会期一天半。会议议题为:传达学习全国政协十二届二十二次常委会议精神(书面),围绕“加快赣江新区建设”进行政协常委会的专题协商,人事事项。会议审议并同意《关于表扬 2016 年度优秀建言献策成果的通报(草)》,在省政协十一届二十六次常委会议上进行书面通报表扬。会议审议并原则同意《省政协优秀提案和先进承办单位拟表彰名单(草)》。会议同意,因年龄原因,龚林儿、陈智祥、杨斌等 3 位同志辞去十一届省政协常务委员、委员职务。杨春燕同志任省政协教科文卫体委员会主任。因年龄原因,杨春燕同志不再担任省政协副秘书长、办公厅主任职务,杨斌同志不再担任省政协提案委员会主任职务,龚林儿同志不再担任省政协教科文卫体委员会主任职务,陈智祥同志不再担任省政协提案委员会副主任职务。以上事项提请省政协十一届二十六次常委会议审议通过。

第五十七次会议 9 月 8 日,黄跃金主席主持召开了省政协十一届第57次主席会议。会议审议了人事事项。会议同意，因年龄原因，王际民同志辞去十一届省政协常务委员、委员职务。杨木生同志任省政协副秘书长、办公厅主任；辜清同志任省政协港澳台侨和外事委员会主任，不再担任省政协社会和法制委员会副主任（专职）职务；钟清滨同志任省政协办公厅副主任（试用期一年）。以上事项提请省政协十一届二十六次常委会议通过。

第五十八次会议 10月27日，黄跃金主席主持召开了省政协十一届第58次主席会议。会议专题传达学习了中共十九大精神。

第五十九次会议 11月3日，黄跃金主席主持召开了省政协十一届第59次主席会议。会议讨论了对《中国人民政治协商会议章程》的修改意见。会议要求，办公厅根据主席会议提出的修改意见进行梳理归纳，汇总各方修改意见后形成书面材料，按要求报送全国政协办公厅研究室理论局。会议审议了人事事项。会议同意，因严重违纪，免去卢志鹏政协江西省第十一届委员会常务委员职务、撤销其政协江西省第十一届委员会委员资格。提交省政协十一届二十八次常委会议通过。

第六十次会议 11月17日，黄跃金主席主持召开了省政协十一届第60次主席会议。会议审议并原则同意《关于加快我省国家生态文明试验区建设的调研报告（草案）》（以下简称《调研报告（草案）》）。会议审议同意《省政协十一届二十八次常委会议方案（草）》。会议决定，省政协十一届二十八次常委会议，于2017年11月27日至28日上午在南昌召开，会期一天半。会议审议并原则同意《关于"全面两孩"政策后我省产科儿科医疗资源紧缺问题的调研报告（草案）》（以下简称《调研报告（草案）》）。会议审议了人事事项。会议同意，因年龄原因，陈绵水同志辞去十一届省政协常务委员、委员职务，不再担任省政协文史和学习委员会副主任职务，提请省政协十一届二十八次常委会议审议通过。

第六十一次会议 12月28日，黄跃金主席主持召开省政协十一届第61次主席会议。会议审议并原则同意《政协江西省第十一届委员会常务委员会工作报告（审议稿）》（以下简称《常委会工作报告（审议稿）》）和《政协江西省第十一届委员会常务委员会提案工作情况报告（审议稿）》。会议书面听取了省政协各专门委员会五年工作总结。审议并同意《省政协十一届二十九次常委会议方案（草）》。会议决定，省政协十一届二十九次常委会议于2018年1月15日至16日上午在南昌召开。审议同意《省政协十二届一次会议方案（草）》。审议同意《关于召开政协江西省第十二届委员会第一次会议的决定（草案）》。审议同意《政协江西省第十二届委员会第一次会议日程（草案）》。提请省政协十一届二十九次常委会议审议。审议同意《政协江西省委员会提案立案审查实施细则（审议稿）》。

重要活动

【省领导会见港澳委员和特邀海外列席代表】 1月14日，省委书记鹿心社、省长刘奇在南昌会见了前来出席省政协十一届五次会议的省政协港澳委员，列席会议的在赣全国政协香港委员、特邀海外侨胞及部分港澳台代表。省领导姚增科、陈兴超、刘捷、姚亚平、钟利贵、胡幼桃参加会见，省政协主席黄跃金主持。鹿心社向大家介绍了省第十四次党代会召开情况，介绍了江西决胜全面建成小康社会、建设富裕美丽幸福江西的战略部署。刘奇介绍了我省去年经济社会发展情况和今年发展思路与举措。

【省政协机关召开党风廉政建设工作会议】 2月10日，省政协机关召开了2017年度党风廉政建设工作会议。省政协党组书记、主席黄跃金对机关党风廉政建设工作专门作出批示。省政协党组成员、秘书长、机关党组书记肖为群总结了2016年省政协机关党风廉政建设工作成效，对深刻把握习近平总书记全面从严治党新思想提出了要求，部署了2017年度省政协机关党风廉政建设四个方面的重点工作。驻省政协机关纪检组组长罗亦斌传达了十八届中央纪委七次全会和省纪委十四届二次全会主要精神，对省政协机关2017年度党风廉政建设工作提出了建议和要求，通报了纪检组2017年度严肃党内政治生活、推进全面从严治党、强化作风建设、践行“四种形态”、加快巡视反馈问题处理步伐、深入开展巡察、进行专项督查、加大问责力度、加强纪检干部队伍建设等九个方面的主要工作。省政协机关和直属事业单位全体干部职工共110余人参加了会议。

【省政协领导深入企业、园区走访调研】 2月8日至15日，省政协主席黄跃金，副主席姚亚平、蔡晓明、李华栋、汤建人、刘晓庄、郑小燕、胡幼桃、孙菊生、陈俊卿，秘书长肖为群分别深入企业、园区开展走访调研，向广大干部职工致以新春的问候，了解企业生产销售情况，帮助企业排忧解难，指导企业加快发展、壮大产业。

【财政部听取部分住赣全国政协委员意见建议】 2月20日，省政协主席黄跃金主持召开座谈会。财政部机关党委常务副书记廖路明代表财政部向部分住赣全国政协委员通报2016年中央预算执行情况、2017年财政工作要点，住赣全国政协委员们就支持实体经济发展、防范和化解地方政府债务风险、提高一般性转移支付比例、鼓励和引导民间资本投资、支持江西发展等方面提出了意见建议。蔡晓明、李华栋、刘晓庄、郑小燕、孙菊生、陈清华等出席座谈会。

【省人民政协理论研究会常务理事会议召开】 4月7日，省人民政协理论研究会2017年度常务理事会议在南昌召开。会议总结去年工作，部署今年的任务，并围绕学习贯彻《关于加强和改进人民政协民主监督工作的意见》(中办发〔2017〕13号)精神、加强和改进人民政协民主监督和调查研究工作开展了理论研讨。省人民政协理论研究会会长陈清华出席会议并讲话，副会长兼秘书长肖为群出席会议，副会长汪玉奇主持会议。会议审议通过了肖为群作的《江西省人民政协理论研究会2016年工作总结和2017年工作计划》。

【刘奇同志到省政协走访调研】 4月24日，省委副书记、省政府省长刘奇来到省政协走访并座谈，介绍江西经济社会发展情况。省政协主席黄跃金主持座谈会。省政协副主席姚亚平、蔡晓明、李华栋、汤建人、刘晓庄、郑小燕、胡幼桃、孙菊生、陈俊卿,秘书长肖为群等参加座谈。刘奇介绍了去年以来全省经济社会发展形势和省政府重点推进的主要工作。刘奇指出,政协有人才荟萃、智力密集,联系广泛、兼容并包,笃行善察、渠道畅通等优势。他真诚希望省政协充分发挥好这些优势,继续支持和帮助省政府工作,在监督中多加支持,在支持中多提建议。刘奇表示,省政府将一如既往地大力支持政协工作,更加主动接受省政协的监督,进一步加强与政协的联系,认真办理好政协委员提案,充分听取政协的意见建议,为政协开展工作创造良好条件、提供必要保障。刘奇同志到江西工作一年多,关心政协工作情况、重视政协意见建议,不仅两次到省政协机关调研,而且对政协报送的视察调研报告先后作出过9次批示。

【全国政协视察团在赣视察国家生态文明试验区建设情况】 5月31日至6月3日,全国政协副主席兼秘书长张庆黎率全国政协视察团在赣视察国家生态文明试验区建设情况。3日,视察团在南昌召开座谈会,听取我省推进国家生态文明试验区建设的情况汇报,并交换视察调研情况。张庆黎出席座谈会并讲话,全国政协委员徐绍史、解振华、傅克诚、关凯出席座谈会。鹿心社、刘奇、黄跃金、李炳军、毛伟明、殷美根、蔡晓明等分别陪同视察或参加相关活动。座谈会上,徐绍史、解振华、杨忠岐等委员从坚持市场化改革、加强顶层设计、生态环境保护、发展林下经济等方面提出了推进国家生态文明试验区建设的意见建议。毛伟明汇报了我省推进国家生态文明试验区建设的有关情况和下一步工作部署。邓宗良、孙菊生、吴晓青、夏涛、张世平、顾伯平、高宏峰、戴公兴等参加视察。在赣期间,视察团先后到赣州、吉安、南昌市等地实地考察。

【举办《红旗飘飘——中国共产党党旗诞生历程珍贵档案展》】 7月14日,由中国政协文史馆、江西省政协办公厅主办的《红旗飘飘——中国共产党党旗诞生历程珍贵档案展》在南昌新四军军部旧址陈列馆展出,该展览以中国共产党党旗的诞生历程为主题,通过大量珍贵的历史照片及档案资料,展示了中国共产党自诞生至今近一个世纪里的各个重要历史节点上的党旗样貌。省领导黄跃金、赵力平、周萌、姚亚平、蔡晓明、李华栋参观展览。

【省政协对优秀建言献策成果和优秀提案进行通报表扬】 9月11日,在省政协十一届二十六次常委会议上,省政协对《关于加快推进我省城乡供水一体化建设的建议》等152篇2016年度优秀建言献策成果和省政协十一届三次、四次、五次会议的60件优秀提案及省委组织部等22个省政协提案先进承办单位进行了书面通报表扬。

【召开"喜迎十九大,委员在行动"履职成果报告会】 9月21日,省政协召开"喜迎十九大,委员在行动"本届履职成果报告会。省政协副主席陈俊卿主持并讲话。这是省政协首次以成果报告会的形式,组织住赣全国政协委员、省政协常委、委员和各民主党派、工商联、党外知识分子联谊会以及省政协办公厅、各专委会负责人、干部职工,一起深入交流探讨、互相学习借鉴,认真总结和提炼十一届省政协以来的履职实践、主要成果和经验做法,形成积极探索创新、相互取长补短、共同发展提高的良好氛围和工作机制,为进一步做好今后的政协工作打下坚实基础、提供重要保障。

【举行"委员活动日"专题学习报告会】 11月7日,省政协在南昌举行"委员活动日"专题学习报告会,深入学习贯彻中共十九大精神。省政协党组副书记、副主席蔡晓明作题为《深入学习贯彻十九大精神 运用好六门工作艺术画出新时代最大“同心圆”》的辅导报告。省政协秘书长肖为群主持报告会。报告坚持以习近平新时代中国特色社会主义思想为指导，深入解读了中共十九大对新时代政协和统战工作作出的新部署，系统总结了近年来统一战线工作的重要经验和工作艺术，主题鲜明、重点突出、形象生动、切合实际，既有理论高度，又有思想深度，针对性、可操作性强，对于准确理解和全面学习贯彻十九大精神，切实做好政协和统战工作，找到最大公约数，画出时代最大“同心圆”具有重要指导意义。

专题协商

【开展“加强地方金融体系建设，推动实体经济发展”议政性常委会议专题协商活动】 从3月份开始，省政协经济委员会组织部分经济界委员和专家，由蔡晓明副主席带队，就“加强地方金融体系建设，推动实体经济发展”课题深入南昌、九江、赣州等地十几个县区进行实地调研，并远赴省外重庆、四川、安徽、浙江等地学习考察。先后组织召开了银行业、非银行金融业、金融相关行政监管部门等15次分类座谈会，形成了《关于“加强地方金融体系建设推动实体经济发展”的调研报告》。7月3日至4日，召开省政协十一届二十五次常委会议，围绕“加强地方金融体系建设，推动实体经济发展”专题进行协商讨论，会后形成了《关于“加强地方金融体系建设推动实体经济发展”的建议》，就进一步明确我省金融发展的思路，大力推进产融结合和政融互动，努力优化金融供给结构，建立政策性担保为主体的融资担保体系，加快非国有金融机构发展壮大，打造赣江新区绿色金融改革创新试验区，打造好金融发展的公共管理和服务平台7个方面提出了29条建议。报送省委、省政府决策参考。

【开展“加快赣江新区建设”议政性常委会议专题协商活动】 从6月开始，省政协由姚亚平副主席带队，组织委员和专家学者就“加快赣江新区建设”赴南昌、九江进行专题调研，并赴贵州、陕西、湖南等省进行考察学习，经充分研讨形成调研报告。9月21日召开常委会，围绕“加快赣江新区建设”情况进行专题协商，会后，向省委、省政府提交有关《关于“加快赣江新区建设”的建议》，就创建全省有影响力的改革创新引领区、打造长江中游新型城镇化示范区、深入推进中部地区先进制造业基地建设、率先构建内陆地区全方位开放合作高地、建设美丽中国“江西样板”先行区等5个方面提出22条建议。省委书记鹿心社对省政协报送的《建议案》作出批示：“美根同志：省政协的建议，请赣江新区工委、新区管委会深入认真研究。抄刘奇、伟明同志。”省委常委、常务副省长毛伟明批示：“政协调研组作了深入、细致的调查研究，所提建议十分中肯、有见地。请赣江新区认真阅研，在工作中注重把握好既坚定目标导向，保持战略定力，乘势而上；又坚持问题导向，不断调整完善，改进提升。”

【开展“加快我省国家生态文明试验区建设”议政性常委会议专题协商活动】 11月起，省政协副主席孙菊生带领调研组，赴省内9市20余县开展调查研究，赴福建、贵州两省学习考察。11月27日至28日，省政协围绕该课题进行了常委会议专题协商。朱来友、任江南、肖礼庆、王东林、李秀香、郭英荣等省政协常委、委员及专家学者围绕协商主题作大会发言。根据调研和民主协商意见，形成《关于加快我省国家生态文明试验区建设的建议案》，就提高思想认识；促进“关键多数”积极参与；提升山水林田湖草质量；积极打造山水林田湖草系统保护与治理样板区建设；下定决心抓好大气治理；进一步推进“净土”工程建设；进一步推进河长制升级版落实；大力发展环保产业；进一步完善生态文明建设工作体制机制；加强人才队伍建设，充实技术力量，推进生态科技创新等负面提出意见和建议，并报送省委、省政府供决策参考。省委书记鹿心社对《建议案》作出批示：“刘奇、伟明同志：建议由省生态文明办牵头结合省政协建议，对存在的问题进一步梳理，对标目标要求，坚持问题导向，研究有针对性举措，进一步把国家生态文明试验区建设抓好。”省长刘奇批示：“该建议案指出问题具体明确，所提建议针对性、操作性强。请伟明、为文、晓军同志阅研，并请省生态办牵头，有关部门配合，提出整改意见。”

【开展“大力推进脱贫攻坚”专题协商活动】 1月至4月，省政协发挥界别优势，以教育扶贫为切入点，由省政协教科文卫体委员会负责，组织部分省政协委员以“解剖麻雀”的方式，深入兴国县、安远县、寻乌县实地调研，并赴福建省、吉林省学习考察。5月16日，省政协召开专题协商座谈会对“大力推进脱贫攻坚”进行协商讨论，省政协主席黄跃金主持，省政府副省长李利，省政协副主席汤建人出席并讲话。左和平、赖昭胜、吴勤、余丛晖、蓝赟、欧阳剑雄、陈坚等7位省政协常委、委员分别围绕推进教育扶贫，结合调研情况及各自工作体会，从不同角度提出意见和建议。根据调研和民主协商意见，形成了《关于进一步推进我省教育扶贫的若干建议》，就充分发挥职业教育优势，增强贫困群体脱贫能力，提升高校扶贫服务能力，助力贫困地区产业发展，稳定贫困地区师资队伍，提升贫困地区教育质量，建立协同育人长效机制，保障留守儿童健康成长四个方面提出了14条意见和建议，并报送省委、省政府。刘奇、姚增科等省领导先后作出批示，充分肯定了这份建议案。

【开展“古镇的保护及利用开发”专题协商活动】 自4月起，围绕“古镇的保护及利用开发”主题，李华栋副主席率领省政协调研组，先后深入景德镇、上饶等地开展实地调研，并赴山东、江苏学习考察，经广泛征求相关部门意见、多次讨论修改后，形成《关于“古镇的保护及利用开发”的调研报告》和6份发言材料。9月4日，召开专题协商座谈会，省政协主席黄跃金主持并讲话，省政府副省长郑为文到会听取意见建议并讲话，省政协副主席李华栋出席并讲话。会上，省政协文史和学习委员会主任曾粮作《关于我省古镇的保护及利用开发的调研报告》。陈绵水、祝黄河、梁洪生、傅春、王成兵、孙家骅等省政协委员和专家学者，围绕协商主题，提出了资本运作创新古镇旅游开发新模式、运用PPP模式解决我省古镇保护及利用开发资金、借鉴国内外经验做好历史文化名镇的保护、“镇村合体型”历史文化名镇应理性规划自己的发展道路、古村镇的立体保护与文化传承等意见建议；省直相关部门负责同志与委员们还进行了坦诚务实的互动交流。

【开展“城市社区依法治理和服务创新”专题协商活动】 8月，围绕“城市社区依法治理和服务创新”的协商专题，省政协副主席郑小燕带领省政协社法委调研组，听取省民政厅、省司法厅等6个部门情况介绍，赴宜春、萍乡、南昌实地调研，赴青海、四川等外省市参观考察学习，在此基础上，形成《关于城市社区依法治理和服务创新的调研报告》。10月12日，召开专题协商座谈会，孙国琴、王林波、刘卫东、魏小俊、许秀柏、孙鑫、欧阳天高等省政协委员和专家学者，围绕协商主题，提出了创新管理模式建设幸福社区、因地制宜拓展服务项目、完善社区立法规范社区治理、倡导治理方式多元化、让社区行政管理回归到社区自治、发挥群团组织服务社区的重要作用等意见建议。会后，形成《关于城市社区依法治理和服务创新的建议案》，提出完善组织领导体制、引导居民民主协商、提升依法治理水平、积极推进政社互动、创新多元服务体系、加大支持保障力度、落实社区减负增效等7条建议。省委书记鹿心社、省长刘奇、副省长吴晓军分别作出批示，要求省委组织部、省民政厅、省综治办认真研究，积极采纳。

【开展“推进城乡环卫一体化工作体系建设”对口协商活动】 4月10日至27日，省政协人资环委组成调研组，在抚州市、鹰潭市、南昌市开展推进城乡环卫一体化工作体系建设专题调研。调研组详细了解城乡环卫一体化工作中体制机制建设、政策和资金支持、存量垃圾清理、垃圾箱设置、保洁员配备、垃圾终端处理模式等情况。5月19日，省政协召开“推进城乡一体化工作体系建设”对口协商座谈会，任江南、肖礼庆、万敏、戴年华、彭志先、吴军、谌向阳等7位省政协常委、委员及专家学者、企业代表围绕协商主题提出意见和建议，并与对口部门进行了交流互动。会后形成了建议案，提出必须充分认识推进城乡环卫一体化工作体系建设的重要性和紧迫性；加大宣传力度，增强广大群众的卫生意识，引导干群共同参与，形成上下联动格局；理顺工作机制，加强业务指导、工作考核和监督检查，强化管理职责；完善资金持续投入体制，落实经费保障，抓住关键环节，分类指导、依次推进，实施垃圾长效治理；立足当地实际，因地制宜，积极探索生活垃圾处理模式和技术，提高垃圾处理效益，推动城乡环卫一体化工作迈上新台阶。

【开展“加强我省对外开放主要平台建设”对口协商活动】 3月22日，省政协在南昌召开“加强我省对外开放主要平台建设”情况通报会，省台办、省商务厅、省外侨办等部门通报了相关情况。4月19日，召开专题座谈会，邀请省直相关部门负责人、部分港澳台侨资企业园区及企业负责人共同探讨当前我省对外开放主要平台建设面临的新问题，为积极促进我省对外开放主要平台健康高效可持续发展出谋划策。6月21日，召开对口协商座谈会，围绕“加强我省对外开放主要平台建设”建言献策，罗丽都、徐江明、谢林翰、楼大明等省政协委员和专家学者，景德镇政协、樟树市政协、井冈山经济技术开发区等单位的负责同志作发言，与省商务厅、省财政厅、省台办、南昌海关、省出入境检验检疫局、省外侨办等单位负责人进行了互动交流。会后，形成《加强我省对外开放主要平台建设的若干建议》，建议要全力打造，提升绿发会的国际化规模、水平和品牌影响力；要求新求变，彰显赣港会在境外招商引资中的桥头堡作用；要积极谋划，挖掘赣台会在推动两岸合作交流中的内在潜力；要凸现亮点，发挥瓷博会在唱响江西中的独特魅力；乘势而为，呈现药交会在会展平台中的行业优势；要创新引领，尽快建设省级“中国江西对外开放网”。鹿心社、刘奇、毛伟明等省领导先后作出批示，充分肯定这份建议案。

【开展“社区文化建设”界别协商活动】 5月，省政协副主席汤建人率省政协教科文卫体委员会调研组就“社区文化建设”专题先后到南昌市西湖区、九江市八里湖区、新余市渝水区、抚州市黎川县、宜春市靖安县开展调研。8月22日，省政协召开界别协商座谈会，围绕主题建言献策。省政协副主席汤建人出席并讲话。省民政厅、省文化厅负责同志介绍了近年来我省“社区文化建设”情况。傅安平、陈坚、陈匡辉、孙宪、许秀柏、赵小元、华小明等省政协委员和专家学者围绕协商主题，从不同角度提出真知灼见，并与省委宣传部、省财政厅、省住建厅、省教育厅、团省委、省文联相关部门负责同志进行了交流互动。会后，形成《关于“社区文化建设”的建议》，提出要着力抓好政策创制，出台相关文件，为社区文化建设提供政策支持；要着力抓好基础建设，不断完善基础设施，不断优化社区干部队伍建设，不断加强社区信息化建设，为社区文化发展提供平台支撑；要着力推进社区治理，优化社区布局和设置，健全社区组织体系，建立社区制度体系，为社区文化建设营造良好环境等建议，供省委、省政府决策参考。

【开展“促进我省少数民族地区特色旅游发展”界别协商活动】 5月18日，省政协民族和宗教委员会组织部分委员就促进少数民族地区特色旅游发展工作赴吉安峡江县、永丰县，抚州乐安县、资溪县开展专题调研。9月29日，省政协召开界别协商座谈会，省政协副主席刘晓庄出席并讲话。会上，方娅、李冬妮、雷芳、雷丹、罗会样等省政协委员和专家学者围绕“促进我省少数民族地区特色旅游发展”协商主题，从不同角度提出真知灼见，并与省旅发委、省住建厅、省交通厅、省民宗局等相关部门负责同志进行了互动交流。省政协民族和宗教委员会副主任陈淦彬（专职）通报了前期调研情况。会后，形成了《关于促进我省少数民族地区特色旅游发展的建议》，提出要牢固树立“绿水青山就是金山银山”的强烈意识，贯彻省委省政府决策部署，解放思想、转变观念，科学编制、高起点规划，集中财力打造特色小镇，突出民族特色，倾心培育旅游精品，强化少数民族文化研究工作，进一步发掘我省山水文化，做好山水文章，结合少数民族文化元素挖掘旅游的特质，走绿色崛起之路的建议。省委书记鹿心社、省长刘奇，省委常委、常务副省长毛伟明、副省长李利对《建议案》均作出批示。

【开展“共抓小区物管大民生”重点督办提案协商活动】 7月4日，省政协在南昌召开办理协商座谈会，就《关于促进我省住宅小区物业管理健康发展的建议》开展提案办理协商活动。提案办理单位省住建厅对提案办理高度重视，多次与民盟省委会协商交流，详细梳理了我省物业管理行业状况，认真分析存在的问题并提出对策。提案单位代表、民盟省委会专职副主委刘新农对提案办理答复表示满意。下一步，省住建厅将加强物业服务监管，重点督查贯彻落实国务院和省《物业管理条例》情况；推进物业管理重心下移和综合执法，认真贯彻省委省政府出台的相关文件；强化开发建设单位保修责任，切实维护业主合法权益；加强老旧住宅小区整治改造，出台老旧住宅小区综合整治工作指导意见。刘晓庄副主席充分肯定省住建厅对提案办理所做的积极努力和扎实工作，指出，小区物业管理这一小切口反映的是大民生，关系到广大群众的切身利益和社会稳定，要给予高度重视，充分吸纳各方意见，把物业管理纳入法治轨道；要着力解决群众诉求，整治“四乱”现象；要切实解决收费问题，平衡好物业公司合理利润和业主希望“低价优质”服务之间的矛盾；要提高物业从业人员素质，加强服务意识，提升服务质量；要把“九龙治水”转变为齐抓共管，杜绝权责不清、推诿扯皮现象；要大力倡导协商解决、换位思考，营造“有事好商量”的良好氛围，寻求各方利益“最大公约数”，形成可推广可复制的小区物业管理经验。

专题调研

【开展“推进庐山管理体制改革”专题调研】 3月21日，省政协副主席陈俊卿率调研组来到九江市，就庐山市经营管理体制改革情况及庐山疗养院划归问题进行调研，并举行座谈会。会上，陈俊卿在认真听取庐山市经营管理体制改革及庐山疗养院相关情况汇报后，对庐山体制改革成效给予充分肯定。他指出，庐山市挂牌以来，九江市委、市政府高度重视，全力推进各项工作，各项事业平稳推进，无论在资源整合还是管理创新方面，克服了种种困难，有作为，敢担当，取得了扎实成效。调研组建议：一是要增强大局意识，进一步理顺体制机制。二是要增强创新意识，进一步探索景区管理新模式。三是要增强责任意识，推动景区协调发展。要坚持旅游资源严格保护、合理开发和有序利用相结合的原则，正确处理好自然景观、人文景观的保护和利用关系，将绿色崛起贯穿到旅游规划、开发、管理、服务过程中，形成人与自然和谐发展的现代旅游景区。四是要实现政府和市场分层管理，采取科学管理办法，提升管理水平，确保生态旅游走上依法管理的道路，切实把庐山保护好、发展好、开发好。

【开展“民间信仰工作”调研】 4月10日至14日，省政协副主席刘晓庄率省政协民宗委、省民宗局、国家统计局、江西调查总队和部分省政协委员组成的联合调研组，在萍乡市、赣州市调研我省民间信仰工作并召开相关座谈会。调研组先后来到萍乡市湘东区、芦溪县，赣州市赣县区、兴国县等地详细了解民间信仰场地建设、作用发挥、面临困难等情况。在此基础上，全省其他9个设区市政协民宗委也将开展相关调研活动。座谈会上，调研组听取萍乡市、赣州市民间信仰工作开展情况介绍，并对两地民间信仰工作取得的成绩给予了充分肯定。对今后如何做好民间信仰工作，调研组建议：要坚持正面引导，传播民间信仰正能量，通过疏通透明的管理渠道，使之融合现代文明因子、把握正确的政策方向，在社会稳定、心灵慰藉等方面发挥积极作用；要坚持问题导向，抓好民间信仰的各个环节，认真处理好管理、法治、安全、经费等问题；要坚持规范管理，防止民间信仰出现异化乱象，做到领导重视关注、建章立制分门别类入册、工作重心下移及时了解动态、划分片区实行网格化管理；要坚持多管齐下、多方联动，落实主体责任，形成工作合力，切实做好民间信仰各项工作，推动我省社会和谐平稳健康发展。

【省政协机关赴黎川县开展扶贫帮扶调研】 4月25日至26日，省政协秘书长肖为群率省政协调研组一行到黎川县调研扶贫帮扶工作。调研组一行先后实地视察了黎川县德胜镇移民搬迁安置点，洵口镇食用菌、烤烟产业扶贫基地和洵口镇移民搬迁安置点，走访慰问了洵口镇皮边村12户贫困户，在精准扶贫座谈会上，调研组认真听取了黎川县脱贫攻坚工作情况汇报，以及有关乡镇、县直相关部门和贫困户代表的情况汇报。调研组对黎川县扶贫工作取得的成绩给予充分肯定，并建议：做好扶贫工作，关键是贴近实际接地气，采取有针对性的措施，确保取得实效；要继续做好对贫困户的识别核查，确保不漏一户、不少一人；要在产业扶贫上下功夫，根据镇村实际选择切实可行的扶贫项目、脱贫路子，转变产业发展方式，因地制宜调整产业发展结构，以产业发展带动群众增收增效；要在加强统筹协调、强化业务指导、加强宣传引导上推进精准扶贫工作，同心协力坚决打赢脱贫攻坚战。

【开展“关注未成年人司法保护及犯罪预防”专题调研】 4月10日至28日，省政协副主席郑小燕率领省政协社法委调研组一行，先后赴弋阳县、贵溪市、抚州市东乡区，就未成年人司法保护及犯罪预防工作情况开展专题调研。调研组实地走访了部分中小学校、街道居委会、禁毒教育基地、职业技术学院等地，通过听取情况介绍、查阅相关资料，了解各地近五年来工作情况、存在的主要问题，与相关职能部门进行深入座谈交流，提出了有针对性的对策和建议。调研组建议：做好未成年人司法保护及犯罪预防工作，要增强大局意识、法治意识、创新意识、专业意识、预防意识，发挥党政、家庭、学校、社会“四位一体”的最大合力，构建“党政领导、部门负责、社会协同、公众参与”的工作格局，完善宣教、预防、帮扶、监管、问责等机制，加强观护基地、素质教育场地、文化园地、有益活动场馆等阵地建设，营造全社会关爱未成年人健康成长的良好氛围。

【开展“我省农业农村和环境保护工作”调研】 5月4日至5日，省政协主席黄跃金先后来到省农业厅和省环保厅，调研我省农业农村和环境保护工作。在省农业厅，黄跃金现场考察了江西智慧农业数据云中心、12316资讯服务中心和农业指挥调度中心，观看了农业物联网平台、农产品质量安全监管追溯平台、赣农宝平台主要功能演示，听取了农业农村经济发展情况汇报。在省环保厅，实地考察了省环保政务大厅、信访接待室、省环境监测中心站实验室、省辐射环境监督站实验室和省环境应急指挥中心，听取了环境保护工作情况汇报，对环保督政、生态保护、生态文明试验区建设、环保监测等方面取得的新进展给予了充分肯定。他指出，要深入学习贯彻习近平总书记系列重要讲话精神和治国理政新理念新思想新战略，牢固树立绿色发展理念，按照省委提出的“统筹考虑、问题导向、突出重点、狠抓落实”工作思路，全面推进国家生态文明试验区建设，努力打造美丽中国“江西样板”；要突出抓好生态环境综合整治，坚持标本兼治、联防联控、综合施策，加快实施重大生态工程，深入推进“净空、净水、净土”行动；要着力强化生态文明立法和环境监管执法，加强重点流域和重点区域生态环境保护立法，继续保持环境执法严管高压态势；要全面深化生态文明和环境保护体制机制改革创新，完善自然资源资产产权和用途管制、生态保护红线、“河长制”、生态补偿、生态考核等方面的制度建设，建立科学化的考核评价机制、合理化的生态补偿机制、市场化的资源交易机制、法治化的监督管理机制，构建科学管用、系统完整、具有江西特色的生态文明制度体系。

【开展“推进大遗址保护和利用”专题调研】 5月25日至26日，省政协副主席李华栋率省政协文史和学习委员会调研组，就“大力推进我省大遗址保护和利用”赴新干县、樟树市、南昌市新建区、瑞昌市开展专题调研。实地考察了牛头城遗址、吴城遗址、筑卫城遗址、铜岭铜矿遗址、紫金城遗址及铁河古墓群，与当地相关部门负责同志座谈交流，详细了解各遗址的保护情况、面临的困难和存在的问题并提出意见建议。委员们建议，要深化思想认识、强化工作举措，务求取得保护和利用的实效；要积极争取国家、省里和设区市的最大支持，通过争取政策扶持、增资增项，共同把该项工作做好；立足实际、放眼长远，认真做好各项前瞻性、基础性工作；以遗址保护利用为契机，发展文化产业和旅游产业，争取更大的经济收益和社会效益。

视察工作

【省政协民宗委视察宗教场所建设及管理情况】 3月28日，省政协副主席刘晓庄率领省政协民族和宗教委员会部分委员视察上高县宗教场所建设及管理情况。视察组一行深入上高县九峰禅寺，详细了解该宗教场所建设及活动管理情况。视察组对上高县宗教管理工作给予充分肯定。同时，希望该县继续贯彻执行党的民族宗教政策，创新宗教事务服务意识，维护信教群众的合法权益，不断开创宗教事务管理新局面。宗教团体和宗教界人士在做好宗教活动场所建设管理的同时，要进一步发挥好作用，引导信教群众积极投身到当地经济社会发展当中，为上高建设贡献力量。

【开展“促进民办教育生存与发展”专题视察】 4月17日，省政协社会和法制委员会组织部分专家就“民办教育的生存与发展”进行专题视察，先后赴南昌现代外国语学校、江西迪士尼幼儿园、江西工商职业技术学院实地察看校园、运动场、食堂、宿舍、教室等建设情况，听取负责人介绍集团所属学校总体情况。视察组建议：民办教育应找准定位，要把南昌现代外国语学校办成精品学校，立足长远、对接人才需求办好江西工商职业技术学院；要进一步加大宣传力度，丰富宣传形式，对学校培养出来的升学、就业、创业的典型应重点宣传；进一步提高教学质量，以质量立校，提高教育水平，注重特色与创新，努力培育校园文化，适应社会对人才培养的需求；进一步发挥体制机制上的优势，做好工商职业技术学院新校区的规划设计，树立起学校的品牌、特色和文化；政府应进一步加强对民办教育的支持和监管力度，规范和帮助其健康发展。

【开展“关注铁柱万寿宫遗址保护和利用”专题视察】 4月25日，省政协副主席李华栋率省政协文史和学习委员会部分委员到南昌市开展“南昌市铁柱万寿宫遗址保护和利用”专题视察活动。视察组实地察看了万寿宫街区修复和原址保护情况，听取了南昌市政控股集团关于项目规划、建设、管理等情况的汇报，并对项目建设给予了充分肯定，就做好万寿宫遗址保护提出了意见建议。在重建过程中要以保护为主，充分利用国内外先进技术，最大限度地保持原始信息、还原历史原貌，让老百姓看得见，感受得到它所承载的文化内涵；要站在文化自信的角度、民族自信、提升城市文化品位的高度，把保护、利用及开发有机结合起来，力争建设成为南昌的精品、标志性和名片工程，更好地传承城市文化内涵，展示文化名城形象。

【开展“统筹兼顾勇创新 管好百姓养老钱”专题视察】 5月5日，省政协副主席郑小燕率领省政协社法委视察组，就“企业职工养老保险基金收支平衡和保值增值”专题赴省人社厅社保中心开展视察。视察组实地察看了省社保业务经办大厅、医保监控室和业务档案室，通过听取情况介绍，查阅相关资料，了解了我省养老保险基金的征缴、筹集、支付、管理和运营的现状及存在的问题。座谈会上，委员们提出了具有操作性、前瞻性的意见建议。要创新宣传形式，深入基层与群众面对面宣讲居民养老保险政策，向群众讲透政策、讲清程序、讲明利益，进一步增强制度吸引力；大力实施全民参保计划，以工业园区企业、中小企业等为重点，扩大覆盖面，改善抚养比；应探索多种投资组合，提高基金收益率，实现基金的保值增值;加快“智慧社保”信息系统建设,让信息多走路,群众少跑腿,同时要规范档案管理,做好城乡居民参保缴费信息对比和原始档案的收集整理与归档工作。

【省政协科协界别开展“精准扶贫对接”视察活动】 5月6日至8日,省科协党组书记、常务副主席、科协界别召集人罗莹带领省政协科协界别委员一行10人,赴赣州市开展精准扶贫对接视察活动,为老区人民脱贫攻坚建言献策。视察组一行首先来到会昌县高山深处的文武坝山新村,听取村委会干部介绍村情,委员表示,将充分发挥自身优势,积极调动校内资源,向村委捐赠办公电脑、村民图书室的书籍等用品,竭尽所能支持村委建设。省能源集团公司表示可以利用自身技术,支持光伏发电产业建设,帮助实现效益最大化;丰源实业集团有限公司愿意对当地矿泉水资源产业化的可行性开展研究,一旦符合条件,将进行产业支持,帮助群众脱贫;省政协机关表示愿意为帮扶工作提供服务保障。在赣州市科技馆,恒大高新科技有限公司的朱星河委员表示,愿意出资购置国内先进的“意识控制汽车”“机器人”等设备,推动科技馆提升整体水平。在青峰药业、孚能电池、赣州国际企业中心等地,委员们详细了解企业运营情况,深入沟通交流,积极建言献策。

【省政协妇联界别委员开展“免费婚检工作”视察】 6月26日至27日,省政协人口资源环境委员会组织妇联界别委员深入九江市,就“免费婚检工作”开展专题视察。委员们深入到瑞昌市行政服务中心、瑞昌市妇幼保健院三检中心、九江市儿童福利院、湖口县妇幼保健院开展视察,召开座谈会,听取相关部门的意见,通过视察,委员们建议:要加大各乡镇对免费婚检的宣传力度,提高婚检重要性的认识;各级财政要给予更多的支持,进一步扩大省级免费婚检项目试点县范围;将所有县区纳入免费婚前医学检查省级补助范围。

【开展“加强庐山宗教文化研究”专题视察】 8月24日至25日,省政协副主席刘晓庄率领省政协委员视察组开展“加强庐山宗教文化研究”专题视察。先后来到黄龙寺、大林寺遗址、仙人洞道院、大天池寺、天主教堂、基督教堂等宗教场所和遗址走访视察,详细了解庐山宗教文化研究情况、宗教场所建设情况、教职人员生活起居情况等。刘晓庄高度评价九江市、庐山管理局和庐山市为挖掘和保护庐山宗教文化所做的卓有成效的工作,对他们取得的成绩“点赞”。视察组建议,要切实加强庐山宗教文化研究,做好优秀宗教文化的挖掘、保护、弘扬工作,深刻挖掘庐山宗教文化特色,擦亮宗教名山招牌;要更好发挥“庐山天下悠”的特点,统筹处理好商业开发、旅游发展和宗教文化的关系;要大力加强宗教人士队伍建设,善于发扬宗教界乐善好施、扶贫济困的优良传统,增强宗教文化自信,让爱国爱教深入人心,为促进社会和谐凝聚强大正能量。

【开展“司法体制改革”专题视察】 9月7日,省政协副主席郑小燕率领省政协视察组一行,到省法院视察司法体制改革工作。视察组先后视察了省法院信息集控中心、诉讼服务中心、科技法庭和信息化成果展厅,听取了省法院、省检察院、南昌市检察院司法体制改革工作情况报告。郑小燕指出,本轮司法体制改革的力度前所未有,司法体制改革工作的有效推进,充分体现了共产党作为执政党,能够办大事、办难事、办成事的优势。全省各级法院、检察院在改革中始终坚持党的领导,严格遵循政策要求,严谨把握时间节点安排,科学有序推进改革工作,付出了很大心血,最大限度激发改革内生动力,取得了显著成效,成绩来之不易。法院和检察院的信息化建设进展迅速，为审判、检察工作的有效开展提供了坚实保障。视察组建议，全省各级法院和检察院要进一步统一思想，增强定力，坚定改革的信心和决心；要在新的形势下，进一步提高办案的质量效率和司法公信力；要加强正面宣传，正确引导舆论，深入挖掘司法改革中的鲜活事例，突出人民群众的改革获得感，增强各方认同，凝聚改革正能量，共同打好改革攻坚战。委员们还就司改过渡期衔接、司法责任制运行、审判监督管理工作转型、改革政策落实、改革成效检验、改革共识强化等问题发表了看法，提出了意见建议。

【省政协开展“一流学科建设”专题视察】 12月7日，省政协教科文卫体委员会组织部分省政协教育界别委员，由省政协副主席汤建人带队，赴华东交通大学就“一流学科建设”开展视察。先后视察了该校轨道交通技术创新中心、省先进控制与优化重点实验室、铁路环境振动与噪声教育部工程研究中心。之后，委员与华东交通大学校方代表开展座谈交流，针对我省高校“双一流”建设的共性问题进行深入探讨。汤建人对学校在人才培养、科研、服务地方经济社会发展等方面取得的成绩予以充分肯定。他说，华东交通大学的优势学科在我省高校“双一流”建设中具有方向性、代表性意义，符合当今时代数字化、网络化、一体化的发展趋势，前景光明。他指出，学校要进一步重视实验员等基层科研队伍建设和数学等基础学科建设，培育人人都敢创新、人人都善创新的校园文化，为江西高校创建世界一流大学和一流学科作出应有贡献。

民主监督

【开展“经营类事业单位改革”民主监督性视察】 5月24日，省政协副主席郑小燕率领省政协社法委视察组，就“经营类事业单位改革情况”专题赴省交通科学研究院和省建筑设计研究总院开展民主监督性视察，认真了解事业单位的改革进度、人员安置、转制扶持及存在的问题和诉求，提出具有操作性、前瞻性的意见建议。委员们建议，对于从事生产经营活动事业单位改革，省直相关职能部门应从实际出发，分类施策，区分不同情况，分步推进，把握节奏，确保平稳有序；要严格国有资产处置管理，杜绝国有资产流失，减轻转制单位包袱，高度重视和切实保障职工合法权益，确保改革顺利推进；职工改制愿望强烈的经营类事业单位，要做好人员安置、社会保险关系接续和国有资产处置，职工改制期待不高的经营类事业单位要充分尊重改革单位意愿，妥善解决社保、医保等遗留问题，研究制订详尽科学的改革方案，明确改革路径，避免人心涣散，造成人才流失。

【开展“降成本、优环境、促发展”专项民主监督活动】 6月7日，省政协在南昌举行“降成本、优环境、促发展”专项民主监督活动情况通报会。副省长吴晓军出席并讲话，省政协副主席陈俊卿主持会议。会上，省降成本优环境专项行动领导小组办公室、省科技厅、省政府金融办、省工信委等部门负责人介绍了开展降成本优环境专项行动的有关情况。会后，省政协专门召开协调会，对专项民主监督活动进行动员部署，中共、工商联、经济、社会科学、特邀（省直）界别委员组成5个调研组分赴部分设区市，采取座谈交流、明察暗访、查阅资料、问卷调查、分析研讨、专题协商等方式深入开展“降成本、优环境、促发展”调研视察。

【开展“扶贫专项资金使用情况”专题民主监督活动】 7月28日，省政协召开“扶贫专项资金使用情况”专题通报会，为扶贫专项资金的使用“把脉问诊”。会上，省扶贫办介绍了扶贫资金规模、资金分配使用、资金成效以及资金监管措施及存在的问题，并就加强资金监管措施提出意见和建议。省财政厅主要从完善财政扶贫资金管理使用机制、强化财政扶贫资金监管、积极推进资金整合工作等方面介绍了主要做法，并就下一步工作及工作建议作了发言。省审计厅就我省扶贫资金管理使用情况的审计情况进行了通报，并就进一步规范扶贫资金使用管理提出了相关建议。为开展好这项民主监督活动，省政协采取和设区市政协上下联动的方式，重点围绕扶贫专项资金的规模、管理模式、监管措施、项目资金落实遇到的困难和解决办法以及加强扶贫专项资金的监管建议等方面展开调研掌握真实情况，并形成民主监督建议案，报送省委、省政府。

【开展“加强和改进人民政协民主监督工作”情况督查】 9月10日至15日，由省委办公厅牵头，省人大常委会办公厅、省政府办公厅、省政协办公厅及省直有关单位，组成11个督查组，赴各设区市对省第十四次党代会精神学习贯彻情况开展综合督查。根据省委统一部署，《中共江西省委关于加强和改进人民政协民主监督工作的实施意见》的学习贯彻情况纳入此次综合督查，作为督查各地推进民主法治建设情况的重要内容。督查前，省政协办公厅根据《中共江西省委关于加强和改进人民政协民主监督工作的实施意见》精神，围绕"是否制定贯彻落实措施、是否改善党对政协民主监督工作的领导、是否明确民主监督的主要内容和重点、民主监督形式是否完善、民主监督工作程序是否规范、民主监督工作机制是否健全、民主监督环境和氛围如何"等，向省委、省政府督查组提供了7个方面19条督查要点。督查结束后，省政协办公厅根据各组督查情况，牵头起草加强和改进人民政协民主监督工作情况的专项督查报告并报省委、省政府。

专门委员会工作

【提案委员会】 主要工作:2017 年,省政协提案委员会提案办理质量持续提高,全年共交办提案 559 件,涉及承办单位 82 个,其中政府系统 69 个,党群系统 9 个,还有省人大常委会、省政协办公厅和省法检两院、省军区 4 个,其中,交由省政府系统办理的 475 件,占 95%。全部提案办复率 100%。22 件重点督办提案全部完成。选择委员关注度高的“助推我省中医药发展”问题,精心组织“会中办案”,邀请省政府有关部门负责人与提案者面对面进行协商,省委常委、常务副省长毛伟明同志到会听取意见,并就办理好提案、认真落实好提案建议提出要求。牵头组织以“降成本、优环境、促发展”专项民主监督为主题的界别活动,组织中共、经济、特邀(省直)界别调研组分别赴景德镇、宜春、鹰潭市开展调研,社会科学界别调研组赴抚州市开展调研,工商联界别组织各设区市、省直管县市工商联开展问卷调查,形成了《关于“降成本、优环境、促发展”专项民主监督报告》并报送省委、省政府供决策参考。开展我省“特色小镇”建设专题调研和提案办理协商活动,形成专题调研报告报省委、省政府。

【经济委员会】 主要工作:2017 年,省政协经济委员会围绕“加强地方金融体系建设,推动实体经济发展”主题,深入南昌、九江、赣州等地进行实地调研,并赴重庆、四川、安徽、浙江等地开展学习考察,先后组织召开了银行业、非银行金融业、金融相关行政监管部门等 15 次分类座谈会,形成了四份学习考察报告和一份专题调研报告,筛选出六份常委会议发言材料,经省政协常委会审议通过后报送省委省政府。对全省特别是上饶市的棚户区改造工作进行了专题调研,以《建言献策》的形式报送了省委省政府办公厅。围绕“扶贫专项资金使用情况”主题,组织经济、工商界别委员开展民主监督活动。组织开展“智能电网如何支撑新能源发展”“把握物联网发展机遇”和“江西水利资源考察”界别活动;赴宜春开展了“降成本、优环境、促发展”专项民主监督活动和“促进锂电产业发展”界别视察活动,提出的《关于促进我省抽水蓄能电站持续健康发展的建议》以《建议献策》形式报送省委、省政府。

【人口资源环境委员会】 主要工作:2017 年,省政协人口资源环境委员会围绕“加快我省国家生态文明试验区建设”开展议政性常委会议专题协商活动,根据调研和民主协商意见,形成《关于加快我省国家生态文明试验区建设的建议案》。围绕“推进城乡环卫一体化工作体系建设”,先后赴抚州、鹰潭、南昌、九江等 4 市 8 县(市、区)开展专题调研,召开对口协商座谈会,形成《建议案》,提出了营造全民参与的浓厚氛围,强化体制机制建设,强化规划设施建设,强化法规政策建设,强化垃圾分类处理体系建设等 5 方面建议。报送省委、省政府后,省长刘奇、副省长郑为文分别作了批示。组织农业界别委员就“海绵城市建设”专题开展视察,形成“关于进一步加大海绵产业支持力度促进海绵城市建设的建议”,作为建言献策信息报送省政府。组织妇联界别就“免费婚检工作”开展视察活动,提出免费婚检需要财政给予更多支持,要进一步扩大省级免费婚检项目试点县范围,将所有县区纳入免费婚前医学检查省级补助范围的建议。

【教科文卫体委员会】 主要工作:

2017年，省政协教科文卫体委员会围绕“大力推进脱贫攻坚”开展专题协商活动，先后到兴国县、安远县、寻乌县实地调研，并赴福建、吉林两省学习考察，召开专题协商座谈会，形成《关于进一步推进我省教育扶贫的若干建议》报送省委、省政府供决策参考。省委副书记、省长刘奇同志批示：“所提建议针对性强，请李利同志召集相关部门认真研究、采纳。”省委副书记姚增科同志批示：“请教工委、扶贫办高度重视，结合实际抓好落实。”开展“社区文化建设”专题界别协商活动，先后前往宜春市、抚州市、九江市、南昌市、新余市等设区市调研，并赴上海市学习考察，形成的调研报告。开展“医疗卫生资源‘下沉’”专题调研，调研组创新思路，挑选了吉安、萍乡、赣州、抚州若干个不同模式、不同类型的基层医疗机构深入调研，所形成的调研报告以案例分析的方法逐个分析，吃透下情、以小见大、举一反三，为省委、省政府决策提供较好的参考。与萍乡市政协就“汉冶萍历史文化的发掘与利用”开展省市联合调研。组织教育界别委员开展“大力推进教育扶贫”界别活动；组织科技、民进界别委员开展“窄带物联网”主题界别活动；组织文艺、体育界别委员开展“特色小镇建设”界别视察活动；组织科协界别委员赴赣州市开展调研，赴赣州市有关企业考察指导科技平台建设，并发挥界别优势，深入会昌县开展精准扶贫对接考察，帮助解决科技器材和办公用品总计100多万元，为当地脱贫提供智力、科技支持。

【社会和法制委员会】 主要工作：2017年，省政协社会和法制委员会围绕“依法建立农民工工资保障机制”开展专题调研活动，调研组先后赴九江、景德镇开展调研，形成并向省委、省政府报送了《关于依法建立农民工工资保障机制的调研报告》，提出了加快出台我省农民工权益保障条例、完善欠薪纠纷处置机制、加大对违法违规行为的惩处力度、规范建筑市场管理等8条建议。省委常委、常务副省长毛伟明、省政府副省长郑为文分别对调研报告作了批示，要求省人社厅、建设厅在工作中研究吸收。开展“关注未成年人司法保护及犯罪预防”专题调研，调研组先后赴上饶、鹰潭、抚州开展实地调研，形成《关于未成年人司法保护及犯罪预防调研报告》，调研报告提出了进一步加强组织领导和制度保障、健全现有法律法规体系、完善司法保护和帮教体系、营造良好的社会环境等四个方面10条建议，并报省委、省政府，省政府副省长郑为文、李利分别作出批示。赴省人社厅社保中心就“我省企业职工养老保险基金收支平衡和保值增值”进行了视察，针对在视察中发现的问题和委员们提出的意见建议，形成并向省委、省政府报送了《关于我省企业职工养老保险基金收支平衡和保值增值视察报告》。开展“经营类事业单位改革情况”民主监督视察活动，视察组先后赴省交通科学研究院、省建筑设计研究总院开展视察，深入了解中央文件精神贯彻落实情况、改革进行情况、改革中遇到的困难和问题、改制单位对改革的诉求，并赴辽宁省、山东省进行学习考察。

【民族和宗教委员会】 主要工作：2017年，省政协民族和宗教委员会围绕“我省民间信仰情况”开展专题调研，调研组先后深入到萍乡市湘东区、芦溪县，赣州市赣县区、兴国县等地调研，针对我省民间信仰存在的问题，提出了统一思想，提高认识；完善管理，推动创新；加强宣传，正面引导等建议。开展“促进我省少数民族地区特色旅游发展”的专题调研，组织调研组先后赴吉安峡江县、永丰县，抚州乐安县、资溪县开展专题调研，调研组实地走访了部分民族乡、民族村、特色旅游景区、集镇等地，了解各地少数民族特色旅游发展工作情况，就存在的主要问题进行座谈交流，全省有少数民族乡的设区市政协也同时开展了联合调研，形成调研报告，提出了针对性的对策和建议。开展我省部分宗教活动场所管理情况的视察活动，先后组织视察了上高县九峰禅寺，都昌县元辰庙、老爷庙等寺庙，提出要强化宣传意识，改变“养在深闺人不识”的状况；强化统筹规划，继续加强宗教场所保护、修缮、开发工作；“走出去”，借鉴广东、浙江、福建等地的先进经验，加强宗教人才引进和人才队伍建设等建议。编辑《江西省穆斯林简要知识读本》，便于委员和从事民宗工作的同志了解掌握穆斯林的相关知识。

【港澳台侨和外事委员会】 主要工作：2017年，省政协港澳台侨和外事委员会就进一步提升绿发会、赣港会、赣台会、瓷博会、药交会五大开放平台品牌影响力，在省内及港澳地区开展实地调研和互动交流，形成了调研报告，召开对口协商座谈会，形成的建议案报送省委省政府及相关部门。协助做好第十六届赣港经贸合作活动的服务工作，超额完成省政府下达的12名重要客商邀商任务，实际邀商人数达到了26人，在会前、会中、会后为对我省教育、中医药、旅游领域有合作意向的客商做好对接服务，推动有关合作项目的落实，被评为全省开放型经济工作先进单位。组织召开了江西省政协海外扶贫基金会理事大会，确定工作重点和目标；协助海外代表董淑贞女士赴宜丰、修水等地开展捐资助学公益行动；与省侨联联合召开省法院、省税务系统支持侨资企业发展座谈会；与省侨联、南昌市侨联联合举办“侨联四海、情涛赣鄱”座谈交流会；与澳区省政协委员及澳门科技大学联合就中医药产业发展情况开展调研和项目合作；协助海外扶贫基金会做好帮扶贫困生项目的有关工作。

【文史和学习委员会】 主要工作：2017年，省政协文史和学习委员会围绕“古镇的保护及利用开发”开展专题协商调研活动。调研组先后深入景德镇、上饶等地的历史文化名镇进行实地调研，并赴山东、江苏开展学习考察，召开专题协商座谈会进行协商讨论。围绕“大力推进我省大遗址保护和利用工作”开展专题调研，先后到景德镇市御窑遗址，吉安市新干大洋洲镇牛头城遗址，宜春市樟树山前乡吴城商代遗址、大桥乡筑卫城遗址，南昌市新建区海昏侯墓遗址，九江市瑞昌夏畈镇铜岭铜矿遗址等省内主要大遗址开展了调研视察，并赴内蒙古、山西开展学习考察。组织委员就“持续推动徐霞客游线文化旅游发展”开展专题视察界别活动，视察组深入吉安市永新县、安福县，抚州市黎川县，实地调查当地徐霞客游线文化遗存，并就进一步加强徐霞客游线文化遗存的保护和利用、推动徐霞客游线文化旅游发展、如何申报全国徐霞客游线标志地与当地党委政府进行座谈交流，形成“关于持续推动徐霞客游线文化旅游发展的视察报告”，以《建言献策》形式上报省委省政府。经过视察推动，安福县、黎川县成功申报为全国第三批徐霞客游线标志地。开展铁柱万寿宫遗址视察活动，组织部分委员和专家，并邀请相关部门的相关负责人组成视察组，深入到南昌市西湖区铁柱万寿宫遗址现场进行了界别视察，专家组成员提出了相关保护建议，形成并上报了专题视察报告。做好文史资料征编工作，确定2017年文史资料工作的整体思路和征编、出版计划，明确提出以本届及上届省政协党外副主席、常委为重点征稿对象，征集、出版《江西省政协委员履职实录》；认真履行自身职责，抓好《文史大观》的史料征集和正常编辑工作，积极探索文史资料工作为现实服务的新途径。

政协江西省第十一届委员会主席、副主席、秘书长、副秘书长、常务委员、委员名单

主　　席　黄跃金

副 主 席　钟利贵　李华栋　汤建人　刘晓庄　郑小燕　胡幼桃　孙菊生　姚亚平　蔡晓明(2017 年 1 月 18 日增补)　陈俊卿(2017 年 1 月 18 日增补)

秘 书 长　肖为群

副秘书长　杨春燕(女,2017 年 9 月 12 日起不再担任)　陈春平(女)　任江南　赵　波(女)　欧阳剑雄　涂　建　徐良平(2017 年 7 月 4 日起不再担任)　肖礼庆(2017 年 3 月 19 日起担任)　杨木生(2017 年 9 月 12 日起担任)

常务委员(按姓氏笔画排列)

万筱明(女)	马岩波	王　斌	王永红	王志军	王际民
王林波	王忠桐	王雪冬	王殿军	方　娅(女)	邝小平
邓丽明(女)	邓凯元	左丽华(女)	左继生	卢志鹏	卢晓勇
叶　青	史　可	蓝　赟(畲族)	匡　耀	朱力群	朱丽萌(女)
朱星河	任江南	刘　平	刘季春	刘菊娇(女)	刘德意
刘金炎	阮建昆	孙　宪	杜建强	李云根	李冬妮(女)
李贤书	李酥光	杨　斌	杨春燕(女)	杨兰根	肖　强
肖四如	吴辉体	邱小林	何齐宗	辛洪波	闵佑林
冷芬俊	沈泽民	张　伟(女)	张　莉(女)	张　健	张玉清
张丽华(女)	张国轩	张宝瑜	张桃生	陈云菲	陈年代
陈守国	陈国兴	陈春平(女)	陈绵水	陈智祥	幸志强
欧阳天高	欧阳世麟	欧阳剑雄	易　斌	罗永明	周　文
周　锦(女)	郑月慧(女)	郑兆国	项国雄	赵　波(女)	胡彪斌
胡淑珠(女)	俞子荣	饶爱京(女)	祝黄河	夏英杰	徐书生
徐良平	徐明生	徐晓泉	徐效钢	徐景坤	栾　波
涂　建	黄泽兰	黄菊花(女)	龚绍林	崔传鹏	梁安琪(女)
彭中天	揭赣元	韩世忠	舒国华	释纯一	裘　强

雷元江	詹祥生	廖县生	熊　毅	熊贤忠	戴兴临
魏洪义	甘良淼	朱荣辉	肖　敏	陈祥树	熊根泉
史蓉蓉（女）	刘　鹰	孙晓山	张传发	姚　电	谢　斌

郜海镭（2017 年 1 月 15 日被免职）　徐　毅　曾　粮

2017 年 1 月 15 日，同意徐效钢、陈守国同志辞去省政协常委职务。

2017 年 1 月 18 日，增补王萍、左和平、朱来友、刘定明、肖礼庆、汪忆新、傅卓成为省政协常委。

2017 年 7 月 4 日，同意冷芬俊同志辞去省政协常委职务，增补姚庆艳同志为省政协委员。

2017 年 9 月 12 日，同意龚林儿、陈智祥、杨斌、王际民同志辞去省政协常委职务。

2017 年 11 月 28 日，同意陈绵水同志辞去省政协常委职务，免去卢志鹏省政协常委职务。

委　员

中国共产党江西省委员会

龙卿吉	叶国兵	卢晓健（女）	朱　浔	刘上洋	刘礼祖
刘宗华	刘金接	刘德意	杨兰根	李　智	李树才
肖为群	肖光明	张　勇	张传发	张宝瑜	张桃生
陈智祥	钟利贵	徐　力	黄朋青	黄跃金	章凯旋
梁闽春	梁高潮	蒋志红	揭赣元	程建平	程受锭
舒国华	曾新方	谢发明	谢桂生	廖兰芳（女）	潘赞海
魏宏彬	甘良淼	朱荣辉	王　萍		

中国国民党革命委员会江西省委员会

王际民	王晓明	邓　斌（女）	包礼祥	刘忠华	孙永萍（女）
李越湘	况秋浦	汪桂昌	沈泽民	范　坚	张卫华
陈文华	陈守国	陈春平（女）	陈根荣（女）	陈清华	罗美华
郑斌勇	胡　飞	胡来知	秦洪渊	贾洪生	贾益纲
徐　勇	徐江明	徐余波	徐景坤	高忠明	唐玉琴（女）
黄统征	傅　芬（女）	熊　彤（女）	潘　华（女）	魏洪义	

中国民主同盟江西省委员会

王映龙	毛国典	邓丽明（女）	龙　新	朱友林	任江南
邬　云	刘志荣	刘晓庄	刘益民	阮云兴	杨晓农
李　勤（女）	李旭荣	李国春	肖　敏	何绍鹏	张国新
闵宇谦	陈云斐	范淑英（女）	欧阳世麟	罗永明	周　洪（女）
郑月慧（女）	夏家莉（女）	徐书生	陶春元	黄菊花（女）	辜　清
童谷生	童第云	舒文峰	谢　华		

中国民主建国会江西省委员会

左继生	卢晓勇	朱丽萌（女）	向元华	刘木华	刘红林
孙菊生	李　军（女）	李光荣	李启明	李岗华	李秀香（女）
邱钧生	邹　军	邹基云	宋发庆	陈朝清	周媛娇（女）

胡淑珠(女) 赵 波(女) 段院龙 党自安 徐良平 黄 磊
黄占共 黄廉忠 熊春林

中国民主促进会江西省委员会

王 健 邓凰保 付苏臣 刘菊娇(女) 汤建人 孙 宪
李 建 张国轩 张育平 欧阳剑雄 罗 坚 胡国良
查伟雄 饶爱京(女) 顾幸勇 崔传鹏 戴冬英(女) 戴美蓉(女)

中国农工民主党江西省委员会

万筱明(女) 王 斌 王伴青 王祖庆 文师华 尹志明
卢志鹏 史 可 吕晓梅(女) 刘季春 刘英锋 刘艳萍(女)
许秀柏 吴亦丰 幸志强 陈 林 陈国华 郑小燕(女)
郑友清 姚 勇 袁兆康 聂玲娜(女) 涂 建 龚兆华
龚林儿

九三学社江西省委员会

王 建 刘 平 刘 勇 刘恒军 刘超杰 纪岗昌
李 勇 李 翀 李华栋 李金有 何齐宗 辛洪波
钟健生 徐文艺 栾 波 黄 保 韩晓方 谢保成

无党派人士

马卫星 伍 锐 华旭明 刘卫东 杨名权 李道鹏
吴锋刚 周志平 项国雄 胡聚文 夏英杰 徐晓泉
蒋晓光 熊 毅 颜剑彬 戴晓文 陈世勇

江西省总二会

卢越明 朱忠玲 伍枝勤 李国根 邹汾生 张 洪
张丽华(女) 陈建辉 汪春雷 欧阳天高 易鲁宜 柯进水
胡世平 胡国胜 晏学云 黄平辉 彭涉晗 蔡景章
廖明耕 魏祥荣

中国共产三义青年团江西省委员会

孔国松 孙 鑫 肖 兰(女) 吴 正 何 超 张沥泉
罗 璇(女) 郑 绍 郑军平 盛 炜

江西省妇女联合会

万 敏(女) 文红莲(女) 左丽华(女) 史晓莲(女) 边晓玲(女) 朱海群(女)
刘强华(女) 刘翠兰(女) 杨晓辉(女) 杨爱中(女) 李 云(女) 李晓琼(女)
吴小莲(女) 吴巧娥(女) 应淑华(女) 余红艳(女) 张 莉(女) 张知明(女)
张清兰(女) 陈晓娟(女) 林玉华(女) 郑艳斐(女) 胡 玲(女) 胡爱武(女)
袁志英(女) 袁芙蓉(女) 郭 皎(女) 黄 英(女) 黄丽红(女) 彭 芹(女)
虞 萍(女) 蔡小莲(女)

江西省青年联合会

王永红 王建强 孙建强 何 涛 张思永 易 斌
郑 璐(女) 秦 亮 淦 垒 鲁 伟 雷峻峰 廖良生

江西省工商业联合会

王开贵　王华林　王志军　王健利　王雪冬　邓凯元
叶　青　朱留洪　李　平　李义华　李良彬　吴泉水
余忠效　邹好红　陈　斌　陈年代　陈岳林　林　敏
林远泉　林阿龙　罗邦平　秦斌武　徐建新　梅武林
黄泽兰　彭小峰　程长仁(女)　游建平　韩世忠　雷元江
蔡　青(女)　蔡长春　熊贤忠

江西省科学技术协会

丁　杰　朱星河　刘贵生　孙　辉　肖　强　宋固全
周荣彪　查加智　姚晓明　夏克坚　郭宏文　龚绍林

江西省归国华侨联合会

于集华　池峰龙　吴世伟　张　宁　周　锦(女)　郑兆国
郑建生　胡秀筠(女)　胡彪斌　洪一江　姚向红(女)　彭以元
蒋闽江　詹训春　熊　皓

江西省台湾同胞联谊会

吕少军　何大欣　沈　勇　徐友洪　曾　澎

文化艺术界

于长征　万玲媛(女)　朱黎生　邬成香(女)　邓伟民　刘　伟
江亮根　孙家骅　汪海林　张旦丹(女)　张培园(女)　范敏祺
赵　军　赵小元　黄　勇　龚循明　彭中天　喻木华
詹祥生　蔡　群　熊　纬　熊曼玲(女)　方　李　郜海镭

科学技术界

王　敏　王世平　冯健雄　刘　浩　刘飞飞　杜建强
杨世林　杨贵平　李贤书　吴希明　余　海　张　萌(女)
张维敏　陈　苏　陈金清　陈祥树　陈焕文　周　浪
郑　昊　郑国辉　胡晓林　俞子荣　饶陆华　秦　鸣(女)
党　钢　黄建新　龚　斌　蔡荣军　戴兴临　戴星照

社会科学界

邓盛平　叶　萍(女)　杨　西　肖　萍(女)　肖华峰　汪玉奇
汪晓勇　沈谦芳　周世健　祝黄河　喻凤林　傅　春(女)
谢　斌

经济界

万国平　王　洪　叶柏青　吕志平　朱　毅　朱力群
汤志水　许润龙　孙　东　杨　宁　李良仕　何萍高
沈庆中　张京生　张春林　陈　荣　陈国兴　陈晓明
陈富良　陈德勤　苗　壮　周应华　屈乾娜(女)　胡　平
赵平昌　钟际跃　徐盛龙　高　浪　宰志强　黄　河
黄小华(女)　黄光惠　符念平　梁小文　彭道宾　喻　敏(女)
裘　强　蔡基谱　廖县生　潘昌坤

农业界

马岩波　王建荣　由　伟　冯绪泉　朱来友　刘定明
李　宁　严　翔　扶祥金　肖四如　肖立新　张黎明
侯乐锋　饶振华　徐明生　黄巧珍(女)　曾庆绮　雷应国
詹丰兴　熊根泉　曹国洪

教育界

王安维　王宜安　王晓鸣(女)　毛学东　石庆华　叶存洪
史蓉蓉(女)　华小明　孙弘安　李红勇　杨　辉　闵佑林
吴　勤(女)　邱小林　余丛晖(女)　张玉清　陈东旭　陈绵水
柳和生　姚　电　韩立民　赖昭胜　詹慧珍(女)　蔡付斌

体育界

刘建平　杨文军　郑志强　傅卓成

新闻出版界

万明华　叶修堂　刘　平　刘　杨　刘士安　杨玲玲(女)
陈世象　陈晓云　周　文　黄　鹤　梁　勇

医药卫生界

付志高　刘　勍(女)　刘精东　肖秩秩　何文辉　张　伟(女)
张美华(女)　陈建新　范亚强　罗燕萍(女)　胡小青(女)　钟建民
祝　斌　徐仁根　唐春山　涂国卿　梁永强　程晓曙
温志立　熊国庆　熊建萍(女)

社会福利与社会保障界

方　娅(女)　占学银　刘良欢　刘滇鸣　李水生　肖晓华
陈卫华　饶剑明　聂顺金　徐效钢　凌　云　熊大辉
魏小俊　汪李萍

少数民族界

马　舰(女,回族)　蓝　赟(畲族)　兰亚青(女,畲族)　李冬妮(女,满族)
徐国建(满族)　蓝　文(女,畲族)　雷　丹(女,畲族)　雷　芳(女,畲族)

宗教界

叶至明　李云根　李绍华　李稣光
张冠雄　姚宝山(土家族)　释妙安　释纯一
穆华俊(回族)

特别邀请人士

丁清河(回族)　于　凡　万　林　王　文　王小娟(女)　王林波
王凯军　王忠桐　王国龙　王信英(女)　韦祖蒂(女)　毛再昌
邓肇轩　叶华平　卢　英(女)　卢牛根　冯柏乔　邝美云(女)
匡　耀　朱章明　刘　闯　刘业强　刘建泉　庄华彬
江训忠　阮建昆　杜　波　杨　斌　杨木生　杨永仁
杨述喜　杨明明　杨诗杰　杨春燕(女)　苏明宗　李　蔚
李文恩　李东山　李江山　严翊峰　严淑琴(女)　吴立成

吴炳錶　吴辉体　邹永明　冷芬俊　汪　洪　汪　磊
宋书斌　张　健　张玉生　张寿荣　张俊勇　张康平
陈　坚　陈　蔚(女)　陈万洵　陈小明　陈丽华(女)　陈季敏(女)
陈金乐　陈镇波　林卫东　林长荣　林荣东　易维民
罗亚中　罗志豪　罗启中　罗接发　周建新　周奕年
周浑华　宗赣生　柯孙培　胡光前　钟华坚　钟国荣
施利亚　施纯锡　施能哲　施能船　洪永文　洪志刚
姜长超　姜松阳　夏一军　钱　薇(女)　殷钟亮　高永快
高鹰群(女)　萧顺轩　黄大明　黄天水　黄文辉　黄双煌
黄明哲　黄金龙　梁安琪(女)　梁毓雄　彭　敏　彭志先
彭岳华　喻志勇　傅廷美　傅理学　曾　粮　谢林翰
谢建平　谢洪华　谢新明　谭立志　谭志峰　谭赣明
戴进杰　戴春英(女)　魏　平　郭坚华

2017 年 1 月 15 日增补李青华(女)、肖军、肖礼庆、陈俊卿、陈晓勇、蔡晓明为政协江西省第十一届委员会委员。

2017 年 1 月 15 日,同意李贤书、揭赣元、刘德意、毛学东、汪玉奇、章凯旋、文红莲(女)、何大欣、王世平、蔡基谱、刘士安、杨宁、汤志水、熊纬等同志辞去省政协委员职务。撤销邹海镭省政协委员资格。

2017 年 7 月 4 日,同意冷芬俊同志辞去省政协委员职务。

2017 年 9 月 12 日,龚林儿、陈智祥、杨斌、王际民等 4 名同志辞去省政协委员职务。

2017 年 11 月 28 日,同意陈绵水同志辞去省政协委员职务,撤销卢志鹏省政协委员资格。

政协江西省第十一届委员会各专门委员会主任、副主任名单

提案委员会

主　任　杨斌(2017 年 9 月 12 日起不再担任)

副主任　张桃生　陈智祥(2017 年 9 月 12 日起不再担任)　张国轩　张康平(专职)　马岩波　王殿军

经济委员会

主　任　肖四如

副主任　朱力群　王斌　尹小明(专职)　谢斌　邝小平　朱来友(2017 年 1 月 15 日起担任)　汪忆新(2017 年 1 月 15 日起担任)

人口资源环境委员会

主　任　朱荣辉

副主任　熊毅　李晓琼(女)　熊根泉　樊欣(专职)　徐毅　刘定明(2017 年 1 月 15 日起担任)

教科文卫体委员会

主　任　龚林儿(2017 年 9 月 12 日起不再担任)
杨春燕(2017 年 9 月 12 日起担任)

副主任　张玉清　史蓉蓉(女)　刘鹰　郜海镭(2017 年 1 月 15 日被免职)　王萍　招则庆(专职,2017 年 3 月 19 日起担任)

社会和法制委员会

主　任　张莉(女)

副主任　徐效钢(2017 年 1 月 15 日起不再担任)　胡淑珠(女)　李智　张传发　辜清(专职,2017 年 9 月 12 日起不再担任)　傅卓成(2017 年 1 月 15 日起担任)

民族和宗教委员会

主　任　舒国华

副主任　方娅(女)　李冬妮(女)　甘良森　张勇　释纯一　孙晓山　陈淦彬(专职)

港澳台侨和外事委员会

主　任　冷芬俊(2017 年 7 月 4 日起不再担任)　辜清(2017 年 9 月 12 日起担任)

副主任　周锦(女)　徐景坤　张知明　刘金炎(2017 年 1 月 15 日起担任)

文史和学习委员会

主　任　曾粮

副主任　陈绵水(2017 年 11 月 28 日起不再担任)　沈谦芳　祝黄河　苏明宗　黄菊花(女)　姚电　杨兰根　傅兆良(专职)

江西省政协机关和事业单位负责人名单

办公厅主任	杨春燕(2017 年 9 月 12 日起不再担任)
	杨木生(2017 年 9 月 12 日起担任)
办公厅副主任	杨木生(2017 年 9 月 12 日起不再担任)
	周寥寥(2017 年 7 月 4 日起不再担任)
	孙卫国(2017 年 3 月 19 日起担任)
	钟清滨(2017 年 9 月 12 日起担任)
办公厅秘书处	处长　孙卫国(兼)
办公厅研究室	主任　叶　舟
办公厅行政接待处	处长　胡国云
办公厅老干处	处长　殷新建
办公厅机关党委(人事处)	处长　张志强
办公厅委员联络处	处长　吴财锋
办公厅信息宣传处	处长　崔　健
提案委员会办公室	主任　余慧川
经济委员会办公室	主任　郑仙桃
人口资源环境委员会办公室	主任　金秋平
教科文卫体委员会办公室	主任　孙　晨
社会和法制委员会办公室	主任　熊建林
民族和宗教委员会办公室	主任　雷心刚
港澳台侨和外事委员会办公室	主任　唐勇华
文史和学习委员会办公室	主任　钟清滨(兼)
光华时报社	总编　邹英香
办公厅信息中心	主任　陈建和

大事记

1月

8日至9日 郑小燕副主席在于都县走访慰问困难群众。

9日至10日 黄跃金主席在黎川县走访慰问困难群众，秘书长肖为群参加。姚亚平、钟利贵、李华栋、汤建人、刘晓庄、胡幼桃、孙菊生副主席分别在吉水县、都昌县、安远县、宁都县、广昌县、乐安县、全南县走访慰问困难群众。

15日 黄跃金主席主持召开与辞去省政协常委、不再担任专门委员会领导、不再担任市政协主席同志的座谈会。

15日至18日 省政协十一届五次会议在南昌召开。

19日 省政协党组召开2016年度民主生活会。省政协党组书记、主席黄跃金同志主持会议并讲话。姚亚平、蔡晓明、胡幼桃、陈俊卿、肖为群等同志出席。

22日 黄跃金主席，副主席蔡晓明、李华栋、汤建人、刘晓庄、郑小燕、胡幼桃、孙菊生、陈俊卿，秘书长肖为群分别走访看望历届省政协主席、副主席。

24日 黄跃金主席对省政协办公厅信息中心所编《社会动态与舆情》内刊作出批示：社会动态与舆情一直办得好，应继续坚持下去，还有些政情的热点也可摘。

2月

4日 黄跃金主席主持召开了省政协十一届第52次主席会议。副主席姚亚平、蔡晓明、李华栋、汤建人、刘晓庄、郑小燕、胡幼桃、孙菊生、陈俊卿，秘书长肖为群出席。

8日 省政府召开省人大代表建议省政协提案交办工作会议，姚亚平副主席出席。

黄跃金主席会见省政协十一届五次会议新增补常委左和平、朱来友、刘定明、肖礼庆、傅卓成，并与他们进行座谈，座谈会由秘书长肖为群主持。

10日 省委办公厅、省政府办公厅、省政协办公厅联合下发了《关于印发〈2017年度省政协协商工作计划〉的通知》。

省政协机关召开党风廉政建设工作会议。会议传达学习主席黄跃金同志的批示精神；办公厅、各专门委员会负责同志分别报告2016年度落实党风廉政建设主体责任情况；罗亦斌同志传达十八届中纪委七次全会、省纪委十四届二次全会精神；秘书长肖为群同志就推动机关全面从严治党向纵深推进提出意见。

13日 省政协机关举行专题学习报告会。学习毛泽东同志文章《改造我们的学习》；邀请省社联原主席，省政协常委、文史和学习委员会副主任祝黄河作题为《做好调查研究工作，服务经济社会发展》专题辅导报告。

14日至15日 教科文卫体委员会就2017年度协商课题走访省科技厅、省科协、省教育厅、省文化厅、省体育局并征求意见，汤建人副主席参加。

16日 省政协教科文卫体委员会组织委员赴省农科院就东乡野生稻的研究保护

与开发利用情况进行调研，汤建人副主席参加。

21 日 黄跃金主席主持召开了省政协十一届第 53 次主席会议。副主席姚亚平、蔡晓明、李华栋、汤建人、刘晓庄、郑小燕、胡幼桃、孙菊生、陈俊卿，秘书长肖为群出席。

21 日至 23 日 陈俊卿副主席在上饶市走访玉山县工业园区企业，看望住饶部分省政协委员，并就上饶市社会发展情况进行调研。

3 月

1 日 陈俊卿副主席在山东省考察学习人民政协民主监督和委员联络工作。

3 日至 11 日 省政协提案委员会组织委员就特色小镇建设情况赴江苏省、浙江省学习考察，姚亚平副主席参加。

14 日 省政协召开庐山经营管理体制改革调研座谈会。省旅发委、卫计委等部门同志参加。

13 日至 14 日 省政协召开 3 次座谈会，就《中共江西省委关于加强和改进人民政协民主监督工作的实施意见(征求意见稿)》分别征求省政协各专门委员会、各民主党派省委会、各设区市政协的意见建议，姚亚平副主席主持，秘书长肖为群参加。

15 日 省政协十一届二十四次常委会议在南昌召开，传达学习全国政协十二届五次会议精神。

17 日 港澳台侨和外事委员会组织侨联、台联界别委员开展以“推进文化旅游产业创新发展”为主题的界别活动，胡幼桃副主席参加。

22 日 港澳台侨和外事委员会召开“加强我省对外开放主要平台建设”对口协商情况通报会，胡幼桃副主席出席。

21 日至 22 日 陈俊卿副主席在九江市就庐山经营管理体制改革情况开展调研。

27 日至 31 日 教科文卫体委员会组织委员就大力推进教育扶贫赴福建省学习考察，汤建人副主席参加。

28 日 民族和宗教委员会组织委员就宗教场所建设和管理情况在上高县开展视察，刘晓庄副主席参加。

社会和法制委员会召开“依法建立农民工工资保障机制”专题调研情况通报会，郑小燕副主席出席。

29 日 经济委员会组织委员就“加强地方金融体系建设，推动实体经济发展”专题在共青城市开展调研，副主席蔡晓明、陈俊卿参加。

29 日至 31 日 港澳台侨和外事委员会组织委员就“加强我省对外开放主要平台建设”对口协商议题赴景德镇市、宜春樟树市开展调研，胡幼桃副主席参加。

4 月

5 日 在第十九届江西报刊网络新闻奖评选活动中，《光华时报》和江西政协新闻网的《新一届万载县政协的特别“待遇”：委员不满意　饮水安全工程不验收》《“一棵油茶、一蔸红薯”摘掉百户“穷帽子”　丰城市政协委员助力贫困户发展脱贫产业》《站高　站正　站远》《“单位整改”不能代替“一把手”整改》《专题：政协江西省第十一届四次会议专题》5 篇作品(专题)获二等奖；《“拿到了好牌，必须做大牌”——省政协委员建言让海昏侯墓遗址活起来火起来》获三等奖。

5 日至 7 日 社会和法制委员会组织委员就依法建立农民工工资保障机制到景德镇市、九江市开展调研，郑小燕副主席参加。

6 日至 7 日 经济委员会组织委员就“脱贫攻坚，工业园降成本、优环境”专题到吉安市开展调研，蔡晓明副主席参加。

文史和学习委员会组织委员就持续推动徐霞客游线文化旅游发展赴抚州市黎川县开展界别视察活动，李华栋副主席参加。

6 日至 8 日 教科文卫体委员会组织委员就省市联合调研课题“汉冶萍历史文化的发掘与利用”赴湖北省武汉市、黄石市学习考察，汤建人副主席参加。

7 日 省人民政协理论研究会 2017 年度常务理事会议在南昌召开，会议总结 2016 年工作，部署 2017 年任务。

10 日至 13 日 教科文卫体委员会组织委员就大力推进教育扶贫赴吉林省学习考察，汤建人副主席参加。

10 日至 14 日 民族和宗教委员会组织委员就做好我省民间信仰工作情况在赣州市、萍乡市开展调研，刘晓庄副主席参加。

人口资源环境委员会就推进城乡环卫一体化工作体系建设赴抚州市、鹰潭市开展调研。

民族和宗教委员会组织委员赴萍乡、赣州开展“关于做好我省民间信仰工作情况”的调研，刘晓庄副主席参加。

12 日至 15 日 文史和学习委员会调研组就“古镇的保护利用与开发”赴景德镇浮梁县，上饶婺源县、德兴市、横峰县开展专题调研。

17 日至 21 日 省政协副主席蔡晓明、陈俊卿分别率省政协“加强地方金融体系建设，推动实体经济发展”调研组一行赴四川、重庆和安徽、浙江学习考察。

19 日 港澳台侨和外事委员会召开“加强我省对外开放主要平台建设”专题协商座谈会，胡幼桃副主席出席。

19 日至 21 日 提案委员会组织委员就“生态历史文化旅游资源保护”赴南昌市、九江市调研，姚亚平副主席参加。

24 日 教科文卫体委员会组织教育界别委员在安义县开展“大力推进教育扶贫”主题界别活动。

省长刘奇来到省政协走访并座谈，听取对政府工作的意见建议。

文史和学习委员会组织委员赴南昌市西湖区铁柱万寿宫遗址开展界别视察，李华栋副主席参加。

24 日至 26 日 提案委员会就“老旧住宅加装电梯”提案督办工作赴上海市、湖北省学习考察。

26 日至 27 日 教科文卫体委员会就“社区文化建设”专题在新余市开展调研。

27 日至 28 日 提案委员会组织委员就特色小镇建设在宜春市开展调研，姚亚平副主席参加。

人口资源环境委员会就推进城乡环卫一体化工作体系建设在南昌市开展调研，孙菊生副主席参加。

5 月

3 日至 4 日 蔡晓明副主席率经济界别委员就“智能电网如何支撑新能源发展”赴国网南昌供电公司供电服务指挥中心、靖安洪屏抽水蓄能电站开展界别视察。

3 日 副主席汤建人率民进、科技界别委员就“窄带物联网建设情况”赴鹰潭市开展界别视察。

3 日至 4 日 陈俊卿副主席赴吉安河东经济开发区走访企业，并在吉安青原区就脱贫攻坚工作开展调研。

人口资源环境委员会就推进城乡环卫一体化工作体系建设赴九江市开展调研。

4 日至 5 日 省政协主席黄跃金先后来到省农业厅和省环保厅，调研我省农业农村和环境保护工作。

4 日至 10 日 李华栋副主席率部分委员就“古镇的保护开发及利用”赴山东省、江苏省学习考察，并交流文史资料工作经验。

5日 经济委员会就“加强地方金融体系建设,推动实体经济发展”在赣江新区开展调研,蔡晓明副主席参加。

社会和法制委员会组织委员就“企业职工养老保险基金收支平衡和保值增值”在省人社厅社保中心开展视察,郑小燕副主席参加。

6日至8日 教科文卫体委员会组织科协界别部分委员在赣州市开展界别活动。

8日至12日 经济委员会组织委员就“加强地方金融体系建设,推动实体经济发展”在赣州市开展调研,陈俊卿副主席参加。

11日至12日 李华栋副主席在武宁县工业园区联系点开展调研。

教科文卫体委员会就“社区文化建设”专题在九江市开展调研,汤建人副主席参加。

15日至19日 民族和宗教委员会就“促进我省少数民族地区特色旅游发展”情况在吉安市、抚州市开展调研。

16日 陈俊卿副主席就新农村建设工作在南昌县开展调研。

省政协举行专题协商座谈会,围绕“大力推进脱贫攻坚特别是教育扶贫”建言献策。省政协主席黄跃金主持,省政府副省长李利,省政协副主席汤建人出席并讲话。

18日 教科文卫体委员会就“社区文化建设”专题在南昌市开展调研,汤建人副主席参加。

19日 省政协召开对口协商座谈会,围绕“推进我省城乡环卫一体化工作体系建设”建言献策,副主席孙菊生出席并讲话。

19日至20日 副主席李华栋在赣州市安远县工业园区开展帮扶活动。

23日至24日 社会和法制委员会在南昌市就“经营类事业单位改革情况”开展民主监督,郑小燕副主席参加。

人口资源环境委员会组织农业界别部分委员在萍乡市就“海绵城市建设”开展视察,陈俊卿副主席参加。

25日至27日 文史和学习委员会组织部分委员和专家就“大力推进我省大遗址保护和利用”在吉安市、宜春市、南昌市、九江市开展调研,李华栋副主席参加。

5月31日至6月3日 全国政协副主席兼秘书长张庆黎率全国政协视察团在赣视察国家生态文明试验区建设情况。

6月

7日 省政协召开“降成本、优环境、促发展”专项民主监督活动情况通报会,陈俊卿副主席主持。

8日 机关驻村扶贫工作队在黎川县洵口镇皮边村积极开展帮扶工作。

8日至9日 经济委员会就“降成本、优环境”专项行动开展情况在景德镇市开展调研,蔡晓明副主席参加。

14日 主席黄跃金主持召开了省政协十一届第54次主席会议。副主席姚亚平、蔡晓明、李华栋、汤建人、刘晓庄、郑小燕、胡幼桃、孙菊生、陈俊卿,秘书长肖为群出席会议。

14日至15日 民族和宗教委员会组织部分委员就宗教场所建设和管理情况在九江市都昌县开展视察。

14日至17日 副主席陈俊卿就新农村建设工作在吉安市遂川县、万安县、吉安县、永丰县,抚州市乐安县调研。

15日 江西省社会科学研究规划“十三五”(2016年)项目结项成果颁布,省人民政协理论研究会的《加强和改进政协界别活动,提高履职能力现代化水平》和《加强与创新人民政协民主监督》两项理论研究课题获评优秀。

20日 省政协在南昌举行“弘扬井冈

山精神”学习报告会，邀请省政协副主席姚亚平作专题报告。

21日 省政协在南昌召开对口协商座谈会，围绕加强我省对外开放主要平台建设建言献策，胡幼桃副主席出席并讲话。

省政协“加快赣江新区建设”常委会议专题协商调研情况通报会在南昌召开，副主席姚亚平出席并讲话。

22日 陈俊卿副主席就智能与新能源企业发展情况在南昌市、宜春市、上饶市开展调研。

22日至23日 姚亚平副主席率调研组就“加快赣江新区建设”先后在赣江新区经开组团、临空组团、共青组团、永修组团调研。

27日至28日 人口资源环境委员会组织妇联界别委员就免费婚检工作在九江市开展视察。

教科文卫体委员会赴黎川县开展送科技下乡活动，汤建人副主席参加。

陈俊卿副主席就智能与新能源企业发展情况在景德镇市开展调研。

7月

3日至4日 省政协十一届二十五次常委会议在南昌召开，大会围绕“加强地方金融体系建设，推动实体经济发展”进行专题协商。

5日至7日 教科文卫体委员会就“社区文化建设”赴上海市学习考察。

5日至8日 经济委员会赴宜春市开展“降成本、优环境、促发展”民主监督活动。

7日至12日 文史和学习委员会赴内蒙古自治区、山西省就大遗址及古镇的保护和利用进行学习考察，并交流文史资料征编工作，李华栋副主席参加。

9日至14日 社会和法制委员会就“经营类事业单位改革情况”赴山东省、辽宁省学习考察，郑小燕副主席参加。

11日至20日 人口资源环境委员会就“加快我省国家生态文明试验区建设”专题在福建省、贵州省学习考察，孙菊生副主席参加。

12日 省政协机关召开党员干部职工大会，部署推进“两学一做”学习教育常态化制度化工作和机关党风廉政建设工作。省政协秘书长、机关党组书记肖为群出席并作动员讲话。

14日 由中国政协文史馆、江西省政协办公厅主办的《红旗飘飘——中国共产党党旗诞生历程珍贵档案展》在南昌新四军军部旧址陈列馆展出。

17日至18日 文史和学习委员会组织社会科学界别委员在抚州市开展“降成本、优环境、促发展”专项民主监督调研活动。

20日至21日 郑小燕副主席在北京参加全国政协“卫生援非”双周协商会。

20日至22日 陈俊卿副主席赴河北省、北京市就智能与新能源汽车产业发展开展调研。

20日至23日 姚亚平副主席率“加快赣江新区建设”调研组赴贵州省学习考察贵安新区建设、管理方面的经验做法。

23日至26日 全国政协常委、全国政协书画室副主任、中国书法家协会主席苏士澍率全国政协书画室考察组来赣，就我省全面落实教育部《关于中小学开展书法教育的意见》和《中小学书法教育指导纲要》情况，特别是推动“中小学书法进课堂”工作进展情况进行考察。

24日 省政协主席黄跃金来到省军区走访慰问。

25日 郑小燕副主席率社会福利与社会保障界别部分委员就“动员社会资源，助力扶贫攻坚”专题，在省红十字会、新建区全城电商集团开展界别视察。

省政协召开十一届第55次主席会议，传达学习习近平总书记、李克强总理关于赣南等原中央苏区振兴发展工作的重要批示精神和省委十四届三次全体(扩大)会议精神，听取省政协办公厅、各专委会2017年上半年工作情况和下半年工作打算汇报。主席黄跃金主持会议。

27日 秘书长肖为群主持召开“‘全面两孩’政策后产科儿科医疗资源紧缺问题”座谈会。

31日 省委书记鹿心社在省政协报送的《关于“加强地方金融体系建设 推动实体经济发展”的建议》上作出批示：“省政协在深入调研、充分协商基础上，提出的建议有较强的针对性、指导性。拟请省金融办牵头研究、吸纳，抓紧起草我省《贯彻〈关于服务实体经济、防控金融风险、深化金融改革若干意见〉的实施意见》。抄刘奇、伟明同志。”

黄跃金主席参观南昌八一起义纪念馆。

8月

4日 财政部调研组在南昌征求住赣全国政协委员对财政工作的意见建议。全国政协委员、省政协主席黄跃金主持，蔡晓明、汤建人、刘晓庄、孙菊生、陈清华等部分住赣全国政协委员参加。

7日 社会和法制委员会组织召开“我省城市社区依法治理和服务创新”工作情况通报会；7日至11日，就该专题在宜春市、萍乡市开展调研，郑小燕副主席参加。

8日至9日 提案委员会就“特色小镇建设情况”在丰城市、樟树市开展调研，陈俊卿副主席参加。

10日 陈俊卿副主席就文化旅游产业发展情况在南昌市青山湖区、青云谱区开展调研。

11日 陈俊卿副主席就智能与新能源汽车产业动力电池和充电桩生产情况在赣江新区南昌嘉捷鑫源科技有限公司、江西恒动新能源有限公司开展调研。

11日至21日 人口资源环境委员会就优势矿产资源保护和利用赴新疆维吾尔自治区学习考察。

21日至25日 姚亚平副主席就“关于落实总书记弘扬井冈山精神的重要指示，把井冈山建设得好上加好”在井冈山开展调研。

22日 省政协教科文卫体委员会召开界别协商座谈会，围绕“社区文化建设”主题建言献策，副主席汤建人出席并讲话。

23日至25日 教科文卫体委员会就“全社会研发投入”在上饶市开展调研。

24日至25日 民族和宗教委员会组织委员就加强庐山宗教文化研究在庐山市开展视察，刘晓庄副主席参加。

25日 港澳台侨和外事委员会就促进侨资企业发展的相关问题和建议赴南昌市开展跟踪问效，胡幼桃副主席参加。

9月

1日 黄跃金主席主持召开了省政协十一届第56次主席会议。副主席姚亚平、蔡晓明、李华栋、刘晓庄、郑小燕、胡幼桃、陈俊卿出席。会议审议并原则同意《关于加快赣江新区建设的调研报告(草案)》。

4日 姚亚平副主席就《关于做大做强九江临港经济，构建长江经济带重要战略支撑的建议》提案办理赴九江市开展调研。

省政协召开专题协商座谈会，围绕“古镇的保护及利用开发”建言献策。省政协主席黄跃金主持并讲话，省政府副省长郑为文，省政协副主席李华栋出席并讲话。

5日 陈俊卿副主席就县域经济发展情况在九江市开展调研。

社会和法制委员会组织委员就“城市社区依法治理和服务创新”在南昌市刘将军庙社区、白衣庵社区开展调研，郑小燕副主席参加。

5 日至 7 日 教科文卫体委员会就“全社会研发投入”课题在吉安市开展调研。

5 日至 8 日 人口资源环境委员会赴宜春、新余、吉安、景德镇、上饶、鹰潭等六市开展“河长监督行”活动，孙菊生副主席参加。

7 日至 8 日 蔡晓明副主席带队在九江市区、瑞昌市、彭泽县、湖口县等开展长江江西段省级河长巡河督导工作。

11 日至 12 日 省政协十一届二十六次常委会议在南昌召开。会议传达学习全国政协十二届二十二次常委会议主要精神，围绕“进一步加快赣江新区发展”协商议政。省政协主席黄跃金，省政府副省长吴晓军出席并讲话，省政协副主席姚亚平作调研报告的起草说明，省政协副主席胡幼桃主持第二次全体会议，省政协副主席蔡晓明、李华栋、汤建人、刘晓庄、郑小燕、孙菊生、陈俊卿出席会议。

13 日至 19 日 社会和法制委员会就城市社区治理和服务创新课题赴四川省、青海省学习考察，郑小燕副主席参加。

13 日至 22 日 全国政协常委、全国政协港澳台侨委员会副主任喻林祥率全国政协海外列席侨胞考察团在我省考察经济社会发展和侨务工作情况。

14 日至 15 日 刘晓庄副主席在遂川县实地调研扶贫工作。

15 日至 19 日 全国政协副主席马飚率全国政协提案委员会重点提案督办调研组，就督办“保护南方古村落，建设美丽乡村”重点提案在我省调研。

18 日 省政协机关党委举办“纪念‘三个 90 周年’暨迎接党的十九大”书画摄影作品展。

21 日 十一届省政协“喜迎十九大，委员在行动”履职成果报告会在南昌举行。省政协党组成员、副主席陈俊卿主持并讲话。

21 日至 10 月 1 日 蔡晓明副主席出访柬埔寨、马来西亚、印度等国家。

26 日至 27 日 社会和法制委员会组织部分工会界别委员就困难职工脱贫问题在鹰潭市开展视察，郑小燕副主席参加。

26 日至 29 日 文史和学习委员会组织部分社会科学界别委员就挖掘融合客家文化旅游资源在龙南县、全南县开展视察，李华栋副主席参加。

人口资源环境委员会就“加快我省国家生态文明试验区建设”专题赴贵州省学习考察，孙菊生副主席参加。

10 月

10 日至 13 日 人口资源环境委员会组织委员赴赣州、抚州、宜春、吉安等地就“加快我省国家生态文明试验区建设”开展专题调研，孙菊生副主席参加。

11 日至 13 日 陈俊卿副主席赴福建省宁德市就“智能与新能源汽车产业情况”开展调研。

12 日 省政协在南昌召开专题协商座谈会，围绕“城市社区依法治理和服务创新”进行专题协商。黄跃金主席出席并讲话，郑小燕副主席主持会议。

黄跃金主席与近期不再担任省政协相关领导职务的退休老同志座谈。

13 日 郑小燕副主席在德安县参加以“‘义门陈’非物质文化遗产的保护与推介”为主题的省政协委员沙龙活动。

16 日至 17 日 经济委员会组织委员就扶贫专项资金使用情况在乐安县、宜黄县开展调研，蔡晓明副主席参加。

李华栋副主席在新余市、丰城市就《关

于大力发展混合制学校，推动基础教育良性发展的建议》重点督办提案进行调研。

19 日至 23 日 陈俊卿副主席赴广东省就智能与新能源汽车产业情况开展调研。

24 日 老干处组织老干部老同志重阳节到安义县学习考察新农村建设，肖为群秘书长参加。

25 日 郑小燕副主席在宜丰县就国家级自然保护区政策法规落实情况开展调研。

27 日 省政协十一届第 58 次主席会议召开，传达学习中共十九大精神。党的十九大代表、省政协党组书记、主席黄跃金主持会议并作传达。副主席姚亚平、蔡晓明、李华栋、刘晓庄、郑小燕、胡幼桃、孙菊生、陈俊卿，秘书长肖为群出席会议。

11 月

3 日 黄跃金主席主持召开了省政协十一届第 59 次主席会议。副主席姚亚平、蔡晓明、汤建人、郑小燕、胡幼桃，秘书长肖为群出席。会议讨论了对《中国人民政治协商会议章程》的修改意见。

6 日 省政协十一届二十七次常委会议在南昌召开，深入学习中共十九大精神，对全省政协系统学习贯彻中共十九大精神进行动员部署。省政协主席黄跃金出席并讲话，省政协副主席姚亚平主持，省政协副主席蔡晓明、汤建人、刘晓庄、郑小燕、胡幼桃、孙菊生、陈俊卿，秘书长肖为群出席。

黄跃金主席主持召开设区市政协主席座谈会，征求对《中国人民政治协商会议章程》的修改意见。

7 日 省政协在南昌举行“委员活动日”专题学习报告会。省政协党组副书记、副主席蔡晓明作《深入学习贯彻十九大精神，运用好六门工作艺术，画出新时代最大“同心圆”》的专题报告。

7 日至 9 日 省政协港澳委员、特邀海外列席代表返赣开展“弘扬客家文化”专题视察。

7 日至 10 日 人口资源环境委员会组织委员就加快我省生态文明示范区建设在九江市、景德镇市、上饶市开展调研，孙菊生副主席参加。

8 日至 9 日 陈俊卿副主席在萍乡市开展农产品溯源体系建设重点提案督办调研。

14 日 省政协在南昌举行党的十九大精神学习辅导报告会，邀请省政协党组副书记、副主席姚亚平作辅导报告。

14 日至 17 日 陈俊卿副主席在上饶市就信息化、智能化应用情况开展调研。

15 日 蔡晓明副主席在南昌市就互联网金融工作开展调研。

17 日 黄跃金主席主持召开座谈会，征求专委会对《中国人民政治协商会议章程》的修改意见。

黄跃金主席主持召开省政协十一届第 60 次主席会议。副主席姚亚平、蔡晓明、汤建人、刘晓庄、郑小燕、胡幼桃、孙菊生、陈俊卿，秘书长肖为群出席。会议审议并原则同意《关于加快我省国家生态文明试验区建设的调研报告（草案）》。

27 日至 28 日 省政协十一届二十八次常委会议在南昌召开，会议主题是深入学习贯彻中共十九大精神，围绕“加快我省国家生态文明试验区建设”协商议政。会议还审议通过了有关人事事项。

28 日 中共政协江西省委员会机关党员大会召开。会议审议通过了中共政协江西省委员会机关党员大会议程、换届选举办法；听取并审议通过了中共政协江西省委员会第六届机关委员会工作报告、第一届机关纪律检查委员会工作报告、党费收缴和使用情况的报告。

31 日 省政协党组书记、主席黄跃金主持召开省政协党组会议，传达学习中央和省委有关会议精神。党组副书记、副主席姚亚平、蔡晓玥,党组成员、副主席胡幼桃、陈俊卿,党组成员、秘书长肖为群参加。

12 月

5 日 《江西省志·政协志(1993～2012)》初审会在南昌召开。秘书长肖为群出席并讲话。主编徐良平主持会议并介绍了《政协志》初审稿编纂情况。省政协机关、省地方志办、省方志馆等评审专家20多人参加会议。

7 日 汤建人副主席率教育界别委员就"一流学科建设"在华东交通大学开展界别视察活动。

15 日 教科文卫体委员会组织科协界别和科技界别委员在南昌高新区开展科创平台建设情况界别视察活动,汤建人副主席参加。

22 日 省政协党组书记、主席黄跃金主持召开省政协常委会工作报告和省政协提案工作报告征求意见座谈会。

28 日 黄跃金主席主持召开省政协十一届第61次主席会议。副主席姚亚平、蔡晓明、李华栋、汤建人、刘晓庄、孙菊生,秘书长肖为群出席。会议审议并原则同意《政协江西省第十一届委员会常务委员会工作报告(审议稿)》审议同意《省政协十二届一次会议方案(草)》《关于召开政协江西省第十二届委员会第一次会议的决定(草案)》《政协江西省第十二届委员会第一次会议日程(草案)》和《政协江西省委员会提案立案审查实施细则(审议稿)》。

设区市政协篇

政协南昌市委员会

【全体委员会议】

十四届二次会议 中国人民政治协商会议南昌市第十四届委员会第二次会议于2017年2月6日至8日举行。会议主会场设在红谷滩会议中心。会议期间,委员们审议并批准市政协主席周关同志代表政协南昌市第十四届委员会常务委员会作的工作报告;审议并批准市政协副主席黄耀华同志代表政协南昌市第十四届委员会常务委员会作的提案工作情况的报告;听取、讨论并赞同市人民政府市长郭安同志所作的政府工作报告;讨论并赞同市中级人民法院工作报告、市人民检察院工作报告和其他报告。

【常务委员会会议】

第一次会议 2017年1月22日召开第1次常委会议,审议通过关于召开政协南昌市第十四届委员会第二次会议决定(草案);审议通过政协南昌市第十四届委员会第二次会议议程、日程(草案);审议通过政协南昌市第十四届委员会第二次会议有关建议名单;审议通过政协南昌市第十四届委员会常务委员会工作报告(草案);审议通过政协南昌市第十四届委员会常务委员会关于2016年提案工作情况的报告(草案);审议通过政协南昌市第十四届委员会第一次会议提案审查情况的报告(草案);书面审议市政协各专门委员会2016年工作总结、全市"三风"工作2016年总结(草案);审议通过有关人事事项。

第二次会议 2017年2月8日召开第2次常委会议,听取大会秘书处关于市政协十四届二次会议开幕以来有关情况的汇报;审议通过《政协南昌市第十四届委员会第二次会议决议(草案)》;审议通过《政协南昌市第十四届委员会第二次会议提案收集和初审情况的报告(草案)》。

第三次会议 2017年3月20日召开第3次常委会议,学习传达全国"两会"精神;通报政协南昌市第十四届委员会第二次会议提案审查情况;审议通过《市政协常委会2017年工作要点(草案)》。

第四次会议 2017年8月14日召开第4次常委会议,传达市委十一届三次全体(扩大)会议精神;审议通过市政协办公厅、各专委会、"三风"办2017年上半年工作总结及下半年工作打算(书面);审议通过有关人事事项;市委常委、常务副市长肖玉文通报南昌市2017年上半年经济社会发展情况及下半年工作打算。

第五次会议 2017年11月9日召开第5次常委会议,传达学习中共十九大精神;对全市政协系统学习贯彻中共十九大精神进行动员部署。

第六次会议 2017年12月11日召开第6次常委会议,传达市委关于同意召开市政协十四届三次会议的批复;审议通过关于召开政协南昌市第十四届委员会第三次会议决定(草案);审议通过政协南昌市第十四届委员会第三次会议议程、日程(草案);审议通过政协南昌市第十四届委员会第三次会议有关名单(草案);审议通过政协南昌市第十四届委员会常务委员会工作报告(草案);审议通过政协南昌市第十四届委员会常务委员会关于市政协十四届一次、二次会议以来提案工作情况的报告(草案);书面审议市政协各专门委员会2017年工作总结、全市"三风"工作2017年总结(草案);审议通过人事事项。

【专门委员会工作】

提案委员会 主要工作:市政协十四届一次、二次会议以来,市政协委员、市政协各参加单位共提交提案632件，审查立案511件。截至2017年10月底，所立提案全部办复。委员们就加大招商引资力度、发展总部经济、加快现代物流业发展、加快产业结构调整升级、打造现代都市农业、做大做强金融服务业等提出不少具有全局性、前瞻性、可操作性的意见建议。

经济科技委员会 主要工作：一是开展物流产业发展课题调研。二是开展“我市24小时便利店发展现状及对策”视察活动。三是开展标准厂房建设民主监督活动。四是继续发挥南昌之友联谊会作用，为服务我市经济发展添砖加瓦。2017年11月27日，南昌之友联谊会换届会议在南昌顺利召开，选举产生了新一届会长、副会长、秘书长。

人口资源环境城乡建设委员会 主要工作：一是开展“我市二手车规划管理情况”专题调研和贯彻落实市领导批示精神的视察及跟踪调研。二是开展了“构建权责明确的城市管理体制”专题调研。三是完成了“美丽南昌·幸福家园”环境综合整治专题视察。四是完成了“停车场建设”视察。

教卫文体文史委员会 主要工作：一是开展“‘全面两孩’政策后产科儿科医疗资源紧缺”课题调研，先后前往东湖、进贤开展实地调研，并赴长沙、无锡、苏州等地学习考察。2017年7月27日，省政协、南昌市政协、九江市政协就此课题召开座谈会。二是围绕“公立医院薪酬制度改革”开展调研。三是开展民主监督工作。行风监督员每月一次到市教育系统开展行风检查及暗访活动；向市教育局推荐政协委员担任南昌市教育系统第五届督学，组织政协委员前往南昌二中视察，对南昌市教育系统行风建设情况开展民主监督；向市公安局推荐委员担任行风监督员；参加“全市检察长会议暨全市检察机关党风廉政建设工作会议”。四是继续开展“卫生惠民暖人心——政协委员进社区”活动。

社会法制和民族宗教委员会 主要工作：一是开展“推进医养融合发展，完善社会养老服务体系”专题调研。二是开展“挖掘宗教文化资源，提升宗教管理水平”调研。三是对南昌市司法行政工作开展视察。四是围绕脱贫攻坚情况开展民主监督。

港澳台侨和外事委员会 主要工作：一是召开“深化改革，促进城乡殡葬事业健康发展”专题协商会。二是开展“南昌市农村学前教育”调研。三是注重提案督办工作。四是加强与委员的联系沟通。2017年，在分管副主席的带领下，先后实地视察和走访部分委员创办的企业，了解委员工作生活情况和委员企业的发展经营情况，并为企业未来发展提出意见建议，帮助委员解决一些实际困难。

【重要活动】

深入持续开展“兴家风、淳民风、正社风”活动 2017年，市政协认真贯彻市委主要领导提出的“认识要再深化、措施要再细化、保障要再强化”要求，着力念好“广小久实”四字诀，广泛深入持久开展“兴家风、淳民风、正社风”活动，促进城市文明和市民素质不断提升。协同联动，画好同心圆。树典型，加强“三风”榜样、“三风”故事的挖掘、推选、宣传，连续两年举办全市“兴家风、淳民风、正社风”榜样人物发布会，一批可见、可信、可敬、可学的身边榜样走进群众视野，见贤思齐、崇德向善蔚然成风。示范带动，形成好风尚。

召开“推进医养融合发展，完善社会养老服务体系”对口协商会 市政协成立以市政协副主席朱东为组长的专题调研组，从市人社局、民政局、卫计委等市直部门抽调业务骨干，收集相关资料。掌握第一手翔实数据,分为两个工作小组,分别前往三县六区的养老机构进行实地调研,通过实地查看、座谈交流,进一步了解当前我市医养融合工作的基本情况和存在的主要问题。2017 年 4 月 16 日至 21 日,调研组前往重庆、成都、昆明等地调研医养融合先进做法,经多次讨论修改,形成调研报告。6 月 8 日,市政协组织召开“推进医养融合发展,完善社会养老服务体系”对口协商会。

召开“加强农村生活污水处理,改善农村环境卫生”提案办理协商会 市政协紧扣做好全市“八大”重点工作中“生态大提升”工作,结合当前我市“美丽南昌·幸福家园”环境综合整治,围绕“加强农村生活污水治理,改善农村环境卫生”开展提案办理协商。成立专题调研组,深入南昌县、进贤县、安义县、新建区等乡村,围绕“加强农村生活污水治理,改善农村环境卫生”课题进行了深入调研。2017 年 6 月 29 日,市政协召开“加强农村生活污水处理,改善农村环境卫生”提案办理协商会。副市长樊三宝、市政协副主席黄耀华出席会议。邀请市政府分管副秘书长、提案者、市直相关部门及部门县区负责人就“加强农村生活污水治理,改善农村环境卫生”召开提案办理协商会,面对面交流协商。

召开“南昌如何在建设中医药强省中发挥龙头作用”专题协商会 为推进中医药产业发展,市政协专门成立课题组,市政协副主席周智安担任组长,赴各县区和相关企业了解情况,先后召开 12 次征求意见座谈会。2017 年 7 月 18 日,南昌市政协调研组召开了“南昌如何在建设中医药强省中发挥龙头作用”专题协商会。会后根据交流意见进一步形成《在推进中医药强省建设中打造健康中国“南昌样板”》协商建议案。

召开“深化改革,促进城乡殡葬事业健康发展”专题协商会 按照市政协 2017 年度专题协商计划安排,开展“关于深化改革,推进我市殡葬事业健康发展”专题调研,成立专题调研组,由市政协副主席黄清玉担任组长、专委会主任为副组长、部分专家学者和政协委员组成,制定周密调研方案,从 4 月份开始开展调研,通过召开专题座谈会,听取情况介绍和意见建议,了解掌握我市殡葬的现状、面临问题和困难,针对性提出对策建议。在广泛、深入调研考察学习的基础上,调研组以严谨认真、实事求是的态度,精心起草调研报告《关于深化改革,推进我市殡葬事业健康发展》。10 月 24 日,召开“关于深化改革,推进我市殡葬事业健康发展”专题协商会,市政协副主席黄清玉参会并讲话。会后形成材料报送相关部门,为市委、市政府决策提供重要参考和有益借鉴。

开展“构建权责明确的城市管理体制”调研 根据《2017 年度市政协协商工作计划》,市政协成立以市城管委、市综管办、市文明办、市水务局、市园林局、市公安交管局等单位和部分政协委员组成的调研组,就“构建权责明确的城市管理体制”开展调研。制定调研方案,召集调研组成员、各城区、部分开发区(新区)召开调研座谈会,初步了解我市目前城市管理工作现状,城市管理工作重心下移后存在的问题和需要改进的意见和建议,确定调研方向。2017 年 6 月 19 日至 23 日赴海口、武汉、长沙三地市学习考察在城市管理体制、机制等方面的经验及做法;就我市城市建设机制体制改革提出针对性的建议和措施。形成《构建权责明确的城市管理体制》建议案报市委、市政府供决策参考。

开展“停车场建设”视察 为进一步推动我市停车场建设和管理,提高停车场(泊位)的使用效率,缓解交通拥堵,根据市政协常委会工作安排,2017 年 10 月 23 日上午,市政协周关主席率领各位副主席和部分政协委员，视察了西湖区的团结路停车场，东湖区的紫金广场停车场及红谷滩新区的金融大厦停车场并进行了专题协商座谈。座谈会上，听取了市城管委专题汇报和各职能部门在停车场建设方面的推进情况介绍，委员们也与相关市直部门以及东湖区、西湖区、红谷滩新区等城区负责同志就视察情况进行了交流，市政府宋铀副市长陪同视察并在座谈会上讲话。会后，根据座谈会情况，形成了《市政协委员“停车场建设”视察建议案》报市委、市政府。

开展“美丽南昌·幸福家园”环境综合整治民主监督 根据《2017年度市政协民主监督工作计划》和《市政协视察“美丽南昌·幸福家园”环境综合整治工作方案》要求，先后于2017年1月25日、5月11日、8月28日和12月4日，分四次组织政协委员视察了东湖区、青山湖区、西湖区、青云谱区等城区的环境综合整治情况，并就视察情况与市直相关部门和城区召开座谈会。特别是围绕5月11日和8月28日开展的第二次和第三次视察，形成了《市政协委员五月视察“美丽南昌·幸福家园”环境综合整治的建议案》《市政协委员八月视察“美丽南昌·幸福家园”环境综合整治的建议案》报市委、市政府。

【重要文件】

政协南昌市第十四届委员会常务委员会工作报告

（2017年2月6日在政协南昌市第十四届委员会第二次会议上）

周 关

各位委员：

我受政协南昌市第十四届委员会常务委员会的委托，向大会报告工作，请予审议。

2016年工作回顾

2016年，是实施“十三五”规划的开局之年，也是我市政协事业发展承上启下的重要一年。一年来，在中共南昌市委的坚强领导下，市政协常委会认真学习贯彻习近平总书记系列重要讲话精神，牢牢把握团结民主两大主题，紧紧围绕中心，倾力服务大局，积极履行政治协商、民主监督、参政议政职能，广泛深入开展“兴家风、淳民风、正社风”主题活动，为推进南昌经济社会发展、在全省率先全面建成小康社会作出了积极贡献。

一、聚焦经济发展协商建言，服务打造核心增长极

常委会坚持以服务打造核心增长极基本成型为主线，紧紧围绕全市经济发展中的综合性、全局性、前瞻性的重大问题，认真开展调研，积极协商议政。为推进打造“南昌绿谷”，专门成立课题组，赴安义、湾里、新建等县区以及相关企业实地调研，深入了解“南昌绿谷”发展现状及建设中存在的问题，召开专题协商会，形成了《科学定位，把“南昌绿谷”打造成现代都市农业“南昌样板”》的调研报告，省委常委、副省长、市委书记殷美根同志作出重要批示：“报告所提五点建议很好！请向军同志在打造‘南昌绿谷’的过程中研究借鉴吸纳”，为市委、市政府科学决策提供了有益参考。召开推进供给侧结构性改革、促进科技创新与产业升级高度融合、打造开放型经济升级版、推进产业扶贫、海昏侯墓遗址保护开发利用等专题协商会，形成的《以海昏侯墓遗址保护开发利用为契机，把南昌打造成国际旅游目的地对策研究》等协商报告，殷美根书记等市领导先后作出批示，为我市加快产业发展发挥了积极作用。各专委会、界别就如何使南昌产业定位更加精准、发展势头更加强劲，补足产业链招商短板，提高企业自主创新能力，助推小微企业做精做强，加快机器人及智能制造装备产业发展，创新金融工具激发产业动力，推进“高新尖”企业健康发展，培育发展新动力，发展生物医药产业等问题，深入开展调研，为我市适应经济新常态积极建言献策。发挥南昌之友联谊会平台作用，密切加强在外客商联系，开展产业和项目推介，先后提供项目信息24个，达成投资意向21.3亿元，为推进招商引资作出了积极努力。

二、聚焦城市建管献计出力，助推建设美丽南昌

常委会坚持以推动城市建设管理为重点，深入开展调研视察，积极为建设“美丽南昌·幸福家园”履职建言。围绕“如何使城市品位更加提升、城市管理更加精细、城市功能更加完善”课题，由专委会牵头，组织委员集中两个月时间，就缓解城市交通拥堵、加强精细化管理、提高停车场使用效率、建设智慧城市、促进城乡一体化发展、妥善处理占道施工等问题进行调研。组织开展“着眼未来，做好轨道交通网长远规划”调研协商，形成的调研报告得到市委、市政府领导同志的高度重视，认为报告对已建、在建、筹建的线路具有较强的借鉴意义，要求相关部门和县区对已做的轨道交通规划作进一步完善。紧扣市民反映强烈的旧城改造、新城建设问题，综合运用协商、调研、视察等形式，开展立体式、多层次的建言活动，围绕树立城市形象与完善城市功能协调、老城区改造与新城区开发同步、地上建设与地下建设并重以及历史传统与现代气息、文化内涵与建筑风格、宜居与宜业宜游等重大问题建言献策，为推进城市建设作出了积极贡献。引导委员深入了解群众呼声，针对城市建管中的热点、难点问题提出对策，形成的“关于促进建设工地文明施工，减少城市污染的建议”“关于公共自行车租赁服务城区全覆盖的建议”“关于加强出租汽车运营和行业管理的建议”等提案和社情民意信息，在政府有关部门的认真办理下，均得到较好落实。

三、聚焦干部作风议政献策，助力优化发展环境

常委会围绕优化发展环境、改进干部作风，认真履行民主监督职能，促进政府部门强化服务意识，改进工作、提高效率。围绕“如何使干部作风更加务实”组成两个调研组，深入了解当前干部作风存在的不足，认真听取服务对象意见，从增强干部法纪意识、加强制度设计与落实、推动以上率下层级带动、强化干部接地气用真情、提高能力与素质、完善激励与惩处机制等方面，针对性提出改进建议。坚持“在服务中监督、在监督中服务”的理念，把参与、支持、服务与民主监督有机结合起来，组织委员参加对无环保标志和持有黄色环保标志机动车扩大交通管制范围、红谷滩新区部分支路实施机动车单向通行、城市生活垃圾处理收费改革等听证会，陪同市领导信访接待，参加市检察院“检察开放周”活动，就《南昌汉代海昏侯国遗址保护管理办法》《南昌市城市桥梁隧道安全管理办法》等条例进行立法协商等，推进各项决策更加符合民意，体现群众意愿。发挥20个特邀监督员小组作用，通过经常性参加联系部门会议、听取情况通报、开展明察暗访、督办政协提案等形式，对部门办事效率、行政效能、工作作风实施民主监督，用大局的视角观察分析问题，从支持的角度提出意见建议，有效推动《关于降低企业成本、优化发展环境的若干意见》等改革发展惠民举措落地生效，为优化投资环境发挥了应有作用。

四、聚焦民生福祉凝心聚力，维护社会和谐稳定

常委会坚持以团结民主为主题，广泛凝聚社会各界智慧，齐心协力共促民生改善,努力提升群众获得感、幸福感。围绕“如何使民生福祉更加提升”组成8个课题组开展调研,分别就百姓住房、养老服务、基层医疗、体育产业、文化消费、教育事业、乡村旅游等事关群众切身利益问题进行建言。针对群众密切关注的社区“三个中心”建设、城区积水点疏通、“断头路”改造、地铁建设及背街小巷路灯亮化、公办幼儿园建设等百项惠民便民利民工程建设进行专题视察,及时形成建议案,为政府部门推进工作提供了参考。坚持把社情民意信息工作贯穿于各项活动中,引导委员多层次、广角度反映群众的愿望呼声和利益诉求,反映影响社会稳定的苗头性问题,为市委、市政府了解民意、化解矛盾提供决策依据。编发的38期《社情民意》,引起政府有关部门的高度重视,如《关于在南昌西客站高铁沿线安装护栏和隔音板的建议》《小区防雷装置经年不检隐患大》等9份信息在市长郭安等市领导的批示下,一批民生问题得到及时解决。重视发挥政协协商议政平台作用,推进民主协商、平等议事,先后邀请和组织市各民主党派、工商联、无党派人士参与政协调研、视察、座谈等活动280人次,鼓励和支持他们在政协全体会议、常委会议、专题协商会上以本党派名义发言31人次,为加快经济发展、保障改善民生、维护社会和谐稳定汇集了力量。

五、聚焦“三风”主题履职活动,提升城市文明水平

常委会坚持以“兴家风、淳民风、正社风”活动为抓手,广泛深入推进人文环境建设,培育践行社会主义核心价值观,传承中华民族优秀道德文化,为率先全面建成小康社会提供强大的精神力量。不断深化“三风”活动内容,认真学习贯彻习近平总书记在会见第一届全国文明家庭代表时的重要讲话精神,注重从家庭、家教、家风入手,把活动立足点放在千千万万个平凡家庭,通过举办理论研讨暨专家讲座、挖掘评选“三风”榜样人物、“我的母亲”征文、宣传凡人善举等举措,充分发挥家庭文明在整个社会文明建设中的基础性作用,引导群众弘扬传统美德,形成爱国爱家、相亲相爱、向上向善、共建共享的家庭文明新风尚,带动民风社风日益好转。不断创新“三风”活动形式,切实按照市委“更加生动地接地气、更加丰富地创品牌、更加广泛地造氛围”要求,高起点谋划,高标准推进,持之以恒推动全市各级组织、各个层面先后开展2万多场形式多样、内容丰富的“三风”活动,遍布各行业、各部门、各单位,基本实现社区、乡村、市直机关“三个”100%全覆盖。不断提高“三风”活动实效,随着“三风”活动的广泛深入开展,全市机关广大党员干部带头践行社会主义核心价值观,以良好形象投入工作,纪律意识、规矩意识、作风建设明显增强;“注重家庭、注重家教、注重家风”的理念深入人心,树立好家规、传承好家训、培育好家风成为家庭生活新风尚;志愿团队越来越多,凡人善举随处可见,文明意识不断增强,健康的生活方式得到重视和传播;践行良好家风、民风、社风,逐渐成为广大市民提升道德素养、加强精神文明建设的具体行动,充分彰显了“三风”活动的时代意义。

六、聚焦自身建设改革创新,加强委员履职服务

常委会坚持以加强自身建设为保障,强化学习筑牢思想根基,创新思路,完善举措,推进履职能力建设,提升履职服务水平。注重筑牢思想基础,认真贯彻落实中共十八大和十八届三中、四中、五中、六中全会精神,深入学习贯彻习近平总书记系列重要讲话精神,积极开展“两学一做”学习教育,先后举办各类学习研讨班、座谈会9期,进一步坚定理想信念,强化服务观念,增强政治意识、大局意识、核心意识、看齐意识，自觉讲政治、守规矩、做表率。推进全面从严治党，严格落实中央八项规定精神，持续改进工作作风。加强委员队伍建设，制定完善《政协委员履职情况登记反馈办法》等一系列制度，强化委员履职考核，增强委员责任意识、主体意识。成立委员联络处，加强委员履职服务，有效激发委员履职热情。改进政协新闻宣传，密切与新闻媒体联系，加强南昌发展及政协履职成果宣传，先后在《人民日报》等中央媒体发稿28篇次，在省、市新闻媒体推介政协工作1100余篇次。新华社、《人民日报》、《光明日报》、《经济日报》、《人民政协报》、中央人民广播电台等中央主流媒体对我市"三风"活动进行了大篇幅报道，在全国引起广泛关注，大大提高了南昌精神文明建设的影响力。做好史料编辑工作，注重发挥文史资料"存史、资政、团结、育人"功能，出版发行《浴血抗战——江西抗战将士采访录与日军罪行调查史料》《红流激荡——江西红色历史资源荟萃》等文史书籍。组织召开"纪念中国共产党建党95周年"座谈会、纪念红军长征胜利80周年研讨会。成功承办纪念孙中山先生诞辰150周年图片展，得到前来参观的省、市四套班子领导和广大干部群众的一致好评。创造性推进协商民主实践，市委、市政府、市政协联合制定下发和实施年度协商工作计划，既围绕综合性、全局性的重大问题开展常委会协商，又灵活运用专题协商、对口协商、界别协商、提案办理协商等形式，对具体问题进行具体协商，先后开展15次协商活动，多项建议进入决策程序，成为推进工作的重要参考，充分体现了政协作为协商民主的重要渠道和专门机构作用。

各位委员，过去一年市政协工作取得的成绩，是中共南昌市委正确领导的结果，是市政府和社会各方面大力支持的结果，是市政协各参加单位和广大委员认真履职、团结奋斗的结果。在此，我代表市政协常委会，向大家表示崇高的敬意和衷心的感谢！

在肯定成绩的同时，我们也清醒地看到，政协工作中还存在一些不足，比如：协商议政还不够深入，需要进一步提高科学化水平；民主监督针对性和实效性还不够强，需要进一步探索新机制新途径；界别优势发挥还不够充分，需要进一步改进方式方法。这些都需要我们在今后工作中不断探索和改进。

2017年主要任务

2017年是中共十九大召开之年，也是全面落实市十一次党代会精神的第一年，做好今年的工作至关重要。常委会工作的总体要求是：高举中国特色社会主义伟大旗帜，认真学习贯彻中共十八大和十八届三中、四中、五中、六中全会精神，深入学习贯彻习近平总书记系列重要讲话精神，牢固树立和贯彻落实新发展理念，主动适应经济发展新常态，在中共南昌市委的坚强领导下，牢牢把握团结民主两大主题，紧紧围绕市委十一届二次全会确定的"八大"主要工作，突出问题导向，强化短板意识，着力增强协商议政实效，着力强化民主监督职能，着力做好团结联谊工作，着力推进"三风"主题活动，高唱主旋律，共画同心圆，积极为建设工业文明、城市文明、生态文明融合发展的现代化城市作出新贡献。

一、紧扣"强产业"这个根本出路深入调研协商。

二、紧扣"兴城市"这个紧迫任务积极履职建言。

三、紧扣"抓落实"这个基本要求强化民主监督。

四、紧扣"优环境"这个关键环节深化"三风"活动。

五、紧扣"惠民生"这个发展目的发挥应有作用。

六、紧扣“强队伍”这个有力保障推进自身建设。

【组织概况】

政协南昌市第十四届委员会

主席、副主席、常务委员、委员名单

(至2017年12月31日委员420人,常务委员46人)

主　席:周　关

副主席:周智安　李广振　陈匡辉　朱　东　黄耀华　黄清玉　熊志刚　万　敏

秘书长:王　耀(2017年8月17日辞去市政协秘书长、委员职务)

常务委员

王　光　王　斌　王河湧
邓　培(女)　冯　帆(女)　冯于水
朱静谦　刘　力　刘文峰
刘建泉　刘强华(女)　杜　敏
李　琴(女)　李友金　李淑英(女)
吴　婷(女)　吴卫平　邱钧生
邹冬梅(女)　邹时光　陈　铭(女)
陈和茂　陈晓娟(女)　罗　琼(女)
罗年华　周胜明　胡显勇
袁海秋　耿建军　夏文情
徐　静(女)　徐海平　涂　芳(女)
涂　珺(女)　黄　文　梅　丽(女)
康　健　康海涛　梁　捷
温志立　熊　伟　熊建伟
熊秋林　薛有旺
杨晓波(2017年12月11日辞去市政协委员、常委职务)

委　员

中国共产党南昌市委员会

万先逵　王反金　王　励(女)
王　耀　皮　钧(女)　朱　东
邬春华　刘　力　李　明
杨晓波　陈匡辉　周　关
周智安　胡国星　饶小敏
聂玉华(女)　徐永强　涂莉华(女)
黄　文　黄剑魁　黄耀华
焦玉庄　詹洪武　熊国爱
熊　俊

中国国民党革命委员会南昌市委员会

李　涛　张建华　陈宁江
邵建萍(女)　周胜明　周晓勤(女)
赵德莲(女)　胡继红(女)　唐江华
涂小娟(女)　谈承贵　蒋桂红(女)
温春玲(女)　蔡　骏　熊建新
熊秋林　熊保林　熊馨梅(女)
薛有旺　魏运宇

中国民主同盟南昌市委员会

毛华撑　方燕红(女)　朱静谦
李佐奇　杨玉来(女)　来敏健(女)
吴登云　张　伟　张　鹏
陈　虹(女)　周思全　胡巧蓉(女)
胡　彬(女)　涂　珺(女)　陶海武
黄　旭　彭为福　舒文峰
谢　华　雷伍华

中国民主建国会南昌市委员会

王妮娜(女)　邱钧生　罗年华
周三岗　郑建辉(女)　赵　蔚(女)
赵赣涛　徐海平　唐茂林
黄清玉(女)　康　健　程伟川(女)
裘　峻(女)　熊有炳　熊明东

中国民主促进会南昌市委员会

万志刚　万凯敏　王园红(女)
刘斯汉　孙淑英(女)　陈拥军
陈魏华　赵　耀(女)　胡显勇
徐建章　徐爱莲(女)　涂愫东
黄南昌　韩　莉(女)　王　光

中国农工民主党南昌市委员会

万江田　万德惠(女)　毛盛芳(女)
卢程远　冯于水　刘绘芳(女)
李　杰(女)　李箫筱(女)　吴桂珍(女)
吴新生　宋雪涛(女)　张雪梅(女)

罗小平　胡小平　胡国华
徐贵文　徐　静(女)　黄　群(女)
彭红星　温志立

九三学社南昌市委员会

万小龙　刘强华(女)　许保国
李广振　李家强　吴　婷(女)
何国非　饶雪宇(女)　涂小金(女)
涂世友　黄立发　寇海群
熊　伟

南昌市工商业联合会

万向宇　王　飞(女)　邓小忠
叶修记　任玉玲(女)　刘建泉
刘恒红　李利民　张安华
张　勇　陈立群　林广建
赵建国　胡俊华　党百远
晏　华　黄　俊　曹旭标
康海涛　熊志刚

无党派人士

吕金保　刘文峰　李成星
肖　强　陈学良　周　清
胡佳路　胡海林　耿建军
富　雁(女)

中国共产主义青年团南昌市委员会

车丽娟(女)　邓　培(女)　江　珊(女)
沈　彦(女)　张建平　胡小平
施　展　姜　蕾(女)

南昌市总工会

王水银　仇国珍(女)　刘建芳(女)
江淑静(女)　宋　瑛(女)　张　娟(女)
张磊波　欧阳桃花(女)　罗秋霞(女)
徐　忠　章国清　童　华(女)
谢松筠(女)　蔡志刚

南昌市妇女联合会

王瑞芳(女)　文小凤(女)　卢兰萍(女)
刘红英(女)　刘雁华(女)　胡水静(女)
姜　江(女)　贾　明(女)　梅　丽(女)
韩　艳(女)　程绮南(女)

南昌市青年联合会

王　桑(女)　付剑江　冯　帆(女)
刘春荞(女)　胡剑峰　黄耀平
蔡　飔(女)

南昌市科学技术协会

王金平　邓国华　刘庭忠(女)
杜　璇(女)　陈小兵　陈云海
季礼明　聂碧云(女)　涂莉萍(女)
黄　伟　辜纪文　廖德厚
魏锦锋　杜　敏

南昌市归国华侨联合会

任美玉(女)　陈晓娟(女)　陈　铭(女)
林静霞(女)　周世鹏　胡喜云
晏明智　陶洪彪　廖奇明

文化艺术界

王子文　刘丽娟(女)　刘松涛
刘国强　刘　薇(女)　李　琦(女)
杨　帆(女)　邵　洁(女)　罗　琼(女)
赵德林　胡　薇(女)　饶兴奇
洪宇葵　谢学军　蓝　威
熊　伟

科学技术界

王新华　刘持彬　杜晓晖
李吉胜　李淑英(女)　杨福茂
吴　洵　周　琳(女)　姜　萍(女)
徐方清　高　松　缪金生
戴建民　魏国强

社会科学界

习罡华　王　斌　吴一建
余磊娟(女)　胡　湖(女)　唐士奎
熊燕华　邹时光

经济界

万燕飞　邓书甄　邓燕娟(女)
叶太水　史晓婍(女)　朱凌峰
庄守洋　刘恒军　李洪应
杨　双(女)　杨建兴　吴坤荣
邹志刚　陈和茂　陈建兵
邵　华(女)　罗建成　柯志文
姚全保　聂　辉　桂建华
郭文义　郭立湘　郭革亮
涂　芳(女)　涂雅雅(女)　曹文卓

蒋以新 廖文鸣 熊建伟
熊黎辉 黎建武

农业界

方德荣 李 萍(女) 吴明华
张晓方 陈江洪 陈树生
俞帮雷 徐 俊 黄 胜
黄根兰(女) 梅建新 龚良智
喻涛涛 谢东辉(女) 熊积禄

教育界

万欢欢(女) 邓 菁(女) 朱毛智
刘卫华 刘 彦 刘燕霞(女)
李 琴(女) 何啸鸣 张国标
陈 瑜 周 清 郑丽萍(女)
胡小明 洪瑜婷(女) 陶茂荣
陶秋林 黄泗新 黄凌云
谌莉军(女) 舒小红(女) 雷峻峰
熊春兰(女)

体育界

朱大军 许 慧(女) 范永红(女)
姜 泳

新闻出版界

万利平 梁 爽(女) 谭彩丹(女)

医药卫生界

万家平 王 晖 卢庆勇
孙明生 杨莉莉(女) 杨海根
邱慈桂 张桂萍(女) 范义兵
林新兴 涂 萍(女) 熊少云
樊红敏(女) 魏友平 魏 斌

社会福利和社会保障界

王乐秋(女) 吴卫平 范 军
罗保兴 周志强 黄同佑
章 莹(女) 曾庆文 谭明珠(女)

少数民族界

兰杨丽(女) 向晓理(女) 张 禹
宣 治 谢 丽(女)

南昌市台联

万琦凯 朱晓山 朱 斌
邹冬梅(女) 应 超 张 瑞(女)
张新辉 夏文情 徐小平
盛 柯

宗教界

乔天庆 李友全 吴晓华(女)
吴 旋 张春荣 释纯良
释镜定

特别邀请人士

丁慧兴 万 敏(女) 王 玮(女)
王河湧 毛亦水 邓修作
卢晓健(女) 农小兵 余 刚
邹艾民 汪 戍 张 芸(女)
张恒立 张福东 陈圣栋
陈守国 陈 昕 陈 斌
欧阳晓文 罗 坤 罗 辉
郑响龙 胡军锋 胡 箭
侯 捷 胥 萍(女) 袁海秋
钱和平 徐十斗 高革霞(女)
郭 曙 唐于禄 黄小平
梁 捷 喻 玫(女) 曾志毅
曾建华 赖育雷 熊晓武
熊墨明 戴 琼(女)

【大事记】

1月

6日 市政协主席周关,副主席周智安、李广振、陈匡辉、朱东、黄耀华、黄清玉、熊志刚、万敏,秘书长王耀,出席2016年度市政协机关和市政协县级干部考核会议。

7日 市政协主席周关,副主席周智安、李广振、陈匡辉、朱东、黄耀华、黄清玉、熊志刚、万敏,秘书长王耀,出席市委十一届二次全体(扩大)会议。

9日 市政协主席周关,副主席周智安、李广振、陈匡辉、朱东、黄耀华、黄清玉、万敏,秘书长王耀,出席市委中心组"两学一做"学习教育第四专题学习会。

10日 市政协副主席黄清玉出席市委

统战部廉政教育报告会。

11 日 市政协副主席周智安赴新建区石埠镇西岗村调研精准扶贫工作，走访慰问困难群众。

12 日 政协南昌市第十四届委员会第三次党组会议在市政协三楼主席会议室召开。

政协南昌市第十四届委员会第二次主席会议在市政协一楼东会议室召开，市政协主席周关主持会议，副主席周智安、李广振、陈匡辉、朱东、黄耀华、黄清玉、万敏，秘书长王耀出席。会议审议了政协南昌市第十四届委员会第二次会议议程、日程、有关名单（草案）、《政协南昌市第十四届委员会常务委员会工作报告》（草案）、《政协南昌市第十四届委员会常务委员会关于2016年提案工作情况的报告》（草案），审议通过市政协十四届一次会议提案审查情况的报告（草案）、《政协南昌市第十四届委员会常务委员会第一次会议方案》（草案），书面审议了市政协各专门委员会2016年工作总结、全市“三风”工作2016年总结（草案），审议了有关人事事项。

17 日 市政协副主席朱东、黄耀华、黄清玉、熊志刚走访部分市政协委员。

19 日 市政协主席周关、副主席周智安、秘书长王耀，赴湾里区走访困难企业及困难群众，并赴湾里区泮溪村走访慰问贫困户。

市政协副主席陈匡辉、万敏走访慰问贫困户。

20 日 李广振副主席赴安义县长埠镇老下村走访慰问贫困户。

22 日 政协南昌市第十四届委员会第三次主席会议在市政协一楼东会议室召开，市政协主席周关主持会议，副主席周智安、李广振、陈匡辉、朱东、黄耀华、黄清玉、熊志刚、万敏，秘书长王耀出席。会议审议了《关于召开政协南昌市第十四届委员会第二次会议决定》（草案）。

政协南昌市第十四届委员会常务委员会第一次会议在市政协一楼常委会议室召开，市政协主席周关主持会议并讲话，副主席周智安、李广振、陈匡辉、朱东、黄耀华、黄清玉、熊志刚、万敏，秘书长王耀出席。

24 日 召开市政协党组2016年度民主生活会暨汲取苏荣案及涉案人员违纪教训专题民主生活会议。

25 日 市政协主席周关，副主席周智安、李广振、陈匡辉、朱东、黄耀华、黄清玉、熊志刚、万敏，秘书长王耀，出席南昌市2017年春节团拜会。

2 月

6 日 政协南昌市第十四届委员会第二次会议第一次全体会议（开幕式），在红谷滩会议中心大厅召开。

7 日 政协南昌市第十四届委员会第二次会议与会市政协委员、列席人员，赴前湖迎宾馆列席市人大十五届二次会议。

8 日 政协南昌市第十四届委员会第四次主席会议在市政协一楼东会议室召开，市政协主席周关主持会议，副主席周智安、李广振、陈匡辉、朱东、黄耀华、黄清玉、熊志刚、万敏，秘书长王耀出席。会议审议了《政协南昌市第十四届委员会第二次会议决议》（草案）、《政协南昌市第十四届委员会第二次会议提案收集和初审情况的报告》（草案）。

政协南昌市第十四届委员会常务委员会第二次会议在市政协一楼常委会议室召开。

政协南昌市第十四届委员会第二次会议第二次全体会议（闭幕式），在红谷滩会议中心大厅召开。

14 日 市政协副主席黄耀华赴南昌县南新乡九联村帮扶挂点单位南昌印钞公司

督查扶贫工作开展情况。

16 日 市政协副主席陈匡辉、熊志刚，赴南昌矿山机械有限公司、江西南亚铝业有限公司、安义县长均乡观察村、万埠镇洲上村，视察“兴家风、淳民风、正社风”活动开展情况，出席“三风”进企业座谈会。

21 日 政协南昌市第十四届委员会第五次主席会议在市政协一楼东会议室召开，市政协主席周关主持会议，副主席陈匡辉、朱东、黄耀华、黄清玉、万敏、秘书长王耀出席。会议审议通过《南昌市“兴家风、淳民风、正社风”活动 2017 年工作安排》（草案）、《2017 年度市政协协商工作计划》（草案）、《政协南昌市第十四届委员会委员培训工作方案》（草案）。

28 日 市政协主席周关、秘书长王耀，赴湾里区太平镇泮溪村走访贫困户。

3 月

1 日 市政协召开“全面两孩”政策后产科儿科医疗资源紧缺问题”调研座谈会。

7 日 市政协副主席黄耀华赴南昌县南新乡九联村督导精准扶贫工作开展情况。

10 日 市政协副主席黄清玉赴新建区大塘乡献忠村督导扶贫工作。

13 日 市政协召开“推进医养融合发展，完善社会服务养老体系”专题调研座谈会，市政协副主席朱东出席。

14 日 政协南昌市第十四届委员会第六次主席会议在市政协一楼东会议室召开，市政协主席周关主持会议，副主席周智安、李广振、陈匡辉、朱东、黄耀华、熊志刚、万敏，秘书长王耀出席。会议通过了《中国人民政治协商会议南昌市第十四届委员会第二次会议提案审查情况的报告》（草案）、《政协南昌市第十四届委员会常务委员会第三次会议工作方案》（草案）；审议了《市政协常委会 2017 年工作要点》（审议稿）、《2017 年度市政协民主监督工作计划》（审议稿）；审议通过了 2016 年度市政协机关科级及科以下干部职工考核事项。

16 日 市政协召开“二手车市场规划管理情况”调研座谈会，市政协副主席万敏出席。

20 日 政协南昌市第十四届委员会常务委员会第三次会议在市政协一楼常委会议室召开。

21 日 市政协万敏副主席赴江西省二手车交易大市场有限公司、江西国际汽车城投资发展有限公司、江西永生旧机动车交易市场有限公司进行实地调研“二手车市场规划管理情况”。

22 日 市政协党组领导讲党课第一讲在市政协一楼常委会议室举行，市政协主席周关以“深入理解、准确把握、认真贯彻习近平总书记治国理政新理念新思想新战略”为主题讲党课。

23 日 市政协副主席朱东赴东湖区调研“推进医养融合发展，完善社会养老服务体系”课题。

24 日 市政协副主席朱东赴南昌县开展“推进医养融合发展，完善社会养老服务体系”调研。

27 日 市政协副主席朱东赴青山湖区开展“推进医养融合发展，完善社会养老服务体系”调研。

28 日 市政协副主席朱东赴进贤县开展“推进医养融合发展，完善社会养老服务体系”调研。

4 月

6 日 市政协召开“推进医养融合发展，完善社会养老服务体系”专题调研座谈会，市政协副主席朱东出席。

10 日 市政协召开党组会议，市政协主席周关、副主席周智安、陈匡辉、朱东，秘书长王耀出席。

13日至14日 市政协副主席熊志刚率队赴上饶市考察调研“全球饶商回归大会”成功经验。

18日 市政协副主席周智安赴进贤县、小蓝开发区调研“南昌如何在建设中医药强省中发挥龙头作用”课题。

19日 市政协副主席周智安赴南昌市第二医院、第三医院、南昌市按摩医院、洪都中医院，就“南昌如何在建设中医药强省中发挥龙头作用”课题进行调研。

24日至25日 市政协副主席周智安分别赴湾里区、经开区、洪都中医院开展“南昌如何在建设中医药强省中发挥龙头作用”专题调研。

28日 市政协副主席朱东赴市法律服务中心、市法治文化公园、市强制隔离戒毒所视察司法行政工作开展情况。

5月

4日 市政协副主席黄耀华赴南昌县、进贤县开展“加强农村生活污水处理，改善农村环境卫生”调研。

5日 市政协主席周关，副主席周智安、李广振、朱东、黄耀华、黄清玉，党组成员饶小敏，出席市政协党组领导讲党课第二讲。

8日 市政协副主席黄耀华赴安义县、新建区开展“加强农村生活污水处理，改善农村环境卫生”调研。

9日 市政协副主席黄清玉赴进贤县调研“我市农村学前教育实施情况”。

22日 政协南昌市第十四届委员会第七次主席会议召开，市政协主席周关，副主席周智安、陈匡辉、朱东、黄耀华、熊志刚、万敏，党组成员饶小敏出席。

市政协副主席黄清玉赴萍乡市调研“农村学前教育实施情况”课题。

25日 市政协召开“构建权责明确的城市管理体制调研”座谈会，市政协副主席万敏出席。

26日 市政协副主席黄耀华赴新建区调研“加强农村生活污水处理，改善农村环境卫生”课题。

6月

3日 省委常委、市委书记殷美根，市政协主席周关，市委常委、常务副市长肖玉文，市委常委、秘书长郭毅，陪同全国政协副主席张庆黎一行在昌视察“国家生态文明试验区建设情况”。

6日 市政协副主席黄耀华赴南昌县调研“如何实现工业四年倍增计划”课题。

7日 市政协召开“推进我市殡葬事业健康发展”调研座谈会，市政协副主席黄清玉出席。

8日 市政协主席周关，市委常委、副市长华清，副市长龙国英，市政协副主席朱东，市政协党组成员饶小敏，出席市政协“推进医养融合发展，完善社会养老服务体系”对口协商会。

19日 市政协副主席李广振赴南昌县调研物流产业发展情况。

7月

7日 市政协主席周关出席红谷隧道、南外环高速工程视察活动。

12日 市政府副市长宋铀、市政协副主席周智安，陪同九江市政协主席杨小华、副主席严平一行视察我市城市建设情况。

18日 市政协主席周关，市委常委、常务副市长肖玉文，市政协副主席周智安、秘书长饶小敏，出席市政协“南昌如何在建设中医药强省中发挥龙头作用”专题协商会。

19日 政协南昌市第十四届委员会第

八次主席会议在南昌召开，市政协主席周关，副主席周智安、陈匡辉、朱东、黄耀华、黄清玉、熊志刚、万敏，秘书长饶小敏出席。

20日 市政协副主席黄清玉就“深化改革，推进我市殡葬事业健康发展”课题赴上饶市考察。

26日 市政协副主席黄清玉赴市轨道交通集团督办重点提案《关于改进地铁安检方式的建议》。

28日 市政协副主席黄耀华赴市城投调研二七北路交通环境综合整治工作。

8月

9日 市政协副主席黄耀华赴市旧改办调研挂点重大项目——“南昌市2017年棚户区改造项目”进展情况。

14日 市政协召开党组会议，市政协主席周关，副主席周智安、朱东、黄耀华，秘书长饶小敏出席。

政协南昌市第十四届委员会第九次主席会议在南昌召开，市政协主席周关，副主席周智安、李广振、朱东、黄耀华、熊志刚、万敏，秘书长饶小敏出席。

政协南昌市第十四届委员会常务委员会第四次会议在南昌召开，市政协主席周关，市委常委、常务副市长肖玉文，市政协副主席周智安、李广振、朱东、黄耀华、熊志刚、万敏，秘书长饶小敏出席。

17日 市政协副主席黄耀华带队，赴东湖区开展落实《南昌市禁止燃放烟花爆竹规定》专项民主监督活动。

25日 市政协举办南昌政协大讲堂“‘八一起义’伟大功勋”专题讲座。

30日 市政协主席周关，副主席周智安、李广振、陈匡辉、朱东、黄耀华、万敏，秘书长饶小敏，出席政协南昌市第十四届委员会第十次主席会议。

9月

1日 市政协主席周关，市政府副市长杨文斌，市政协副主席周智安、李广振、陈匡辉、朱东、黄耀华、熊志刚、万敏，市政协秘书长饶小敏，出席市政协常委会“如何实现南昌工业‘四年倍增行动计划’”专题协商会议。

6日 市政协主席周关、秘书长饶小敏，赴进贤县走访电子信息产业帮扶企业。

8日 市政协副主席朱东赴青山湖区昌东工业园视察南昌电子信息(led)产业创新示范二期项目。

15日 市政协副主席李广振调研“公立医院薪酬制度改革”课题。

19日 市政协副主席周智安调研督办重点提案《关于调整部分鄱阳湖蓄滞洪区，保护海昏侯墓区的建议》。

市政协副主席朱东赴进贤县开展“扶贫攻坚情况”专项民主监督视察。

22日 市政协副主席熊志刚出席24小时便利店建设视察活动。

25日至29日 市政协副主席黄耀华赴广州市、成都市学习考察物流产业发展工作。

26日 市政协主席周关、副主席周智安，出席市委主要领导同志批示的社情民意办理落实情况通报会。

29日 市政协副主席朱东赴南昌县开展“扶贫攻坚情况”专项民主监督视察。

10月

10日 市政协主席周关，副主席周智安、李广振、陈匡辉、朱东、黄耀华、黄清玉、熊志刚、万敏，秘书长饶小敏，对全市“三风”社会环境宣传情况进行调研视察。

23 日 市政协主席周关,市政府副市长宋铀,市政协副主席周智安、李广振、陈匡辉、黄耀华、黄清玉、熊志刚、万敏,秘书长饶小敏,视察我市停车场情况。

24 日 市政协副主席黄清玉出席市政协“深化改革,促进城乡殡葬事业健康发展”专题协商会。

26 日 市政府副市长龙国英、市政协副主席李广振,出席市政协“公立医院薪酬制度改革”专题协商会。

11 月

3 日 市政协副主席陈匡辉到高新区,就“兴家风、淳民风、正社风”活动开展及“兴家风、淳民风、正社风”主题文化街、文化村(社区)建设情况进行专题调研。

9 日 市政协主席周关,副主席周智安、李广振、陈匡辉、朱东、黄耀华、黄清王、万敏,秘书长饶小敏,出席政协南昌市第十四届委员会常务委员会第五次会议,对中共十九大精神进行专题传达学习,对全市政协系统学习贯彻中共十九大精神进行再动员、再部署。

27 日 市政协主席周关,市委常委、组织部长江晓斌,市政府副市长杨文斌,市政协副主席熊志刚、秘书长饶小敏,出席南昌之友联谊会座谈交流会。

12 月

1 日 万敏副主席赴湾里区开展“脱贫攻坚进展情况”专项民主监活动。

5 日 市政协主席周关,副主席周智安、陈匡辉、朱东、黄耀华、黄清玉、万敏,秘书长饶小敏,出席政协南昌市第十四届委员会第十二次主席会议。

市政协副主席周智安赴南昌县开展“脱贫攻坚进展情况”专项民主监督视察调研。

6 日 市政协副主席陈匡辉、黄耀华赴进贤县开展“脱贫攻坚进展情况”专项民主监活动。

7 日 市政协副主席黄清玉、熊志刚赴安义县开展“脱贫攻坚进展情况”专项民主监活动。

11 日 市政协班子成员出席政协南昌市第十四届委员会常务委员会第六次会议。

13 日 市政协副主席黄清玉赴安义县开展“脱贫攻坚进展情况”专项民主监督视察调研。

25 日 市政协副主席周智安赴挂点扶贫村新建区石埠镇西岗村督促指导脱贫攻坚工作。

26 日 市政协主席周关,市政府副市长樊三宝,市政协副主席周智安、李广振、陈匡辉、朱东、黄清玉,出席市政协“脱贫攻坚进展情况”民主监督协商座谈会。

(余为强 编写 饶小敏 审稿)

政协九江市委员会

【全体委员会议】

十五届二次会议 2017年2月7日至10日，中国人民政治协商会议第十五届九江市委员会第二次会议在市文化艺术中心举行。应出席委员429名，实到414名。市政协主席杨小华，副主席邓君安、徐红梅、吴秋红、王丰鹏、吴锋刚、梅武林、严平，秘书长洪华出席会议。市政协主席杨小华在闭幕会议上讲话。市领导出席开幕和闭幕会议，听取大会发言。会议听取和审议市政协主席杨小华代表政协第十五届九江市委员会常务委员会所作工作报告、市政协副主席梅武林代表政协第十五届九江市委员会常务委员会所作提案工作情况的报告。与会人员列席九江市第十五届人民代表大会第二次会议，听取和协商讨论九江市人民政府工作报告及其他重要报告。会议通过《政协第十五届九江市委员会第二次会议提案初审情况的报告》《政协第十五届九江市委员会第二次会议决议》。会议期间，共收到提案387件。

【常务委员会会议】

第一次会议 2017年1月5日举行，应出席75人，实到69人，市政协主席杨小华，副主席邓君安、徐红梅、吴秋红、王丰鹏、吴锋刚、梅武林、严平，秘书长洪华出席会议。会议审议通过市政协十五届一次常委会议议程（草案）；审议通过关于召开政协第十五届九江市委员会第二次会议的决定（草案）；协商讨论政协第十五届九江市委员会第二次会议议程（草案）；审议通过政协第十五届九江市委员会第二次会议日程（草案）；审议通过政协第十五届九江市委员会第二次会议秘书长、副秘书长名单（草案）；协商讨论政协第十五届九江市委员会常务委员会工作报告（讨论稿）；协商讨论政协第十五届九江市委员会常务委员会关于2016年提案工作情况的报告（讨论稿）；审议通过市政协常委会2017年工作要点（草案）；审议通过市政协各专门委员会2016年工作总结及2017年工作要点（书面）；听取关于2016年开展民主评议工作情况的汇报（书面）；听取关于2016年度市政协社情民意信息工作情况通报（书面）；协商讨论《政协九江市委员会委员履职管理暂行办法》（讨论稿）；人事事项；审议通过政协第十五届九江市委员会常务委员会关于设置专门委员会的决定（草案）。

第二次会议 2017年2月9日举行，应出席75人，实到74人，市政协主席杨小华，副主席邓君安、徐红梅、吴秋红、王丰鹏、吴锋刚、梅武林、严平，秘书长洪华出席会议。会议听取全会开幕以来讨论发言情况的汇报；审议通过政协第十五届九江市委员会各专门委员会主任、副主任名单（草案）；审议市政协提案委员会关于市政协十五届二次会议提案初审情况的报告（草案）；审议政协第十五届九江市委员会第二次会议决议（草案）。

第三次会议 2017年3月28日举行，应出席75人，实到62人，市政协主席杨小华，副主席邓君安、徐红梅、吴秋红、王丰鹏、梅武林、严平，秘书长洪华出席会议。会议审议通过市政协十五届三次常委会议议程（草案）；传达学习贯彻全国“两会”精神；听取市纪委、监察局关于全市党风廉政建设和反腐败工作情况的通报；听取市政协十五届一、二次会议以来提案立案、交办及重点提案推荐情况的汇报；听取关于《推动港产联动 做大临港经济》协商专题有关情况的说明；协商讨论《市政协2017年度民主评议工作实施方案》（讨论稿）；协商讨论《关于推动我市特色小镇示范建设的专题调研报告》（讨论稿）。

第四次会议 2017年6月28日举行，应出席75人，实到56人，市政协主席杨小华，副主席邓君安、徐红梅、王丰鹏、梅武林、严平，秘书长洪华出席会议。会议审议通过市政协十五届四次常委会议议程（草案）；听取市政协民主评议工作进展情况的汇报；听取九江城区收费站外迁工程（拆四建二）进展情况的通报；听取庐山交通索道项目建设情况的通报；协商讨论《关于全市重大项目推进情况的专题视察报告》（讨论稿）；协商讨论《关于我市精准扶贫精准脱贫工作进展情况的视察报告》（讨论稿）；协商讨论《关于我市重大惠农民生资金落实情况的专题调研报告》（讨论稿）；协商讨论《关于“全面两孩”政策后 九江市产科儿科医疗资源紧缺问题的专题调研报告》（讨论稿）；审议通过《关于接受王志勋等请辞政协第十五届九江市委员会常务委员、委员的决定》（草案）；人事事项。

第五次会议 2017年9月26日举行，应出席74人，实到51人，市政协主席杨小华，市政府副市长李军，副主席邓君安、王丰鹏、梅武林、严平出席会议。会议审议通过市政协十五届五次常委会议议程（草案）；听取和协商讨论市人民政府关于今年1—8月份全市经济社会发展和民生工程情况的通报；听取市委办公厅、市政府办公厅关于市政协十五届一、二次会议以来提案办理情况的通报；听取市政协民主评议工作进展情况的汇报；协商讨论《关于尽快建立危困企业处置机制的专题调研报告》（讨论稿）；协商讨论《中共九江市委关于加强和改进人民政协民主监督工作的实施意见》（代拟、讨论稿）。

第六次会议 2017年11月8日举行，应出席74人，实到58人，市政协主席杨小华，副主席邓君安、徐红梅、王丰鹏、梅武林、严平，秘书长洪华出席会议。会议审议通过市政协十五届六次常委会议议程（草案）；传达学习中共十九大精神。

第七次会议 2017年12月14日举行，应出席74人，实到51人，市政协主席杨小华，副主席徐红梅、王丰鹏、梅武林，秘书长洪华出席会议。会议审议通过市政协十五届七次常委会议议程（草案）；审议通过关于召开政协第十五届九江市委员会第三次会议的决定（草案）；审议政协第十五届九江市委员会第三次会议议程（草案）；审议通过政协第十五届九江市委员会第三次会议日程（草案）；审议通过政协第十五届九江市委员会第三次会议秘书长、副秘书长名单（草案）；协商讨论《政协第十五届九江市委员会常务委员会工作报告》（讨论稿）；协商讨论《政协第十五届九江市委员会常务委员会关于市政协十五届一次会议以来提案工作情况的报告》（讨论稿）；审议通过《政协第十五届九江市委员会常务委员会2018年工作要点》（草案）；审议通过《关于同意彭报等辞去政协第十五届九江市委员会常务委员、委员职务的决定》（草案）；审议通过政协第十五届九江市委员会委员调整名单（草案）。审议通过政协第十五届九江市委员会办公厅和各专门委员会2017年工作总结及2018年工作要点（草案）；听取关于2017年度市政协委员履职考评情况的通报；听取关于2017年度开展民主评议工作情况的汇报；听取关于2017年度市政协社情民意工作情况的通报；审议通过关于授权主席会议审议政协第十五届九江市委员会常务委员会第七次会议未尽事宜的决定（草案）。

【专门委员会工作】

提案委员会 主要工作：市政协十五届一次、二次会议共收到提案523件，立案471件。换届后成立十五届市政协提案委员会，召开三次会议，组织开展提案业务培训、提案审查和评选表彰活动。创新督办推进提案办理,对市教育局办理重点提案情况开展民主评议,评议人员由提案人自行确定,市政府分管领导全程参与,达到了面对面协商、背靠背评议的效果;开展交通运输类提案专题协商会和旅游类提案办理专题视察活动,安排B类提案人参加视察,广泛听取政协委员的意见建议,帮助承办单位深入解决实际问题。配合省政协开展的“降成本、优环境、促发展”专项民主监督活动,形成《关于我市‘降成本、优环境、促发展’情况的专题调研报告》。对都昌县、庐山市推进落实市级重大建设项目情况开展专题视察,履行民主监督职责。

经济科技委员会 主要工作:组织开展“特色小镇”专题调研,形成《关于推动我市特色小镇示范建设的调研报告》。按照省政协要求,组织部分委员开展“扶贫专项资金使用情况”专题调研,围绕扶贫专项资金的规模、管理模式、监管措施、项目资金落实遇到的困难和解决办法以及加强扶贫专项资金的监管建议等问题,形成专题调研报告报送省政协经科委。组织本委联系界别委员前往彭泽县、湖口县和柴桑区、经济技术开发区,对全市新开工、续建重大工业项目和重大民生项目进行现场视察。积极反映社情民意,撰写了《关于尽快全面开通柴桑区与主城区公交的建议》。认真做好重点提案办理工作,将《关于推进港产联动做大九江临港经济》的大会发言转化为提案,由市政府主要领导领办督办。

教文卫体委员会 主要工作:配合省政协专题调研组,围绕“‘全面两孩’政策后产科儿科医疗资源紧缺问题”开展专题调研,深入修水县、湖口县、濂溪区和市直医院,对“全面两孩”政策后九江市产科儿科医疗资源紧缺问题进行专题调研,形成《关于解决“全面两孩”政策后我市产科儿科医疗资源紧缺问题的建议案》,分别报送市委市政府和省政协办公厅,为党政科学决策提高“全面两孩”政策后我市产科儿科医疗资源保障能力建言献策。组织委员开展“加强我市食品安全工作”专题调研,形成《关于加强我市食品安全工作专题调研的报告》。组织委员视察九江市第一中学八里湖新校区建设。对九江县、瑞昌市重大工业项目、民生项目推进落实情况开展专题视察。

社会和法制委员会(民族和宗教委员会) 主要工作:组织开展“关于我市重大惠农民生资金落实情况”专题调研,重点对农业产业化、小型农田水利工程、新农村建设、村级公路等惠农项目资金,以及危房改造、医疗救助、教育助学金、农村低保等普惠性“一卡通”农户补助资金的落实情况进行调研,形成《关于我市重大惠农民生资金落实情况的专题调研报告》。组织开展“危险化学品安全生产工作情况”专题视察,形成《关于全市危险化学品安全生产工作情况的视察报告》。对濂溪区、八里湖新区重大建设项目开工、推进、管理服务情况开展视察,了解重大项目推进工作中存在的困难与问题,提出了有关意见建议。开展了2017年度民主评议工作,将市直和驻市单位全部列入民主评议对象。组织委员参与人事考试监督活动10余次,参与考前工作培训会、考务工作部署会,笔试、面试考场现场监督、阅卷改卷监督等活动。

港澳台侨和外事委员会 主要工作:组织专委会全体委员视察了铁塔九江分公司。围绕“尽快建立危困企业处置机制”开展专题调研,深入共青城市、湖口县、九江经济技术开发区等地调研考察,通过实地察看项目、召开座谈会、听取工作汇报、参加破产业务专题培训会等方式,重点对我市危困企业的基本情况、各地处置办法、推进中存在的问题、下步工作建议等进行调研,形成《关于尽快建立危困企业处置机制的专题调研报告》,为党政科学决策提供了有益参考。组织部分省政协委员及市政协民进、妇联、台联、侨联界别的部分委员,赴浔阳区和九江经济技术开发区开展专项视察活动。赴山东青岛走访企业、开展招商活动,先后考察了青岛市黄岛区中德生态园、青岛啤酒厂等项目,参加了“青岛啤酒远销100个国家暨‘一带一路’市场拓展发布会”,对接了招商引资信息。

文史和学习委员会 主要工作:为纪念中国人民解放军建军90周年,为弘扬人民军队革命精神,彰显九江红色历史文化,于“八一”前夕征集、编辑、出版了《人民军队与九江》一书。为助推我市加快历史文化街区改造,召集市直、浔阳区相关主管部门、专家学者、基层街道工作人员和专委会委员,就“实施中心城区历史文化街区改造,展现老九江韵味”进行专题视察,并结合历史文化名城申报工作,形成了专题视察报告。

人口资源环境委员会 主要工作:开展我市工业园区环境保护工作专题调研,深入永修和沿江工业园区,赴江苏省3个设区市工业园区实地考察,形成《坚定不移打造生态园区,多措并举促进绿色发展》的综合调研报告和《关于建议引进生活垃圾焚烧发电项目的调研报告》,推动了全市工业园区升级改造和环境监测监管,加快了我市城乡生活垃圾焚烧发电项目的引进和规划布局工作。开展我市精准扶贫精准脱贫工作进展情况的专题视察,形成《坚定信心、精准发力,助推打赢脱贫攻坚战》的视察报告,为市委市政府提供了决策参考。开展了全市气象灾害监测预警与信息发布工作情况的专题调研,赴武宁、彭泽和市直有关部门开展调研、座谈,形成调研报告。积极参与修水县重大项目推进情况的督查、全市重大项目推进情况视察、重点提案督办以及赤湖水环境保护情况的调研,形成《关于赤湖水环境保护情况的调研报告》《关于对赤湖内涝开展综合治理的建议》。

【重要活动】

市政协书画联谊会第二次会员大会召开 2017年2月24日,市政协书画联谊会隆重召开第二次会员大会,全市近百名会员参加。市政协副主席梅武林出席会议并作讲话,市政协党组成员黄大明,秘书长洪华出席了大会。省政协教科文卫体委员会副巡视员率部分省政协书画社特聘书画家应邀出席了大会。会议协商通过了新一届市政协书画联谊会组织机构成员名单,选举梅武林为并市政协书画联谊会会长。会后省、市两地书画家开展了书画交流活动。

全省设区市政协提案工作座谈会在武宁县召开 2017年5月25日,全省设区市政协提案工作座谈会在武宁县召开。会议总结交流各设区市在提案办理协商工作中的经验和做法,谋划明年提案工作;对本届省政协提案工作情况,以及下届省政协提案工作提出意见和建议;协商讨论《政协江西省委员会提案办理协商办法(草稿)》。省政协党组副书记、副主席姚亚平出席会议并讲话。市政协主席杨小华致辞。省政协提案委主任杨斌主持座谈会。市政协副主席梅武林出席会议。

市政协机关召开“七一”表彰会 2017年6月30日,市政协机关召开纪念建党96周年暨“七一”表彰大会。会议表彰了2016年度市政协机关先进党支部、优秀共产党员、优秀党务工作者、优秀公务员和先进工作者。市政协主席杨小华出席并讲话。市政协副主席邓君安、梅武林,党组成员黄大明、古小平,秘书长洪华出席会议。

全国政协副主席马培华到九江与民建基层组织代表座谈 2017年10月19日,全国政协副主席、民建中央第一副主席马培华来浔调研，并就加强基层组织建设与九江民建会员进行了座谈。省政协副主席、民建江西省委主委孙菊生，民建江西省委专职副主委赵波陪同调研。市委副书记、市长林彬杨，市政协主席杨小华看望了调研组一行。副市长、民建九江市委主委李军陪同。

【重要文件】

政协第十五届九江市委员会常务委员会工作报告

（2017 年 2 月 8 日在政协第十五届九江市委员会第二次会议上）

杨小华

各位委员、各位同志：

我代表政协第十五届九江市委员会常务委员会，向大会报告工作，请各位委员审议，并请列席会议的同志提出意见。

2016 年工作回顾

2016 年，市政协在中共九江市委的坚强领导下，深入贯彻以习近平同志为核心的党中央治国理政和人民政协工作新理念新思想新战略，牢牢把握团结民主主题，紧紧围绕全市工作大局，认真履行政治协商、民主监督、参政议政职能，积极推进人民政协协商民主实践，为推进九江全面崛起、百姓更加幸福新征程作出了应有的贡献。

一、加强思想引领，巩固共同政治基础。一年来，常委会坚持把加强理论武装、筑牢思想根基摆在首位，加强学习教育，强化宣传引导，增强政治定力，努力增进共识，不断夯实各党派团体和各界人士团结奋斗的共同思想政治基础。

坚持党委领导。坚决维护市委的领导和权威，充分发挥市政协党组的作用，主动把市委的重大决策和工作部署贯彻到市政协的工作中去。年初向市委报告政协工作要点和年度协商计划，经市委批准后认真组织实施；主动向市委、市政府反映委员在政协例会和活动中的意见和建议。按照中央和市委统一部署，在机关党员中认真组织开展“两学一做”学习教育。认真贯彻落实省委政协工作会议和赣发〔2015〕17 号文件精神，根据市委安排，由市政协五位副主席分别带队开展专项督查，对进一步强化党对政协工作的领导、推动全市政协事业发展起到了积极作用。

注重理论武装。通过召开市政协常委会议、领导班子中心组学习会、座谈交流会等形式，深入学习习近平总书记系列重要讲话精神，深刻领会党的十八届六中全会、省十四次党代会和市十一次党代会精神，切实把思想和行动统一到中央和省、市委的决策部署上来，不断增强政治意识、大局意识、核心意识和看齐意识。结合各专委会调研课题，组织委员开展学习，邀请专家学者讲授水生态文明建设等有关知识，进一步拓宽委员知识视野。针对换届后新委员多的实际，组织委员赴全国政协北戴河培训中心集训，并在市委党校举办新任委员培训班，利用界别组、专委会小组活动开展以会代训，不断提高委员懂政协、会协商、善议政的能力和水平。

强化宣传引导。隆重举行中国共产党建党 95 周年纪念活动，引导全体政协委员和各界人士，深刻认识中国特色社会主义制度的优越性，进一步增进政治思想认同。切实改进政协宣传工作，综合运用多种传播形式，全方位、多角度宣传我市政协工作，全年各级新闻媒体刊播宣传市政协工作的稿件 1400 多篇，其中在省《光华时报》等省级及以上媒体用稿 376 篇，进一步提高了社会对政协履职的关注度。突出对委员履职活动的宣传报道，编印出版了《履职竞风流》一书，全面展示十四届市政协优秀委员风采，激励和引导广大委员争做遵纪守法表率、争当践行社会主义核心价值观模范。

二、紧贴中心大局，助推九江全面崛起。一年来，常委会始终把助推九江全面崛起、百姓更加幸福作为履行职能的第一要务，紧扣党委政府工作的重点、经济社会发展的难点、人民群众关注的热点，深入调查研究，认真协商议政，实施民主监督，积极献计出力。

立足全局广泛协商。围绕市委、市政府中心工作，就我市经济社会发展中的重大问题开展协商。在市政协十四届六次和十五届一次会议期间，组织委员通过大会发言、分组讨论等形式，就政府工作报告和其他重要报告进行深入协商，意见建议收集上报后得到市委、市政府重视采纳、及时回复。市政协主席会议、常委会议分别就全市经济社会发展情况、民生工程实施情况、政协提案办理情况、换届委员调整情况、九江县撤县设区工作、党风廉政建设和反腐败工作等议题，听取通报，重点协商，为市委、市政府科学决策提供了建言参考。市政协各专委会注重加强与市直部门对口协商，互相通报情况，提出意见建议。

抓住重点建言资政。去年初，市政协根据市委点题，围绕“服务新工业十年行动，优化企业发展环境”开展专题调研，深入园区企业走访、组织商会代表座谈，考察广东河源、深圳等地，形成的调研报告得到杨伟东书记、林彬杨市长的充分肯定，所提19条建言被全部采纳、综合到市有关文件中。6月份，我们深入考察贵州省贵安新区发展大数据产业的经验，形成的《借鉴贵安新区经验，助推赣江新区发展》考察报告，通过省政协平台转呈上报，得到鹿心社、刘奇、毛伟明等省领导的批示。11月份，为贯彻刘奇省长有关九江港口建设指示精神，我们以“做大做强九江港口经济”为题深入调研，学习借鉴宁波舟山港、芜湖港发展经验，分别向省、市两个层面报告实情、提出建议，积极为省、市党委政府决策提供参考。同时，我们还围绕“浔商浔才回家”“中药材产业发展”“庐山西海管理体制改革”“八里湖新区管理体制改革”“加快我市创建国家历史文化名城”“宗教文化资源开发与利用”等专题，深入调查研究，积极建言献策。

发挥优势民主监督。注重发挥政协民主监督对优化发展环境的积极作用，不断探索和改进民主评议工作，采取意见征集“海选”、主席会议“筛选”、常委会投票“入选”的办法，对市交通局、市行政执法局开展上门见面协商、电视问政质询、委员现场测评等民主评议活动，通过温和而不过激、中肯而有帮助的答疑问政，进一步推动了部门转变作风、提高效能、改进工作。注重加强与市委、市政府及相关单位协商交流，以建议案、视察、督办等形式，推动相关意见建议转化为协商议政成果。注重加强对省市重大决策落实监督，针对省、市新出台“河长制”决策部署，市政协分管领导及有关专委会负责人赴县区动员督导，并配合省政协开展“河长监督行”活动，有力推动了该项工作执行落实。积极组织委员参与政协视察监督、重点提案监督、法庭庭审监督、人事考录监督等监督活动，全年派员参加各类监督活动30余次、庭审听证10余次，为部门工作开展提供了监督保障。

投身一线实干出力。主席会成员坚持“不分一线二线，不分分内分外”，根据市委工作部署，主动融入全市大局，积极参与重大项目招商、九江机场改造、旧城改造等工作，负责挂点帮扶湖口江铜铅锌金属有限公司，经常深入联系点和扶贫村走访调研，帮助困难企业和群众解决实际问题。派员参与县乡换届、园区招商、信访挂职、防汛值班等中心工作，在全市招商引资、“百个部门帮百企”、村建扶贫、综合治理等各项考评中均取得较好成绩，为推动九江全面崛起倾尽所能，形成了“同唱一台戏”的发展合力。

三、坚持履职为民，积极推动民生改善。一年来，常委会牢固树立履职为民理念，坚持把为民服务贯穿于政协履职的全过程，深入体察民情，积极反映民意，始终关注民生，努力为促进社会和谐发挥作用。

视察调研关切民愿。常委会坚持把关注民生、改善民生作为咨政建言的重点，紧扣事关群众切身利益的热点难点问题，开展视察调研，提出意见建议。围绕“上得了学”，组织部分委员到同文中学、市特教学校视察，联合党派开展“老年教育”专题调研，积极为加强师资建设、教育均衡发展鼓与呼。围绕“看得好病”，高度关注中医药产业发展，组织开展“加快发展中药材产业”专题调研，建言被市出台的《九江市中医药健康服务发展规划》采纳；组织委员专题视察本土药企，为开拓中药企业市场、弘扬“杏林文化”探索新路。围绕“吃得放心”，组织委员视察我市食品药品监督管理工作，就加强食药安全工作积极建言献策。围绕“住得舒心”，组织政协委员就小区电梯安全监管、农村垃圾治理、九江水资源保护利用等开展调研，为打造宜居九江积极向市委、市政府陈实情、建真言。

提案信息畅通民意。市政协委员和各参加单位全年共提交提案414件，立案352件，全部办复，对不满意的提案及时要求承办单位重新办理。为推动提案办理工作，专门召开了提案承办单位办理工作座谈会，常委会议听取办理情况通报，坚持党政领导领办督办重点提案制度，对关乎民生的城区停车场建设、规划回民墓地、车辆管理中介服务、城区交通信号灯设置等热点问题提案，专题开展协商办理，促使一批民生问题得到了较好解决。积极反映报送社情民意信息，全年共编发《社情民意信息》21期115条，《社情民意参考》12期95条，被省政协《建言献策》采用15条、全国政协刊用3条，得到了省委书记鹿心社、省长刘奇等省、市领导的重视和批示，为党和政府了解社情民意、化解矛盾纠纷、维护社会稳定发挥了积极作用。

界别活动情暖民心。充分发挥界别作用，健全界别归口管理、界别召集人、界别联络员等制度，制定界别活动方案，并在经费和服务等方面给予保障，各界别组结合实际开展了形式活泼多样、内容丰富多彩的活动，呈现出上下联动、规范有序的良好态势。一年来，全市政协组织和委员共开展抗洪慰问、文艺拥军、捐资助学、送医送药、名师送教、法律服务、文化下乡等惠民活动580余场次，接待群众咨询3600人次，自发捐款1200多万元，带动有关方面投入4800万元，走访慰问困难户678户，帮助590人解决就业，提出意见建议300余条，进一步加深了委员与基层群众的感情，增强了人民群众对政协工作的认同感。

四、着眼凝心聚力，加强团结联谊工作。一年来，常委会坚持把团结和民主贯穿于各项工作中，不断巩固和发展民主团结、生动活泼的政治局面，充分调动政协委员和各界人士的积极性，较好地发挥了政协的整体优势。

团结各界合作共事。不断完善工作机制，搭建协商议政平台，积极为民主党派、工商联、无党派和社会各界人士参政议政、发挥作用创造更好的条件、提供更广的机会。充分尊重和保障民主党派、工商联、无党派等人士在人民政协的各项工作权利，鼓励支持他们利用政协这个平台、通过合理的方式反映工作诉求，提出批评建议。加强界别交流沟通，引导民主党派等界别组织开展形式多样的区域、界别活动和界别联合活动，增进相互之间工作联系。有计划地邀请政协委员和界别群众代表通过列席市政协常委会、政协全会、参加视察调研等,扩大社会各界有序政治参与。认真贯彻落实党和国家的民族宗教政策,切实维护宗教界人士权益,充分发挥信教群众在促进社会和谐中的积极作用。

广泛开展交往联谊。加强与港澳台及海外人士交流,邀请他们出席政协全会,增进对九江的了解和感情,切实保护企业合法权益。派员参加全国24城市政协横向联席会议,配合全国政协、省政协做好来浔履职活动,接待了来九江参观考察的全国各地政协客人73批、650余人次,进一步加强了地区政协间交流与合作。派员参加全国政协书画组织负责人业务交流培训,组织委员艺术家赴景德镇开展创作交流,召开市政协书画联谊会会员大会,充分发挥历届老委员、老同志的作用。

注重工作协同互动。加强对县区政协工作的指导,坚持市政协常委会议等重要会议、重大活动邀请县(市、区)政协主席列席,召开了全市县(市、区)政协工作会议和各专门委员会工作会议,举办了全市政协系统第九届老年门球赛,开展专委会上下对口走访联系,健全完善全市两级政协工作联系机制。坚持以理论创新推动工作创新,理论研究会围绕"基层政协协商民主建设"专题,组成四个调研组进行调研和研讨,编撰了《基层政协协商民主略论》,为政协工作创新提供理论参考。整合市、县区政协文史工作力量,征编出版了《九江革命旧址》一书,同时协助省政协组织征集了《孙中山与江西》《红军长征》和《回族百年实录》等相关史料,及时上报我市历届政协的文史资料和目录,较好地发挥政协文史资料存史资政、团结育人的作用。

五、着力夯实基础,切实加强自身建设。一年来,常委会坚持把加强自身建设作为做好政协工作的重要保障,按照规范有序、务实高效的要求,注重内强素质、外树形象,不断夯实基础、激发活力,着力提升政协工作的科学化水平。

注重抓好政协换届工作。坚持和完善中国共产党领导的多党合作和政治协商制度,认真贯彻落实中央、省、市关于人民政协换届的文件精神,在市委的高度重视和坚强领导下,加强与市委相关部门的协调沟通,依照政协《章程》,充分发扬民主,严格工作程序,做好政协委员和政协常委人选的推荐工作,加强对县(市、区)政协换届工作指导,不断夯实政协组织基础。认真组织召开市政协十五届一次全会,协商产生了新一届市政协常委会及领导班子,圆满完成了政协班子的新老交替和政治交接。

注重发挥委员主体作用。在全体政协委员中开展"争做遵纪守法表率、争当践行社会主义核心价值观模范"活动,推动委员在发挥主体作用中恪守宪法法律、锤炼道德品行。按照"懂政协、会协商、善议政,守纪律、讲规矩、重品行"的要求,新一届市政协及时研究制订了《委员履职管理暂行办法》,从委员履职责任、管理服务、考核激励、权益保障等方面进一步规范明确,真正做到用事业凝聚委员、用实践感召委员、用机制激励委员。建立网上委员信息管理平台,主动做好联络服务工作,坚持经常性走访委员制度,帮助协调解决问题。坚持委员年度履职考核评价,充分运用委员履职考核成果,去年换届时有30%的优秀委员留任。

注重夯实基层政协组织。深入县(市、区)政协调研走访,加强对基层政协工作的联系和指导。全面贯彻落实省、市委政协工作会议精神,以县乡班子换届为契机,推动全市各乡镇(街道)设立政协联络组(处),联络组(处)组长(主任)按正科配备到位,进一步拓宽了政协工作领域,健全了政协基层工作基础。各县区政协创新履职卓有成效,各项工作亮点纷呈。

注重加强政协机关建设。扎实开展“两学一做”学习教育活动,加强机关党的建设和作风建设,重视政协机关党委和支部换届工作,选送机关干部参加全国政协、市委党校和有关部门组织的各类培训,着力提升机关干部的党性观念、大局意识和服务水平。以创建“四型”机关为抓手,着力完善机关各项规章制度,严格执行“八项规定”,机关工作更加严谨高效、规范有序。重视和做好市政协机关党建、工会、老干部工作,切实加强组织协调和服务保障。注重强化专委会建设,发挥专委会在联系界别、开展调研、组织活动、督办提案等履职中的基础作用。

各位委员、各位同志,过去一年市政协所取得的成绩,是中共九江市委正确领导的结果,是市人大、市政府和有关部门大力支持的结果,是政协各参加单位、全体政协委员团结协作、共识共为的结果。在此,我代表市十五届政协常委会,向全体委员,向所有关心支持政协工作的各位领导、同志们和朋友们,致以崇高的敬意和衷心的感谢!

同时也要清醒地看到,我们的工作还存在一些问题和不足,主要是:重大事项协商工作程序还有待进一步规范,政协委员履职整体水平还有待进一步提高,委员主体作用发挥还有待进一步加强,提案办理工作机制还有待进一步完善等。这些都需要我们在今后的工作中认真加以改进、不断总结提高。

2017 年工作安排

2017 年是十五届市政协全面履职的第一年,也是全面贯彻落实市第十一次党代会精神的开局之年。新的一年里,市政协工作的指导思想是:在中共九江市委的领导下,高举中国特色社会主义伟大旗帜,深入贯彻以习近平同志为核心的党中央治国理政新理念新思想新战略,全面落实市第十一次党代会精神,按照中央和省委、市委有关加强人民政协工作的要求,把推动全面崛起作为第一要务,把促进社会和谐作为第一责任,认真履行政治协商、民主监督、参政议政职能,充分发挥人民政协协商民主重要渠道作用,为加快实现九江全面崛起、百姓更加幸福作出积极贡献,以优异的履职成效迎接党的十九大胜利召开!重点做好以下五个方面的工作:

一、以加强思想建设为抓手,努力在增进政治共识上下功夫。

二、以建设五大九江为重点,努力在服务全面崛起上献良策。

三、以促进民生改善为己任,努力在维护社会和谐上见实效。

四、以协调各方关系为手段,努力在实现广泛团结上谋作为。

五、以提升履职效能为核心,努力在加强自身建设上求突破。

【组织概况】

政协第十五届九江市委员会
主席、副主席、秘书长、副秘书长、常务委员、委员名单

主　席:杨小华

副主席:邓君安　徐红梅(女)
吴秋红(女)　王丰鹏
吴锋刚　梅武林
严　平

秘书长:洪　华

副秘书长:李烈勇
胡　帆(2017 年 6 月 28 日起不再担任)
余德义　查友生

常务委员

万　强　马庆友　王　虹(女)
王　勇　王小琴(女)　王永红(女)

王志勋(2017 年 6 月 28 日起不再担任)
王春娥(女) 支园平 巴惠萍(女)
邓丽华(女) 左北平 叶恕兵
冯小平 朱朝霞(女) 江期论
严永敏 李平球 李烈勇
杨 帆 吴小京 吴杨柳
邱黎明(女) 余玲玲(女) 余响玲(女)
汪建荣(女) 汪登保 张水兰(女)
张志超 陈 林 陈 钢
陈世勇 陈保平
陈新建(2017 年 12 月 14 日起不再担任)
欧阳存凤 欧阳庆雯(女) 金理清
周光灿 周杏连(女) 周明学
周腊秀(女) 庞 瑞 郑 瑶(女)
赵 为 赵 追 胡 迪
桂白丽(女) 涂卫文 陶 锋(女)
陶璐璐(女)
黄景彪(2017 年 12 月 14 日起不再担任)
曹勇前 章海香(女)
彭 报(2017 年 12 月 14 日起不再担任)
释纯闻 释普钰 谢少轮
楼柏木 赖万寿 谭国强
熊六政
熊茶珍(女,2017 年 12 月 14 日起不再担任)
颜小平 潘 明 潘 浔
潘昭明

委 员

中国共产党九江市委员会

王 健 王丰鹏 王永宏
邓君安 付五七 李烈勇
杨小华 吴秋红(女) 余响玲(女)
汪海洋 张文丽(女) 陈 钢
洪 华 耿德根 徐红梅(女)
曹忠彭 曹俊良 曹勇前
彭 报 程益琴(女)

中国国民党革命委员会九江市委员会

万慧霖 左北平 田立云
冯家栋 李忠华 余鸿斌
汪建荣(女) 沈志远 张水兰(女)
陈 慧(女) 陈爱林 赵小川(女)
徐 萍(女) 郭青云 梅武林
燕冬生

中国民主同盟九江市委员会

王先进 王宏松 王贤淼
王贵菊(女) 刘丹锋 江期论
严 平 李定强 汪文丰
沈晓霞(女) 张志超 陈荣霞(女)
陈慧君(女) 胡 勤(女) 梅龙宝
曾玉梅(女) 燕 青 魏晓宏

中国民主建国会九江市委员会

王 勇 代大发 刘 强
刘克东 李庐英(女) 罗义超
金玲玲(女) 周腊秀(女) 胡 迪
秦永红(女) 徐 杰 徐爱林(女)
高 荃(女) 谭振柳

中国民主促进会九江市委员会

王小琴(女) 冯水秦 匡 慧(女)
朱少芬(女) 刘 斌 邹曙光
陈立新 陈保平 周明学
彭 璇(女) 童丰生

中国农工民主党九江市委员会

马浪峰 王 虹(女) 王巧云(女)
支园平 毛克明 平祥华
付必惠(女) 朱伟鹏 刘 霞(女)
陈尚健 欧阳庆雯(女) 宗艳霞(女)
钱振华 郭三仁 唐平钧
董向阳 谢志春

九三学社九江市委员会

王菁菁(女) 卢大美 李 江
李文斌(女) 周杏连(女) 梅建平
曹 敏(女) 傅晓文(女) 熊六政
颜小平 颜士平

无党派人士

丁 丁 丁铭彬 叶德林
司马廷增 刘衍铭 江 波
李 萍(女) 杨 文 吴 锴
吴锋刚 余伟胜 张 巍
周 俊 高浦新 龚前峰

解传信

中国共产主义青年团九江市委员会

王　晨　田　瑛(女)　杨　帆
陈石宝　周　昊　夏卢琴(女)

九江市总工会

万　强　付君山　刘和平
汤清珍(女)　孙雯萍(女)　吴建忠
冷怀虚　黄崇喜　龚高扬
程焕新　赖万寿

九江市妇女联合会

尹小兰(女)　刘　薇(女)　江香臻(女)
吴梦园(女)　邱黎明(女)　张慧敏(女)
周　慧(女)　陶璐璐(女)　萧　琴(女)
曹玲玲(女)　彭　虹(女)

九江市青年联合会

王红伟　杨　帆(女)　张恒颖
陈尚法　周利兵　傅莹莹(女)

九江市工商业联合会

马庆友　王志勋　邓志彬
叶恕兵　冯小平　匡省平
朱留洪　李平球　李鸿生
杨海斌　吴杨柳　吴尊评
邹春燕(女)　汪　琦　陈　林
陈小平　陈世勇　陈国方
孟庆尚　赵　为　柯愫君(女)
查育知(女)　郤正平　高永平
曹根蓉(女)　楼柏木　潘希勇
潘新华

九江市科学技术协会

万良红　田新刚　朱朝霞(女)
李铁斌　杨腊枝(女)　陈小荣
林　惠　欧阳君　周光灿
胡　帆　黄良富　詹选怀

九江市台湾同胞联谊会

叶志明　汤华炬　肖　祎
冷新启　屈周喜　桂白丽(女)
徐跃珍(女)　谭国强　翟福生
熊春林

九江市归国华侨联合会

卢　翔　朱建乐　吴经伟
张松波　胡朝阳　唐甲生
陶　锋(女)　章海香(女)　舒瑞鹏
曾瑞春(女)

文化艺术界

李和平　吴小京　余玲玲(女)
汪登保　宋跃林　陆建珠(女)
陈新建　洪康民　袁庐明
桂相文　高　平(女)　戴和君

科学技术界

丁际文　王定华　王春娥(女)
匡金葆　朱　杰　杨东宇
吴　鑫　吴秋平　陈齐炼
陈新杰　尚德伟　易　斌
赵　追　姚煜国　徐卫文
高院安　章利文　梁秋鸿
程向阳　管炳良　谭　安

社会科学界

王永红(女)　王辉明　吴　俊
余著明　汪志刚　宋　琪
胡　吉　钟　玲(女)　钟好立
聂道勇　徐　飞　曹开越
简　武　戴海平

经济界

王晓新　方群飞　田理心
朱金花(女)　朱金福　刘　健
刘永鸿(女)　李　强　肖　剑
吴森林　沈庆山　张建成
张海林　陈万波　郑　伟
宗道琴　洪义峰　殷望梅(女)
高修庭　郭　雯(女)　龚　明
彭慧娟(女)　程　晓　温亚涌
谢建国　蔡建华　缪圣勇
潘　明

农业界

王传根　邓丽华(女)　卢建军
刘益华　李　青　吴春锋(女)
张　铭　陈小云　柯江志
袁兴伟　徐　辉　阎　军

彭习华　詹俊勇　戴宣共

教育界

丁忠锋　万金陵　王万山
王春平　文　君(女)　申平丽(女)
刘业英(女)　刘南平　李照荣(女)
杨晓寒　宋　汶(女)　陈　春(女)
陈修民　林火平　罗江龙
周丽华(女)　滇魁元　熊茶珍(女)
樊　仁　潘　浔

体育界

严永敏　胡雅芳(女)　钟明华
黄汉国　蔡　骥

新闻出版界

石　峰　宋小勇　陈　苹(女)
胡　苇(女)　胡夏冰(女)　梅　霞(女)

医药卫生界

丁喜春(女)　王庆军　毛小红(女)
占　领　朱文华　危连喜
李广欣　李辉成　沈银元
张挺挺　周泽甫　郑　瑶(女)
屈新云(女)　桑明辉　赖学锋
樊友志　樊江波

社会福利和社会保障界

王　娟(女)　刘　芸　陈健斌
晏　英(女)　曹光东

少数民族界

马　骅(女,回族)　王洪伟(回族)
王理天(女,满族)　吴　婷(女,回族)
陈　健(回族)　周文蓓(女,回族)
郑恩日(朝鲜族)　曹慧华(女,侗族)
雷志清(畲族)　潘昭明(回族)

宗教界

金理清　庞　瑞　徐臣金
黄景彪　释纯闻　释普钰
释德亮　曾建华　谢少轮

特别邀请人士

丁科人　马　亮　王　梓
王仁华　王建新　巴惠萍(女)
艾　兵　朱必香(女)　刘　凯
刘共智　江　彪　江昌英
孙　晖　阳振荣　李文豪
李建华　杨　剑　杨小林
杨念平　杨泽旗　吴炜峰
吴爱龙　况泉水　汪玉贵
沈天华　张小军　张守金
张国安　张金水　陈　立
陈冬梅(女)　范初芳　林　平
欧阳存凤　周洪文　赵斌国
胡定文　柯美林　查代藩
费从军　贺观群　袁汝明
顾　峰　徐春霞(女)　殷毓任
陶　晔(女)　曹英华(女)　淦作乾
鲍运军　熊运锋

注:1. 王志勋、殷毓任 2017 年 6 月 28 日起不再担任;2. 彭报、陈新建、黄景彪、熊茶珍、郭雯、耿德根、曹光东、阳振荣、林平、鲍运军、刘凯、胡帆、释德亮 2017 年 12 月 14 日起不再担任;3. 邵丹波、朱宁、陈世超、冷军、高茂木、罗竹青、彭雅平、姜蔚、程兆荣、陈蓓、虞莉清、吴登丰、廖光辉 2017 年 12 月 14 日增补为委员。

【大事记】

1 月

4 日　主席杨小华到湖北黄梅妙乐寺看望慰问释妙乐长老和释演总法师。

5 日　市政协召开十五届一次常委会议。

6 日　主席杨小华深入湖口县舜德乡走访慰问困难群众。市政协秘书长洪华陪同。副主席徐红梅赴瑞昌市开展界别走访调研活动。

24 日　副主席、民革九江市委会主委梅武林走访慰问市直民革老领导、老党员,为他们送去慰问金和新春祝福。

2 月

3 日 主席杨小华在湖口召开政企茶叙会，秘书长洪华陪同。

4 日 副主席邓君安、吴锋刚到修水召开“降低企业成本、优化发展环境”政企茶叙会。

7 日至 10 日 中国人民政治协商会议第十五届九江市委员会第二次会议在市文化艺术中心举行。市政协主席杨小华，副主席邓君安、徐红梅、吴秋红、王丰鹏、吴锋刚、梅武林、严平，秘书长洪华出席会议。

9 日 市政协召开十五届二次常委会议。

21 日至 22 日 河南省信阳市政协副主席曹新生、霍勇率专题调研组来浔调研教育资源整合工作。副主席梅武林陪同。

召开提案立案审查联席会议暨提案委员会第二次会议，副主席梅武林出席会议。

22 日 副主席吴锋刚到庐山市开展“推动我市特色小镇示范建设”调研。

3 月

2 日至 10 日 主席杨小华带队开展全市工业园区环境保护工作专题视察。

市政府组织召开 2017 年政府工作报告工作任务和市人大代表建议市政协提案联合交办会。副主席梅武林出席会议。

17 日 市政协召开十五届二次主席会议。

21 日 省政协副主席陈俊卿开展庐山市经营管理体制改革情况及庐山疗养院划归问题调研。

23 日 主席杨小华深入湖口县督办县级领导包案化解突出信访问题工作。

28 日 市政协召开十五届三次常委会议。

召开机关党员大会。主席杨小华，副主席吴秋红、秘书长洪华参加会议。

29 日至 31 日 市政协“全面两孩”政策后产科儿科医疗资源紧缺问题专题调研组赴部分县区进行调研。副主席严平、秘书长洪华参加调研。

4 月

5 日 联合市政府新闻办举行 2017 年度民主评议工作新闻发布会，秘书长洪华出席会议。

6 日至 7 日 省政协副主席郑小燕率调研组来我市就“依法建立农民工工资保障机制”开展调研。主席杨小华、副主席吴秋红陪同。

10 日至 20 日 副主席吴秋红带领专题调研组赴修水县、永修县、彭泽县就“我市重大惠农民生资金落实情况”进行实地调研。

13 日至 14 日 副主席邓君安赴修水县对该县部分重大项目进展情况进行实地调研和督查。

25 日 主席杨小华到湖口县舜德乡舜德村走访建档立卡贫困户，调研精准扶贫工作。

26 日 主席杨小华在湖口县主持召开政企茶叙会。

5 月

3 日至 4 日 省政协专题调研组来九江开展“推进城乡环卫一体化工作体系建设”专题调研，市政协主席杨小华、市政府副市长赵伟、市政协副主席邓君安陪同调研。

4 日 全国政协常委、省政协副主席、农工党江西省委会主委郑小燕率农工党江西省委会来到修水，开展脱贫攻坚民主监督调研。

12日 全国政协常委、江西省政协副主席、农工党江西省委会主委郑小燕赴武宁县对农工党员开展“创业创新”实践进行实地调研。

13日 副主席严平带领部分政协委员开展职业教育校企合作专题视察活动。

17日 副主席邓君安到帮扶贫困村修水县路口乡柏林村进行精准扶贫调研。

17日至18日 主席杨小华到彭泽县、湖口县开展“新工业十年行动暨重大项目落实年”专项视察。党组成员黄大明、秘书长洪华参加活动。

22日 陕西省安康市政协副主席孟平率教育考察团来九江就义务教育均衡发展进行调研。副主席严平陪同。

23日 省政协副主席汤建人率省政协调研组来浔，就“社区文化建设”进行专题调研并举行座谈会。主席杨小华、副主席严平陪同调研。

26日至27日 省政协副主席、九三学社省委会主委李华栋率省政协调研组赴瑞昌市，就“大力推进我省大遗址保护和利用工作”开展专题调研。主席杨小华、副主席王丰鹏陪同。

6月

1日 省政协副主席汤建人深入永修县走访慰问在校师生，代表省委、省政府及省政协，向这里的孩子们送上节日祝福。省教育厅副厅长杨慧文，副主席严平陪同走访。

6日 召开“两学一做”学习教育常态化制度化动员部署会。主席杨小华、副主席梅武林，秘书长洪华参加会议。

6日至7日 贵阳市政协主席王保建一行9人来浔考察我市生态文明建设情况，主席杨小华、副主席严平、秘书长洪华陪同考察。

9日 副主席梅武林到浔阳区和九江经开区，围绕新工业十年行动暨重大项目落实年开展专题视察。

12日至13日 副主席严平带领市政协专题视察组，分别对九江县、瑞昌市重大工业、民生项目推进落实情况开展专题视察。

20日 市政协召开十五届三次主席会议。

24日 主席杨小华深入湖口县检查指导防汛工作，副主席严平陪同。

28日 市政协召开十五届四次常委会议。

29日 主席杨小华率“重大项目落实年”联合督查组赴湖口县，对上半年重大项目建设情况进行实地督查。

29日至30日 副主席徐红梅到共青城市、湖口县、九江经济技术开发区等地开展“尽快建立‘僵尸企业’和困境企业处置机制”专题调研。

30日 市政协机关召开纪念建党96周年暨“七一”表彰大会。主席杨小华，副主席邓君安、梅武林，党组成员黄大明、古小平，秘书长洪华出席会议。

7月

2日 副主席邓君安到修水县指导洪灾灾后重建工作。

4日 秘书长洪华深入共青城市工业园的江西腾翔科技有限公司，开展联系帮扶企业走访调研活动。

11日 主席杨小华率市政协专题调研组赴南昌市参加省政协组织开展的“‘全面两孩’政策后产科、儿科医疗资源紧缺问题”南昌市情况专项视察及专题协商会。副主席严平、秘书长洪华参加调研。

20日 市政协书画联谊会组织部分书画家赴永修县开展“翰墨丹青·魅力九江”书画交流活动。副主席梅武林、秘书长洪华参加。

21 日 在市政协机关会议室举行“书法修养与欣赏”主题讲座。副主席梅武林、秘书长洪华出席。

24 日 主席杨小华率市政协专题视察组,集中视察庐山旅游项目建设情况。副主席邓君安、王丰鹏、梅武林、严平,秘书长洪华参加。

28 日 2017 年二季度全市政协宣传和社情民意信息工作调度会在永修县召开。秘书长洪华出席会议。

31 日 市政协编辑出版《人民军队与九江》。

8 月

1 日 开展重点提案督办及旅游类提案协商办理专题视察活动。副主席梅武林参加活动。

4 日 召开全体干部职工学习会,认真学习贯彻习近平总书记在省部级干部专题研讨班上的重要讲话精神。主席杨小华出席,秘书长洪华主持会议。

13 日至 16 日 副主席邓君安率“重大项目落实年”督查组第五组赴庐山西海、武宁县、修水县对上半年重大项目建设、招商引资、项目入统等情况进行督查。

14 日 举行中心组学习会,认真学习贯彻习近平总书记省部级主要领导干部专题研讨班上的重要讲话精神。主席杨小华主持会议并讲话,副主席邓君安、徐红梅、吴秋红、王丰鹏、梅武林、严平,党组成员黄大明、古小平,秘书长洪华参加。

25 日至 26 日 省政协副主席刘晓庄带队,就“加强宗教文化研究与利用”来我市进行专题调研。主席杨小华,市委常委、庐山管理局党委书记、庐山市委书记杨健,市政府副市长彭敏,市政协副主席邓君安,分别陪同视察或出席座谈会。

9 月

6 日 副主席严平带队开展食品安全工作专题调研,并组织召开食品安全工作专题研讨座谈会。

7 日至 8 日 全市县(市、区)政协工作第二次会议在瑞昌市召开,主席杨小华出席会议并讲话。副主席徐红梅、秘书长洪华出席会议。

12 日 市政协召开十五届四次主席会议。

13 日 副主席王丰鹏带领市政协专题调研组深入浔阳区,就“实施中心城区历史文化街区改造,展现老九江韵味”开展专题视察。

16 日 省政协副主席陈俊卿率调研组来我市调研县域经济发展情况。市人大常委会副主任、市委秘书长周美祥,副主席梅武林、严平看望或陪同调研。

16 日至 18 日 主席杨小华,党组成员、理论研究会会长朱汉浩,应邀参加了全国政协在广西南宁市召开的“党的十八大以来人民政协的创新实践”理论研讨会。

19 日至 20 日 主席杨小华带队,专程赴贵州省安顺市考察招商,实地考察相关企业、进行广泛交流。党组成员朱汉浩陪同考察。

26 日 市政协召开十五届五次常委会议。

市政协在挂点扶贫村湖口县舜德乡舜德村开展扶贫政策宣讲暨“送戏下乡 · 文化扶贫”专场演出活动。秘书长洪华出席。

26 日至 28 日 副主席邓君安带领专题调研组,赴武宁、彭泽两县开展“气象灾害监测预警与信息发布工作情况”的专题调研。

27 日 山东省淄博市政协党组副书记、副主席刘东军一行,来我市学习考察

“提案内容公开及提案信息化建议”方面的经验，副主席梅武林陪同。

10 月

12 日 举办全市外向型企业政策宣讲会。副主席徐红梅主持宣讲会，秘书长洪华出席。

12 日至 13 日 全市政协系统乒乓球比赛在浔阳区体育中心举行，副主席梅武林、秘书长洪华出席并颁奖。

13 日 省政协副主席郑小燕组织省政协委员到德安县开展委员日活动，赴德安县车桥镇实地考察德安县车桥镇义门陈文化保护与开发项目。主席杨小华陪同。

16 日至 17 日 主席杨小华带领督查组到湖口县督查社会稳定工作。

18 日 中国共产党第十九次全国代表大会隆重开幕，组织机关全体干部职工、广大政协委员收听收看大会开幕式。

19 日 全国政协副主席、民建中央第一副主席马培华来浔调研，并就加强基层组织建设与九江民建会员进行了座谈。

19 日至 20 日 副主席梅武林率队走访部分市政协委员。

25 日 全国政协常委、省政协副主席、民盟省委会主委、省社会主义学院院长刘晓庄应邀以“民主监督——跳出历史周期律”为题作了专题讲座。市委常委、统战部部长廖奇志主持，副主席、民盟市委会主委严平出席。

27 日 副主席梅武林赴市公安局水上分局对口精准扶贫村——都昌县万户镇新屋村参加“九九重阳、金秋助学活动”。

11 月

7 日至 8 日 省政协副主席孙菊生带领调研组一行来我市就“加快我省国家生态文明试验区建设”专题开展调研。市委副书记、市长林彬杨，市政协主席杨小华先后陪同，市领导杨健、邓君安分别陪同。

8 日 市政协召开十五届六次常委会议。

14 日至 15 日 内蒙古自治区政协副主席王中和一行来我市，就“因病返贫对策”开展专题调研。主席杨小华、副主席严平陪同。

15 日 主席杨小华率调研组前往柴桑区、九江经开区，调研重点项目进展情况。

20 日至 21 日 副主席邓君安带领专题调研组，对我市 5 个中心城区城市管理和城乡环境卫生状况开展专题调研。

21 日 市政协召开十五届五次主席会议。

22 日 召开全市政协宣传暨 2018 年度政协报刊征订工作会议。副主席梅武林出席，秘书长洪华主持会议。

22 日至 24 日 陕西省咸阳市政协副主席邵建珍一行 9 人来我市考察历史文化挖掘和弘扬情况。副主席、共青市委书记王丰鹏陪同。

12 月

4 日 市委常委、市政府副市长赵兵率《政府工作报告（征求意见稿）》起草组向市政协征求意见。主席杨小华，副主席邓君安、王丰鹏、梅武林，秘书长洪华出席。

12 日 市政协召开十五届六次主席会议。

14 日 市政协召开十五届七次常委会议。

（王震宇 编写　洪华 审稿）

政协景德镇市委员会

【全体委员会议】

十三届二次会议 中国人民政治协商会议景德镇市第十三届委员会第二次会议于1月8日上午至1月10日下午在紫晶会堂隆重召开。开幕式由市政协主席黄康明主持。有关方面同志列席了大会。市党政军领导、在景的全国政协委员、省政协常委、市法检两院领导、老同志代表、部分院所高校及地级企业代表也应邀到会。政协景德镇市第十三届委员会现有委员282人，出席会议的有265人，符合政协章程规定。张景根同志受市政协十三届常委会的委托向大会作工作报告，市政协副主席李金有代表常委会作了市政协十三届一次会议以来提案工作情况的报告。委员们进行了大会发言。市委书记钟志生代表中共景德镇市委作了重要讲话。闭幕式由市政协副主席张景根主持。会议审议通过了政协景德镇市十三届委员会第二次会议决议；通过了政协景德镇市第十三届委员会第二次会议提案审查情况报告；市政协主席黄康明做了总结讲话。

【常务委员会会议】

第三次会议 1月10日上午，市政协召开十三届三次常委会议。会议听取了市政协十三届二次会议各讨论组分组讨论的情况汇报；会议审议通过了市政协十三届二次会议决议（草案）和市政协十三届二次会议关于提案审查情况的报告（草案），并决定提请市政协十三届二次会议第二次全体会议通过。

第四次会议 3月16日，市政协召开十三届四次常委会议。会议传达学习了全国政协十二届五次会议精神；审议通过了《市政协常委会2017年工作要点（草案）》；审议通过了《2017年度市政协协商工作计划（草案）》。

第五次会议 7月5日上午，市政协召开十三届五次常委会议，市委常委、常务副市长刘锋应邀出席会议。会议学习贯彻《中共中央办公厅印发〈关于加强和改进人民政协民主监督工作意见〉的通知》和《中共江西省委关于加强和改进人民政协民主监督工作的实施意见》精神，围绕“推进全市城乡环境大整治”开展专题协商议政。

第六次会议 10月13日上午，市政协召开十三届六次常委会议，市政府副市长刘朝阳应邀出席会议。会议围绕“加快推进航空小镇建设”开展专题协商。会上，张景根就《关于加快推进航空小镇建设的建议案（草案）》作了起草情况说明；四位市政协常委围绕“加快推进航空小镇建设”作了专题发言。常委们对《关于加快推进航空小镇建设的建议案（草案）》进行了热烈讨论，与应邀到会的市直单位有关负责同志开展了面对面协商，共同探讨我市航空小镇当前的发展瓶颈与未来的发展方向，提出了许多意见建议，并协商通过了《关于加快推进航空小镇建设的建议案》。

第七次会议 11月10日，市政协召开十三届七次常委会议。会议专题传达学习了党的十九大精神，市政协党组书记、主席黄康明对党的十九大精神进行了宣讲和解读。会议审议通过有关人事事项。接受牛子文同志因工作调动原因辞去政协景德镇市第十三届委员会常务委员、委员职务的请辞；同意增补万长寿、黄野等2名同志为政协景德镇市第十三届委员会委员；同意增补黄野同志为政协景德镇市第十三届委员会常务委员候选人并提请政协景德镇市第十三届委员会第三次全体会议选举。会议审议通过万长寿同志任市政协提案委员会主任；金志敏同志因年龄原因不再担任市政协经济委员会副主任职务。会议还对浮梁县、昌江区、市公安局、市瓷发局、市教育局等有关单位市政协十三届一次、二次全体会议以来的提案办理工作进行了民主评议。

第八次会议 12 月 26 日上午,市政协召开十三届八次常委会议。会议决定,政协景德镇市第十三届委员会第三次会议于2018 年 1 月 6 日至 9 日召开。会议分别听取了市委、市政府办公室关于市政协十三届一次、二次会议以来提案办理情况的通报;通过了有关人事事项,同意增补万长寿同志为市政协十三届委员会常务委员候选人并提请市政协十三届三次会议选举;审议通过了《关于召开政协景德镇市第十三届委员会第三次会议的决定(草案)》;审议通过了政协景德镇市第十三届委员会第三次会议议程(草案)、日程(草案);审议并原则通过了《政协景德镇市第十三届委员会常务委员会工作报告(审议稿)》和《政协景德镇市第十三届委员会关于十三届一次、二次会议以来提案工作情况的报告(审议稿)》,同意将这两个报告提交市政协十三届三次会议审议;审议通过了政协景德镇市第十三届委员会各委办 2017 年工作总结与 2018 年工作建议(书面)。

【专门委员会工作】

提案委员会 主要工作:十三届一次、二次会议共收到委员提案 228 件(其中一次会议 131 件,二次会议 97 件)。经提案委员会审查,立案 215 件(其中一次会议 124 件,二次会议 91 件),作为来信处理 2 件,另有 11 件提案未达立案标准,经与提案者沟通后未予立案。在立案的提案中,委员个人提案 90 件,联名提案 111 件,各民主党派市委会和市工商联提案 14 件,提出提案的委员共计 832 人次。其中,有关经济建设方面的 43 件,占立案总数的 20%;有关政治建设方面的 8 件,占立案总数的 3.7%;有关文化建设方面的 21 件,占立案总数的 9.8%;有关社会建设方面的 136 件,占立案总数的 63.2%;有关生态建设方面的 7 件,占立案总数的 3.3%。

经济委员会 主要工作:3 月份,为加深委员对城市规划的了解,我委及港澳台侨和外事委组织部分市政协常委、委员在市政协主席黄康明、副主席张景根、王国华、孙庚九的带领下就城市规划工作进行了视察,实地察看了“航空小镇”、戴家弄延伸项目、高铁站前广场、地下综合管廊,并召开座谈会,就我市城市规划工作及优化完善城市空间布局工作提出了具体意见建议。5 月,组织开展“推进城乡公交一体化建设”专题协商。形成了《关于推进城乡公交一体化建设的调研报告》,提出了六个方面具体的意见和建议,供市委、市政府决策参考,并被采纳。8 月,组织部分市政协常委、委员、专家组成员就“加快推进航空小镇建设”开展了前期调研,形成了调研报告。10 月 11 日市政协主席会议成员、部分常委和委员又进行专题视察和座谈协商,对视察和调研情况进行分析梳理、多方协商、听取各方建设性的意见和建议,并在市政协常委会上进行讨论,达成了共识,形成了《建议案》,提出了 10 条具体建议,供市委、市政府决策参考,并被采纳。

教科文卫体委员会 主要工作:3 月,张学锋副主席率教科文卫体委走访调研市老年大学。3 月,黄康明主席、张学锋副主席带领科教文卫体委先后到景德镇陶瓷大学、景德镇学院、江西陶瓷工艺美术职业技术学院调研,就整合优化我市高等教育资源与各高校主要领导座谈交流。4 月,在张学锋副主席的带领下,组织委员对城市东片区的景德镇陶瓷大学科技学院、景德镇一中、江西陶瓷工艺美术职业技术学院以及江西省陶瓷研究所进行了环境整治视察;5月,组织部分委员就“严控抗生素滥用,别让‘治病’成‘致病’”开展了对口协商,对我市第一人民医院、昌江医院、珠山区社区卫生服务中心进行了视察,并召开了协商座谈会,听取了市卫计委、相关医院负责人对我市抗生素使用情况的介绍,委员们对今后如何进一步加强抗生素的监管提出了建议。

社会法制和民族宗教委员会 主要工作:6月中旬,我委组织部分常委、委员先后察看了广场北路垃圾中转站、景北大桥段环境整治和生态修复、陶新家园西区工地、景德镇市生活垃圾焚烧发电厂,随后召开座谈会,听取了市城市管理执法局、珠山区政府负责人关于开展环境大整治情况的汇报,以进一步收集各方面的意见和建议,形成了《市政协环境卫生大整治视察调研情况汇报》;11月,组织部分政协常委和委员开展了一次宗教工作专题视察;下半年,组织开展了“贯彻落实精准扶贫政策”专题调研活动;按照省政协的部署要求,围绕“做好我省民间信仰工作情况”专题调研,在市政协副主席王国华的带领下,以乐平市为试点,开展了民间信仰工作情况的调研,形成了《关于景德镇市民间信仰工作的调研报告》。

港澳台侨和外事委员会 主要工作:3月份,按照省政协的统一部署,开展了“充分发挥瓷博会品牌影响力”专题调研,形成了《发挥特色优势,努力把瓷博会打造成我市对外开放新名片》专题调研报告;会同市规划局、市房管局深入珠山区、昌江区、相关职能管理部门、物业管理典型性居民小区和外地部分物业管理先进城市(安庆、芜湖、黄山)开展调研。形成了《关于全面提升小区物业管理水平调研情况的报告》,提出了健全完善法规政策和制度保障机制、完善物业监督管理工作机制、进一步明确各部门职责、积极推进老旧小区物业管理和加大对物业行业发展扶持力度等9条具体意见。

人口资源环境委员会 主要工作:2至4月,围绕如何打造好“昌江百里风光带”这一专题,组织开展了对昌江河沿线部分河段的实地考察,先后走访了市有关部门和沿河段居民,召开了专题座谈会。6月底组织了对市城市森林公园建设的专题调研。7月底,组织委员并邀请市林业部门专业人员就“城市双修”与林业生态保护专题赴云南、广西等地进行实地考察调研,形成了《扎实做好“城市双修”工作,助推与世界对话城市建设》的调研报告。报告汲取了昆明、玉溪、桂林市开展“城市双修”工作的经验做法,对如何做好我市“城市双修”工作提出了11条具体建议。11月中旬组织委员到乐平市、浮梁县、昌江区就“努力打造美丽幸福乡村”开展专题调研协商活动。

文史和学习委员会 主要工作:学习借鉴市“东郊学堂”的成功经验,并与唐英学社正式建立协作关系,授权唐英学社进行“大讲堂”开课运作事宜,由其邀请国内外知名专家学者开展讲学交流活动,以进一步增强“大讲堂”的吸引力和影响力;由中国文史出版社出版发行了两期《景德镇文化研究》丛刊,目前第三期正在整理编辑;4月中旬,由省政协副主席李华栋带队一行,就“古村落保护和开发利用工作”课题来我市进行专题调研,并在瑶里召开了一次专题座谈会。5月底,组织召开了一次全市县(市、区)政协文史工作座谈会,一起探讨如何挖掘和保护千年瓷都历史文化,组织开展一些本土珍贵史料的抢救工作。

【重要活动】

市政协帮助结对社区开展环境大整治

为响应市委市政府城乡环境大整治号召,进一步开展好“环境大整治·党员干在前”

主题党日活动，为全市城乡环境大整治贡献力量。3月3日上午，市政协机关党支部组织十余名党员干部深入挂点帮扶的珠山区新村街道茶叶坞社区进行义务劳动与卫生整治。

黄康明走访园区部分高技术陶瓷企业 3月6日，市政协主席黄康明到市高新区、陶瓷工业园区部分高技术陶瓷企业进行实地走访，市政协副主席顾幸勇、市政协副秘书长、市瓷局相关人员陪同走访。为甄选一批具有代表性的高技术陶瓷备展5月底在北京举办的景德镇陶瓷文化展，黄康明一行先后到江西高环陶瓷科技有限公司、百特威尔新材料有限公司、晶达新材料有限公司、和川粉体技术有限公司等高技术陶瓷企业，认真察看了企业的研发及生产现场，甄选了一批高技术陶瓷产品。同时，了解了企业生产经营状况，以及有关科技人才引进、重大科技项目、产学研合作、科技成果转化等工作情况及需求。

全国政协副主席刘晓峰来景调研 4月9日至10日，全国政协副主席、农工党中央常务副主席刘晓峰一行来我市视察调研，省政协副主席、农工党江西省委会主委郑小燕，农工党江西省委会专职副主委涂建随同调研。市委书记钟志生，市委副书记、市长梅亦，市政协主席黄康明，市委常委、市委秘书长吴隽，市政协副主席王国华，市政协秘书长宋建明等陪同调研。刘晓峰一行先后来到高岭国家矿山公园、东埠古村、汪胡国家森林公园和瑶里古镇，就我市自然生态资源保护及弘扬陶瓷历史文化等方面的问题进行调研。在视察调研中，刘晓峰对我市在自然生态资源与陶瓷历史文化方面所取得的成绩给予了充分肯定。

《“国之瑰宝”——中国景德镇陶瓷文化展》在京开展 6月5日，由江西省政协指导，中国政协文史馆、景德镇市政协主办的《“国之瑰宝”——中国景德镇陶瓷文化展》首展在北京中国政协文史馆开幕，并举办了陶瓷技艺表演、学术讲座、媒体开放日等系列活动。全国政协副主席刘晓峰，全国政协副秘书长、台盟中央常务副主席黄志贤，全国政协副秘书长刘家强，江西省政协副主席汤建人，中国政协文史馆馆长沈晓昭，中国政协文史馆巡视员李红梅，中国非物质文化保护协会会长、文化部原非遗司司长马文辉，文化部原政策法规司司长、中国艺术研究院常务副院长王能宪，江西省人民政府驻北京办事处副主任高延平，著名历史学家、央视《百家讲坛》主讲人阎崇年，景德镇市政协主席黄康明，景德镇市委常委、市委秘书长吴隽，景德镇市人大常委会副主任唐良，景德镇市人民政府副市长熊皓、刘朝阳，景德镇市政协党组副书记、副主席张景根，景德镇市政协秘书长宋建明等出席并参观展览。

市政协召开与各民主党派、工商联工作联席会 7月28日，市政协召开与各民主党派、工商联工作联系会。市政协党组成员、秘书长宋建明出席会议，市政协副秘书长，各委办负责人，各民主党派、工商联负责人参加会议。会议听取了各委办，各民主党派、工商联对市政协关于加强和改进人民政协民主监督工作的意见建议；部署了市政协十三届三次会议委员大会发言征集工作与2017年度政协委员提交社情民意信息工作；就市政协大院精神文明、综治、公共机构节能、计划生育等相关事项进行了协商。

开展“普及市民陶瓷文化知识”专题协商调研 8月8日下午，市政协副主席顾幸勇带领市政协文史和学习委员会及部分市政协委员，就“普及市民陶瓷文化知识”开展专题调研。市教育局、市文广新局、市陶瓷博物馆等相关单位参加调研。

市政协常委会开展专题协商视察 10

月11日上午，市政协常委会在前期调研的基础上，组织开展“加快推进航空小镇建设”协商视察并召开协商座谈会。市政协主席黄康明，市政协副主席张景根、顾幸勇、李金有、张学锋、江民强，秘书长宋建明，副秘书长、各委办负责人、部分市政协常委和专家学者参加了视察和座谈，高新区党工委书记廖云东、高新区管委会主任李新荣陪同视察。

开展“努力打造美丽幸福乡村”专题协商 11月16日至17日，市政协人口资源环境委员会组织部分政协常委、委员在市政协副主席江民强的带领下赴乐平市、浮梁县、昌江区部分新农村建设点开展“努力打造美丽幸福乡村”专题协商调研活动。

【重要文件】

政协景德镇市第十三届委员会
常务委员会工作报告

（2017年1月8日在政协景德镇市第十三届委员会第二次会议上）

各位委员、各位同志：

我受政协景德镇市第十三届委员会常务委员会的委托，向大会作工作报告，请予审议。

2016年工作回顾

2016年是换届之年，在省委换届指导组和省委换届风气巡回督查组的指导下，在中共市委的正确领导下，十三届市政协第一次全体会议于2016年11月3日至6日成功召开，选举产生了新一届市政协主席、副主席、秘书长、常务委员。钟志生同志在开幕式上发表了重要讲话，代表市委对十二届市政协的工作给予了充分肯定，对做好新一届政协工作提出了殷切希望和新的要求。新当选的政协委员围绕我市“十三五”时期政治、经济、文化、社会和生态文明建设等方面的重要问题，深入协商议政，积极建言献策，提出了许多意见建议，展示了新一届政协委员肩负使命担当、情系瓷都发展的精神风貌。

一年来，市政协常委会认真学习贯彻中共十八大，十八届三中、四中、五中、六中全会和习近平总书记系列重要讲话精神，扎实推进“两学一做”学习教育，坚持团结和民主两大主题，紧紧围绕市委、市政府重大决策部署，努力服务全市工作大局，在推进经济发展中主动作为，在促进协商民主中发挥优势，在强化履职能力中提高实效，各项工作取得新进展，为我市打造一座与世界对话的城市作出了积极贡献！

一、积极融入“三个五”战略，服务大局协商建言

“三个五”的战略行动，是中共市委在全面分析形势，准确把握市情，立足全局提出的科学发展定位、发展重点和发展举措。市政协常委会紧扣“三个五”战略行动确定协商议题，深入调查研究，积极建言献策。

围绕大局全面协商。全年共召开全体会议2次，认真听取政府工作报告和其他报告并进行热烈讨论。全会期间，委员们围绕经济转型升级、旅游产业发展、生态建设等方面，踊跃建言献策，提出意见建议100余条。讨论中，鼓励委员畅所欲言，使每位有想法、想发言的委员都有平等的机会发表意见，充分保障了委员参政议政的权利。委员当面提出意见建议，市委、市政府领导与委员进行面对面交流，直接听取委员建言，现场解答问题，多条意见建议在出台的相关政策中得到体现，促进了一批焦点难点问题的解决。

紧扣中心专题协商。全年共召开常委会议8次。围绕保护、放大、用好“景德镇”这块金字招牌，促进陶瓷产业高端化、品牌化、国际化，打造“陶瓷产业升级版”，就“加速培育陶瓷品牌集群，做强陶瓷产业”开展专题调研，调研组深入企业一线，掌握第一手资料，组织协商讨论，分析存在问题，提出一系列意见建议。为推动我市直升机、汽车产业做大做强，对航空、汽车配套企业开展调研视察，就支持项目推进、协调解决困难和问题、加快基础设施的配套建设等方面建言献策。为进一步助力我市建设旅游名城，就“挖掘整合旅游资源，做旺旅游产业”进行专题视察，实地考察御窑景巷、御窑遗址博物馆项目、陶溪川创意街区等旅游项目，提出了“规划先行、挖掘整合旅游资源、加强陶瓷文化与旅游的深度融合、打造知名文化旅游品牌”等一系列意见建议。

把握重点多层协商。一年来共开展对口协商、界别协商、提案办理协商和其他形式协商活动10余次。人口资源环境委员会召开“农村面源污染防治”对口协商会，就水源地保护、农业面源污染治理等问题与市农业局、市环保局等单位进行互动交流，提出了“加快绿色环保基地建设，发展无公害绿色食品产业”等一系列切实可行的意见建议。教科文卫体委员会就“加强学前教育管理”与市教育局开展界别协商，对“我市实施两期学前教育三年行动计划”、“加大学前教育投入”等现状和前景提出了真知灼见。提案委员会把提案办理协商作为推动提案落实的重要方式，以扩大参与、突出重点、讲求实效为目标，主动与提案承办单位沟通对接，就历史文化传承保护、产业发展、城市建设、民生改善、规范执法行为等方面的提案开展提案办理协商，并发挥媒体的监督推动作用，调动提案承办单位的积极性，有力推动了各项提案的办理。

二、不断加强协商民主建设，努力提高履职成效

市政协常委会始终把协商民主贯穿于履行职能的全过程，紧扣全市工作重心谋划和部署政协工作，不断探索完善协商民主机制制度，切实发挥协商民主重要渠道和专门协商机构的作用。

严格规范协商程序。市政协常委会认真贯彻执行《中共景德镇市委关于加强人民政协协商民主建设的实施意见》，从协商选题确定、协商议题调研、协商会议召开、协商成果报送和反馈各个环节加以规范，市政协重要履职工作均按《意见》要求经过常委会议或主席会议协商确定。年初制定年度协商计划时，严格遵循围绕市委市政府决策部署提出议题、上门征求相关部门意见、召开主席会议进行协商讨论，最后报经市委常委会批准印发的程序，确保了协商活动的计划性和可行性，为年度重点专题协商活动的顺利开展和富有成效提供了保证。在协商活动中，既集中委员的建议和呼声，也吸纳相关专家学者的意见建议；既做好有准备的发言，也提倡即席互动发言，委员们议政建言的质量和水平得到提升，进一步提高了市政协协商活动的制度化、规范化、程序化水平。

努力加强合作联动。市政协常委会把坚持和发展中国特色社会主义作为巩固共同思想政治基础的主轴，通过各种会议、专题培训、辅导讲座、座谈交流等方式，在全体委员中努力培育和践行社会主义核心价值观，引导各民主党派、工商联和无党派人士，不断增进实现中华民族伟大复兴中国梦这个最大政治共识。充分发挥党派团体在政协工作中的重要作用，积极鼓励支持各民主党派、工商联、无党派人士和人民团体参加政协活动。召开民主党派座谈会，就新形势下加强合作共事进行交流。加强与省政协和县（市、区）政协的联谊交流；协助各级政协在我市开展历史文化传承保护、生态建设等调研考察活动。积极参与第13届中国景德镇国际陶瓷博览会交流活动。

充分发挥委员作用。政协作用发挥在委员，活力展现看委员，事业发展靠委员。市政协常委会坚持以委员为中心，树立“委员强则政协强”的观念，把激发委员主体意识、调动委员的自觉性和主动性作为关键来抓。在履职实践中，坚持委员多数原则，彰显委员主体地位，无论是在政协协商会议、监督活动中，还是在调研视察、为民办实事活动中，在队伍组成上保证委员占多数，让委员唱主角。积极支持委员通过办商议政、大会发言、提交提案、反映社情民意等方式发挥重要作用，为委员履职“发声”提供展示机会和平台。2016年，组织重要调研、视察、考察活动20余次，参加委员近260人次，形成调查报告和建议案10余件。为进一步适应信息网络技术发展与运用的新形势，建设网上政协，营造委员网上、网下共同履职的新格局。

三、营造风清气正的政治生态，全面提升工作水平

通过开展“学习型、服务型、创新型、和谐型”政协机关建设，党员干部的思想作风明显改善，政治意识和规矩意识明显增强，团结和谐、勤奋敬业、服务大局的氛围更加浓厚。

深入推进党风廉政建设。市政协党组高度重视党风廉政建设，认真履行党风廉政建设主体责任，反腐倡廉各项工作得到进一步推进。组织党员干部认真学习《党章》《关于新形势下党内政治生活的若干准则》和《中国共产党党内监督条例》等党纪党规。注重制度建设，规范从政行为，切实做到用制度管人、管事。领导干部带头执行中央“八项规定”和省市相关规定，厉行勤俭节约，反对铺张浪费，营造政协风清气正的政治生态。

切实提升机关能力建设。深入开展“两学一做”学习教育，突出问题导向，深刻对照检查，狠抓整改落实，党员干部理想信念更加坚定，宗旨意识更加强化，党组织的凝聚力更加显现。通过理论中心组学习会、机关党组扩大会、机关干部学习会等形式，认真学习中共中央和省、市委重要会议精神。着眼规范工作程序，机关干部的办文、办会、办事能力不断提升。发挥委员联络服务职能，进一步完善委员服务管理机制，健全委员联络平台。认真开展机关精神文明建设和综治等工作，先后获得省、市精神文明先进单位和市综治先进单位等一系列荣誉称号。重视做好社情民意工作，坚持在履职过程中认真收集社会各界的意见建议，及时以《社情民意》形式进行反映，为市委、市政府掌握社情、了解民意提供重要渠道。建立政协委员、机关干部微信群，支持委员开展网络议政协商活动。开通政协微信公众号，使政协履职的新动态、新成果更加直观、及时、全面地得到展示。

积极服务全市重点工作。按照市委的统一部署，市政协积极参与全国文明城市创建，落实路段长责任，开展“门前三包”巡查、文明交通引导等共创共建活动。扎实做好扶贫帮困工作，市政协主席、副主席多次深入挂点村解决实际困难，指导精准扶贫。组织政协委员深入开展进企业、进社区、进农村，送医、送教、送科技、送法律、送文化等服务企业、服务基层、服务群众的活动，为基层群众做实事、办好事。选派优秀机关干部担任帮扶村第一书记，指导村级班子建设，争取项目资金、完善基础设施、改善村容村貌。动员政协委员积极参与捐资助教、扶贫济困等社会公益事业，受到了群众的广泛称赞。

四、适应新形势，全面谋划展开新一届市政协各项工作

11月初完成换届以来，新一届市政协常委会按照十三届一次会议的工作部署，继承历届政协的好传统、好做法、好经验，适应新形势、新任务和新要求，与时俱进、开拓创新,卓有成效地开展各项工作。

建立机构完善制度。及时召开常委会议和主席会议,确定了市政协十三届委员会副秘书长和各专门委员会主任、副主任及组成人员;明确了市政协主席、副主席、秘书长工作分工;建立健全了《市政协主席会议成员联系党派、界别和委员制度》和《市政协各专门委员会联系党派、界别和委员制度》。对2016年工作进行了总结,并根据省、市党代会精神和市委、市政府决策部署,积极谋划2017年政协工作目标措施,为顺利实现十三届市政协一次会议确定的目标任务打下坚实的基础。

迅速开展视察调研。围绕市委、市政府中心工作和事关民生的难点热点问题,运用调研、视察、提案等方式,积极开展协商调研。一次会议之后,市政协经济委员会、人口资源环境委员会、社会法制和民族宗教委员会分别就"进一步加强我市城市管理"、"气象预报为我市工农业生产和群众生活服务"、"深化司法公开、促进司法公正"等议题组织委员开展视察调研,委员们积极建言献策,提出了一系列有价值的意见建议。同时,对十三届一次会议以来收到的委员提案进行了催办督办,完善了主席会议督办重点提案、专委会对口督办、提案委协调督办、委员参与督办等制度,加大提案督办力度。

切实加强委员培训。为切实提高十三届市政协委员的综合素质和履职能力,12月中旬,市政协组织十三届委员会全体委员开展了集中培训视察活动,邀请省政协专家作政协知识专题辅导,通过深入浅出的讲解,委员们对人民政协的性质、职能、履职方式和新时期加强统一战线、协商民主建设有了全面的了解和认识,履职的责任感和使命感明显增强。培训视察活动中,委员们还听取了市委副书记史文斌关于全市重点建设项目及推进情况的详细介绍,并实地视察了陶溪川、昌南拓展区、北汽昌河新基地、航空小镇等重点工程项目,委员们对市委、市政府为打造一座与世界对话的城市付出的努力和取得的成就由衷赞叹,对瓷都未来的全面振兴充满信心,极大地增强了委员们建良言、献佳策的工作激情。

不断提升文史工作水平。文史工作以"亲历、亲见、亲闻"为前提,深入挖掘和保护千年瓷都文化的多样性和独特性。按照市委提出的"原真性、原生态、原文化"的要求,挖掘整理景德镇本土文化,增强文化软实力。由市政协主导,市政协文史和学习委员会、市文广新局和市陶文旅集团联合推出了"五个一"系列文化工程,即:出版一本《景德镇文化研究》丛书,建立一个"陶溪川文化研究交流中心",打造一个"景德镇文化讲堂",开通一个包括微信公众号在内的新媒体矩阵,组建一个"景德镇文化研究院",这一系列文化工程实行相向推动、资源整合、优势互补、相互促进,以打造景德镇文化研究集群和权威的发布平台,将成为景德镇文化挖掘、保护、发展的智库,并最终形成景德镇对话世界的文化高地。

一年来,市委、市政府团结带领全市人民,锐意进取、扎实工作,经济社会保持良好势头,各项事业取得新的成就,人民政协也在当好党委政府科学发展的参谋和智囊、凝聚助推我市发展的强大合力中发挥了独特的作用。站在新的历史起点上,景德镇已具备天时、地利、人和的优势,迎来难得的发展机遇期,更为各级政协组织和政协委员在经济社会发展实践中积极参政、大胆监督、勇于发声、敢于建言提供了广阔的空间。

在回顾成绩的同时,也应清醒地认识到,对照中共中央和省、市委的要求、各界群众的期待,我们的工作还存在一些不足,主要是:政协协商民主制度体系建设还不够完善,协商机制和程序需要进一步规范;民主监督仍然是一个薄弱环节,在理论和实践上需要进一步探索;委员履职方式方法有时仍比较单一,工作手段需要不断创新;部分委员议政建言的质量不够高,责任意识和履职能力需要进一步加强,在今后的工作中我们将逐步加以改进。

2017 年工作思路

2017 年市政协常委会工作的指导思想是:坚持以马克思列宁主义、毛泽东思想、邓小平理论、"三个代表"重要思想、科学发展观为指导,深入学习贯彻中共十八大,十八届三中、四中、五中、六中全会和习近平总书记系列重要讲话精神,围绕省第十四次党代会提出的建设富裕美丽幸福江西和市第十一次党代会确定的"复兴千年古镇,重塑世界瓷都,保护生态家园,建设旅游名城,打造一座与世界对话的城市"的奋斗目标,不断夯实共同思想基础,提升议政建言能力,提高工作科学化水平,切实做到"懂政协、会协商、善议政",为我市打造富裕美丽幸福江西的景德镇样本贡献智慧和力量。

(一)深入学习贯彻习近平总书记系列重要讲话精神和省、市党代会精神。

(二)紧扣全市改革发展重大问题资政建言。

(三)积极探索履职新方法新途径。

(四)倾力为改善民生献计出力。

(五)切实提高政协精细化履职水平。

【组织概况】

政协景德镇市第十三届委员会主席、副主席、秘书长、副秘书长、常务委员、委员名单

主　席:黄康明

副主席:张景根　顾幸勇　李金有　王国华　张学锋　孙庚九　江民强

秘书长:宋建明

副秘书长:许华光　俞立群　付旺生

常务委员

黄　野　王小康　王安维
王筱松　方　静(女)　方晓娟(女)
付碧林　冯上明　冯同鳔
过小明　吕志华　向元华
向心丹　刘文斌　汤　凯
许华光　苏元阳　李　峰
李冬香(女)　李晓滨　余望龙
汪小平　陈　莉(女)　陈华清
陈武平　陈新平　邵继纲
林浩飞　金秋来　周景俭(女)
赵传玉　赵伯新　俞立群(女)
饶晓晴　洪永文　洪贵胜
徐长生　翁彦俊　黄焕义
盛亚群(女)　喻　玮(女)　喻冬华
傅金林　穆华俊　戴四维
魏望来　万长寿

委　员

中国共产党景德镇市委员会

黄　野　王小康　王国华
冯同鳔　乐宏亮　许华光
孙庚九　李　峰　李　琪
余　芳(女)　余乐金　宋建明
张学锋　张景根　陈华清
陈新平　邵继纲　金秋来
赵伯新　黄康明　喻　玮(女)
傅金林　魏望来

中国国民党革命委员会景德镇市委员会

王筱松　卢　敏(女)　刘文斌
李晓滨　余梅珍(女)　汪　洲
张立刚　张淑珍(女)　周　明
周国生　谢蕙播(女)

中国民主同盟景德镇市委员会

王安维　吴春芳(女)　余彩霞(女)
赵　昆　赵传玉　胡　铮(女)
俞　军　俞立群(女)　祝金标
涂良如　谢景玉(女)　廖彩云(女)

中国民主建国会景德镇市委员会

朱　青(女)　江天宇　李　庆(女)
余少甲　余望龙　汪春麟
周芝青(女)　奚建华　喻冬华

中国民主促进会景德镇市委员会

杜慧春(女)　李　青　李冬香(女)
张梦湘(女)　金文伟　袁智勇
顾幸勇　黄焕义　熊金荣
戴四维

中国农工民主党景德镇市委员会

冯上明　张　鹏　罗月英(女)
孟伟文　查旗营　盛亚群(女)
喻木华　傅长敏(女)

九三学社景德镇市委员会

方晓娟(女)　邓　苹(女)　刘竞芳(女)
李金有　汪小平　陈　莉(女)
邵继中　赵　戈

无党派人士

方　静(女)　左丽华(女)　刘健敏
江民强　吴　云(女)　饶晓晴
徐　洋　龚　华

中国共产主义青年团景德镇市委员会

付碧林　许　鹏　何　勇
徐新颖(女)　黄　蓉(女)

景德镇市总工会

计蔷薇(女)　刘桂生　李国华
汪　涛　陈淑红(女)　邵胜军(女)
董艳梅(女)　程英华(女)　曾祥云

景德镇市妇女联合会

余梅婷(女)　余喜珍(女)　汪立琴(女)
汪雪芳(女)　张妙贞(女)　张桂芳(女)
周　玲(女)　赵　喆(女)　姜　敏(女)
耿丽萍(女)　龚小云(女)　虞　萍(女)

景德镇市青年联合会

王　聪　李小飞　张顺标
欧阳敏　熊志波

景德镇市工商业联合会

过小明　朱新潮　汤　凯
孙玉亭　苏元阳　李正兵
范庆生　林浩飞　金建民
洪　丹　洪永文　梁　春
程厚宏　潘　伟　潘力勇

科　协

尚　瑜(女)　官亮明　洪　蕾(女)
莫丽华(女)　谭根保

侨　联

陈　猛　周景俭(女)　郑　铁
胡文峰(女)　舒　妮(女)

台　联

方　毅　黎印华

文　艺

白小燕(女)　李军强　邹晓玲(女)
张少华　陈武平　罗　婧(女)
黄　勇　彭春文　程　烨(女)

科　技

冯　林　李海东　余晨洲
张爱芝(女)　郑文君　赵　力
廖祖光

社会科学

付　敏(女)　张朝晖(女)　黄志坚
阎　飞

经　济

王　颖(女)　王晓林　仝元东
向元华　李生炎　李辉丰
吴巍屿　张　琦　周林平
郑慧强　潘剑锋

农　业

向心丹　许旭升　芦继云(女)
吴翊东　胡弋晖　聂阳华
黄　皓　梁晓妃(女)　彭秋林

教　育

王　娟(女)　刘仁忠　吴子仁
邹玉婷(女)　张　立　张迎春(女)
施刚义　章国茂　程念平
谭　娟(女)　熊　伟

体　育

刘玉学　余　健(女)

新　闻

占　妍(女)　余新春　陈俊绮

医药卫生

王建文　叶　斌　匡全金
吕志华　李玉容(女)　李跃武
杨筱池　利新发　胡京萍(女)
姜　波(女)　程玉燕(女)

社会福利

方　剑　朱小燕(女)　汪　婕(女)
项学云

少数民族

吴士婕(女)　张　博(女)　穆华俊

宗　教

王永林　张　涛　张长明
释无非　释宏悟

特别邀请人士

万华琴(女)　王玉平　王建武
王艳香(女)　王慧娟(女)　方小兰(女)
甘　涛　付旺生　付建文
吕际平　朱锡新　刘　洋(女)
刘　海　刘韵赟(女)　江　山
李　俊(女)　李泽靖　李美珍(女)
吴淑萍(女)　汪小玲(女)　汪开潮
张志刚　张随云　陈倩君(女)
罗筱青(女)　金大翁　周　洁(女)
周文辉　周再龙　周建新
胡利建　胡算生　段长虹
段建平　洪贵胜　袁如山
夏　军　夏建平　徐七平
徐长生　徐希凡　徐国凤(女)
徐国琴(女)　翁彦俊　郭联建
涂　燕(女)　黄　红(女)　黄　青(女)
曹丽平(女)　曹品生　梁高潮
董根田　蒋志勇　童　晶(女)
熊　军　操武斌

【大事记】

1 月

8 日至 10 日　召开十三届二次全体会议。

10 日　召开十三届三次常委会议。

2 月

13 日　召开第五次党组(扩大)会议。

16 日　市政协人口资源环境委员会召开全体委员会议,副主席江民强参加会议。

17 日　市政协提案委员会召开全体委员会议暨县(市、区)政协提案工作座谈会,副主席李金有、张学锋出席会议并讲话。

21 日　市政协经济委召开全体委员会议,副主席张景根出席会议并讲话。

24 日　组织机关全体干部职工,在机关大院及周边开展环境卫生综合整治大扫除活动,各民主党派也积极参与。

3 月

1 日　市政协教科文卫体委召开全体委员会议,市政协副主席张学锋出席会议并讲话。

3 日　市政协机关党支部组织十余名党员干部深入挂点帮扶的珠山区新村街道茶叶坞社区进行义务劳动与卫生整治。

6 日　主席黄康明到市高新区、陶瓷工业园区部分高技术陶瓷企业进行实地走访,副主席顾幸勇、市政协副秘书长、市瓷局相关人员陪同走访。

7 日　召开十三届第四次主席会议。

16 日　召开十三届四次常委会议。

市政协副主席张学锋率教科文卫体委

走访调研市老年大学。

20日 主席黄康明到景德镇学院、江西陶瓷工艺美术职业技术学院、景德镇陶瓷大学调研,并就我市高校如何融入和促进地方经济社会发展分别与各高校主要领导座谈探讨。市政协副主席张学锋、市政协科教文卫体委负责人陪同调研。

28日 主席黄康明率市政协部分班子成员到市中级人民法院调研,市中院党组书记、院长邹中华及在家院领导陪同。

部分市政协委员30余人在主席黄康明,副主席张景根、王国华、孙庚九的带领下,就城市规划及优化空间布局视察了我市部分在建规划项目。

30日 对珠山区城乡环境大整治工作情况进行了视察。

4月

9日至10日 全国政协副主席、农工党中央常务副主席刘晓峰一行来我市视察调研,省政协副主席、农工党江西省委会主委郑小燕,农工党江西省委会专职副主委涂建随同调研。

12日至13日 省政协副主席李华栋率调研组就"古镇的保护利用与开发"来我市进行专题调研,并召开座谈会。

13日 市政协经济委工作座谈会在浮梁召开,市政协副主席张景根出席会议并讲话。

市政协城乡环境大整治视察组在市政协副主席李金有的带领下对我市城市基础设施建设情况开展了专项视察调研。

14日 市政协城乡环境大整治农村环境整治视察组在市政协副主席江民强的带领下赴浮梁县进行专项视察。

19日 市政协城乡环境整治视察组在市政协副主席王国华、张学锋的带领下对我市东片区的"三校一所"环境整治工作情况进行专项视察。

27日 市政协人口资源环境委员会组织部分市政协常委、委员,联合民革市委会参政议政工作委员会,在市政协副主席江民强的带领下,就"加强我市城乡居民饮用水源保护"开展专题视察。

28日 市政协组织开展汽车配套产业园及汽车小镇项目推进情况视察。市政协主席黄康明参加并讲话,市政协副主席张景根、王国华参加视察。

5月

5日 市政协经济委员会组织开展推进城乡公交一体化建设专题协商视察。市政协副主席张景根,部分市政协常委、委员参加视察。

市政协城乡环境整治视察组在市政协副主席顾幸勇带领下,对我市城区乱象大整治工作情况进行专项视察。

11日 市政协文史和学习委员会召开县(市、区)政协文史工作座谈会。

市政协文史和学习委员会召开县(市、区)政协文史工作座谈会。市政协副主席顾幸勇出席并讲话,市政协文史委负责人、各县(市、区)政协分管文史工作领导和文史委负责人参加会议。

21日 "真的是我——王少军艺术展"在陶溪川美术馆开幕,市政协主席黄康明出席并致辞。

23日 市政协党组成员、副主席张学锋带领调研组,就"严控抗生素滥用,别让治病成致病"开展专题协商调研。

26日 市政协经济委员会组织开展加快实施棚户区改造专题视察,市政协副主席张景根,部分市政协常委、委员参加视察。

27日 市政协人资环委召开县(市、区)政协人资环工作座谈会。

6月

1日 市政协副主席张学锋带领市政协和市图书馆相关工作人员，来到乐平市塔前镇彭家小学慰问全体师生，为他们送去节日的关怀和问候，与孩子们一起共度“六一”国际儿童节。

5日 由江西省政协指导，中国政协文史馆、景德镇市政协主办的《“国之瑰宝”——中国景德镇陶瓷文化展》首展在北京中国政协文史馆开幕，并举办了陶瓷技艺表演、学术讲座、媒体开放日等系列活动。

7日 市政协召开提案工作督办会议，市政协副主席李金有，市委办公室、市政府办公室分管领导，提案办理数量排名前十的承办单位分管领导和部分提案委员参加了本次会议。

8日 市政协副主席孙庚九率市政协港澳台侨和外事委员会部分委员和市侨联、农工党市委会专家赴浮梁县勒功乡开展第十届中国环境与健康宣传周暨送医送文化下乡活动。

9日 市政协社会法制和民族宗教委员会、提案委员会组织开展环境大整治及028号重点提案督办视察。

22日 市政协组织老干部参观昌南拓展区，老干部一行先后参观了新成大厦、百树学校和地下综合管廊项目，昌南拓展区党工委书记李新荣，陪同参观。

23日 市政协召开十三届第六次主席会议。

29日 市政协人口资源环境委员会组织部分政协委员在市政协副主席江民强的带领下开展城市双修工作暨森林公园建设专题调研活动。

30日 市政协组织开展“庆七一”入党宣誓仪式。机关党支部党员参加入党宣誓仪式。

7月

5日 市政协召开十三届五次常委会议，市委常委、常务副市长刘锋应邀出席会议。

11日 市党外知识分子联谊会“南河流域水环境调研组”在市政协副主席、市知联会会长江民强的带领下，对我市南河流域水环境情况开展了实地调研并召开了座谈会。

13日 市政协召开推进“两学一做”学习教育常态化制度化工作部署会议。

市政协提案委员会组织部分市政协常委、委员，在市政协副主席顾幸勇的带领下，就市政协十三届二次会议第089号重点提案《关于打造瓷都大桥西岸至旸府村风光带的建议》办理情况进行督办视察。

19日 市政协党组成员、副主席张学锋带领调研组就“深入挖掘和提炼地方特色文化”进行专题视察调研。

20日 市政协提案委员会组织部分市政协常委、委员，在市政协副主席李金有的带领下，就市政协十三届二次会议重点提案《关于加快景德镇市区农贸市场改造升级、打造现代化农贸市场的建议》办理情况进行督办视察。

24日至25日 全国政协常委、全国政协书画室副主任、中国书法家协会主席苏士澍率全国政协书画界委员一行深入我市，就陶瓷文化产业及“中小学生书法进课堂”开展情况进行调研。

28日 市政协召开与各民主党派、工商联工作联系会。市政协党组成员、秘书长宋建明出席会议，市政协副秘书长，各委办负责人，各民主党派、工商联负责人参加会议。

8 月

1 日 组织收看庆祝中国人民解放军建军 90 周年大会实况直播。

4 日 市政协组织全体党员干部参观市全面从严治党教育馆，接受廉政警示教育。

8 日 市政协召开专题学习会，传达学习习近平总书记在省部级主要领导干部“学习习近平总书记重要讲话精神，迎接党的十九大”专题研讨班开班式上的重要讲话精神。

市政协副主席顾幸勇带领市政协文史和学习委员会及部分市政协委员，就“普及市民陶瓷文化知识”开展专题调研。

9 月

8 日 市政协提案委员会组织部分市政协常委、委员，在市政协副主席江民强的带领下，就市政协十三届二次会议第 075 号重点提案《关于培育扶持绿色产业，加快我市精准扶贫的建议》办理情况进行督办视察。

13 日 近百名来自我市各行各业的政协委员，参加了由市城乡环境大整治工作指挥部和市政协联合组织的“喜迎十九大，身边看变化”系列观摩活动。

14 日 市政协人口资源环境委员会组织部分市政协常委、委员在市政协副主席江民强的带领下赴市国土资源局开展矿山环境治理专题调研活动。

27 日 市政协召开十三届第七次主席会议。

28 日 正值国庆与中秋佳节到来之际，市政协副主席江民强、秘书长宋建明一行，到市政协挂点帮扶的乐平市塔前镇彭家村，走访慰问了部分建档立卡贫困户。

10 月

11 日 市政协常委会在前期调研的基础上，组织开展“加快推进航空小镇建设”协商视察并召开协商座谈会。

12 日 市政协机关党支部组织部分党员干部到景德镇学院参观“赣籍开国将军百战图”大型创作展览。

13 日 市政协召开十三届六次常委会议，市政府副市长刘朝阳应邀出席会议。

18 日 市政协办公室组织全体机关党员干部职工认真收听收看了十九大开幕盛况。

24 日 市政协提案委员会组织部分市政协常委、委员，在市政协副主席张学锋的带领下，就市政协十三届一次会议第 089 号重点提案《关于在我市建立“养老 + 医疗”体系的建议》办理情况进行督办视察。

25 日 市政协提案委员会组织部分市政协常委、委员，在市政协秘书长宋建明的带领下，就市政协十三届二次会议第 011 号重点提案《关于加强我市旅游营销的建议》办理情况进行督办视察。

11 月

7 日 市政协召开十三届第八次主席会议。

8 日至 9 日 省政协副主席孙菊生带领调研组来我市开展“加快我省国家生态文明试验区建设”专题调研，省政协人资环委主任朱荣辉等省政协常委、委员随同调研。

10 日 市政协召开十三届七次常委会议。

15 日 市政协社会法制和民族宗教委员会组织开展贯彻落实精准扶贫政策专题调研，市政协副主席王国华，部分市政协常委、委员参加了调研。

16 日至 17 日 市政协人口资源环境委员会组织部分政协常委、委员在市政协副主席江民强的带领下赴乐平市、浮梁县、昌江区部分新农村建设点开展“努力打造美丽幸福乡村”专题协商调研活动。

17 日 市政协副主席、规划局党组书记、局长孙庚九主持召开提案督办座谈会，就市政协十三届一次会议第 012 号重点提案《关于建立紫砂文化创意园的建议》办理情况进行督办，部分市政协常委、委员出席会议。

20 日 市政协社会法制和民族宗教委员会组织部分市政协常委、委员视察我市民族和宗教工作，市政协副主席王国华参加视察并讲话。

市政协召开十三届第九次主席会议。

12 月

5 日 根据市委统一安排部署，市委宣讲团成员、市委党校常务副校长陈国清来到市政协机关宣讲党的十九大精神。

12 日 市政协提案委员会召开第二次全体委员会议，市政协副主席李金有出席会议并讲话，市委督查室、市政府督查室同志列席会议。

18 日 市政协召开十三届第十次主席会议。

26 日 市政协社会法制和民族宗教委员会召开全体委员会议。

市政协召开十三届八次常委会议。

（张巧欢 编写　宋建明 审稿）

政协萍乡市委员会

【全体委员会议】

十三届二次会议 中国人民政治协商会议萍乡市第十三届委员会第二次会议，于2017年2月20日至23日在安源大剧院举行。会议听取和讨论了中共萍乡市委书记李小豹同志的重要讲话，听取和审议了市政协主席吴运波同志代表政协萍乡市第十三届委员会常务委员会所作的工作报告和市政协副主席余绍林同志代表政协萍乡市第十三届委员会常务委员会所作的关于第一次会议以来提案工作情况的报告，听取和讨论了市人民政府市长李江河同志所作的政府工作报告，讨论了市中级人民法院和市人民检察院工作报告。全体委员以饱满的政治热情和高度负责的精神，围绕我市"年年有变化、三年大变样、五年新跨越"总体要求，认真履职尽责，积极建言献策，提出了许多有价值的意见和建议。

【常务委员会会议】

第二次会议 政协萍乡市第十三届委员会常务委员会第二次会议于2月8日召开。市政协主席吴运波出席并主持会议，市政协副主席姚虎、刘艳萍、余绍林、何义萍、李勇，秘书长邓玉丁出席。市委常委、市政府常务副市长陈云，市政府副秘书长、办公室主任兰叶子，市中级人民法院党组副书记、副院长李烨红，市人民检察院党组书记、副检察长周晓春应邀出席会议。会议协商讨论《萍乡市人民政府工作报告(征求意见稿)》;协商讨论《萍乡市中级人民法院工作报告(征求意见稿)》;协商讨论《萍乡市人民检察院工作报告(征求意见稿)》;协商通过《关于召开政协萍乡市第十三届委员会第二次会议的决定(草)》;协商讨论《政协萍乡市第十三届委员会常务委员会工作报告(草)》;协商讨论《政协萍乡市第十三届委员会常务委员会关于第一次会议以来提案工作情况的报告(草)》;协商通过政协萍乡市第十三届委员会第二次会议相关材料;审议市政协各专门委员会2016年工作汇报及2017年工作打算(书面)。

第三次会议 政协萍乡市第十三届委员会常务委员会第三次会议于2月23日召开。市政协主席吴运波出席并主持会议，市政协副主席姚虎、陈朝清、刘艳萍、余绍林、何义萍、颜小龙、李勇，秘书长邓玉丁出席。会议听取各讨论组讨论情况汇报;审议政协萍乡市第十三届委员会第二次会议关于提案审查情况的报告(草案);审议大会决议(草案)。

第四次会议 政协萍乡市第十三届委员会常务委员会第四次会议暨第二次双月协商座谈会于4月28日召开。市政协主席吴运波，市政协副主席陈朝清、刘艳萍、余绍林、何义萍、颜小龙、李勇，秘书长邓玉丁出席。副主席何义萍主持会议。市政府副市长崔传鹏出席并讲话。市委农工部、市财政局、市国土资源局、市交通运输局、市水务局、市山口岩水库管理局、市农业局、市林业局、市环保局、市公路管理局主要负责人，各县区政府、萍乡经济技术开发区管委会、武功山风景名胜区管委会分管同志出席。会议围绕"全市饮用水水源地涵养现状和保护对策"议题开展协商讨论;协商通过《政协萍乡市第十三届委员会常务委员会关于全市饮用水水源地涵养现状和保护对策的建议案》。

第五次会议 政协萍乡市第十三届委员会常务委员会第五次会议暨第三次双月协商座谈会于7月4日召开。市政协主席吴运波出席并主持会议，市政协副主席姚虎、陈朝清、刘艳萍、余绍林、颜小龙、李勇，秘书长邓玉丁出席。市政府副市长肖双燕出席并讲话。市教育局、市财政局、市国土资源局、市规划局主要负责同志和市委宣传部、市发改委、安源区政府、萍乡经济技术开发区管委会分管负责同志出席。会议围绕“优化我市新老城区学校网点布局”议题开展协商讨论；协商通过《关于优化我市新老城区基础教育学校网点布局的建议案》。

第六次会议 政协萍乡市第十三届委员会常务委员会第六次会议暨第四次双月协商座谈会于8月29日召开。市政协主席吴运波出席并主持会议，市政协副主席姚虎、陈朝清、刘艳萍、余绍林、何义萍、颜小龙、李勇，秘书长邓玉丁出席。市政府副市长黄强出席并讲话。安源区、湘东区、芦溪县人民政府和经开区分管负责人，市发改委、市工信委、市科技局、市财政局、市人社局、市环保局、市工商联、市供电公司、市燃气公司主要负责同志出席。会议围绕“打造龙头企业，增强环保陶瓷的核心竞争力”议题开展协商讨论；协商通过《关于“打造龙头企业，增强萍乡环保陶瓷产业核心竞争力”的若干建议（草）》。

第七次会议 政协萍乡市第十三届委员会常务委员会第七次会议于11月7日召开。市政协主席吴运波出席并主持会议，市政协副主席姚虎、陈朝清、刘艳萍、余绍林、何义萍、颜小龙、李勇，秘书长邓玉丁出席。会议传达学习中共十九大和全省、全市领导干部会议精神，省政协十一届二十七次常委会议精神；各民主党派市委会（工委）、市工商联负责同志作了发言。

第八次会议 政协萍乡市第十三届委员会常务委员会第八次会议于12月14日召开。市政协主席吴运波出席并主持会议，市政协副主席姚虎、陈朝清、刘艳萍、余绍林、何义萍，秘书长邓玉丁出席。市委常委、市政府常务副市长陈云，市政府秘书长李德雄，市中级人民法院副院长李宝华，市人民检察院党组副书记、副检察长周晓春应邀出席。会议听取市政府关于市政协十三届一次、二次会议提案办理情况通报；听取2017年度全市经济社会发展情况通报暨协商讨论《萍乡市人民政府工作报告（征求意见稿）》；协商讨论《萍乡市中级人民法院工作报告（征求意见稿）》；协商讨论《萍乡市人民检察院工作报告（征求意见稿）》；协商决定召开政协萍乡市第十三届委员会第三次会议；协商讨论《政协萍乡市第十三届委员会常务委员会工作报告（草）》；协商讨论《政协萍乡市第十三届委员会常务委员会关于第二次会议以来提案工作情况的报告（草）》；协商讨论政协萍乡市第十三届委员会第三次会议相关材料；审议市政协办公室、各专门委员会2017年工作总结及2018年工作打算（书面）。

【专门委员会工作】

提案委员会 主要工作：一是组织提案征集。2017年，提案委共收到提案130件，其中电子稿件110件，占提案总数的85%。二是开展提案审查和交办。全会结束后15天之内，完成全部提案的打印、校对、分类等工作；4月上旬，提案委召开专门会议对收到的提案进行再审立案，经审查，立案110件。4月中旬，市委办公室、市政府办公室分别召开提案交办会，将提案交40多个承办单位办理。10月底，所有提案全部办理完毕。提案者对办理工作总体满意，对首次办理不满意的2件提案，经承办单位重新办理后，提案者表示满意。编纂《萍乡市政协十三届二次会议提案汇编》呈送市委、市政府、市政协领导和有关部门单位。三是抓好提案督办和跟踪问效。开展重点提案督办，从立案的111件提案中选择7件提案作为重点提案，由市政协主席会议成员领衔督办，办公室和各专门委员会主动担当组织协调服务工作；对十三届一次会议的13件B类提案开展跟踪问效；开展提案办理工作满意度测评。四是围绕“安源景区创建国家级5A级景区，推进我市全域旅游”开展民主协商活动，形成《关于安源景区创建国家5A级旅游景区的调查报告》。五是配合省政协提案委开展“资源枯竭型城市产业结构调整与优化”专题调研，协助省政协开展《互联网+背景下完善农产品溯源机制的建议》重点提案督办视察调研。六是派员到县(区)政协开展政协提案工作知识的培训，共同提高提案工作水平。

经济委员会 主要工作：一是围绕“互联网基础设施建设”开展民主协商活动，牵头组织召开了“互联网基础设施建设”为主题的市政协首次双月协商座谈会，形成《关于我市互联网基础设施建设工作情况的调研报告》。二是围绕“环保陶瓷产业发展”开展民主协商活动，形成《关于“打造龙头企业，增强环保陶瓷的核心竞争力”的若干建议》。三是关注扶贫资金使用情况开展民主监督，形成《关于萍乡扶贫专项资金使用管理工作情况的调研报告》。四是组织开展“政协委员话税务”界别活动，就税务政策、服务管理等情况提出了意见建议。五是组织三个界别政协委员27人次参加专题调研活动，针对产业经济、民生工程、城市基础设施等问题建言献策。六是组织开展走访联系委员活动。

教科文卫体委员会 主要工作：一是组织开展“书香校园”界别活动。二是围绕“优化新老城区学校网点布局”开展民主协商活动，形成《关于优化我市新老城区基础教育学校网点布局的建议案》。三是重点督办《汉冶萍历史文化遗产亟待发掘》提案。四是起草《第三届汉冶萍国际学术研讨会筹备工作方案》，开展相关准备工作。五是积极配合参与“省政协汉冶萍申遗调研”，赴武汉、黄石开展实地调研。六是围绕“汉冶萍历史文化的发掘与传承”开展专题协商并形成调研报告。七是督导未成年人思想道德建设工作。八是开展助学活动，联系中水数据科技有限公司、苏州慈善基金会落实了对萍乡学院贫困学生的20万元助学金。九是协助省政协在萍乡开展“医疗卫生资源下沉”专题调研。十是做好江苏省张家港市政协对武功山旅游开发工作调研、南昌市政协对芦溪县学前教育工作调研的接待工作。十一是组织教育界别委员开展“我市部分中小学开展课内海量阅读情况”视察，组织新闻体育界别委员开展“青少年体育俱乐部活动情况”视察，组织民建界别委员开展“企业创新发展情况”视察，组织文学艺术界别委员就“特色小镇建设情况”进行视察，组织医药卫生界别委员专家到上栗石塘村开展送医药下乡活动并邀请吴运波主席参加。

社会法制港澳台侨委员会 主要工作：一是对我市“休闲农业对提升农民增收，解决农民就业，推进农业供给侧改革的探索”进行专题调研，形成《关于我市“休闲农业对提升农民增收，解决农民就业，推进农业供给侧改革的探索”的调研报告》。二是协助办公室做好对“和谐平安新萍乡”建设情况开展主席视察活动的前期准备工作。三是对杨岐普通寺景区开发建设情况开展视察。四是就《关于加强我市禁毒工作的几点建议》开展重点提案督办。五是参与法官集中遴选与检察官遴选工作。六是旁听中院关于一起商标侵权案和一起故意杀人案的庭审，并对庭审认真评议。七是组织共青团青联界别的委员进行“未成年人司法保护及犯罪预防”调研。

学习文史委员会 主要工作：一是完成《萍乡文史资料》第二十一辑的编辑和出版工作，本辑文史资料精选44篇文章，47幅图片，计21万字，主要反映萍乡历史上发生的令人印象深刻的人物和事件。二是与莲花县政协合作编辑《甘祖昌传》,全书共12万字,分为“从农民到将军”“从将军到农民”两篇,由5章82个故事组成。三是完成《李寿铨日记选》整理工作。四是开始《萍乡南正街》有关史料的征集工作,已经征集稿件17篇,图片20多幅。五是与省政协合编的《吴学周》一书入选全国政协“文史资料百部经典文库”。六是围绕“农村电子商务拉动产业扶贫情况”开展专题协商活动,形成《关于充分发挥农村电子商务在拉动产业扶贫中的重要作用的调研报告》。七是组织中共界、九三学社界、社科界委员到芦溪参观刘凤诰故居和芦溪博物馆,开展界别委员联谊活动。

人口环境资源委员会 主要工作:一是协助完成省政协农业界别“萍乡海绵城市建设”专题视察的接待工作。二是做好省政协陈俊卿副主席带领的视察组一行在萍乡视察活动中的材料准备、协调联系、座谈讨论、会务安排等相关工作。三是围绕“饮用水水源地涵养与保护对策”开展对口协商活动,形成了《关于我市饮用水水源地涵养与保护的建议案》呈送市委、市政府。四是联合市农业局、萍乡经济开发区,组织以“保护水生态环境,关注增殖放流”为内容的专委会委员活动。五是组织农业、民盟等界别的部分委员开展“气候变化对环境的影响”界别活动,形成两件社情民意反映。六是到安源区督办重点提案《关于加强新华河流域污水治理的建议》(第54号)。七是组织开展“中心城区大气污染防治”专题视察活动,就我市中心城区大气污染防治有关工作进行座谈讨论、建言献策。

【重要活动】

开展“中心城区大气污染防治”专题视察 10月24日,市政协开展协商式民主监督活动,专题视察我市中心城区大气污染防治。市政协主席吴运波,副主席何义萍,秘书长邓玉丁,人资环委全体委员和部分界别委员代表参加。视察组实地察看了市交警支队智能交通指挥服务中心、萍安钢公司、中铁建大桥局海绵城市建设项目基地施工现场,并召开座谈会。在听取市环保局、市建设局、市交警支队主要负责人以及市政协人口环资委部分委员的发言后,视察组对我市中心城区空气质量的好转表示充分的肯定。视察组建议:做好大气污染治理工作是贯彻以人民为中心的发展理念的需要,是创建全国文明城市、生态文明城市和建设“五个新萍乡”的需要。生态建设、扬尘控制、环境保护要久久为功,永远在路上,为此,市政协按照中央和省委、市委关于加强和改进人民政协民主监督工作的意见和要求,以开展协商式民主监督为主要履职方式,履职尽责,合力推进。

开展扶贫资金使用情况民主监督 6月至8月,经济委员会组织部分政协委员,历时两个多月,对2016年度扶贫专项资金使用情况进行了专题调研,最终形成《关于萍乡扶贫专项资金使用管理工作情况的调研报告》。报告指出挤占挪用专项资金现象仍然存在,项目管理还不够规范,财务核算管理来还有待规范,资金统筹整合未达到预期效果,部分项目进度较慢、资金拨付不及时,基层难以统筹扶贫项目的配套资金等方面的问题。针对问题提出了六个方面的建议:一是扶贫资金使用要公开透明。二是加强扶贫资金的监督管理。三是加大扶贫资金统筹整合的深度和力度。四是加快资金拨付和项目推进进度。五是合理设置扶贫项目,完善扶贫工作机制。六是适当提高基层扶贫工作人员收入待遇。

双月协商座谈会 **第一次**:3月初,市政协组织专题调研组对我市互联网基础设施建设情况进行调研。调研组先后走访市工信委、市公安局等职能部门和萍乡的电信、移动、联通、广电网络、铁塔等运营商企业,听取有关情况介绍,展开座谈讨论。3月16日,市政协以“互联网基础设施建设”为题组织开展了第一场双月协商座谈会。形成《关于我市互联网基础设施建设工作情况的调研报告》,提出三条建议:一是规划引领,科学布局;二是多方协调,整体推进;三是整合资源,凝聚合力。

第二次:4月初,市政协组织专题调研组对我市饮用水水源地涵养与保护情况进行调研,实地走访上栗凤鸣湖水库、枣木水库,湘东碧湖潭水库,莲花寒山水库、白马河,芦溪明月湖水库、垃圾填埋场、山口岩水库库区及部分自来水厂取水口,详细了解有关情况。4月28日召开第二次双月协商座谈会,形成《关于我市饮用水水源地涵养与保护的建议案》,提出八条建议:一是加强地方立法,为饮用水水源地保护提供法律支撑;二是加快建立饮用水水源地建设保护协调机制;三是突出抓好山口岩库区垃圾场搬迁;四是加快建立水源地涵养生态补偿机制;五是持之以恒开展饮用水水源地环境整治;六是加大饮用水水源地涵养保护的资金投入;七是加大执法监督管理力度;八是持续全面封山育林,营造山绿水清的良好生态环境。

第三次:6月中旬,市政协组织专题调研组对我市新老城区基础教育学校网点布局情况进行调研。调研组深入到市直5个部门、安源区、开发区和22所学校开展调研,并在萍乡中学、安源区召开座谈会。7月4日召开第三次双月协商座谈会,形成《关于优化我市新老城区基础教育学校网点布局的建议案》,提出四条建议:一是加快推进新城区学校网点建设;二是逐步优化老城区教育资源配置;三是积极推进规划修编工作;四是全力确保学校安全。

第四次:7月,市政协组织专题调研组对全市环保陶瓷产业发展情况进行调研。调研组邀请萍乡经开区和市发改委、市工信委、市科技局、市环保局、市工商联等相关职能部门进行座谈了解后,分赴安源、湘东、芦溪等地实地调研,召集12家有一定代表性的环保陶瓷企业负责人进行面对面座谈,广泛听取各方面的意见建议。8月29日,召开第四次双月协商座谈会,形成《关于“打造龙头企业,增强环保陶瓷的核心竞争力”的若干建议》,提出五条建议:一是加大投入,创新引领,促进核心竞争力新提升;二是解放思想,靠大联强,加快培育行业龙头企业;三是持之以恒,锻造品牌,着力实施品牌战略;四是明确思路,科学定位,完善产业发展规划;五是简政放权,强化服务,切实降成本优环境。

第五次:6月下旬,市政协组织专题调研组对我市休闲农业发展的基本情况进行调研。调研组深入三县两区,10个休闲农业项目点进行实地调研,并听取各县区政府的情况介绍,与各县区相关部门、相关乡、镇领导、部分休闲农业企业家代表进行座谈。9月26日召开第五次双月协商座谈会,形成《关于我市休闲农业对提升农民增收、解决农民就业、推进农业供给侧改革的探索的调研报告》,提出五条建议:一是强化规划引导;二是创新发展模式;三是做好结合文章;四是突出重点扶持;五是完善体系建设。

第六次:9月上旬,市政协组成调研组,对安源景区创建国家5A级旅游景区工作开展专题调研。调研组深入安源核心景区进行了实地考察,听取了安源区政府、市旅发委、市发改委、市文广新局、市规划局、萍矿集团、安源国家森林公园、安源纪念馆等单位和部门的情况介绍,围绕调研课题开展了深入座谈研讨。11月2日召开第六次双月协商座谈会,形成《关于安源景区创建国家5A级旅游景区情况的调查报告》,提出四条建议:一是高位推动,理顺机制,形成创建工作新格局；二是加强协调，整体推进，增强创建工作合力；三是争项融资，灵活运作，加快景区创建步伐；四是深度挖掘，丰富内涵，培育推介景区旅游精品。

【重要文件】

政协萍乡市第十三届委员会常务委员会工作报告

（2017年2月20日在政协萍乡市第十三届委员会第二次会议上）

吴运波

各位委员、各位同志：

受政协萍乡市第十三届委员会常务委员会的委托，我向大会报告工作，请委员审议。请列席会议的同志提出意见。

一、换届以来的工作回顾

市政协十三届一次会议以来，在中共萍乡市委的坚强领导下，紧紧围绕市第十二次党代会提出的奋斗目标和市政协十三届一次会议确定的工作任务，以建设学习型、服务型、创新型、廉洁型政协为目标，认真履行政治协商、民主监督、参政议政职能，在服务大局中助推发展，在关注民生中促进和谐，在务实创新中提升实效，在加强自身建设中塑造形象。在十二届市政协奠定的良好工作基础上，各项工作取得了明显成效，为推动我市"年年有变化、三年大变样、五年新跨越"，建设"五个新萍乡"，实现"十三五"良好开局，作出了积极贡献。

（一）坚持理论武装，夯实共同思想政治基础

思想决定行动。我们立足于人民政协事业长远发展需要，切实把理论学习作为首要政治任务来抓，精心组织，科学安排，制定实施理论学习计划，注重学用结合，重在管用。突出学习重点。深入学习贯彻中共十八大，十八届三中、四中、五中、六中全会精神和习近平总书记系列重要讲话精神及治国理政新理念新思想新战略，学习贯彻省委、市委有关会议精神，特别是市委、市政府提出"年年有变化、三年大变样、五年新跨越"和建设"五个新萍乡"的部署要求，确保中央和省、市的决策部署在政协工作中得到全面贯彻落实。改进学习方法。坚持中心组学习与党组会议、主席会议、专委会会议、界别会议、机关会议学习相结合，参加省、市培训与报告会、研讨会、座谈会相结合，集中学习与自学相结合等形式，专题学习贯彻中共十八届六中全会精神，深刻领会和把握全会对全面从严治党的新部署和新要求；及时学习省、市党代会、经济工作会等重要会议精神，确保始终围绕中心、服务大局建言献策；举办十三届市政协委员集中学习培训，引导委员更好把握政协工作规律和特点，提高履职能力和水平。着眼学习实效。换届以来，常委会共组织中心组集中学习、常委集中学习、委员学习培训和参加省、市集中学习培训等理论学习20余次、500余人（次），撰写学习体会文章和建言文稿50余篇。各党派团体、各界人士的政治把握能力不断增强，政治定位更加坚定，担当作为意识进一步强化，对提前全面建成小康社会、打造"富裕美丽幸福江西"的萍乡样板更加充满信心。

（二）坚持规范有序，推进协商民主建设

为适应新形势下协商民主的新要求，我们坚持把规范有序贯穿于协商民主的全过程，不断完善协商民主制度，充分发挥协商民主重要渠道和专门协商机构的作用。

严格规范协商程序。认真贯彻执行《中共萍乡市委关于进一步加强政协工作的意见》，从协商选题确定、协商议题调研、协商会议召开、协商成果报送和反馈等各个环节加以规范。凡涉及重要履职事项，均经过常委会议或主席会议协商确定。制定年度协商计划时，严格做到紧扣市委、市政府决策部署提出议题、征求相关部门意见、召开主席会议协商讨论，最后报经市委批准印发的程序，确保协商活动的计划性和可行性。

充分发挥委员作用。坚持以委员为中心，树立“委员强则政协强”的理念，切实把激发委员主体意识、调动委员的主动性和自觉性作为关键来抓。在履职实践中，坚持委员多数原则，彰显委员主体地位，在政协协商会议、调研视察、监督活动中，保证委员占多数，让委员唱主角。通过邀请委员参加主席专题协商议政会、邀请委员列席党组会、选派委员参与全国性理论研讨会等形式，扩大了委员协商参与面。换届以来，组织重要调研、视察、考察活动10余次，参加委员近160人次，形成调查报告和协商报告10余件。

（三）坚持服务大局，广泛开展协商议政

我们坚持把围绕改革发展协商议政作为第一要务，积极服务，认真履职。

围绕大局全面协商。在市政协十三届一次会议上，组织委员以界别联组讨论等形式，对市政府工作报告和其他工作报告进行了全面的协商讨论。委员们围绕经济转型升级、旅游产业发展、生态建设等重点，踊跃建言献策，提出意见建议100余条。市委、市政府领导与委员进行面对面交流，直接听取委员建言，促进了一批焦点难点问题的解决。

紧扣中心专题协商。召开主席专题协商会议3次，围绕“加大我市农村垃圾整治工作力度”“我市城区排水工作”“政府性债务借、用、还的规范管理”开展专题协商，形成1个专题协商报告、2个调研报告，提出意见、建议50余条，报送市委、市政府后，引起了市委、市政府领导的高度重视，所提建议得到了充分认可。

关注民生议政建言。以“委员议事厅”为载体，举办“走出不一样的风景——话说乡村旅游”委员议事活动，政协委员和群众互动参与，就发展乡村旅游业面对面建言，社会反响热烈。

（四）坚持聚焦热点，有力推进民主监督

我们坚持紧扣改革发展中的重大事项，聚焦群众关心的热点问题，多措并举扎实开展民主监督工作。

着眼全局开展视察。对各县（区）、经开区、武功山管委会贯彻落实市委“年年有变化、三年大变样、五年新跨越”工作部署、《中共萍乡市委关于进一步加强政协工作的意见》落实情况和各县（区）特色项目进展情况，开展了“2＋1”主席会议视察活动，采取实地察看、听取汇报、座谈交流等形式，视察了33个项目，向市委、市政府提交了视察报告，针对“实体经济发展”“赣湘开放合作试验区建设”“旅游资源整合”“脱贫攻坚”“基层政协组织建设”等，提出了5个方面16条具体意见建议，得到了市委、市政府领导的充分肯定。

着力抓好提案办理。市政协十三届一次会议期间，共收到提案122件，审查立案95件。及时召开提案办理会，集中交办提案，40多个承办单位正在积极办理。注重抓好提案督办和跟踪问效，开展提案办理督促检查，推行提案办理“双向测评”，健全承办单位与提案人面商机制，有效改变了部分承办单位“重答复、轻落实”现象，提案办理实效明显提高。

注重反映社情民意。充分利用萍乡政协网站、微信公众号，多渠道收集委员反映的社情民意信息，收集信息50余条，精选部分内容编成《社情民意反映》，报送市委、市政府有关领导和相关职能部门。一些社情民意信息得到了领导批示，各职能部门对政协委员反映的社情民意能认真办理、及时反馈,促成了民生实际问题的快捷有效解决。

有效开展委员监督。加强对委员民主监督的协调和管理工作。民主监督员积极履职,分别开展了法院公开庭审活动监督、基层检察院建设情况调研、公安局窗口单位暗访、环保行政执法活动监督、城管执法情况监督、消费者权益日活动监督、优化税收环境问卷调查等一系列有特色、有成效的活动,向监督单位提出意见建议30余条,有效促进了监督单位的工作,取得了良好的社会效果。

(五)坚持团结民主,凝聚改革发展合力

我们坚持团结和民主两大主题,充分发挥政协独特优势,凝聚各方智慧力量,共同致力于全市经济社会发展。

发挥党派团体作用。坚持"长期共存、互相监督、肝胆相照、荣辱与共"方针,广泛团结各人民团体和各族各界人士,促进各党派、无党派人士的合作共事。在政协会议、调研、视察、提案、社情民意反映等协商议政工作中,主动为他们表达意见和主张创造条件,不断增进共同政治基础上的团结合作。

加强各方联络联谊。注重与港澳台同胞、海外侨胞、归侨侨眷的联系,主动关心台胞台属、归侨侨眷企业的发展,及时了解和掌握他们的合理诉求,向有关部门提出具体建议,助力解决实际问题。加强对在外委员的联系与服务。充分利用春节期间委员返乡探亲的有利时机,积极开展招商活动。开展"加强县域宗教文化挖掘和利用"对口协商活动,积极探索宗教界人士和信教群众在促进经济社会发展中发挥作用的有效途径。加强与外地政协的联系和交流,学习借鉴先进经验,宣传我市经济社会发展取得的新成就。

发挥文史社会功能。收集整理了"三亲"史料。初步完成了《萍乡文史资料》第二十一辑的史料征集工作,征集本地"三亲"史料80余篇,图片70余幅,近30万字。基本完成了《萍乡政协志(1992—2016)》的编纂工作,形成了60余万字的初稿,2017年将编辑出版。组织并参加了第二届汉冶萍国际学术研讨会(中国武汉),成功获取第三届汉冶萍国际学术研讨会举办权。

(六)坚持从严从实,全面加强自身建设

我们主动适应新形势新任务对政协工作提出的新要求,坚持从严从实,不断夯实履职基础,永葆人民政协的蓬勃生机和旺盛活力。

深入开展"两学一做"学习教育。切实把"两学一做"学习教育与从严治党的各项要求结合起来,坚持以上率下,强化宗旨意识,认真落实《关于新形势下党内政治生活的若干准则》和《中国共产党党内监督条例》,做到用制度管人、管事,党风廉政建设得到进一步加强。切实把"两学一做"学习教育与改进作风结合起来,狠抓工作作风整顿,规范办事流程,改进会风文风,严格工作纪律,机关干部的政治意识、大局意识、核心意识、看齐意识明显增强,工作效能不断提升。

推进"三化"建设。以推进政协工作制度化、规范化、程序化建设为目标,以制度建设为重点,制定出台了《关于加强新形势下委员队伍建设的实施意见》,《意见》对委员学习培训、履行职能、遵纪守法等方面提出明确要求,明确了委员参加会议、撰写提案、参与调研视察、反映社情民意等履职量化考核标准。为抓好《意见》的贯彻落实,制定了《关于加强新形势下委员队伍建设实施意见责任分工方案》,明确了牵头领导、责任领导、责任单位和工作要求;首次对委员参加培训班的考勤情况进行了通报。同时,进一步完善了委员履职情况登记反馈机制、委员联络机制、界别活动机制、成果转化机制;完善了主席会议、专委会会议工作规则;健全了机关管理制度等,努力提高政协工作科学化水平。

统筹推进经常性工作。加强对外宣传工作,在中央、省、市各级媒体上刊发反映我市政协工作稿件106篇,获得省级以上奖项6项。同时,充分利用《萍乡政协》内刊、萍乡政协网站和微信公众号等载体,及时报道政协履职成效。响应市委号召,认真做好招商引资工作,开展"发挥政协优势,助力招商引资"主题活动,成立招商小分队,分赴山东、北京等地进行招商,联系了20余家知名企业,推介了萍乡的优势产业。扎实做好扶贫帮困工作,市政协班子成员深入挂点村指导精准扶贫,解决实际困难。组织政协委员深入基层为群众做实事、办好事,开展进企业、进社区、进农村,送医、送教、送科技、送法律、送文化活动20余次。动员政协委员积极参与捐资助教、扶贫济困等社会公益事业,共捐赠扶贫济困资金1000余万元,受到了群众的广泛称赞。

各位委员、同志们,常委会取得的成绩,是中共萍乡市委坚强领导、市人大常委会、市人民政府大力支持的结果,是市政协各参加单位、全体政协委员和各级政协组织紧密协作、团结奋斗的结果,也是社会各界倾情支持、共同推动的结果。在此,我代表市政协常委会表示衷心的感谢!

在肯定成绩的同时,也要清醒地看到,与新形势、新任务、新要求相比,我们的工作还存在一些不足。比如,民主监督方式方法有待进一步创新,调研工作深入不够,调研质量有待进一步提高,委员履职活动参与面有待进一步扩大等等。我们将认真研究,在今后的工作中切实加以改进。

二、2017年工作打算

2017年是实施"十三五"规划的重要一年,是政协萍乡市第十三届委员会各项工作的开局之年。市政协工作的总体要求是:全面贯彻落实中共十八大,十八届三中、四中、五中、六中全会精神,深入学习贯彻习近平总书记系列重要讲话精神和治国理政新理念新思想新战略,深入贯彻落实省、市党代会精神,牢牢把握团结和民主两大主题,充分发挥政协作为协商民主重要渠道和专门协商机构的作用,坚定不移地坚持党的领导,着力加强队伍建设,着力提升协商议政质量,着力加大民主监督力度,着力打造特色亮点,着力完成市委市政府交办的各项任务,不断推动我市人民政协事业创新发展,努力促进"年年有变化、三年大变样、五年新跨越",以优异成绩迎接中共十九大胜利召开。

(一)坚定不移地坚持党的领导。

(二)着力加强队伍建设。

(三)着力提升协商议政质量。

(四)着力加大民主监督力度。

(五)着力打造特色亮点。

(六)着力完成市委、市政府交办的各项任务。

【组织概况】

政协萍乡市第十三届委员会
主席、副主席、秘书长、副秘书长、常务委员、委员名单

主　席:吴运波

副主席:姚　虎　陈朝清　刘艳萍　余绍林　何义萍　颜小龙　李　勇

秘书长:邓玉丁

副秘书长:李　清　张　雁　刘德晟

常务委员

王建辉　卢文俊　刘　韬
刘运成　刘志强　刘京勋
刘建高　刘洁兰(女)　刘洪东
刘海林　刘德晟　关翠屏(女)

汤怀博 李　清 李金山
杨　将 肖　洁(女) 吴昌荣
何绍鹏 宋玖萍(女) 宋晓文
张　凯 张永其 张建文
张黎明 陆　玉 陈　田
陈建荣 陈益敏(女) 邵沪权
林建梅(女) 罗晓娟(女) 周小燕(女)
周坚理 周艳琴(女) 周海波
胡　芳(女) 胡志纯 柳小波
柳秋华(女) 钟艳秋(女) 秦斌武
敖桂明 袁涛新 夏坤勇
黄　浩 彭六萍 彭建达
释道源 童　艳(女) 曾　新
赖长萍

委　员

中国共产党萍乡市委员会

王　萍 邓玉丁 刘　琼(女)
刘洪东 李　清 李志猛
李烨红 杨克崎 肖　平
吴运波 吴昌荣 何义萍
余绍林 张　雁(女) 张建文
陈　田 林光希 周晓春
胡志纯 柳小波 柳青平
段太平 姚　虎 姚莉钦(女)
姚瑞瑛(女) 贺雪平 凌新昱
黄汉如 黄百灵(女) 梅先盛
彭六萍 彭世国 彭保发
曾念辉 颜小龙

中国国民党革命委员会萍乡市委员会

龙　云 卢运辉 朱　娜(女)
刘　杰(女) 刘瑞德 刘新文
肖　洁(女) 肖　琨(女) 何正花(女)
宋玖萍(女) 昌社育 周　锋
谢　玉(女)

中国民主同盟萍乡市委员会

刘　飞 李建友 何　蔼(女)
何绍鹏 张　倩(女) 张永其
张琼孟娜(女) 陈　磊(女) 胡　江

钟福圣 贾芝良 晏根平
魏期林

中国民主建国会萍乡市委员会

刘　煜(女) 刘水伦 刘红梅(女)
刘运成 苏涵萍 李建辉
邱　凤(女) 何世骥 张　惠
陈朝清 林建梅(女) 梁　萍
赖文娟

中国民主促进会萍乡市委员会

刘洁兰(女) 李　倩(女) 罗增礼
周小燕(女) 周敬华 胡自荣(女)
陶　勇

中国农工民主党萍乡市委员会

王建辉 邓志辉 刘文新
刘艳萍(女) 陈庆华 袁涛新
戴　刚

九三学社萍乡市委员会

李　勇 吴光勇 罗晓安
胡璐婷(女) 钟　宏(女) 曾　新
谢　琳

萍乡市工商业联合会

尹湘宜 邓　令 朱治平
刘向红(女) 汤怀博 许康文
李　云(女) 李　波 吴　昆
何文斌 余建民 陈　林
陈志传 林启明(女) 易旺桔
周坚理 赵晓红 胡　芳(女)
贾艳玲(女) 徐忠文 赖长萍
廖德祥

无党派人士

文　健 冯春萍 刘　韬
李　燕(女) 李茂清(女) 杨光华
肖昇军 胡　迪 柳义成
贺灿梅(女) 黄　浩 梁兰萍(女)
彭　云

萍乡市总工会

文兰英(女) 向时辉 刘志强
刘芦萍 邹新萍 欧向阳(女)
易传凤 易祖良 袁洪权

彭　文　彭颜华　程　霞（女）

共青团、青联界

朱思琳　李剑科　杨　将
何力群　陈　强　陈益敏（女）
周　菁（女）　聂　颖（女）　蔡　威

萍乡市妇女联合会

叶琼穗（女）　刘晓红（女）　吴清梅（女）
张玉玲（女）　陈香文（女）　周碧江（女）
童　艳（女）　曾瑞莲（女）　熊　姜（女）

农业界

邓　兴　兰海娇（女）　刘　艳（女）
刘树强　江青莲（女）　杨志坚
何　斌　何仲国　张海峰
张黎明　陈　萍　周海波
姚绍兵　敖有理　曾　珊（女）
廖铅生

科技科协界

王　坚　刘　健　刘光辉
刘明金　李金山　吴志华
罗　勇　周发明　黄　佳（女）
章炬勇　董利民（女）　曾　鸣
潜伟平

文学艺术界

甘远龙　刘晓田（女）　刘晓峰
江善春　肖　晓　张　凯
周友田　黄小名　彭东方
彭学平　漆宇晴

社会科学界

马如波　刘德晟　周满娇（女）
谭学琳（女）　黎一君　黎雪源

教育界

王　军　付红玲（女）　成文辉
朱志辉　刘放华　刘垂春
李爽萍　邱永坚　陈祖仁
罗晓娟（女）　敖桂明　黄梅玉（女）
彭金程　童道雄　魏水玲（女）

医药卫生界

文剑波　龙绍华　龙博文
皮　芳（女）　周艳琴（女）　钟佑衡
钟艳秋（女）　贺小丽（女）　黄文峰
彭文华　温莹浩（女）

经济财贸界

卢文俊　朱刚强　李毅芳
杨庆康　杨维建　吴建华
钟帮元　钟水兵　秦　华
秦斌武　高　强　黄　珊（女）
彭　波　董国伟　储著新
谭　琪（女）　黎　红（女）

台胞台属界

刘世林（女）　李柏瑞　宋晓文
邵沪权　徐　兵　黄　萍
熊本萍

归侨侨眷界

王险峰　王戟明　刘京勋
许琼萍（女）　郭子新　赖世波

新闻体育界

刘　忠　刘　婧（女）　李安华（女）
吴申良　陆　玉　易淑梅（女）
唐兰花（女）　韩　强

社会福利界

王启凤　甘新明　李　宇（女）
郝建国　柳秋华（女）　黄贵国

民族宗教界

汤礼萍　李秋红（女）　陈红卫
罗晓丽（女）　释戒宝（女）　释灵根（女）
释道源

特别邀请人士

邓　斌（女）　叶　萍　刘建高
刘海林　关翠屏（女）　许跃林
李腾勇　杨烈佑　沈　阳
陈永国　陈建荣　易冬梅（女）
钟　亮　段　练　夏坤勇
晏学云　倪艳霞（女）　彭艳萍（女）
彭亚平　彭建达　曾维娜（女）
谢新民　赖松萍

【大事记】

1月

3日 市政协主席吴运波会见法国萍乡同乡会会长黄申萍，洽谈汉冶萍相关事项。

6日 市政协机关开展党员活动日活动，机关全体人员参加，组织观看《警钟》《蝇贪》反腐倡廉教育片，评选2016年度先进工作者。

11日 召开市政协党组2016年度民主生活会征求意见座谈会。市政协党组副书记、副主席姚虎主持，各民主党派市委会（工委）、市工商联、各县区政协代表参加会议。

召开市政协党组会议。市政协党组书记、主席吴运波出席并主持，会议审议通过《2015年度市政协党组“三严三实”专题民主生活会整改落实情况》，审议《中共政协萍乡市委员会党组2016年度民主生活会对照检查材料》，并就年前有关工作作了安排。

19日 市政协党组召开2016年度民主生活会暨汲取苏荣案及涉案人员违纪教训专题民主生活会。

20日 市政协机关召开县级党员领导干部2016年度民主生活会暨汲取苏荣案及涉案人员违纪教训专题民主生活会，市政协秘书长邓玉丁主持会议。

24日 市政协召开党组（扩大）会，传达学习省政协十一届五次会议、市纪委十二届二次会议精神，总结2016年市政协机关工作。

2月

4日 召开市政协十三届第四次主席会议，讨论决定召开十三届委员会常务委员会第二次会议的有关事项；审议召开十三届委员会二次全会有关事项和材料。

8日 召开市政协十三届常务委员会第二次会议，市政协主席吴运波出席并主持会议。

省政协副主席汤建人莅萍，进行“降成本、优环境”专题调研，市委书记李小豹，市委副书记、市政府市长李江河，市政协主席吴运波，市政府副市长崔传鹏、黄强，市政协副主席陈朝清分别陪同。

20日至23日 中国人民政治协商会议萍乡市第十三届委员会第二次会议召开。

23日 在安源大剧院举行闭幕大会，市政协副主席何义萍主持，会议通过了《政协萍乡市第十三届委员会提案委员会关于十三届二次会议提案初步审查情况的报告》和《政协萍乡市第十三届委员会第二次会议决议》，市政协主席吴运波发表讲话。

27日 召开市政协党组中心组理论学习会议，传达学习习近平总书记在省部级主要领导干部学习研讨班讲话精神、鹿心社书记在全省市厅级主要领导干部学习贯彻党的十八届六中全会暨省第十四次党代会精神专题研讨班上讲话精神和市“两会”精神。

28日 市委考核组在市政协机关对县级领导干部进行年度考评。

3月

14日 市政协主席吴运波赴南昌参加省政协“关于加强和改进人民政协民主监督的实施意见”征求意见座谈会。

15日 中共萍乡市委发文，决定设立中共政协萍乡市委员会机关党组。

16 日 召开以“萍乡市互联网基础设施建设”为主题的第一场双月协商座谈会。市政协主席吴运波，副主席姚虎、陈朝清、余绍林、何义萍、李勇，秘书长邓玉丁出席会议。副主席姚虎主持会议。市政府副市长黄强应邀出席并讲话。

21 日 市政协主席吴运波到上栗县长平乡石塘村走访，调研精准扶贫、新农村建设有关情况。秘书长邓玉丁陪同。

27 日 召开市政协十三届第五次主席会议，传达学习全国“两会”精神、省政协十一届二十四次常委会议和市委常委扩大会议精神，审议《政协萍乡市委员会大会发言规则(草)》《政协萍乡市委员会办公室关于进一步严格机关干部职工请假制度的通知(草)》等9份文件，听取关于市政协十三届二次会议提案审查情况的报告。机关全体人员参加第一阶段的学习。

4 月

1 日 市政协机关党员干部在北桥社区管理处开展“学习龚全珍、争做新雷锋”党员志愿服务活动，清扫社区。副主席余绍林、秘书长邓玉丁参加，余绍林讲授党课。

13 日 召开市政协十三届第六次主席会议，审议并原则同意《关于我市饮用水水源地涵养现状和保护对策的建议案(草)》，审议并通过《政协萍乡市第十三届委员会常务委员会第四次会议暨第二次双月协商座谈会工作方案(草)》。

18 日 市政协副主席姚虎率市政协经济委员会、市农业局、农行萍乡支行、市卫生学校等扶贫单位负责人一行在莲花县良坊镇新田村走访调研。

25 日 在市政协主席会议室召开全体党员会议，传达学习《关于对我省出席党的十九大代表候选人初步人选进行党内公示的通知》，布置结对帮扶工作。

28 日 召开政协萍乡市第十三届委员会常务委员会第四次会议暨第二次双月协商座谈会。市政协主席吴运波出席并讲话。

5 月

2 日 市政协副主席颜小龙率市安监局、萍乡学院、市人民银行、市邮政管理局负责人到南坑镇妙泉村召开脱贫攻坚工作现场办公会。

3 日 市政协召开全体机关人员大会，传达学习全市脱贫攻坚整改工作会议、全市文明交通行动年活动动员大会会议精神。

4 日 市政协主席吴运波赴上栗县长平乡石塘村，调研指导脱贫攻坚工作。

9 日 市政协机关召开脱贫攻坚帮扶情况汇总会议，机关全体帮扶人员参加。

10 日 市政协副主席刘艳萍到上栗县彭高镇沽塘村调研指导脱贫攻坚工作；市政协副主席陈朝清率市市场监督管理局、市农发行、市文联等部门主要负责人，到莲花县升坊镇浯二村调研指导脱贫攻坚工作，走访慰问贫困户。

19 日 召开市政协党组中心组理论学习会议，传达习近平总书记在中共中央政治局第三十九次集体学习时的重要讲话精神、鹿心社书记在全省扶贫工作推进会上的讲话精神和市委中心学习组会议精神；扶贫工作组汇报挂点帮扶工作进展情况。

27 日 市政协主席会议成员赴各民主党派、市工商联实地走访调研，市政协主席吴运波，副主席姚虎、陈朝清、刘艳萍、余绍林、何义萍、颜小龙，秘书长邓玉丁参加。

6 月

2 日 在主席会议室开展“党员活动日”学习活动，市政协主席吴运波出席，机关全体党员参加。

7日 召开全市政协组织宣传信息工作会议，市政协秘书长邓玉丁主持，市政协副主席颜小龙出席会议并讲话。

9日 市政协机关党组（党委）召开“两学一做”学习教育常态化制度化推进会，传达学习市委推进“两学一做”学习教育常态化制度化工作部署会会议精神，研究部署有关工作事项。

12日 召开市政协党组（扩大）会议，组织学习《中共江西省委关于加强和改进人民政协民主监督工作的实施意见》，传达贯彻市委常委（扩大）会议精神，并就如何贯彻落实作出具体安排。市政协党组书记、主席吴运波出席并讲话，副主席颜小龙主持会议。市政协副主席刘艳萍、余绍林、何义萍、颜小龙、李勇，秘书长邓玉丁出席。

13日至14日 市政协副主席姚虎带领调研组对全市“扶贫专项资金使用情况”进行专题调研。

16日 市政协主席吴运波率扶贫工作组和市教育局、市公路局、市民政局等有关单位负责人到精准扶贫联系点上栗县长平乡石塘村，调研指导脱贫攻坚工作。

21日 召开市政协机关党组会议，市政协机关党组书记、市政协秘书长邓玉丁主持会议，机关党组全体成员参加，市纪委驻市委办纪检组组长曾宪许应邀出席。

27日 召开市政协十三届第七次主席会议。

7月

4日 召开政协萍乡市第十三届委员会常务委员会第五次会议暨第三次双月协商座谈会，围绕“优化我市新老城区学校网点布局”开展专题协商。

5日至12日 市政协调研组对全市环保陶瓷产业发展情况进行调研，市政协副主席姚虎带队。

14日 市政协机关与上栗县长平乡石塘村党支部联合开展“两学一做”学习教育第一专题集体学习活动。

18日 市政协副主席何义萍率人资环委界别委员一行9人，到市气象局调研指导气象工作。

26日 在市政协主席会议室召开市政协党组（扩大）会议，传达学习市委常委（扩大）会精神、全市创建文明城市迎检推进会精神。市政协党组书记、主席吴运波出席并讲话，市政协党组副书记、副主席姚虎主持，副主席陈朝清、刘艳萍、余绍林、何义萍、李勇，秘书长邓玉丁出席，机关全体干部参加会议。

8月

15日 市政协主席会议组成人员到市公安局开展“和谐平安新萍乡”主席视察活动。

召开市政协十三届第八次主席会议。

24日至25日 市政协调研组对“充分发挥农村电子商务在拉动产业扶贫中的重要作用”进行调研，市政协副主席李勇带队。

25日 市政协主席吴运波到市粮食局开展市党代表联系服务党员群众活动。

29日 召开政协萍乡市第十三届委员会常务委员会第六次会议暨第四次双月协商座谈会，围绕“打造龙头企业，增强环保陶瓷的核心竞争力”开展协商。

9月

4日 市政协主席吴运波到非公经济党建联系点华美立家开展调研活动，萍乡经济技术开发区工委书记李锦林、市政协秘书长邓玉丁等陪同调研。

5 日 市政协副主席姚虎率经济委员会、市工商联有关人员在市商务局召开重点提案督办会，就《关于加快我市商贸流通业发展的建议》提案办理情况开展座谈交流。

6 日 市政协主席吴运波到上栗县长平乡石塘村调研指导新农村建设工作。市政协秘书长邓玉丁，市旅发委、萍矿集团等单位领导陪同调研。

8 日 在市政协主席会议室召开市政协机关党组（扩大）会议，传达贯彻市委全委会议精神，学习《中国共产党巡视条例》、《江西日报》担当实干系列评论员文章，市政协机关党组书记、秘书长邓玉丁出席并讲话。

22 日 召开市政协十三届第九次主席会议。

26 日 召开第五次双月协商座谈会，围绕“我市休闲农业对提升农民增收、解决农民就业、推进农业供给侧改革的探索”建言献策。

30 日 市政协机关党组在主席会议室召开落实全面从严治党“两个责任”专题约谈会议，机关党组书记、秘书长邓玉丁专题约谈市政协机关副县级领导干部和正副科级干部。

10 月

24 日 市政协专题视察市中心城区大气污染防治，开展协商式民主监督活动，视察组实地察看了市交警支队智能交通指挥服务中心、萍安钢公司、中铁建大桥局海绵城市建设项目基地施工现场，组织市环保局、市建设局、市交警支队以及人口环资界别的部分委员召开座谈会，市政协主席吴运波出席并讲话，市政协副主席何义萍，秘书长邓玉丁出席。

26 日 市政协主席、副主席、正副秘书长在市行政中心视频会议室参加全省领导干部视频会议。

27 日 市政协主席、副主席、正副秘书长、各专委会主任在市行政中心大会议室参加全市领导干部大会；下午，在主席会议室召开市政协党组（扩大）会议。

30 日 召开市政协十三届第十次主席会议，审议并原则同意《市政协关于学习宣传贯彻党的十九大精神安排意见（草）》，审议并通过《政协萍乡市第十三届委员会常务委员会第七次会议工作方案（草）》，审议并原则同意《整合资源，高位推动，努力创建安源国家5A级旅游景区——关于安源景区创建国家5A级旅游景区情况的调查报告（草）》，审议并通过《关于开展市政协第六次双月协商座谈会工作方案（草）》。

31 日 市政协机关党组召开会议，专题研究学习宣传贯彻党的十九大精神，讨论《市政协机关党组理论学习组学习制度》，部署机关基层党建有关工作事项。

11 月

2 日 召开第六次双月协商座谈会，围绕“整合资源，高位推动，全力创建安源国家5A级旅游景区”开展协商议政。

3 日 市政协机关在上栗县长平乡塘上村开展“两学一做”第三专题集体学习活动，组织机关全体党员植树、慰问贫困户、宣讲党的十九大精神，市政协副主席姚虎、何义萍，秘书长邓玉丁参加。

7 日 召开市政协十三届常务委员会第七次会议，专题学习中共十九大精神，省、市领导干部会议精神和省政协十一届二十七次常委会精神。

8 日 市政协主席吴运波到上栗县长平乡石塘村宣讲党的十九大精神，副主席余绍林、市政协机关第一党支部、石塘村党支部全体党员参加。

20 日至 21 日 召开市政协党组中心组理论学习会议暨学习贯彻党的十九大精神专题研讨会。

23 日 市政协开展“走访政协委员、宣讲党的十九大”活动，市政协主席吴运波、副主席陈朝清、余绍林，先后走访甘远龙、敖桂明等政协委员，并在大唐幼儿园“政协委员活动室”宣讲党的十九大精神。

12 月

1 日 在主席会议室召开机关全体人员大会。传达落实脱贫攻坚有关工作要求，市政协秘书长邓玉丁主持会议。

8 日 市政协主席吴运波在石塘村参加由市政协组织的送医送药下乡义诊活动。

召开市政协十三届第十二次主席会议。会议审议了召开第八次常务委员会的相关会议材料，审议了《充分发挥农村电子商务在拉动产业扶贫中的重要作用调研报告(草)》。

11 日 市政协机关干部到上栗县长平乡石塘村、塘上村调研脱贫攻坚工作，走访结对帮扶贫困户。

14 日 召开市政协十三届常务委员会第八次会议。市政协主席吴运波出席并主持会议，副主席姚虎、陈朝清、刘艳萍、余绍林、何义萍，秘书长邓玉丁出席。

18 日 召开党组(扩大)会议，市政协机关全体人员参加。

28 日 召开市政协十三届第十三次主席会议。会议审议了《2018 年度市政协协商工作计划议题(草)》，审议了有关人事事项。

(邓骋文 编写 邓玉丁 审稿)

政协新余市委员会

【全体委员会议】

九届二次会议 1月10日至12日，中国人民政治协商会议新余市第九届委员会第二次会议举行。会议听取并讨论了中共新余市委书记蒋斌同志在开幕大会上的重要讲话；协商讨论了中共新余市委副书记、新余市人民政府市长董晓健同志所作的《政府工作报告》；审议通过了市政协主席卢伟平同志受常委会委托所作的九届市政协常委会工作报告和市政协副主席黄永旭同志受常委会委托所作的提案工作报告。会议还表彰了市政协九届二次会议大会发言获奖人员和单位。

【常务委员会会议】

第四次会议 1月12日，市政协九届四次常委会议召开。主席卢伟平主持会议。副主席贺为华、黄永旭、邹基云、傅明明、孔祥筛，秘书长单巍全出席会议。会议听取了《政协新余市第九届委员会常务委员会2017年工作要点（草案）》起草情况说明；审议通过了《政协新余市第九届委员会常务委员会2017年工作要点》。

第五次会议 7月12日，市政协九届五次常委会议召开。副市长徐绍荣应邀出席会议并讲话。副主席贺为华、黄永旭、邹基云、孔祥筛，秘书长单巍全出席会议。会议由孔祥筛主持。会议听取市政府关于我市2017年上半年经济运行和社会发展情况的通报；协商讨论助推我市产业集群公共服务平台建设问题；协商决定人事事项。

第六次会议 9月28日，市政协九届六次常委会议召开。主席卢伟平出席会议并讲话。副市长徐绍荣应邀出席并讲话。副主席贺为华、黄永旭、邹基云、傅明明、孔祥筛，秘书长单巍全出席会议。会议由贺为华主持。会议协商讨论了关于加快我市光电信息产业发展问题，协商决定人事事项。

第七次会议 11月9日，市政协九届七次常委会议召开。副主席贺为华、黄永旭、邹基云、孔祥筛，秘书长单巍全出席会议。会议由邹基云主持。会议专题传达学习省政协主席黄跃金来余调研时和在省政协十一届二十七次常委会议上的讲话精神。

第八次会议 12月25日，市政协九届八次常委会议召开。主席卢伟平出席会议并讲话。副市长徐文泊应邀出席会议并讲话。副主席贺为华、邹基云、傅明明、孔祥筛，秘书长单巍全出席会议。会议由傅明明主持。会议协商讨论了《政府工作报告（征求意见稿）》；审议通过了《政协新余市第九届委员会常务委员会工作报告》《政协新余市第九届委员会常务委员会关于提案工作情况的报告》《政协新余市第九届委员会常务委员会关于表彰2017年度“四个一”竞赛活动成绩突出的委员的决定》《政协新余市第九届委员会常务委员会关于表彰2017年度优秀提案的决定》《关于召开政协新余市第九届委员会第三次会议的决定（草案）》及政协新余市第九届委员会第三次会议有关文件草案；协商决定人事事项；听取了市政协各专门委员会和办公室关于2017年工作总结及2018年工作打算情况的汇报。

【专门委员会工作】

提案委员会 主要工作：市政协九届一次、二次会议提案以来，共收到集体和个人提案250件，经过与市委办和市政府办的联合审查，决定立案207件。起草了《市政协优秀提案评选办法（试行）》，规范优秀提案评选工作。依据《办法》规定，评选产生2017年度12件优秀提案。协助市政府召开提案交办会，并通过政务平台将立案提案交由全市57个承办单位办理。经征求市领导意见，遴选了《发展光伏扶贫产业，助推精准扶贫》等14件重点提案作为2017年度市领导督办提案，以市委办、市政府办、市政协办名义联合向全市下文。市委、市政府主要领导通过不同方式关心过问提案办理进展和落实情况，市政协主要领导主持召开市领导督办提案交办会，听取23个承办单位负责人的工作汇报，就做好办理工作作出明确指示。在各方的共同努力下，207件立案提案已全部办理完毕，为促进我市经济社会发展发挥了积极作用。

经济科技委员会 主要工作：承担并完成了“优化企业发展环境”“加快光电信息产业发展”“推进病死畜禽集中无害化处理”三个课题调研任务。其间，在市政协副主席贺为华带领下，调研组采取座谈讨论、实地调研、外出考察、协商论证等形式，共召开大小座谈会20多个，走访企业10多家，外出考察2次；形成调研报告3篇，所提意见建议30多条。《关于进一步优化我市企业发展环境的调研报告》被市委《决策参考》全文编发，市委、市政府主要领导亲自阅示，并转各级各部门办理落实。《关于加快我市光电信息产业发展的协商报告》经市政府批示，已转发交办至各县区及市委改革办、市工信委、市发改委、市商务局等9个部门，并充分采纳报告所提建议，由市工信委牵头研究制定我市光电信息产业发展规划。

教文卫体委员会 主要工作：2月至4月，组织政协委员，会同市教育局、公安局、城管局、住建委负责人一道，开展了校园门前交通安全的视察。视察报告得到了市政府领导的高度重视，所提建议逐一答复，对《报告》中的建议因校而异，一校一策，全部已在有序落实之中。4月至8月，组织开展“关于我市全民健身运动开展情况”的专题调研。副主席孔祥筛带领调研组深入有关县(区)及体育社会组织，通过召开座谈会、实地考察、专门访谈等形式，收集了大量的第一手资料，形成了《我市全民健身运动开展情况的调研报告》。市委、市政府对《报告》中的建议逐一答复，研究制定了工作措施，要求相关部门密切配合，抓紧落实。10月至11月，组织开展我市学前教育发展情况专题调研，形成了《关于我市学前教育发展情况的调研报告》，《报告》经主席会协商后，上报市委、市政府决策参考。

社会和法制委员会 主要工作：开展了“规范城区电动车管理”专题调研，调研组就我市电动车管理情况进行了反复分析研究，提出了一些有针对性和可操作性的建议。4月，分管副主席带领调研组赴相关职能部门及全市一县三区开展农业政策性资金管理使用情况调研，形成调研报告，提出了切实可行的意见建议。6月，市政协主席卢伟平率市政协全体班子成员，对我市宗教活动场所进行了视察，实地察看基督教渝水教堂、崇庆寺、云峰禅寺等宗教活动场所，深入了解了基督教、佛教等宗教在我市的发展情况。组织委员积极参与我市法制建设，参加市检察院“检察开放日”活动，市中级人民法院案件的公开庭审，征兵工作廉洁情况全程监督，较好地发挥了民主监督作用。

文史委员会 主要工作：组织编撰了《中国传统村落介桥》书稿，做好课题申报、图片插入、印刷排版、统稿校对等程序式工作，该书于2017年12月由江西人民出版社出版。完成《古今联赋话新余》交流与收藏工作，向全国兄弟地市政协文史委和国家图书馆、北京大学图书馆等260多家单位相赠，进一步扩大了新余文化的影响力。参加全省政协文史学习与交流。撰写《试论政协文史工作体会与建议之我见》《解放思想，充实政协文史工作内涵》等政协文史资料工作探讨文章,分别刊于《宜宾政协》《光华时报》。聚焦产业集群公共服务平台建设深入调研,形成《关于助推产业集群公共服务平台建设的报告》,得到市政府充分肯定。市长董晓健就报告提出的建议,亲率市政府全套班子深入平台建设单位逐一回复响应,召集平台建设单位逐一解决问题,有力助推了平台建设健康发展。紧盯全市水资源环境质量,完成了《全市水资源环境质量调研报告》,为全市剿灭劣V类水提供了可资借鉴的行动路线与治理方案。

港澳台侨和外事委员会 主要工作:3月至6月,组织开展“激发港澳台侨人士爱国爱乡热情,助推我市‘工小美’城市发展”专题调研。调研报告经主席会议审议通过后上报市政府,市长董晓健批示:“报告分析问题准确实在,提出的五点问题切实可行,请相关部门认真研究,把引智工程,寻根活动落到实处,把我市港澳台侨和外事工作上一个新台阶。”市主要领导对报告的高度认可为我市港澳台侨和外事工作局面拓展和落实打开实际操作的方向和方法。联合市侨办、侨联开展我市侨属侨眷和海外人士的情况摸底梳理,重点就进一步吸引港澳台与海外渝郎回新余创业、营造良好环境进行调研,提出了吸引港澳台侨投资新余的意见和建议。

【重要活动】

专题调研校园门前交通安全管理工作 2月24日,市政协副主席孔祥筛率市政协委员和市教育、公安、住建、城管等相关部门负责人深入我市部分中小学校及周边,对学校周边交通安全状况进行实地调研。调研组一行先后深入市四中、市逸夫小学、市暨阳小学、市一中,就学校周边主要交通安全隐患、现有交通安全基础设施、日常学校交通安全教育、交通秩序维护情况及交通设施建设建议等进行实地调研,听取学校负责人情况汇报,实地查看学校周边交通状况。

随后,调研组邀请学校代表和家长代表在市教育局会议室召开专题座谈会。

召开港澳台侨工作专题调研座谈会 4月18日,市政协港澳台侨和外事委组织召开“激发港澳台侨人士爱国爱乡热情 助推我市经济社会发展”专题调研座谈会。市政协副主席黄永旭出席座谈会。市委统战部、市委台办、市商务局、市侨联、市外事侨务办、县(区)委(管委会)、新钢集团公司及部分台胞、华人华侨、侨胞侨眷、企业代表参加座谈并汇报相关工作情况。针对涉侨组织机构不健全、人员紧缺、渠道不畅、管理重叠等问题,会议建议,要进一步理顺关系、畅通渠道,整合共享资源信息,建议由市委统战部统一协调,建立大统战格局。进一步抓组织建设,形成有力的工作抓手,要争创条件组建更多的海外组织和海内组织,建立互动机制和经常性的交流往来。进一步搭建完善平台,开展送政策、送关怀等活动,不断探索发挥好海外侨胞和台胞作用的新途径和新方式。

召开2017年市领导督办提案交办会 4月20日,2017年市领导督办提案交办会召开。市政协主席卢伟平出席会议并讲话。2017年,市领导领衔督办了14件重点提案,涉及市委、市政府中心工作、经济发展的重点领域、百姓关心关注的热点问题,涉及承办单位23个。卢伟平指出,要进一步树立大局意识,充分认识提案办理工作的重要性;进一步加大提案办理力度,在狠抓落实上下功夫;进一步创新提案督办方式,全面提高提案办理质效。

川滇黔赣冀湘六省二十二市州政协第四十一次联系会议在余召开 5月11日至12日,川滇黔赣冀湘六省二十二市州政协第四十一次联系会议在新余召开。会议围绕“发展绿色能源、建设生态文明”主题,交流各市州政协在绿色能源和生态文明方面履职献策的做法和经验。中共新余市委书记蒋斌致辞。会上,江西省新余市、四川省眉山市、云南省曲靖市、贵州省毕节市、河北省保定市、湖南省张家界市六市政协做交流发言;会议通过了第四十一次联系会议纪要,举行了第四十二次联系会议承办交接仪式。会议期间,参会代表还深入到陆辉70MW、德佑35MW渔光互补光伏发电项目、分宜县隼元村颐养之家、赛维LDK光伏硅料科技有限公司、江西佳沃新能源有限公司以及江西瑞晶太阳能科技有限公司进行实地参观考察。

调研全市宗教活动场所管理工作 6月27日,市政协主席卢伟平,副主席贺为华、黄永旭、邹基云、傅明明,部分政协常委及委员组成的宗教调研组,深入全市宗教团体及部分宗教活动场所进行调研。

召开“两学一做”专题学习会 7月11日、9月22日和12月13日,市政协中心组“两学一做”第一、第二、第三专题学习会召开,会议主题分别为“讲政治、有信念——做政治合格党员”“讲规矩、有纪律——做执行纪律合格的共产党员”“讲道德、有品行——做品德合格的共产党员”。市政协主席卢伟平出席会议并讲话,会议观看“以习近平同志为核心的党中央治国理政的新理念新思想新战略”主题宣讲视频,学习省委常委、宣传部部长赵力平关于做好意识形态工作的讲话,学习市委书记蒋斌在市委中心组“两学一做”第一专题学习会上的讲话精神,以及市委办公室关于印发《新余市推进“两学一做”学习教育常态化制度化实施方案》的通知。传达学习了《中国共产党巡视工作条例》《关于市县党委建立巡察制度的意见》和《被巡视党组织配合中央巡视工作规定》。《中共中央办公厅、省委、市委印发习近平总书记关于进一步纠正“四风”、加强作风建设重要批示的通知》学习习近平总书记《弘扬“红船精神”走在时代前列》学习《习近平谈治国理政》第二卷第一专题会议还围绕学习主题进行交流发言。

视察新农村建设工作 7月17日,市政协副主席贺为华率市政协帮扶干部及市委统战部、市交通运输局、市地税局等帮扶单位同志到新溪乡龙尾洲视察指导新农村建设工作。贺为华一行实地察看了公共文化中心、颐养之家、文化广场和水塘改造等建设项目,座谈听取了乡、村两级关于新农村建设情况的汇报。贺为华指出,要按照建设的基本要求,因地制宜、积极稳妥地推进项目建设,切实解决老百姓最关心、最关注的问题,改善群众生活。充分发挥优势,发展农业特色产业,增加农民收入。主动对接项目,同时积极争取乡里在外人员的支持。各帮扶单位要结合建设进展情况,切实帮助协调解决有关困难和问题。要充分发挥党支部在新农村建设中的战斗堡垒作用,不断提升党支部的创造力、凝聚力和号召力。

召开全市政协委员社会扶贫工作推进会 为进一步推进全市政协委员社会扶贫工作,助力打赢扶贫攻坚战,9月21日,全市政协委员社会扶贫工作推进会召开。市政协主席卢伟平出席会议并讲话。当天,市政协主席会议成员、市民政局等相关单位负责人和市政协企业家委员代表60余人先后来到新余蒙山实业有限公司扶贫基地、欣欣荣食用菌种植扶贫基地、鹄山乡递步村科技扶贫农业园、界水联盟有机蔬菜扶贫基地,详细了解政协企业家委员社会扶贫工作模式、进展情况。座谈会上,各县(区)政协汇报了社会扶贫工作进展情况及下一步打算,市政协企业家委员代表、相关部门负责人就社会扶贫工作作了发言。卢伟平指出,全市各级政协组织和广大政协委员要高度重视社会扶贫工作,切实增强参与脱贫攻坚工作的责任感和紧迫感,不断创新扶贫模式,在精准施策上出实招、在推进落实上下实功，在脱贫攻坚中彰显社会责任。要充分发挥所能，围绕贫困户急需解决的问题，实实在在地帮助他们找到一条脱贫致富之路，努力打造精准扶贫政协品牌，为我市打赢脱贫攻坚战注入正能量、做出新贡献。

专题调研病死畜禽集中无害化处理工作 市政协副主席贺为华带领部分市政协委员，先后赴渝水区、分宜县就病死畜禽集中无害化处理工作进行调研。调研组认真听取了县（区）相关情况介绍，并与乡镇畜牧站负责人、畜禽养殖业主代表、相关保险公司业务人员进行了深入座谈。调研组建议，应加快建设完善病死畜禽集中无害化处理设施，提高处理工艺，扩大集中处理的覆盖面；不断完善监督机制，细化监管措施，加大对随意抛弃病死畜禽的监管和查处力度；加大病死畜禽无害化处理投入，抓好补贴落实工作，完善畜禽保险等制度，保障无害化处理工作有效开展；加大病死畜禽集中无害化处理的宣传力度，提高畜禽养殖户的动物防疫和参保意识，营造依法诚信经营和放心消费的社会氛围。

专题调研学前教育发展情况 为破解学前教育有关问题，进一步推动我市学前教育科学发展，10 月 12 日至 13 日，市政协副主席孔祥筛带领“学前教育”调研组赴相关部门、县（区）和部分市区幼儿园开展调研。调研组在市教育局组织召开了专题座谈会，听取了市教育局、市发改委、市规划局、市财政局、市消防支队等部门的汇报和市蓓蕾、城北、中心、铁路、蓓蕾世纪、北湖星城、海利达、新电等有关幼儿园负责人的发言，并实地视察了蓓蕾、城北、铁路、中心等幼儿园，详细了解其建筑面积、师资编制数量、教学方法、住宿饮食等方面情况。针对幼教办学模式、幼师队伍建设、资金使用效率、健全准入退出机制、规范办园行为等方面问题，调研组建议：要坚持公办园为示范引领、民办和社会力量办园为接收主体的多元化办园思路，通过“传帮带”把一些条件好的民办幼儿园扶持发展起来；加大对幼师的培养力度，不断提高幼师的专业素养和待遇水平，在培养人才和留出人才上采取切实可行的措施；按照国家和省市有关制度，尽快将无证幼儿园纳入管理体制，进行等级评定，作为进出门槛、奖补资金、教育培训、荣誉表彰等重要依据。

视察环城路项目建设情况 11 月 23 日，市政协主席会议成员视察环城路项目建设情况。市政协主席卢伟平率队，市政协副主席贺为华、邹基云、孔祥筛，秘书长单巍全参加。副市长徐文泊陪同。卢伟平一行先后来到环城路花田段、彭家鸭婆山段、花鼓山隧道出口、下村镇大桥段和工程项目驻地视察。每到一处，卢伟平认真仔细地实地察看，并听取有关工作汇报。卢伟平说，环城路项目是一项民生工程，建成后将从根本上解决货物运输车辆穿城而过所带来的市区环境污染、交通安全、道路破损等一系列问题，也将大大改善人居环境、生态环境，对推进生态文明建设起到非常重要的作用。这项工程时间紧，任务重，希望项目所有工作人员继续发扬拼搏精神，按时高效高质完成任务，不辜负市委市政府和全市人民的重托。

【重要文件】

政协新余市第九届委员会常务委员会工作报告

（2017 年 1 月 10 日在政协新余市第九届委员会第二次会议上）

卢伟平

各位委员、同志们：

我代表政协新余市第九届委员会常务

委员会，向大会报告工作，请予审议，并请列席会议的同志提出意见。

一

2016年是实施“十三五”规划的开局之年，也是我市人民政协换届之年。一年来，市政协深入贯彻中共十八大、十八大以来历次全会和习近平总书记系列重要讲话精神，高举爱国主义、社会主义旗帜，坚持团结和民主两大主题，按照中共新余市委的重大决策部署，围绕中心履行职能，服务大局发挥作用，各项工作取得新进展，为促进新余改革发展和社会和谐稳定作出了积极努力。

（一）聚焦改革发展，深入协商议政

围绕改革发展大局，深入开展协商议政，着力把委员的积极性、主动性和创造性引领到助推新余发展上来。

紧扣发展协商建言。围绕实施“十三五”规划、供给侧改革、钢铁深加工、装备制造业提升、生态循环农业、现代林业发展、旅游、电子商务、古村落古建筑保护、居民医保及大病救助、建立志愿服务体系和民族宗教等课题，深入调研，广泛协商，形成16篇具有前瞻性、针对性和可操作性的协商报告和调研视察报告，为党政科学民主决策提供了有益参考。关于实施城乡洁净工程等建议，得到市委、市政府的重视和采纳，并列为省政协大会发言课题。关于蔬菜产业化发展、未成年人思想道德建设、离退休人员养老金管理等建议，有关部门采纳落实后产生了良好的社会效应。

融入发展献计出力。以重点项目和企业帮扶为着力点，主动融入发展大局，全力参与中心工作，市政协班子成员挂点帮扶了32个重点项目、24家企业。帮扶过程中，市政协主席会议成员加强调度和督导，组织委员深入企业调研，协调解决了英泰能公司二期项目2000万元融资、江西本一科技公司5000万元贷款、晨鑫房地产尚城国际一期人防工程验收等困难和问题，有力促进了项目的顺利实施。抽调机关干部参与了文明创建、新农村建设和贫困村帮扶等重点工作，大力推进了我市经济社会的发展。

共促发展集智谋策。加强各党派团体的合作共事，市各民主党派、工商联、无党派和各界人士共提出提案171件，反映社情民意信息49条，提交发言材料27篇。民革市委会关于推动PPP项目落地、商品房去库存等建议，助推了市政府相关政策的出台；民盟市委会关于“破解‘并联审批’瓶颈，加快转变政府职能”的建议被省政协采纳；民建市委会关于农村土地撂荒的社情民意专报民建中央，引起良好反响；民进市委会关于特种水产养殖、民营企业发展等建议，受到有关部门重视；农工党市委会关注社会热点，向省政协提出调整城乡教育资源配置、解决“春运”一票难求等建议；九三学社市委会关于志愿服务事业发展的建议，得到省委宣传部采纳；市工商联积极开展非公经济发展系列调研，推动构建“亲”“清”新型政商关系。

（二）广泛凝心聚力，促进和谐稳定

充分发挥人民政协的桥梁纽带作用，加强大团结，促进大联合，为维护社会和谐稳定汇聚智慧和力量。

提案办理落实群众诉求。把提案办理作为汇集民智、维护民利的重要方式，通过市领导领衔督办提案、开展提案绩效考核等措施，推动提案办理落实。关于破解幼儿学前教育“入园难，入园贵”的提案，市政府办理后出台《关于进一步推动我市学前教育发展的意见》，计划新建公办幼儿园5所，支持40所农村小学附属幼儿园独立办园。关于调整北湖社区居委会规模设置的建议，渝水区政府和市民政局经调研协调，从北湖社区划出部分管辖区域成立平安路社区，解决了北湖社区域广人多、工作负荷大的矛盾,受到社区居民赞誉。

社情民意助推民生事业。积极打造社情民意信息“直通车”,编发《政协信息》14期、《社情民意》38期,向省政协报送信息67条,一批民生问题得到重视和解决。《破解非公有制企业养老保险扩面征缴难的几点建议》《保障环卫工人权益从设立休息点开始》《关于加强我省农村教师队伍建设的十点建议》等27条社情民意信息被省政协《建言献策》《每日信息》采用,转相关部门落实。《莫让乱停乱放成为城市文明之痛》《招商信息和资源应共享》《关于完善休闲文化活动设施的建议》等社情民意,推动有关问题得到妥善解决。

文史宣传凸显团结功能。发挥文史资料存史资政、团结育人作用,开展《新余村史文化研究》史料征集,编撰《美丽新余·宜居家园》,参与撰写《古韵留香——新余古村落的光影流年》,出版《古今联赋话新余》,为新余夏布绣国家级非物质文化遗产宣传和编撰《仰天岗漫录》提供了咨询服务。全市政协宣传工作有声有色,在各级媒体刊发稿件1361篇,《新余市政协践行“三严三实”推动工作重心前移》等稿件获全省政协好新闻奖,增强了政协组织的影响力和凝聚力。

联系协作强化履职合力。加强与港澳台侨和各界人士的联系,认真做好走访慰问和牵线搭桥活动,营造团结奋进的良好氛围。参加川滇黔赣冀湘六省二十一市州政协联系会议,配合省政协就“大力帮扶实体经济,促进经济稳定增长”“着力加强供给侧结构性改革,培育和壮大新兴消费”“振兴传统工艺”“农村环境整治和生态农业”“大病免费救助”“夏布刺绣工艺”等8个课题开展调研视察,组织各级政协委员联合履职,加强对县(区)政协的联系指导,促进工作交流,形成履职合力。

(三)加强自身建设,提升工作水平

把加强自身建设作为履行职能的重要基础,强基固本,创新发展,不断提升政协工作科学化水平。

强化理论武装,增强“四个意识”。把思想政治建设抓在日常、严在经常,通过党组中心组学习、周五学习日、专题辅导等多种形式,认真学习习近平总书记系列重要讲话精神和治国理政新理念新思想新战略,以及中央和省委、市委有关重要精神,组织收听收看了中国共产党成立95周年庆祝大会和红军长征胜利80周年纪念大会实况,把握政协工作的新要求、新任务,不断提升政治理论水平,切实增强政治意识、大局意识、核心意识和看齐意识。紧密结合政协实际,扎实开展“两学一做”学习教育,有针对性地解决突出问题,坚定理想信念,加强党风廉洁教育,充分发挥党组织战斗堡垒作用和党员先锋模范作用,机关干部纪律观念明显增强、工作作风明显改善。

推进“三化”建设,夯实工作基础。坚持履职创新,首次会同市委、市政府制定印发政协年度协商工作计划,对协商议题、协商形式、活动组织等作出明确安排,并以此作为今后政协协商民主建设的常态化工作,政协协商更加规范。着力推进履行职能制度化、规范化、程序化建设,根据形势发展和新的工作实践,对各类会议、调研视察、机关管理等规章制度进行修订完善,进一步优化政协履职和机关工作程序,提高了机关服务能力和保障水平。

注重服务管理,发挥委员作用。邀请著名专家学者授课,帮助委员学习借鉴履职经验,提高议事协商水平。认真落实联系、服务委员有关规定,加强委员履职考核,激发委员履职热情。以委员工作站为平台,推动政协工作向基层延伸,引导委员在履职实践中接地气,为群众做好事、办实事、解难事。广大委员深入开展“四个一”履职活动,先后参加调研视察973人次,走访群众2018人次，开展志愿服务活动158次，办好事实事373件，捐款捐物764万元。

（四）坚持从严从实，做好换届工作

坚持标准，严格程序，以高度的政治责任感做好换届工作，确保政协委员和机关干部队伍思想不散、精神不懈、工作不松，做到工作连续、队伍接续、履职有序。

严格落实换届责任。切实落实中央、省委和市委有关换届纪律要求，努力营造风清气正的换届环境。组织学习湖南衡阳破坏选举案和四川南充拉票贿选案处理情况通报，引导政协委员和机关干部以案为鉴，知敬畏、明底线、受警醒。适应阶层构成和委员规模变化的新要求，协助做好新一届委员提名推荐工作，提前对八届市政协委员的履职情况进行收集汇总和综合考评，就委员进退留转提出工作建议，帮助把好委员政治关、素质关和结构关。

扎实做好筹备工作。将换届工作列入重要议事日程，认真研究换届工作任务，及时主动向市委请示汇报，坚决贯彻落实市委各项部署。在深入调研、广泛征求意见的基础上，全面总结回顾八届市政协五年的工作和经验体会，对九届市政协工作提出意见和建议。加强与市委有关部门的联系协调，各负其责、各司其职地开好换届会议，选举产生了新一届市政协常委会组成人员，圆满完成换届选举工作，为九届市政协工作奠定坚实基础。

有序衔接履职任务。坚持一手抓换届工作，一手抓履职任务，实现队伍新老交替、履职无缝对接。换届后，突出抓好工作谋划、委员学习、制度建设、机关管理四项重点任务，各项工作呈现新面貌新气象。着力谋划工作开局，制定年度协商工作计划，以协商民主建设引领履职成效提升。加强履职能力建设，组织全体委员就"怎样当好一名政协委员""提案撰写和办理协商"等内容，举办学习培训班，以学习促提高。强化制度建设，编印《政协新余市委员会及机关工作指南》，不断优化政协履职环境。

各位委员，过去一年的成绩，是中共新余市委正确领导和市人大、市政府大力支持的结果，是政协各参加单位和全体政协委员共同努力的结果，也是社会各界积极参与、热情帮助的结果。在此，我谨代表市政协常委会，向重视、支持政协工作的各级党委、人大、政府，社会各界和政协各参加单位、全体委员表示崇高的敬意和衷心的感谢！

在肯定成绩的同时，我们也清醒地看到，与新常态新要求相比，我们的工作还存在差距和不足。主要是协商民主广泛多层制度化发展需要深入推进，民主监督工作还较薄弱，协商议政成果落实机制还不够完善，委员主体作用还有待进一步发挥，等等。这些都需要认真研究，并在今后的工作中切实加以解决。

二

2017年是实施"十三五"规划承上启下的重要一年。市政协常委会工作的总体要求是：全面贯彻中共十八大及十八大以来历次全会和省市党代会精神，深入学习贯彻习近平总书记系列重要讲话精神和治国理政新理念新思想新战略，紧紧围绕市委八届二次全会的决策部署，牢牢把握团结民主两大主题，切实履行职能，进一步提高政治把握能力、发挥议政建言效力、增强和谐稳定动力、凝聚全面小康合力、激发科学履职活力，为提前全面建成小康社会作出积极贡献。

（一）把加强学习作为首要任务，进一步提高政治把握能力。

（二）把协商民主作为关键环节，进一步发挥议政建言效力。

（三）把关注民生作为工作抓手，进一步增强和谐稳定动力。

（四）把坚持团结作为履职特色，进一

步凝聚全面小康合力。

（五）把创新发展作为最佳路径，进一步激发科学履职活力。

【组织概况】

政协新余市第八届委员会主席、副主席、秘书长、副秘书长、常务委员、委员名单

主　席：卢伟平

副主席：贺为华　黄永旭　邹基云　傅明明　孔祥筛

副厅级干部：刘新政　刘永斌

秘书长：单巍全

副秘书长：聂艳华

胡军辉（2017年9月28日起不再担任）

严晓青

常务委员

万红梅（女）　付　娟（女）　刘　鹄
刘根生　孙小平　严晓青（女）
李　清　李力华　李志勇
李荣祖　杨　芳（女）
杨　峰（2017年12月25日补选）
吴清云　邱生平　何俊秋（女）
邹建福　宋　琳　宋三保
张红萍（女）　张林平　陈　健（女）
林　云　罗艳青（女）　胡　蓉（女）
胡军辉　钟岳桦　段寿平
聂　朋　聂艳华　徐冬梅（女）
黄　芳（女）　黄法如　黄斯文
龚铁军　章一帆　程云仔
稂小毛　释道云　傅勇学
温新华　谢瑞华（女）　雷　斌
蔡小莲（女）　廖小卫　廖建文
黎仕强

委　员

中国共产党新余市委员会

卢伟平　贺为华　黄永旭
傅明明　单巍全　黄斯文
邓迪荣　邹义华　姚中国
邹根荪　卓　俊　方　彬
朱运书　谢云萍（女）　王钦国
廖小伟　林　舒　胡冰模

中国国民党革命委员会新余市委员会

严晓青（女）　傅勇学　张林平
陈　战　黄　涛　彭秋平
简红兵　彭军钺　简菊生
高　博　廖建华

中国民主同盟新余市委员会

宋三保　黎仕强　稂小毛
黄　芳（女）　梁永成　王　菁（女）
何金芽　易思红（女）　胡　琛（女）
邹林保　刘骏飞　聂小军

中国民主建国会新余市委员会

邹基云　周明华　罗艳青（女）
雷　斌　龚铁军　刘秋生
顾军华　余　政　周　剑
陈　果　游　鸿（女）　姚　鑫（女）

中国民主促进会新余市委员会

欧阳长城　刘　鹄　李　清
李志勇　刘维文　罗小林
周　剑　钟宜菲（女）　周建祥
袁　博（女）

中国农工民主党新余市委员会

蔡小莲（女）　廖小卫　胡　蓉（女）
严菊兰（女）　黎兰芳（女）　李小平
温振宇　邹立明　胡小花（女）
艾志国　刘　莹（女）　伍伏海

九三学社新余市委员会

徐冬梅（女）　吴清云　陈　健（女）
阮剑峰　艾青涯　刘晓春
吴亚弟（女）

无党派人士

林　云　付　娟（女）　聂　朋
程小三　吕小敏　肖建山（女）
傅向辉　姜才良

新余市总工会

赖新云　李　涛

周庆华(2017 年 7 月 12 日起不再担任)

刘　萍(女)　李勇华　阮志红(女)

中国共产主义青年团新余市委员会、新余市青年联合会

李永刚　黄琳坤(女)　王慧欣(女)

简罗勇　黄景新　皮火花(女)

新余市妇女联合会

黄鸿珍(女)　袁　鹏(女)　陈文燕(女)

范南烨(女)　朱宜英(女)　陈红惠(女)

罗一兰(女)　刘　群(女)　蔡巾帼(女)

傅颖芳(女)　张小红(女)　彭小春(女)

袁　燕(女)　魏　萍(女)

新余市工商业联合会

彭志清　孔祥筛　宋海明

刘根生　李力华　程云仔

肖小华　刘晓江　吕新平

苏国明　付绍明　黄递传

廖小龙　吴少健　阮云根

刘　超　林福荃　阮昭平

廖细保　胡新梅(女)　肖带生

傅小勇　刘　铁　詹建新

吴永军　敖小勇　曾松林

刘　超　曾年根　易伟华

文化艺术界

陈跃敏　龚　云　杨　芳(女)

刘更生　傅爱香(女)

新闻出版界

胡　珍(女)　何俊秋(女)　涂向义

医药卫生界

李　彪　万红梅(女)　熊国宝

宋绿林　符卫民　胡文斌

段寿平　吴玉华(女)　傅立新

李　蔚(女)　刘小保

科学技术界

邹秋根

黄志辉(2017 年 9 月 28 日起不再担任)

钟岳桦　张殿松　许　杨

梅　嵩　刘伟忠　乐俊杰

赵建保　陈飞林

付小华(2017 年 12 月 25 日增补)

朱锡国(2017 年 12 月 25 日增补)

向爱农(2017 年 12 月 25 日增补)

新余市科学技术协会

杨　峰　邱绍辉　黄　昕

吕东刚　王　涌　敖志良

李秋保　钟诚衡

经济界

刘志斌　刘安武　邹国平

阳　砥　葛　辉　李建玲(女)

傅　伟　晏　斌

王小东(王昌儒)

毛祖学(2017 年 9 月 28 日起不再担任)

李伟炜　张华祥　邓　霖

易小健　曾晚秀(女)　林小春

钱小云(2017 年 12 月 25 日增补)

社会科学界

龙生仁　胡永良　卢信敏

何国新　廖绍敏　彭志清

黄树林　廖小勇　严军平

廖琳根　傅新青

农业界

毛江虎(2017 年 9 月 28 日起不再担任)

邱生平　杨金星　黄国庆

刘国新　陈小毛　甘向民

黄　辉　傅小红　辛怡雯(女)

黄贵儒　王小平

教育界

陈裕先　彭基勇　钟梅春

朱安先　宋增平　符春梅(女)

黎　敏(女)　胡合元　周淑芬(女)

钟志勇

何丽娟(女,2017 年 12 月 25 日增补)

体育界

陈　鹏

社会福利界

彭小林　刘家迪　许爱平

丁友生　　姚　群(女)

少数民族和宗教界

徐徕水　　杨香珠　　张　群(女)

释道云　　释光明(郭松云)

吴　思　　释明熠

新余市归国华侨联合会

张红萍(女)　龚梅宝　　刘传伟

俞　星　　钟　敏

潘丽云(2017 年 12 月 25 日增补)

新余市台湾同胞联谊会

卢志超　　胡文珍(女)

特别邀请人士

陈九根　　廖兰芳(女)　于　凡

涂绪永　　侯　硕　　刘新政

刘永斌　　谢新桂　　秦为民

李　旺(2017 年 12 月 25 日起不再担任)

聂艳华　　胡军辉　　章一帆

廖建文　　宋　琳　　孙小平

谢瑞华(女)　邹建福　　温新华

黄法如　　李荣祖

【大事记】

1 月

10 日至 12 日　政协新余市第九届委员会第二次会议举行。

12 日　市政协九届四次常委会议召开。

13 日　副主席孔祥箫率教文卫体委文体组委员赴仙女湖同道汽车文化体育产业园开展考察活动。

20 日　主席卢伟平赴罗坊镇竹山村走访慰问贫困户和特困党员,秘书长单巍全陪同走访。

22 日　市政协党组召开 2016 年度民主生活(扩大)会,以学习贯彻党的十八届六中全会精神为主题,围绕"两学一做"学习教育要求,重点对照《关于新形势下党内政治生活的若干准则》《中国共产党党内监督条例》,进行党性分析,开展批评和自我批评。党组书记、主席卢伟平主持会议并作总结讲话,党组副书记、副主席贺为华,党组成员、副主席黄永旭、傅明明,副厅级干部刘新政、刘永斌,党组成员、秘书长单巍全出席会议。市纪委、市委组织部有关负责人到会并讲话。

2 月

9 日　省政协副主席陈俊卿深入到新余盛泰光学、恩达麻世纪、沃格光电和增鑫牧业等企业,了解企业发展情况,听取企业的意见和建议。市委书记蒋斌,市委副书记曾萍,市政协主席卢伟平,市委常委、宣传部部长郭力根陪同或随同走访。

21 日　副主席贺为华率"优化企业发展环境"专题调研组一行,先后赴高新开发区、下村工业平台,深入亿铂电子、赣锋锂业、金土地粮油、沃格光电、增鑫牧业等 10 多家企业走访调研。

22 日　副主席黄永旭出席全市人大代表建议政协提案交办暨政务督查工作会议。

23 日　市政协九届四次主席会议召开。主席卢伟平主持会议。副主席贺为华、黄永旭、邹基云、傅明明、孔祥箫,秘书长单巍全出席会议。市政协副秘书长、各委办负责人列席会议。会议审议了《关于助推产业集群公共服务平台建设专题调研方案(讨论稿)》《〈新余村史文化研究〉编撰方案(讨论稿)》《市政协九届三次会议大会发言工作方案(讨论稿)》《市政协全体会议大会发言奖励办法(草案)》《〈新余政协〉内刊改版方案(讨论稿)》《市政协机关优秀调研视察成果评比奖励办法(草案)》《川滇黔赣冀湘六省二十二市州政协第四十一次联系会议筹备工作方案(讨论稿)》;

听取了2016年度市政协机关财务决算情况的汇报;研究了人事事项。

党组书记、主席卢伟平,党组成员、副主席黄永旭,党组成员、秘书长单巍全参加市政协机关党委第一支部专题组织生活会。

24日　副主席孔祥筛率领市政协委员和市教育、公安、住建、城管等相关部门负责人深入我市部分中小学校及周边,对学校周边交通安全状况进行专题调研。

副主席贺为华率经科委第五小组委员赴高新开发区青春康源集团有限公司视察。

28日　主席卢伟平赴新溪乡龙尾洲村调研新农村建设情况,并看望慰问了"颐养之家"的老人们。

3月

7日　副主席孔祥筛出席教文卫体委委员工作站2017年工作布置会。

9日　副主席傅明明带领社会和法制委委员调研分宜县工业园区"工会干部进园区"工作。

10日　副主席贺为华率委员视察新余快递产业园,并组织委员研究市政协九届三次会议大会发言报送课题,协商讨论年度委员活动小组工作。

副主席邹基云参加文史委第三小组委员《市政协九届三次会议大会发言工作方案》的学习和落实活动。

14日　副主席贺为华视察经科委联系指导的委员为民服务工作站。

15日　副主席邹基云率文史委第一小组委员考察恩达家纺公司。

16日　副主席黄永旭带领港澳台侨和外事委委员视察新钢路东棚户区改造工程、北湖公园东大门及配套设施工程、高铁新区地下综合管廊项目的建设情况。

21日　主席卢伟平率市政协机关帮扶干部走访新余融汇房地产开发有限公司和江西通泰新材料科技有限公司,秘书长单巍全陪同。

27日　市政协委员学习报告会召开,邀请全国政协委员、民盟江西省委会副主委、江西师大教授王东林作"全国政协十二届五次会议精神"主题宣讲报告。主席卢伟平,副主席贺为华、黄永旭、邹基云、傅明明,副厅级干部刘永斌,亚林中心党委书记张殿松,秘书长单巍全参加会议。

29日　副主席邹基云率员参加全省政协文史和学习工作座谈会。

4月

12日　副主席孔祥筛参加仙来湖社区委员工作站组织开展的老年介护普及培训活动。

13日　副主席孔祥筛带领市、区帮扶单位走访江西巨邦实业有限公司。

18日　副主席黄永旭出席"激发港澳台侨人士爱国爱乡热情 助推我市经济社会发展"专题调研座谈会。

20日　2017年市领导督办提案交办会召开。

24日　市政协九届五次主席会议召开。主席卢伟平主持会议并讲话。副主席贺为华、黄永旭、邹基云、傅明明、孔祥筛,副厅级干部刘新政、刘永斌,秘书长单巍全出席会议。市政协副秘书长、各委办负责人列席会议。会议研究讨论了关于川滇黔赣冀湘六省二十二市州政协第四十一次联系会议筹备情况的汇报,听取了关于城市校园门前交通安全管理视察情况的汇报;听取了关于全市脱贫攻坚整改部署暨社会扶贫动员会有关会务工作情况的汇报。

26日　副主席贺为华率经科委第四小组委员赴新余增鑫牧业科技有限公司开展视察活动。

27日　副主席邹基云率领文史委同志

考察传统文化村落——分宜介桥村，并部署政协文史资料的撰写任务。

28 日 全市脱贫攻坚整改部署暨社会扶贫工作动员大会。市委副书记、市长董晓健出席会议并作动员讲话，市政协主席卢伟平主持会议。

5 月

11 日至 12 日 川滇黔赣冀湘六省二十二市州政协第四十一次联系会议在新余召开。

18 日 主席卢伟平深入省级贫困村罗坊镇竹山村调研指导扶贫工作，走访慰问贫困户。副主席傅明明，秘书长单巍全陪同调研走访。

6 月

7 日 副主席黄永旭率港澳台侨和外事委委员参观视察江西金土地集团。

8 日至 9 日 副主席贺为华率调研组就“加快电子信息产业发展”课题赴各县（区）调研。

上旬 副主席孔祥筛带队赴青海西宁、贵州黔西南州、六盘水就“全民健身”课题学习考察。

16 日 市政协九届六次主席会议召开。主席卢伟平主持会议。21 日，市政协九届七次主席会议召开。主席卢伟平主持会议，副主席贺为华、黄永旭、邹基云、孔祥筛出席会议。市政协副秘书长、各位办负责人列席会议。会议听取了新余市城乡供水一体化实施方案有关情况的汇报。

24 日 副主席贺为华带领政协委员赴下村镇治超站调研治超执法工作。

26 日 副主席邹基云视察袁河珠珊段防洪工程。

27 日 市政协主席会议成员视察全市宗教工作。主席卢伟平，副主席贺为华、黄永旭、邹基云、傅明明，及部分市政协常委和政协委员，实地察看了崇庆寺、渝水堂和云峰禅寺，座谈听取了全市宗教工作情况的汇报，并提出工作意见建议。

28 日 副主席邹基云赴分宜工业园走访江西好英王光电公司。

7 月

4 日 副主席孔祥筛现场督办有关修通平安路西延伸段的重点提案。

4 日至 7 日 副主席贺为华带领调研组一行赴深圳学习考察光电信息产业发展经验。

11 日 市政协中心组“两学一做”第一专题学习会召开，会议主题为“讲政治、有信念——做政治合格党员”。市政协副主席贺为华、黄永旭、邹基云、孔祥筛，副厅级干部刘永斌，秘书长单巍全出席会议。

12 日 市政协九届五次常委会议召开。

13 日 市政协、市政府新闻办联合举行新闻发布会，介绍市政协今年上半年履职工作情况。

14 日 副主席黄永旭率领委员视察仙女湖景区基础设施改造提升工作。

16 日 副主席孔祥筛率教文卫体委委员开展送医服务进社区活动。

17 日 副主席贺为华率市政协帮扶干部及市委统战部、市交通运输局、市地税局等帮扶单位同志到新溪乡龙尾洲视察指导新农村建设工作。市政协秘书长单巍全陪同调研。

26 日 副主席傅明明率社法委部分委员视察分宜县杨桥镇特色农业项目——千亩莲子种植基地、农村颐养之家建设和政法综治工作开展情况。

8 月

2 日 副主席邹基云率队调研市投资控股集团在建工程项目。

10 日 市政协九届八次主席会议召开。

29 日至 30 日 副主席贺为华先后赴亚洲富士长林(新余)电梯、久隆带钢等企业调研走访,了解企业生产经营状况和重点项目推进情况。

9 月

1 日 副主席孔祥筛到罗坊镇邦甫村走访慰问贫困户。

12 日至 15 日 九届新余市政协组织委员赴井冈山开展学习培训。

20 日 副主席傅明明率部分市政协委员到双林镇视察重点项目和集镇服务管理工作。

21 日 全市政协委员社会扶贫工作推进会召开。

22 日 市政协中心组召开“两学一做”第二专题学习会。主席卢伟平主持会议并讲话。

市政协九届九次主席会议召开。主席卢伟平主持会议。副主席贺为华、黄永旭、傅明明、孔祥筛,副厅级干部刘新政,秘书长单巍全出席会议。市政协各委办负责人列席会议。会议听取了关于加快我市光电信息产业发展调研情况的汇报;审议了《政协新余市委员会优秀提案评选办法(试行)(草案)》;研究了人事事项及市政协九届六次常委会议有关事项。

26 日 主席卢伟平,副主席贺为华、黄永旭、傅明明,秘书长单巍全等赴罗坊镇竹山村委开展调研,并集中走访贫困户。

副主席邹基云赴罗坊镇陈家村走访慰问贫困户。

28 日 市政协九届六次常委会议召开。主席卢伟平出席会议并讲话。副市长徐绍荣应邀出席并听取发言。副主席贺为华、黄永旭、邹基云、傅明明、孔祥筛,秘书长单巍全出席会议。会议协商讨论了关于加快我市光电信息产业发展问题,协商决定了人事事项。

29 日 市政协机关召开专题学习会,传达学习全市领导干部大会精神。市政协副主席贺为华,秘书长单巍全出席。

10 月

10 日 副主席傅明明视察环城项目指挥部及现场建设情况,协调解决项目建设过程中存在的困难和问题。

11 日至 12 日 市政协主席卢伟平、副主席黄永旭、副厅级领导刘新政,秘书长单巍全参加在云南省临沧市举行的川滇黔赣冀湘六省二十二市州政协第四十二次联系会议。

12 日至 13 日 副主席孔祥筛带领调研组赴相关部门、县(区)和部分市区幼儿园开展“我市学前教育发展情况”专题调研。

13 日和 16 日 副主席贺为华带领委员赴渝水区、分宜县就病死畜禽集中无害化处理工作开展调研。

16 日 省政协副主席、九三学社省委会主委李华栋率省政协调研组到我市调研职业教育工作。

19 日 副主席孔祥筛带领市政协办、市委统战部、市交通运输局、市地税局四个帮扶单位的负责人赴新溪乡督导调研移风易俗工作。

25 日 副主席贺为华在市林业局有关领导的陪同下,赴高新区视察森林防火工作。

31 日 副主席黄永旭率委员调研百丈峰旅游开发情况。

11 月

1 日 市政协中心组召开专题学习会，学习贯彻党的十九大精神。副主席贺为华、黄永旭、邹基云、傅明明、孔祥筛，副厅级干部刘永斌，秘书长单巍全参加学习会。

2 日 副主席邹基云率队视察分宜县介桥和防里两个国家级传统村落。

3 日 省政协主席黄跃金来到新余，围绕政协工作实际对党的十九大精神进行深入宣讲。

9 日 市政协九届七次常委会议召开。

上旬 副主席傅明明率部分市政协委员组成专题调研组，就“规范城区电动车管理 构建安全畅通交通环境”开展专题调研。

23 日 市政协主席会议成员视察环城路项目建设情况。主席卢伟平率队，副主席贺为华、邹基云、孔祥筛，秘书长单巍全参加。副市长徐文泊陪同。

29 日 市政协委员学习贯彻党的十九大精神报告会召开主席卢伟平，副主席贺为华、邹基云、傅明明，副厅级领导刘永斌，秘书长单巍全，老同志周明华、欧阳长城出席报告会。

12 月

1 日 副主席贺为华，秘书长单巍全到竹山村走访贫困户。

5 日 主席卢伟平深入省级贫困村罗坊镇竹山村走访贫困户并召开座谈会，协调解决有关问题。

11 日至 12 日 主席卢伟平，副主席贺为华、黄永旭、邹基云、傅明明、孔祥筛，秘书长单巍全带领机关县级干部到竹山村集中看望慰问贫困户。

13 日 市政协中心组“两学一做”第三专题学习会召开。

市政协九届十次主席会议召开。主席卢伟平主持会议。副主席贺为华、黄永旭、傅明明，副厅级干部刘新政、刘永斌，秘书长单巍全出席会议。市政协副秘书长、各委办负责人列席会议。会议审议了《政协新余市第九届委员会常务委员会工作报告（草案）》、《政协新余市第九届委员会 2018 年工作要点（草案）》、《2018 年度市政协协商监督工作计划（草案）》、《政协新余市第九届委员会常务委员会关于提案工作情况的报告（草案）》、《政协新余市第九届委员会关于表彰 2017 年度“四个一”竞赛活动成绩突出的委员的决定（草案）》、《政协新余市第九届委员会关于表彰 2017 年度优秀提案的决定（草案）》、《关于召开政协新余市第九届委员会第三次会议的决定（草案）》、政协新余市第九届委员会第三次会议有关文件草案，研究了市政协九届三次会议大会发言有关事项、市政协九届八次常委会议有关事项、人事事项，听取了关于我市学前教育发展调研情况的汇报、关于我市电动自行车管理调研情况的汇报、关于我市宗教活动场所管理视察情况的汇报、市政协各专门委员会和办公室关于 2017 年工作总结及 2018 年工作打算情况的汇报（书面）。

25 日 市政协九届八次常委会议召开。

（傅艳辉 编写　单巍全 审稿）

政协鹰潭市委员会

【全体委员会议】

九届二次会议 2017 年 2 月 13 日至 15 日，中国人民政治协商会议鹰潭市第九届委员会第二次会议在市区举行。应出席委员 274 人，开幕大会实到委员 256 人，闭幕大会实到委员 258 名。市政协副主席主持开幕大会，市政协主席戴春英在闭幕大会上讲话。市领导出席开幕和闭幕会议，部分市领导听取大会发言。会议审议通过了市政协主席戴春英所作的政协鹰潭市第九届委员会常务委员会工作报告和市政协副主席吴南平所做的提案工作情况的报告。出席会议的委员列席了市九届人大二次会议，协商讨论并赞同市政府工作报告、讨论并赞同市中级人民法院工作报告、市人民检察院工作报告和其他报告。会议审议通过鹰潭市政协九届二次会议决议和关于提案初步审查情况的报告。

【常务委员会会议】

第三次会议 2017 年 1 月 23 日举行，应出席 52 人，实到 48 人，市政协主席戴春英主持会议，副主席官金福、张金涛、吴泉水、吴南平、汪桂昌、聂玲娜，秘书长杨亮太出席会议。副市长吴文戈到会听取意见和建议。会议协商讨论《政府工作报告（征求意见稿）》，听取市委办公室和市政府办公室关于市政协九届一次会议以来提案办理情况的报告，审议通过市政协常务委员会工作报告和提案工作情况的报告及其报告人名单，审议通过关于召开市政协九届二次会议的决定，审议通过市政协九届二次会议议程（草案）、日程。

第四次会议 2017 年 2 月 14 日举行，应出席 52 人，实到 49 人，市政协主席戴春英主持会议，副主席官金福、张金涛、吴泉水、吴南平、汪桂昌、聂玲娜，秘书长杨亮太出席会议。市委副书记肖良到会听取意见和建议。会议学习了《中共江西省委关于加强和改进人民政协民主监督工作的实施意见》精神，协商讨论关于“树立全域旅游理念 加快鹰潭旅游产业发展”专题。

第五次会议 2017 年 6 月 14 日举行，应出席 52 人，实到 42 人，市政协主席戴春英主持会议并讲话，副主席官金福、张金涛、吴泉水、吴南平、汪桂昌、聂玲娜，秘书长杨亮太出席会议。市委副书记肖良到会听取意见和建议。会议学习了《中共江西省委关于加强和改进人民政协民主监督工作的实施意见》精神，协商讨论关于“树立全域旅游理念 加快鹰潭旅游产业发展”专题。

第六次会议 2017 年 9 月 8 日举行，应出席 52 人，实到 43 人，主席戴春英主持会议并讲话，副主席官金福、吴泉水、吴南平、汪桂昌、聂玲娜，秘书长杨亮太出席会议。市委常委、副市长李唐，鹰潭高新区党工委书记李卫国应邀到会听取意见建议。会议协商讨论“关于大力推进以移动物联网为基础的智慧新城建设”专题。

第七次会议 2017 年 12 月 6 日举行，应出席 52 人，实到 43 人，主席戴春英主持会议并讲话，副主席周瑛、官金福、张金涛、吴泉水、吴南平、汪桂昌、聂玲娜，秘书长杨亮太出席会议。副市长蔡江到会听取委员意见建议。会议传达学习了中共十九大精神；对市国土局工作和市民政局工作进行了民主测评；协商讨论关于“深化我市城市公立医院综合改革”专题；审议通过《关于召开政协鹰潭市第九届委员会第三次会议的决定》，决定政协鹰潭市第九届委员会第三次会议于 2018 年 1 月 7 日在市区召开；协商通过有关人事事项，梁东华同志任市政协学习文史社会法制委员会主任，免去其市政协副秘书长职务。

第八次会议 2017年12月22日举行,应出席52人,实到43人,副主席周瑛主持会议,副主席官金福、吴泉水、吴南平、聂玲娜,秘书长杨亮太出席会议。副市长蔡江到会听取意见建议。会议协商讨论了《政府工作报告(征求意见稿)》,书面听取了市委办公室和市政府办公室关于市政协九届二次会议以来提案办理情况的报告,审议通过了市政协常务委员会工作报告和提案工作情况的报告及其报告人名单,审议通过了市政协九届三次会议议程(草案)、日程。

【专门委员会工作】

提案委员会 主要工作:2017年全年共征集提案156件,立案143件,提案办复率100%,其中许多提案涉及民生保障和改善。采取领导督办、提案摘报、联合督办等方式,重点推动民生类提案办理落实。9月底至11月上旬,在吴南平副主席带领下,该委就推进市区(含高新区、信江新区)优质教育资源共享专题进行调研,听取了月湖区政府、高新区管委会、信江新区管委会和市教育局、市人社局、市财政局、市编办的情况介绍,实地察看市一中、市二中(北校区)、市三中、市六中、周塘中学、市师范附小等学校的办学情况,召开了座谈会听取市区各所初中、高中校长和部分教师代表意见建议,赴南昌市、上饶市、抚州市进行了学习考察。

经济科技委员会 主要工作:4月中旬至6月,在周瑛副主席和汪桂昌副主席带领下,该委就"树立全域旅游理念 加快鹰潭旅游产业发展"专题开展调研,形成的调研报告得到市委主要领导、市政府分管领导批示办理。8月,配合省政协经科委就"扶贫专项资金的监督管理"开展视察。对我市产业扶贫,基础设施扶贫、合法合规使用好各项扶贫资金、用好扶贫政策以及扶贫领域存在的共性问题等情况进行了较全面的视察了解,形成了的视察报告上报省政协做民主监督参考。9月下旬,在汪桂昌副主席带领下,该委组织部分常委、委员对我市产业集聚区建设与优化工业园配套服务环境情况进行视察。

教育文化卫生体育委员会 主要工作:6月下旬,在聂玲娜副主席带领下,该委组织部分市政协常委、委员深入各县(市、区)农家书屋实地查看图书配置、借阅管理、作用发挥等方面的情况,听取市文广新局等单位的情况通报并座谈,听取意见建议。9月,在聂玲娜副主席带领下,该委组织部分常委、委员和部门专家,实地视察市参改医院和各县(市、区)部分医疗机构的医改实施情况,形成调研报告,报市委、市政府决策参考。11月,在聂玲娜副主席带领下,该委联合市政府办、市政协提案委就《推动形成信息化教学新常态,打响"学在鹰潭"品牌》提案进行办理协商。

人口资源环境委员会 主要工作:2017年,协助市政协办挂点帮扶龙虎山镇鱼塘新加洲村新农村建设。

在官金福副主席带领下,该委组织部分常委、就"加强我市农产品质量安全监管"专题开展调研。重点围绕市民政局2016年以来履行职责、领导班子建设、干部思想作风建设、办理政协提案等方面情况开展评议调研。8月至10月底,市民政局对评议工作组提出的问题进行了认真整改。11月20日,评议工作组就市民政局整改落实情况进行了"回头看",详细了解整改措施落实情况,赴日月星颐养园、贵溪白果社区、贵溪泗沥敬老院等地实地视察,总体肯定了整改落实情况,并就部分问题进一步提出了意见建议。

民族宗教港澳台侨委员会 主要工作:4月,该委组织部分委员,在张金涛副主席的带领下，视察了贵溪市昭真宫遗址和象山书院遗址。6月，该委在张金涛副主席带领下对市国土资源局履行职责情况进行了民主评议。评议工作小组听取了国土局各职能科室、下属单位负责人情况介绍，深入各县（市、区）召开座谈会、发放问卷调查表、查阅资料、实地调研，形成了评议调研报告。评议工作小组将征集到的问题及有关建议及时反馈给了市国土局领导班子，督促他们进行整改。8月，该委组织部分委员，在张金涛副主席带领下，就提高我市宗教工作法治化水平进行了专题调研。9月27日，市政协举行双月协商座谈会，就“提高宗教工作法治化水平”进行协商讨论，副市长邓伟到会听取意见建议。

学习文史社会法制委员会 主要工作：4月，在吴泉水副主席带领下，该委组织社会福利和保障界别委员深入滨江公园、老火车站、凯翔步行街、西湖湿地公园等多个公共场所实地了解无障碍设施建设情况，委员们提出要坚持以人为本，从细节做起，提高无障碍设施建设工作的重视程度等意见建议。相关部门和单位积极采纳委员建议，认真整改。7月至8月，该委组织部分市政协常委、委员和专家就“关于大力推进以移动物联网为基础的智慧新城建设”专题开展调研，9月8日，在经过市政协九届六次常委会议协商讨论后，形成《关于“大力推进以移动物联网为基础的智慧新城建设”的协商报告》报送市委、市政府供决策参考。

【重要活动】

举办市政协委员培训会 2月12日，市政协举办九届市政协委员培训会，市政协主席戴春英，副主席官金福、张金涛、吴南平、汪桂昌、聂玲娜，秘书长杨亮太出席。市政协副主席吴泉水主持培训会。培训会上，省政府参事、省社会主义学院客座教授、省政协理论研究会副秘书长王国龙作了题为《懂政协会协商善议政，努力当一名合格委员》的专题讲座。王国龙就政协委员如何做好新形势下人民政协工作做了通俗易懂的讲解，详细阐述了“懂政协——人民政协是什么”“会协商——人民政协做什么”“善议政——政协委员怎么做”三方面内容，对进一步提高委员的履职意识和履职水平、充分发挥委员在政协组织中的主体作用等有重要意义。委员们纷纷表示，通过培训，进一步明确了政协委员履行职能的主要途径和方式，为今后更好地参政议政、履行职能提供了有力帮助，受益匪浅。

开通“鹰潭政协”微信公众平台 3月中旬，市政协开通“鹰潭政协”微信公众平台。该平台以“报道政协活动、宣传履职成效、收集各方意见、传递社会正能量”为宗旨，下设“协商议政”“民生聚焦”“政协动态”三个子栏目，主要发布市政协建言献策、民主监督、履职成效、政协提案、社情民意、各界声音、重要会议、领导活动、专委工作、政协网站等内容。平台自开通以来，赢得广大政协委员的热情关注，在社会上反响强烈。

开展主题实践活动 4月开始，市政协各专门委员会积极贯彻落实市政协“两级政协联动、千名委员同行，助推干净整洁美丽鹰潭建设”主题实践活动，联合所联系的界别，开展了形式多样的助推活动。

开展委员活动日 10月13日，为迎接党的十九大胜利召开，充分发挥政协组织的界别优势和政协委员的主体作用，增强政协工作的生机和活力，市政协联合中石化鹰潭分公司在市体育馆隆重举办“中国石化杯”“喜迎十九大 委员在行动”健身活动暨“委员活动日”。主席戴春英，副主席吴南平、汪桂昌，副厅级干部杨建保，秘书长杨亮太、副秘书长梁东华参加活动。副主席聂玲娜代表市政协领导班子在开赛仪式上讲话。聂玲娜在讲话中指出，希望全体参赛人员发扬“友谊第一、比赛第二”的风格，赛出成绩、赛出水平、赛出团结，赛出政协委员的良好精神风貌，并把健身活动中所彰显的精神，转化为做好本职工作的不竭动力和豪迈激情，以优异成绩向党的十九大献礼。

开展革命传统教育　10月25日至26日，根据市政协“两学一做”学习教育安排，为深入贯彻学习中共十九大会议精神，不断加强革命传统教育和党性教育，市政协组织市、县两级政协机关党员干部职工赴瑞金市、上杭县古田镇革命传统和爱国主义教育基地开展红色革命传统教育活动，学习革命光荣历史，激发爱国情怀。

党员干部职工先后参观了沙洲坝革命旧址群、“二苏大”景区、红井主题公园、叶坪革命旧址群、古田会址、主席园等革命遗址，缅怀革命先辈，接受革命精神的洗礼。在红军烈士纪念碑前，全体中共党员进行集体宣誓，重温了《入党誓词》。

召开人民政协理论研究会2017年度常务理事会　10月24日，市人民政协理论研究会2017年度常务理事会召开。市人民政协理论研究会会长杨建保参加会议并讲话，副会长兼秘书长杨亮太作研究会工作报告，研究会副秘书长梁东华主持会议，研究会办公室副主任陆超林传达中共十九大精神。

会议专题学习了中共十九大精神，传达学习了省政协理论研究会2017年度常务理事会精神，总结报告了市人民政协理论研究会成立以来工作和下步工作打算。各常务理事围绕学习贯彻中央、省委关于加强和改进人民政协民主监督工作的意见精神开展了理论讨论，并对市政协代市委起草的《关于进一步加强和改进人民政协民主监督工作的实施意见》(征求意见稿)提出了许多切实可行的意见建议。

召开市政协委员知情明政专题通报会　12月1日，市政协委员知情明政专题通报会举行。主席戴春英主持会议并讲话，副主席周瑛、官金福、吴泉水、吴南平、汪桂昌，秘书长杨亮太出席。市委常委、纪委书记蔡厚勇，市委常委、组织部长余正琨，副市长吴文戈分别就党风廉政建设和反腐败工作、全市组织工作、全市2017年国民经济和社会发展计划执行情况进行通报。会上，吴南平副主席就九届一次会议以来的提案工作情况进行了回顾，并就2018年初即将召开的九届三次全会提案工作进行部署，提出了相关要求。

【重要文件】

中国人民政治协商会议
鹰潭市第九届委员会常务委员会工作报告

（2017年2月13日
在政协鹰潭市第九届委员会
第二次会议上）

戴春英

各位委员，各位同志：

我代表政协鹰潭市第九届委员会常务委员会向大会报告工作，请委员审议，请列席会议的同志提出意见。

一、市政协九届一次会议以来工作回顾

新一届市政协常委会在中共鹰潭市委的领导和省政协的指导下，按照“谋党政所需、呼群众所盼、尽政协所能”的工作理念，牢牢把握团结民主两大主题，紧扣市第八次党代会工作部署，围绕大局议政建言，聚焦中心谋策献计，紧贴民生解忧帮困，积极推进自身建设，政协工作呈现新气象，为推动我市经济社会发展作出了应有贡献。主要做了以下工作：

——**着眼全局开展整体协商**。市政协九届一次会议期间，市委主要领导作了重要讲话，充分肯定政协自觉服务于全市工作大局，为推进富裕美丽幸福鹰潭建设作出的重要贡献，殷切希望全市政协组织和广大政协委员发挥人民政协在协商民主中的重要作用，服务大局献计出力，突出团结民主主题凝聚力量，积极推进履职能力建设，为同步全面建成小康社会作出贡献，同时要求全市各级党委加强对政协工作的领导，为政协履职提供坚强保障。市党政领导亲临会议看望委员，与委员们一起共商发展大计，面对面听取委员意见建议，体现了新一届市委、市政府对政协工作的高度重视和关心支持，给全体政协委员以极大的鼓舞和鞭策。委员们围绕“十三五”时期全市经济社会发展，就城际铁路建设、农村宅基地改革试点、文化产业发展、非公企业降本增效、电子商务园区建设等方面提出了许多建设性意见建议。会后，市政协及时归纳整理，报送市委、市政府供决策参考，得到市委、市政府重视采纳。市政府办结合政府工作报告任务分解，将政协意见建议归口办理。目前，相关建议有的已得到落实，有的正在落实之中。

——**关注民生开展专题协商**。精准扶贫工作是重要的民生工程。新一届市政协常委会将“推进我市精准扶贫工作”作为专题协商的“开篇之作”，组成联合调研组，深入各县(市、区)和市相关部门调研座谈，认真听取基层干部和贫困对象的意见建议，形成专题调研报告。市政协九届二次常委会议对此进行了认真协商讨论，围绕宣传引导、精准识别、产业扶贫、社会力量扶贫、考核问效等方面提出20条意见建议。协商报告报送市委、市政府后，得到重视。市民政局等部门对调研成果进行了认真研究，将相关意见建议落实到工作实施之中。

——**围绕热点开展双月协商**。12月下旬，就“鼓励大学生创新创业，推进我市双创工作”这一社会各界关注的热点课题，与市发改委、人社局、教育局等12个部门进行面对面协商座谈，就细化完善鼓励政策措施、加大双创教育投入、完善人才引进政策、加强政产学研合作、建立多元化投融资体系、加强舆论引导等方面提出针对性意见建议，得到市政府分管领导充分肯定，要求市相关职能部门进一步加强研究，推动协商座谈成果运用，开创鼓励大学生创新创业工作新局面。

——**规范有序开展经常性工作**。市政协办组织市政协常委和在鹰省政协委员集中视察信江新区建设发展、市重点工程建设和重点企业运营情况，市政协各专委会组织委员就市区专业市场发展、推进全民健身运动、服务外资企业、促进铜产业发展、科技创新等专题，开展专题视察和协商座谈活动，委员们积极建言献策，促进了相关工作开展。把提案工作作为政协履职的全局性工作来抓，加强提案征集组织引导，严抓提案立案审查，及时整理、交办提案，多形式强化提案督办，不断规范提案工作程序。截至2017年1月21日，市政协九届一次会议以来审查立案的123件提案，已办复78件，提案中的许多建议已被吸收落实到相关决策、发展规划和部门工作中，产生了较好的经济和社会效益。加强社情民意信息工作，召开社情民意信息工作座谈会，表彰了2014至2016年度反映社情民意信息工作先进单位和先进个人。充分发挥政协优势，积极参与新农村建设、精准扶贫、乡镇综治平安建设、创建生态文明村、联系帮扶重点企业等中心工作。积极推介委员担任行业和部门监督员，组织委员参与省直机关绩效管理公众评价和鹰潭土地利用总体规划调整、市区部分线路公交车调价听证会等活动。

——**多种形式开展团结联谊活动**。多渠道、多形式、多领域开展对外交往、团结联谊活动,协助省政协在鹰开展“河长监督行”活动及水环境保护跟踪调研和文史资料征集工作;热情接待兄弟市政协来鹰学习考察,积极宣传推介鹰潭;加强对县(市、区)政协的联系和指导,重要课题调研、视察实行上下联动,发挥政协的整体优势;春节前后,按照市委、市政府统一部署,市政协领导深入到市各民主党派、工商联和知联会机关,以及市政协委员、老同志和农村困难群众中走访慰问,加深了了解,增进了感情,凝聚了力量。

——务实创新加强自身建设。一是加强理论学习。积极组织和推动全市政协组织、广大政协委员和机关干部职工,深入学习中央全会和省、市党代会精神,深入学习习近平总书记系列重要讲话精神和治国理政新理念新思想新战略,不断夯实共同思想政治基础,不断增强做好政协工作的责任感和使命感。二是加强组织建设。新一届政协成立后,本着“精简、统一、效能”的原则,设置了六个专门委员会,确立了各专委会负责人和委员,使政协工作有序、高效运转。三是加强制度建设。在历届政协制定的工作制度基础上,参照全国政协、省政协及外地政协的经验,结合我市政协工作实际,制定了《关于加强委员管理发挥委员主体作用的办法》《市政协全体会议、常委会议请假的规定(试行)》,完善了《市政协全体会议工作规则》《市政协常委会议工作规则》《市政协主席会议工作规则》,为政协履职提供了制度保障。四是加强机关建设。扎实开展“两学一做”学习教育,创新学习教育载体,从严从实查找整改突出问题,自觉做“四讲四有”合格党员,机关作风不断改进,凝聚力不断加强。认真做好政协宣传工作,在《人民政协报》《光华时报》《省政协每日信息》等省以上媒体和信息刊物上发表稿件60余篇,提升了政协工作社会影响力。

各位委员,同志们,新一届市政协常委会取得的成绩,是中共鹰潭市委坚强领导、市人大市政府大力支持的结果,是全市政协组织、政协各参加单位和全体政协委员紧密协作、团结奋斗的结果,也是社会各界倾情支持、共同推动的结果。我代表市政协常委会表示衷心的感谢,并致以崇高的敬意!

在肯定成绩的同时,我们也清醒地认识到新一届政协工作刚起步,还存在一些薄弱环节,如民主监督方式方法有待进一步创新,协商内容有待进一步拓展,委员履职活动参与面有待进一步扩大等,需要在今后的工作中认真加以研究和改进。

二、2017年主要工作

2017年,是实施“十三五”规划的重要一年,是供给侧结构性改革的深化之年。我市政协工作的总体要求是:全面贯彻中共十八大,十八届三中、四中、五中、六中全会精神,深入学习习近平总书记系列重要讲话精神和治国理政新理念新思想新战略,认真贯彻落实省、市党代会精神,牢牢把握团结和民主两大主题,充分发挥政协作为协商民主重要渠道和专门协商机构的作用,同心协力搞好政治协商,积极稳妥推进民主监督,扎实有效开展参政议政,着力加强自身建设,不断推进我市人民政协事业创新发展,为鹰潭同步全面建成小康社会作出积极贡献。

(一)把握正确履职方向,努力在夯实共同思想政治基础上聚共识。

(二)围绕中心建言献策,努力在服务全市经济社会发展上履好职。

(三)创新协商工作机制,努力在推进政协协商民主建设上善作为。

(四)强化民主监督职能,努力在加强和改进人民政协民主监督工作上求突破。

(五)突出团结民主主题,努力在巩固

和拓展最广泛的爱国统一战线上添合力。

(六)提升自身建设水平,努力在提高履职服务能力上增实效。

【组织概况】

政协鹰潭市第九届委员会主席、副主席、秘书长、副秘书长、常务委员、委员名单

主　席:戴春英(女)

副主席:周　瑛　官金福　张金涛　吴泉水　吴南平　汪桂昌　聂玲娜(女)

秘书长:杨亮太

副秘书长:梁东华

常务委员

丁忠兵　万挺春　王　轩
艾　程(女)　艾继宗　左真香(女)
刘林根　齐群策　孙火林
孙晓风　寿莉蓉(女)　苏五德
杨小龙　吴国保　吴俊颖(女)
吴锽荣　余红艳(女)　汪君荣
汪碧云(女)　张赣北　陈党红(女)
邵志国　罗会样　周华爱(女)
周志燕(女)　胡梦莉(女)　姜翠萍(女)
祝　寿(女)　夏翠英(女)　徐双文
黄顺茂　黄俊军　黄洪生
黄福康　章平平　梁尹琦
梁东华　琚丽红(女)　葛　菁(女)
舒忠东　曾广亮　潘陆平
潘阿平

委　员

中国共产党鹰潭市委员会

王家林　王瑞洪　艾　程(女)
左真香(女)　邬筱露(女)　刘国富
刘香娥(女)　刘晓华　江　敏(女)
李中华　杨建保　杨亮太
束　军　吴南平　吴晓娟(女)
吴锽荣　何智勇　汪碧云(女)
张明亮　陆超林　陈小丽(女)
陈接照　金建华　周　瑛
官金福　袁　因　夏美林
黄洪生　曾文锋　管玉青(女)
廖晓林　戴春英(女)

中国国民党革命委员会鹰潭市委员会

王　军　艾继宗　艾智明
占美菊(女)　刘益钦　吴福旺
汪桂昌　周　琪(女)　徐　琨

中国民主同盟鹰潭市委员会

卢　珊(女)　吕　明　李　安
李光明　杨文清　宋小娥(女)
张洁明　张继红(女)　张默青
周小冬　周志燕(女)　赵金水
黄嘉惠(女)　薛建园

中国民主建国会鹰潭市委员会

王筱灵　占　艳(女)　刘林根
杨永贵　陈　芳(女)　陈福云(女)
赵何荣　姜贺文　蔡爱军(女)

中国民主促进会鹰潭市委员会

严想富　吴后启　罗红祥
周远辉　琚丽红(女)　潘秋江(女)

中国农工民主党鹰潭市委员会

万　敏(女)　王望海　吉　星
华　芳(女)　刘文权　吴东开
吴皇云　姜翠萍(女)　骆阳春
聂玲娜(女)

九三学社鹰潭市委员会

方晓明(女)　刘志强　李武高
杨　勇　吴振青　邵友桂(女)
周雨亭　葛　菁(女)　喻国平

无党派民主人士

王　琴(女)　艾建新　仲静秋(女)
邬　敏(女)　张志伟　项文红(女)
胡明娥(女)　徐双文

鹰潭市总工会

孙晓风　余　燕(女)　沈桂枝(女)
张赣北　罗云生　祝火生

中国共产主义青年团鹰潭市委员会

方　璐(女)　左智亮　孙欲晓
邹志刚　罗　赟(女)　洪建明

鹰潭市妇女联合会

万春慧(女)　李晓明(女)　周华爱(女)
段美兰(女)　舒菊兰(女)　臧玉华(女)

鹰潭市工商业联合会

叶水清　朱新财　杨小龙
杨义强　杨卫良　杨志明
杨勇军　吴国保　吴国新
吴泉水　吴康彪　汪君荣
张文聪　张海燕(女)　陈丽萍(女)
陈晓东　姜华锋　祝永进
徐长喜　童书林

鹰潭市科学技术协会

李春华　吴俊颖(女)　陈党红(女)
桂天行　谢红燕(女)

台胞(属)归国华侨

王　晖　王　蘘(女)　叶　航
由森宇　孙永红(女)　陈建亚
邵志国　罗会样　徐步斌
梁尹琦

文化艺术界

丁忠兵　兰　君　朱英福
吴金雪　宋继红　宋智勇
洪瑜君　黄顺茂

科学技术界

王　轩　王卫国　刘良勇
李明茂　李夏云(女)　张卫华
金君芳(女)　胡　淳　胡梦莉(女)
侯心刚　祝　寿(女)　梁慕华(女)
曾建明　詹　迎　樊经伟

经济界

刘　兵　刘志刚　齐群策
许光情　孙火林　严细火
芦三好　李建元　余军发
余红艳(女)　余战龙　张平来
罗时信　金友东　郑文明
郑占煌　郑晓斌　俞树宏
娄中金　徐英行　黄　政
黄俊军

农业界

王暾照　付桂林　苏五德
吴国亮　张火炎　邵方龙
郝晓林　胡　斌　徐闽洪(女)
彭　良　裴北山　潘陆平

教育界

寿莉蓉(女)　李军庭　杨　华
吴仙桃(女)　余　莉(女)　祝小英(女)
袁　榕　夏翠英(女)　倪坤山
徐冬香(女)　徐荣峰(女)　徐晚华
黄福康　曾传鸿

体育界

张和浪　欧阳澜　胡震坤
隋贵娟(女)

医药卫生界

万挺春　王　敏(女)　刘百生
李贵春　汪金宇　张胜选
张桂山　赵　敏　谢　让
颜廷荣(女)

少数民族界

兰　翠(女)　兰正碧　兰安娜(女)
罗　琦(女)　雷海燕(女)

宗教界

杨自然　张金涛　周贤佩
曾广亮　潘艮保

社会福利和保障界

叶庆国　汪节安　黄建国

特别邀请人士

王书明　尹一鹏　宁俊华
朱　艳(女)　刘正良　江　涛
杨丽峰(女)　吴细忠　何建华
汪　磊　张曰雄　周庆华
周柳池　周艳艳(女)　赵珍萍(女)
祝发太　徐永荣　章平平
章淑英(女)　梁东华　彭素辉
潘阿平　舒忠东　檀　飞
童　新　熊　敏(女)

【大事记】

1 月

7 日 市政协主席戴春英参加八届市委第八次常委会。

19 日 市政协召开主席会议。

20 日 市政协主席戴春英到龙虎山景区指导景区党委领导班子专题民主生活会。

22 日 市政协副主席官金福走访慰问鹰潭军休所、驻鹰部队。

23 日 市政协九届三次常委会议召开。市政协主席戴春英主持会议并讲话，市政协副主席官金福、张金涛、吴泉水、吴南平、汪桂昌、聂玲娜，秘书长杨亮太出席会议。

中下旬 市政协主席戴春英深入龙虎山景区上清镇和鹰潭高新区，看望慰问困难党员、困难群众和敬老院老人，走访部分园区企业。其他副主席也分别深入挂点乡镇走访慰问生活困难群众和老党员以及敬老院老人。

2 月

12 日 市政协举办九届市政协委员培训会，市政协主席戴春英，副主席官金福、张金涛、吴南平、汪桂昌、聂玲娜，秘书长杨亮太出席。市政协副主席吴泉水主持培训会。

13 日至 15 日 政协鹰潭市第九届委员会第二次会议召开。

21 日 打造中华道都暨《龙虎山道教文献集成》编撰座谈会召开，市政协副主席张金涛主持会议。

24 日 市政协召开主席会议。

3 月

2 日至 9 日 市政协主席戴春英带队赴台参加道文化雕刻工艺美术作品展，市政协秘书长杨亮太陪同。

15 日 市委第二考核组来市政协机关考核领导班子。市政协秘书长、机关党组书记杨亮太作年度工作总结。

中旬 市政协开通“鹰潭政协”微信公众平台。

28 日 市委第八考核组到市政协机关考核党风廉政建设责任制落实情况，市政协秘书长、机关党组书记杨亮太汇报工作情况并述责述廉，市政协机关全体干部职工对机关落实党风廉政建设责任制情况进行民主测评。

4 月

2 日 市政协副主席吴泉水参加“打造龙虎山桃酥品牌，做强做大鹰潭烘焙产业”座谈会。

6 日 市政协召开九届五次主席会议。

13 日 根据市政协主席会议统一部署，市政协提案委组织特邀界别委员召开会议，研究制定 2017 年界别工作计划，并组织委员赴龙虎山中心小学，给留守儿童送去书籍、文具、书包及其他学习用品。

17 日 台湾中华文化国际交流协会一行 17 人来鹰参访。市政协主席戴春英会见台湾中华文化国际交流协会理事长郑安捷。市政协秘书长杨亮太陪同。

19 日 市政协机关召开全体干部职工会议，传达学习市委曹书记对政协有关文件的重要批示，研究部署贯彻落实批示精神的具体举措；对“两级政协联动、千名委员同行、助推干净整洁美丽鹰潭建设”四月份活动进行安排。市政协秘书长杨亮太主持会议并讲话。

21 日 市政协民族宗教港澳台侨和外事委活动组,在副主席张金涛的带领下,组织民族宗教和台侨界别委员视察贵溪市昭真宫遗址和象山书院遗址。

24 日至 28 日 市政协经科委组织部分委员,在副主席汪桂昌带领下,开展全域旅游专题调研。

25 日 市政协学文社法委组织社会保障和福利界别委员,在副主席吴泉水带领下,对我市城区重点公共场所无障碍设施建设工作进行视察。

5 月

10 日 市政协教文卫体委联合市教育局组织市政协教育界别委员和鹰潭市骨干教师深入贵溪市河潭中心小学、幼儿园、中学,开展送课下乡活动。市政协副主席聂玲娜参加活动。

23 日 市政协主席戴春英带着 150 位市政协委员及市政协机关干部职工爱心捐款共计 21740 元,来到市林荫路胡伯胜诊所看望慰问烧伤精准扶贫对象薛勤,市政协秘书长杨亮太一同看望。

市政协副主席吴南平深入余江县春涛镇,调研了解贫困村和贫困户情况,指导脱贫攻坚工作。

25 日 市检察院举行“检察开放日”活动,邀请市政协领导和部分委员走进全市两级检察机关,体验检务公开。

6 月

6 日 市政协召开主席会议。

8 日 市政协民族宗教港澳台侨和外事委组织台侨和民族宗教界别委员开展界别活动,参观考察委员企业——江西云火柱气动科技有限公司,市政协秘书长杨亮太出席活动。

14 日 市政协九届五次常委会议召开。市政协主席戴春英主持会议并讲话,市政协副主席官金福、张金涛、吴泉水、吴南平、汪桂昌、聂玲娜,秘书长杨亮太出席会议。

市政协民主评议市民政局、市国土资源局工作动员大会召开。市政协主席戴春英、副市长吴文戈出席会议并讲话;市政协副主席张金涛、吴泉水、吴南平、汪桂昌、聂玲娜,秘书长杨亮太出席会议。会议由市政协副主席官金福主持。

16 日 市政协主席戴春英带领市有关单位负责人深入龙虎山上清镇、龙虎山镇调研精准扶贫和新农村建设工作。秘书长杨亮太参加调研。

21 日 市政协副主席聂玲娜带领部分市政协常委、委员就“推进我市农家书屋建设与管理”专题进行视察。

7 月

3 日至 5 日 民主评议市国土局工作组在市政协副主席张金涛的带领下,赴贵溪市、余江县、鹰潭高新区、龙虎山景区开展评议调研工作。

在吴泉水副主席带领下,市政协学文社法委组织部分常委、委员,就“建设智慧新城,助推经济转型升级”专题开展调研。

9 日至 15 日 在吴泉水副主席带领下,市政协学文社法委组织部分常委、委员,就“建设智慧新城,助推经济转型升级”专题赴重庆、上海等地学习考察“建设智慧新城,助推经济转型升级”工作。

18 日至 20 日 市政协副主席官金福带领市政协民主评议市民政局工作组,赴贵溪、余江、月湖、龙虎山等地开展评议市民政局工作调研。

28 日 市政协召开机关干部职工大会

暨市政协机关推进“两学一做”学习教育常态化制度化动员部署会，会议由机关党支部书记陆超林主持，市政协机关党组书记、秘书长杨亮太作动员讲话。

8 月

8 日 全市政协提案工作会议召开，市政协副主席吴南平出席会议并讲话。

9 日 市政协召开机关党组会议。

11 日 副主席吴南平率市政协视察组赴贵溪视察农村宅基地管理试点工作。

14 日 市政协召开九届七次主席会议，主席戴春英主持，副主席官金福、张金涛、吴泉水、吴南平、汪桂昌、聂玲娜，秘书长杨亮太出席，各专委会负责同志列席。

17 日至 26 日 副主席汪桂昌率部分民革界别委员，就“加强城市管理立法，推进城市管理法制化”开展专题调研。

18 日 市政协举行“双月协商座谈会”。就加强农产品质量安全监管进行专题协商。主席戴春英主持会议并讲话。副主席官金福对专题调研情况进行说明。秘书长杨亮太及部分市政协委员、有关部门负责人参加会议。

29 日 市政协民族宗教港澳台侨和外事委员会组织部分委员，在副主席张金涛带领下，就提高宗教工作法治化水平开展专题调研。

9 月

8 日 市政协九届六次常委会议召开。主席戴春英主持会议并讲话，副主席官金福、吴泉水、吴南平、汪桂昌、聂玲娜，秘书长杨亮太出席会议。

13 日 副主席吴南平参加省委省政府综合督查维护社会和谐稳定及推进民主法治建设专题座谈会，并就鹰潭市开展政协民主监督工作作专题汇报。

19 日至 21 日 市政协教文卫体委组织部分常委、委员和相关专家，在聂玲娜副主席带领下，就“深化我市城市公立医院综合改革”专题开展调研。

26 日至 27 日 市政协经济科技委员会组织部分常委、委员，在汪桂昌副主席带领下，就“产业集聚区建设与优化工业园区配套服务环境”专题，赴贵溪市、余江县、高新区视察。

27 日 市政协举行双月协商座谈会，就“提高宗教工作法治化水平”开展专题协商。主席戴春英主持会议并讲话。副主席张金涛对专题调研情况进行说明。

10 月

16 日至 20 日 市政协教文卫体委组织部分常委、委员，在聂玲娜副主席带领下，赴蚌埠、杭州、深圳学习考察城市公立医院综合改革。

24 日 市人民政协理论研究会 2017 年度常务理事会召开。市人民政协理论研究会会长杨建保参加会议并讲话，副会长兼秘书长杨亮太作研究会工作报告。

31 日 市政协党组召开扩大会议，主席戴春英主持会议并讲话，副主席周瑛、官金福、吴泉水、吴南平、汪桂昌，秘书长杨亮太出席会议。

11 月

3 日 副主席聂玲娜就市政协九届二次会议第 54 号提案《推动形成信息化教学新常态，打响“学在鹰潭”品牌》开展督办协商。

6 日 市政协机关党组召开扩大会议，机关党组书记、秘书长杨亮太参加会议。

7 日 副主席吴泉水就市政协九届二

次会议第98号提案《加强整治装修市场，严厉打击“沙霸”的建议》开展督办协商。

10日 市政协学文社法委组织部分市政协常委、委员，在副主席吴泉水带领下，到市第一看守所视察指导工作。

13日 副主席官金福就市政协九届二次会议第26号提案《关于增设公共自行车站点，加强系统管理的建议》开展督办协商。

28日 市政协机关召开党组中心组学习(扩大)会议，秘书长杨亮太主持会议。

30日 市政协举行双月协商座谈会，就“推进市区优质教育资源共享”开展专题协商。主席戴春英主持会议并讲话。副主席吴南平对专题调研情况进行说明。

市政协举行“未成年人司法保护及犯罪预防”对口协商座谈会，副主席吴泉水出席会议并讲话。

12月

1日 市政协委员知情明政专题通报会举行。主席戴春英主持会议并讲话，副主席周瑛、官金福、吴泉水、吴南平、汪桂昌，秘书长杨亮太出席。

6日 市政协召开九届七次常委会议。主席戴春英主持会议并讲话，副主席周瑛、官金福、张金涛、吴泉水、吴南平、汪桂昌、聂玲娜，秘书长杨亮太出席会议。

19日 在副主席吴南平带领下，提案委组织部分委员，就鹰潭市花桥水利枢纽工程建设情况开展调研。

20日 副主席聂玲娜参加龙虎山直升机运营基地首航仪式。

22日 市政协九届八次常委会议召开。副主席周瑛主持会议，副主席官金福、吴泉水、吴南平、聂玲娜，秘书长杨亮太出席会议。

30日 市政协办公室、市民政局、市文明办、市广播电视台、市残联、市义工联合会携手江西梦娜袜业有限公司、鹰潭市“追梦之家”残疾人艺术团等单位，在鹰潭市福利院主会场举行“梦娜暖足，爱心暖冬”大型公益敬老活动。

（曹远方 编写 杨亮太 审稿）

政协赣州市委员会

【全体委员会议】

五届二次会议 2月19日至21日在赣州召开。市政协主席刘建平，市政协副主席曾凡、肖明华、姚勇、谢宝河、华旭明、廖志刚、邹军、蓝赟、孔刃非，秘书长明心平出席会议。会议期间，省委常委、市委书记李炳军，市委副书记、市长曾文明和其他领导同志出席了开幕大会和闭幕大会，听取了委员大会发言，参加了联组会议和民主协商会议，与委员们共商赣州改革发展稳定大计。会议听取和审议了市政协主席刘建平代表政协赣州市第五届委员会常务委员会所作的工作报告、市政协副主席廖志刚所作的五届一次会议以来提案工作情况的报告。会议审议通过了政协赣州市第五届委员会第二次会议决议。与会人员列席了赣州市第五届人民代表大会第二次会议。会议听取、讨论并赞同市政府工作报告，赞同市中级人民法院工作报告、市人民检察院工作报告和其他报告。会议期间，共收到提案375件。

【常务委员会会议】

第二次会议 2月16日在赣州召开。会议协商讨论了《政府工作报告（讨论稿）》，听取了市政府办公厅《关于市政协五届一次会议以来提案办理情况的通报》。审议通过了《政协赣州市第五届委员会常务委员会工作报告（审议稿）》《市政协2017年度协商工作计划》《政协赣州市第五届委员会常务委员会关于五届一次会议以来提案工作情况的报告（审议稿）》《关于召开政协赣州市第五届委员会第二次会议的决定》《政协赣州市第五届委员会第二次会议议程（草案）和日程》《市政协五届二次会议委员分组及各组召集人名单》和有关人事事项。各专委会书面汇报了2016年工作总结及2017年主要工作。

第三次会议 2月21日在赣州召开。会上，各组召集人汇报了各界别分组审议情况。会议审议通过了《市政协五届二次会议决议（草案）》和《市政协五届二次会议提案审查情况的报告（草案）》，决定提请闭幕大会通过。市政协主席刘建平主持会议，副主席曾凡、肖明华、姚勇、谢宝河、华旭明、廖志刚、邹军、蓝赟、孔刃非，秘书长明心平及市政协常委出席。县（市、区）政协主席，蓉江新区联系政协工作的领导；未担任五届市政协常委的市政协机关县级干部列席。

第四次会议 7月4日在赣州召开。会议围绕“加快推进我市‘大众创业 万众创新’工作”协商建言；通报我市贯彻落实《国务院关于支持赣南等原中央苏区振兴发展的若干意见》五周年工作情况；审议通过了有关人事事项。市政协主席刘建平主持会议，副主席曾凡、肖明华、姚勇、谢宝河、华旭明、廖志刚、邹军，秘书长明心平及市政协常委出席。住市区的省、市政协委员，县（市、区）政协主席，未担任五届市政协常委的市政协机关县级干部列席。

第五次会议 10月10日在赣州召开。会议传达学习了习近平总书记在省部级主要领导干部专题研讨班上的重要讲话精神，中央和省委、市委关于人民政协民主监督的有关文件精神；审议了《关于〈中共赣州市委关于进一步加强政协工作充分发挥政协协商民主重要作用的若干意见〉贯彻落实情况督查的报告（讨论稿）》；审议通过了有关人事事项。

第六次会议 12月25日在赣州召开。会议决定于2018年1月4日至7日召开市政协五届三次会议；举行了中共十九大精神专题辅导；协商讨论了《政府工作报告（讨论稿）》；听取了市政府办公厅《关于市政协五届二次会议以来提案办理情况的通报》；审议通过了《政协赣州市第五届委员会常务委员会工作报告（讨论稿）》《赣州市政协2018年度协商工作计划（讨论稿）》《政协赣州市第五届委员会常务委员会关于五届二次会议以来提案工作情况的报告（讨论稿）》《关于召开政协赣州市第五届委员会第三次会议的决定》《政协赣州市第五届委员会第三次会议议程（草案）和日程》《政协赣州市第五届委员会第三次会议委员分组及各组召集人名单（草案）》《政协赣州市第五届委员会第三次会议选举办法（草案）》《政协赣州市第五届委员会第三次会议选举大会总监票人、监票人建议名单（草案）》和有关人事事项；各专委会书面汇报了2017年工作总结及2018年主要工作。

【专门委员会工作】

提案委员会 主要工作：市政协五届二次会议以来，共征集到提案375件，其中，委员个人和联名311件；各民主党派市委会、市工商联和市政协各专委会共64件。立案316件，不立案59件。会议期间，市委督查室、市政府督查室和提案主要承办单位派专人参加提案初审，提案全体委员会召开全体会议认真进行复审，确保了提案质量。在五届二次会议闭幕后，及时对市政协五届二次会议立案提案进行整理分析、综合提炼，筛选出工业建设、经济建设、社会建设、教育发展等16个方面具有一定决策参考价值的提案，编辑《重要提案专报》16期，报送市委、市政府领导和有关部门。市委、市政府十分重视，批示达10人次，有力地促进了提案建议的办理落实。组织提案人、有关承办单位负责人，赴四川省成都市就“甲醛污染防治工作”课题进行考察。

文史和学习委员会 主要工作：继续与县（市、区）联合开展了《赣州文史大观》资料征集编纂工作，已完成《赣州文史大观》（南康区、寻乌县、大余县、崇义县卷）资料征集编纂任务，精编文史资料80多万字，即将正式出版。完成了《记忆赣南古村落》资料编纂和图片拍摄工作，精选精编了全市93个古村落10多万字的文脉、商脉文史资料和拍摄选用了600多幅珍贵历史照片，即将正式出版。组织部分市政协委员，赴江西省上饶市、湖南省郴州市开展“高铁经济发展”专题调研。组织部分市政协委员，到河南省安阳市、开封市、洛阳市、郑州市开展文化专题调研。组织部分市政协委员，到我市安远县、会昌县、寻乌县开展“让光伏扶贫切实成为贫困户增收的好项目”专题调研。组织部分委员，赴贵州省就“红色文化研究及开发路径”课题考察。组织部分市政协委员，到重庆市、四川省南充市、四川省成都市开展“推动历史文化资源与现代旅游业融合”专题调研。

经济委员会 主要工作：组织部分市政协委员，到赣州经开区开展“推进新能源汽车产业链招商”专题调研。组织部分委员，到赣县区开展“扶贫专项资金使用情况”民主监督活动。组织部分市政协委员，赴章贡区开展“中华儿童新村旧址及共同周边地区保护与利用工作”专题民主监督。组织部分市政协委员，赴章贡区、南康区、经开区开展“改进工作作风提高工作效率”专题民主监督。组织部分委员，到大余县、崇义县开展安全生产工作民主监督活动。组织部分委员，到湖北省武汉市、江苏省常州市开展“新能源汽车建设”专题调研。

教科文卫体委员会 主要工作：组织部分市政协委员，到龙南县、全南县开展“大众创业、万众创新”专题调研。组织部分市政协委员，到章贡区、赣县区、经开区、蓉江新区开展“推动中心城区义务教育均衡发展”专题调研。组织部分市政协委员，到安徽省芜湖市、湖南省岳阳市开展"全国文明城市常态化管理"专题调研。

社会法制和民族宗教委员会 主要工作：与民建市委会赴深圳市中小企业发展署、深圳证券交易所、前海管理局，开展"开通IPO绿色通道、推进企业上市"专题调研。组织部分市政协委员，到信丰县、南康区开展"少数民族地区精准扶贫项目推进和落实情况"专题调研。组织部分市政协委员，赴云南省昆明市、玉溪市学习考察"高新区建设发展工作"情况。

港澳台侨和外事委员会 主要工作：组织部分市政协委员，赴大余县、赣县区开展"非物质文化遗产传统工艺项目的保护盒利用情况"专题调研。组织部分市政协委员，到我市综合保税区开展"赣州综合保税区开放平台建设和运行情况"专题调研。组织部分市政协委员，赴贵州省就"美丽乡村特色小镇规划建设与发展情况"课题进行考察。组织部分市政协委员，到石城县、寻乌县开展"促进民间投资 优化发展环境"专题调研。

人口资源环境委员会 主要工作：组织部分市政协委员，到宁都县、石城县、寻乌县开展"精准扶贫项目推进和落实情况"专题调研。组织部分市政协委员，到安远县、宁都县、于都县开展"农村环境综合整治工作情况"专题民主监督。联合市城投集团、市规划局等单位，到北京市、河北省唐山市、河北省许昌市、湖北省武汉市、江苏省无锡市开展"传统风情街区改造"专题调研。

【重要活动】

开展"非物质文化遗产传统工艺项目的保护和利用情况"专题调研 3月14日至16日，市政协港澳台侨和外事委组织部分市政协委员，由市政协副主席姚勇带队，赴大余县、赣县区开展"非物质文化遗产传统工艺项目的保护盒利用情况"专题调研，形成视察报告。委员们建议：规划建设"非遗"主题公园，创设体验展示平台；健全分类保护机制，培植发展"非遗"产业；增加经费投入，出台扶持政策；加大培训力度，丰富交流方式；关爱艺人生活，留存工艺血脉。

开展"中华儿童新村"旧址及周边地区保护与利用工作题民主监督 3月21日，市政协经济委组织部分市政协委员，由市政协副主席肖明华带队，赴章贡区开展"中华儿童新村旧址及共同周边地区保护与利用工作"专题民主监督，实地视察了"中华儿童新村"保护与利用情况，并召开了专题民主监督协商会，形成视察报告。委员们建议：提高认识，进行抢救式保护；归集产权，推进保护利用权责一体；整体策划，致力旅游品牌打造；多措并举，多方筹措建设资金。

开展"发挥企业在科技创新中的主体作用"专题调研 6月中下旬，市政协教科文卫体委员会组织部分委员，由市政协副主席蓝赟带队，赴市中心城区、龙南县、全南县和长沙、武汉等地开展了调研，综合本次专题调研情况，形成视察报告。委员们建议：强化企业科技创新主体地位；积极加大高新技术企业和科技型中小企业培育力度；切实加大科技扶持和投入力度；大力加强创新人才队伍建设；努力提升科技创新公共服务平台建设水平；强化科技成果转移转化力度。

开展"进一步加强政协工作充分发挥政协协商民主重要作用"专题督查 8月下旬至9月上旬，市政协办公厅联合市委办公厅、市政府办公厅、市委政研室等单位对各县（市、区）贯彻落实《中共赣州市委关于进一步加强政协工作充分发挥政协协商民主重要作用的若干意见》（赣市发〔2016〕16号）情况开展督查。市政协党组根据督查情况形成了督查报告,并经市政协五届十四次主席会议、市政协五届五次常委会议审议通过,形成视察报告。建议:大力探索创新协商民主形式;着力加强民主监督制度建设;健全协商成果转化落实机制;加强和充实县(市、区)政协机关工作力量;落实政协专门委员会配备专职副主任的要求;加快推进在建制镇试点建立委员联络组工作;提升政协委员的能力和素质。

开展"农村环境综合整治工作情况"专题民主监督 9月19日至22日,市政协人口资源和环境委员会组织部分委员,由市政协副主席谢宝河带队,在听取市委农工部、市环保局等部门书面汇报后,赴安远县、宁都县、于都县,通过听取汇报、座谈交流和实地察看等方式,重点了解了农村环境综合整治工作成效、存在的主要困难和问题,形成视察报告。委员们建议:认真做好农村环境连片综合整治工作;多措并举,切实做好农村垃圾专项治理工作;攻坚克难,深入推进"空心房"整治工作;稳步推进交通沿线村点建筑立面整治提升工作;高度重视,切实抓好农村建房管理工作;加大宣传教育力度,引导村民积极参与农村环境综合整治工作。

开展"红色客家文化遗址保护与利用"专题调研 10月20日至23日,市政协文史和学习委员会组织了部分市政协委员赴龙南、全南、大余县及广东梅州、福建龙岩、贵州遵义等地开展红色、客家文化遗址保护与利用的专题调研,形成视察报告。委员们建议:推动机制体制创新,加强客家历史文化遗址保护与利用组织领导;完善相关规划设计,推动全域旅游发展;挖掘客家文化内涵,推进文化旅游融合发展;建设一批文化项目,着力提升客家文化品位;建立多措筹资机制,保护客家文化遗址;注重人才培养,强化客家文化保护和利用人才支撑。

开展"重视和改进律师队伍在法治赣州建设中的作用"专题调研 8月23日至25日,市政协社法和民族宗教委员会组织部分市政协委员,在听取市委政法委、市中级人民法院、市司法局等9个部门相关情况通报后,赴寻乌县、定南县,就"重视和改进律师队伍在法治赣州建设中的作用"工作开展专题调研,形成视察报告。委员们建议:进一步树牢法治思维,营造良好的律师执业环境;积极鼓励和支持律师为经济建设和社会发展提供法律服务;进一步积极引入律师为征收补偿工作提供法律服务;开放律师业务领域,用法律服务成果推动经济建设中的各环节进展;进一步加强与律师的良性互动关系。

【重要文件】

政协赣州市第五届委员会
常务委员会工作报告

(2017年2月19日在市政协
五届二次会议上)

刘建平

各位委员、同志们:

受政协赣州市第五届委员会常务委员会委托,我向大会报告工作,请委员审议,请列席会议的同志提出意见。

一、2016年工作回顾

2016年,在中共赣州市委的正确领导和市政府的大力支持下,市政协常委会认真贯彻中共十八大,十八届三中、四中、五中、六中全会精神,认真贯彻习近平总书记系列重要讲话精神和治国理政新理念新思想新战略,认真贯彻市第五次党代会精神,按照中央、省委、市委进一步加强政协工作的有关要求,坚持团结和民主两大主题,自觉围绕中心、服务大局,求真务实、主动作为,为推动全市经济社会发展作出了积极贡献。

（一）推进协商议政，服务“六大攻坚战”

认真推进民主协商。切实抓好《中共赣州市委关于进一步加强政协工作充分发挥政协协商民主重要作用的若干意见》的贯彻落实，积极运用大会发言、联组会议、专题协商、对口协商、提案办理等形式，广泛开展民主协商。在市政协五届一次会议上，围绕打好攻坚战、同步奔小康，安排10名委员作大会讲台发言，举行了联组会议和分组讨论，积极建言献策。市委主要领导对4篇大会发言作出批示，对联组会议委员的建言明确要求有关部门认真研究落实。围绕企业发展、教育卫生、现代农业等11个专题43件重点提案开展了办理协商，从立案的565件提案中，筛选工业、旅游、城市管理等方面具有较高参考价值的提案，编印了17期《重要提案专报》，有8期得到市委、市政府分管领导批示，促进了提案建议的办理落实。如“关于在全市实行免费婚前医学检查的建议”的提案，市政府办公厅专门下发通知，在全市开展免费婚前医学检查。

精心组织调研视察。采取市县政协联动和市内外比较调研相结合的办法，对城市管理、现代农业发展等重点课题集中力量开展综合性调研。充分发挥专委会基础作用，开展了出口家具发展、优化政务环境、赣商返乡创业等12个专题调研。开展了电子信息产业发展、赣州市历史文化街区规划和建设等3个专题视察。向市委、市政府报送调研视察报告16篇，市委、市政府主要领导对10篇报告作了批示。如《关于优化赣州市政务环境的调研报告》得到市委主要领导的批示，市政府专门召开会议对调研报告进行研究，许多建议被市政府采纳到关于进一步深化“放管服”改革优化发展环境工作方案中。

积极投身“六大攻坚战”。按照市委安排，市政协八位领导分别担任“六大攻坚战”领导小组的副组长，积极参与“六大攻坚战”的领导工作，为打好“六大攻坚战”献计出力。市政协领导挂点联系重点企业，积极主动帮助企业协调解决困难和问题。有三位领导分别牵头负责钨新材料及应用产业、家具产业和生物制药产业推进小组工作。市、县政协委员在本职岗位上奋发有为、务实担当，在打好“六大攻坚战”的具体实践中发挥了积极作用。

（二）加强民主监督，促进党政决策落实

强化重点监督。着眼市委、市政府重要决策部署实施、重大项目推进、重点工作落实，制定专题民主监督实施方案，开展了主攻工业、精准扶贫、民生实事的推进落实情况专题民主监督，分别向市委、市政府报送了监督报告。市委主要领导对主攻工业民主监督报告作出批示，相关问题在市主攻工业攻坚战领导小组会上作了通报，有关建议正在落实。

探索部门监督。探索建立政协向政府部门委派监督组制度。选择市工信委作为民主监督单位，通过走访企业、召开座谈会和民主评议会、收集社情民意等形式，从主攻工业、工作创新、作风建设、提案办理等4个方面，对市委、市政府相关决策部署的落实情况开展民主监督，形成了《关于对市工信委工作的民主监督报告》。市工信委高度重视，专门制定了整改工作方案，将报告提出的问题、建议逐条分解，明确责任领导和责任科室，切实抓好整改落实。

重视跟踪问效。对政协协商成果的转化主动跟进，推动落实。如针对《关于支持民办博物馆发展若干政策措施的通知》落实情况，市政协组织委员进行专题调研，形成了大会发言材料，得到了市委主要领导的批示。为落实批示要求，市政协组织委员又开展了相关督查调研，推动工作落实。加强提案答复后的跟踪督办工作，推动意见建议落实。如“关于大力培育赣南王阳明文化品牌的建议”的提案，有关部门答复后，市政协通过座谈、实地视察等形式及时跟踪督办，确保建议落到实处。目前，已成立赣州王阳明研究分会，“王阳明纪念馆”已经立项，王阳明文化主题公园已完成规划。

（三）发挥政协优势，助推苏区振兴发展

努力争取上级政协支持。为推动赣南苏区振兴发展工作，市政协积极争取全国政协、省政协的关心支持，促成住赣全国政协委员在全国政协十二届四次会议上联名提交了“加大《若干意见》实施力度，确保赣南等原中央苏区与全国同步全面建成小康社会”的提案。此提案确定为全国政协重点督办提案。全国政协副主席马飚率调研组深入我市实地调研，召开办理协商座谈会，进一步推动对赣南等原中央苏区的支持。全国政协副主席陈晓光、卢展工、陈元等领导分别带队，先后就稀土矿山开发管理、基层公共文化建设、生态文明建设开展专题调研视察。省政协分别由有关副主席带队，就实施创新驱动发展战略推动产业转型升级、客家围屋保护与利用等7个专题开展调研视察。全国政协和省政协的调研视察，推动了国家、省有关部门加大对赣州的支持力度，为加快我市经济社会发展提供了重要指导和帮助。

扎实开展精准扶贫工作。在做好扶贫攻坚建言献策、民主监督等工作的同时，市政协领导和机关干部认真履行挂点结对帮扶责任，切实解决脱贫致富中遇到的困难和问题。机关干部结对帮扶了110户贫困户，直接投入扶助资金35万元，争取项目资金600余万元。积极引导委员企业家参与“百企帮百村”精准扶贫行动，助力脱贫攻坚，有300多家市、县政协委员企业帮扶260多个贫困村、7000多户贫困户，投入产业扶贫、就业培训、公益捐助等方面的款物3000余万元。发挥市政协委员扶贫救助会作用，积极引导政协委员捐赠资金和物资，资助困难孤儿23名、困难群众1589名。

认真做好文史工作。积极发挥政协文史工作的存史资政作用，围绕弘扬优秀传统文化，着力打造一批文史精品。深入挖掘阳明文化，编辑出版了《图说王阳明》《王阳明南赣史话》《王阳明巡抚南赣题刻墨迹》系列丛书；加强赣州历史文化的保护和利用，编辑出版了《赣州文化大观》系列丛书（宁都、瑞金、信丰、赣县卷），完成了全市93个历史文化名村（古村落）史料征编工作。

（四）加强自身建设，提高履职能力和水平

切实加强政治引领。始终坚持把加强思想政治引领、把握正确政治方向放在首位，组织全市各级政协组织、广大政协委员和政协机关干部深入学习贯彻中央、省委有关会议文件精神，认真学习、深刻领会、准确把握市第五次党代会精神实质，积极引导各级政协委员、各民主党派、工商联、各人民团体和各族各界人士理解、认同、支持、服务市委“打好攻坚战、同步奔小康”决策部署，筑牢团结奋斗的共同思想政治基础。

圆满完成换届工作。顺利召开了市政协五届一次会议，选举产生了五届市政协领导班子。指导县（市、区）政协顺利完成换届工作。围绕贯彻落实市第五次党代会精神和省委常委、市委书记李炳军同志在市政协五届一次会议上的重要讲话精神，就进一步加强政协自身建设进行了专题部署，在市政协常委中开展了“强化政治意识，做维护核心的表率；强化学习意识，做博学善思的表率；强化担当意识，做履职尽责的表率；强化团结意识，做民主共事的表率；强化创新意识，做开拓进取的表率”活动。

完善委员管理服务。举办了五届市政协委员培训班，为新一届市政协委员尽快进入角色、发挥作用奠定了基础。修订完善了《赣州市政协委员履行职能情况考核细则》，强化委员年度履职考核工作。认真办好赣州政协会刊和微信公众号，让委员知情明政。建立了赣州市政协提案管理系统，实现了委员提案办理的全程信息化管理。出台了《关于鼓励和支持市政协委员自主开展履职活动的实施办法》，鼓励和支持政协委员发挥自身特长，自主开展调研视察、民主监督、社情民意调查等履职活动。这一做法得到了省政协的充分肯定，并列入省政协2017年工作要点予以推广。

加强机关自身建设。按照中央、省委、市委的统一部署和要求，深入开展“两学一做”学习教育，巩固拓展党的群众路线教育实践活动和“三严三实”专题教育成果，进一步解决党员干部在思想、组织、作风、纪律等方面存在的问题。围绕解放思想、服务大局主题，重点就“如何为促进全市经济社会发展提供好的对策建议”和“政协干部如何解放思想、改正不足，提高履职能力和水平”开展了专题活动，推动政协工作的思路创新、理论创新、制度创新和方法创新，增强履职实效。加强了政协机关作风建设，制定了《赣州市政协机关关于改进工作作风提高工作效率的实施方案》，从严从实抓好“改作风提效率”工作。

二、2017年主要工作

2017年是我市全面贯彻落实市第五次党代会精神的关键一年，也是五届市政协紧紧围绕打好六大攻坚战全面履行政协职能的重要一年。今年市政协工作的总体要求是：全面贯彻中共十八大，十八届三中、四中、五中、六中全会和今年将召开的中共十九大精神，深入学习贯彻习近平总书记系列重要讲话精神和治国理政新理念新思想新战略，认真贯彻落实市第五次党代会精神，在中共赣州市委的坚强领导下，牢牢把握团结和民主两大主题，充分发挥政协协商民主重要渠道和专门协商机构作用，进一步强化政治引领、凝聚发展共识；强化协商建言、凝聚发展智慧；强化民主监督、落实发展举措；强化团结联谊、汇聚发展力量；强化自身建设、提高履职能力，在“打好攻坚战、实现新作为”中树立政协委员新形象、展现政协工作新活力、谱写政协事业新篇章。

（一）在“打好攻坚战、实现新作为”中凝聚广泛共识。

（二）在“打好攻坚战、实现新作为”中积极建言献策。

（三）在“打好攻坚战、实现新作为”中加强民主监督。

（四）在“打好攻坚战、实现新作为”中汇聚各方力量。

（五）在“打好攻坚战、实现新作为”中提高履职能力。

【组织概况】

政协赣州市第五届委员会
主席、副主席、秘书长、常务委员、委员名单

主　席：刘建平

副主席：曾　凡　肖明华　姚　勇　谢宝河　华旭明　廖志刚　邹　军　蓝　赟　孔刃非

秘书长：明心平

副秘书长：张剑平　毕生荣　黄圣勇

常务委员

王　健　王石水　王根泉
王德文　牛王翠　尹华香

尹善奎 邓卫城 毕生荣
朱钦胜 朱鑫华 刘 杨
刘 斌 刘力萍 刘立煌
刘发明 刘建生 刘荣平
刘南海 刘洪梅 刘艳琼
刘道军 刘新年 许 华
许 军 孙益仁 孙赣华
李 雷 李坊涛 李志斌
李沛鸿 杨 欣 杨国峰
肖东慧 肖信生 吴忠浩
吴晓明 邱英祥 邱庚香
邹隆春 张志刚 张剑平
张冠军 陈 林 陈李忠
陈秀华 陈昌立 陈岳林
陈金清 陈宗祥 陈清萍
林 钦 周 彬 胡 晓
钟 斌 钟友华 钟贤军
钟定岩 钟海梅 侯乐锋
郭宏文 唐智刚 陶晓俊
黄 梅 黄圣勇 黄志明
黄林海 释瑞印 曾少华
曾康华 谢来福 谢海琼
蓝 文 赖林生 谭丙生
潘贤波 潘振华 戴艳春

委 员

中国共产党赣州市委员会

刘建平 曾 凡 肖明华
谢宝河 廖志刚(女) 李 蔚
明心平 马石旺 尹善奎
王慧君 邓金健 刘为民
刘立煌 刘惠宗 朱建华
毕生荣 李史萍(12月25日增补)
严国雄 何文庆 张剑平
肖信生 肖惜才 邱英祥
邹大勇 陈李忠(12月25日辞去)
陈金发 陈贵周 罗宗祺
钟为建 钟贤军 钟恢森
唐智刚 袁 建 黄运群
黄海印 彭 强 曾繁中
谢文才 谭丙生 潘贤波
魏国寿

中国国民党革命委员会赣州市委员会

蓝 赟 胡来知 王 中
王 雷 刘发明 严 云(女)
张建峰 李志斌 杨吉慧(女)
杨晓林 杨斌清(女) 林金秤
欧阳柳柳 胡天松 郭春荣
谢 开 谢海琼

中国民主同盟赣州市委员会

牛王翠(女) 龙永莲(女) 刘 斌
刘 毅(女) 刘南海 孙益仁
李 壮 李 轶(女) 肖羽飞
邱庚香 陈 林 陈志光
郑怀树 敖慧斌(女) 栗正刚
彭 斌 蒋洪亮 赖晨鸣(女)
谭爱平

中国民主建国会赣州市委员会

邹 军 尹华香(女) 王贤俊
龙泉合 刘力萍(女) 吉朝晖
吴玉晖 吴晓明 吴智尧
李沛鸿 陈 蓉(女) 钟舒毅(女)
郭宏文 曹贤信 赖建秀(女)
谭小彬 薛 剑

中国民主促进会赣州市委员会

孔刃非 邓思庆 刘国珍
刘艳琼(女) 刘徽平 许清桦(女)
张森林 李 俊 杨 欣
杨国峰 罗 瑛 钟军平
黄雪峰(女) 温小锋 赖俊林
赖俐华(女) 雷 健

中国农工民主党赣州市委员会

姚 勇 王犹淦 田 胜
刘 宾 何建农 陈立新
陈宗祥 陈金清 陈懿建
林 韬 胡莉群(女) 钟 卫
钟春华 徐 鹰 梁 洁(女)

曾祥福　曾康华(女)　戴艳春(女)

九三学社赣州市委员会

王　艳(女)　边俊杰　刘卫红(女)
刘午阳　刘建生　朱钦胜
张　伟　李世荣　邹荣华
侯乐锋　钟友华(女)　郭红生
郭益萍(女)　赖九江　赖延东
蔡　洪

无党派人士

王石水　刘春梅(女)　陈　瞻
陈让其　陈秀华(女)　陈家祥
林炳煌　罗　瑶(女)　范丽君(女)
黄忠明　曾　军　曾水生

赣州市总工会

王根泉　卢卫铭(12 月 25 日辞去)
刘　辉(12 月 25 日增补)　刘承亚
吴修祎　李玲玲(女)　邱世禄
陈　武　陈孝荣　孟　宁
郑礼顺　金景全　黄建鸫
曾志明　董苏莉(女)　赖才丁

中国共产主义青年团赣州市委员会

刘新年　孙法丹　余秋梅(女)
张小春(女)　钟龙华　钟海梅(女)
黄运华　彭　华

赣州市妇女联合会

于　蓉(女)　王　华(女)　刘　嫔(女)
刘金兰(女)　刘春香(女)　刘琼招(女)
刘裕裕(女)　刘慧萍(女)　张翠梅(女)
李　苗(女)　李　缨(女)　陈清萍(女)
涂　静(女)　高　莉(女)　黄　华(女)
黄　梅(女)　蓝淑娟(女)　赖月兰(女)
蔡胜桦(女)　谭红兰(女)

赣州市青年联合会

毕　溦(女)　何剑勇　宋海明
张　婧(女)　陈春燕(女,12 月 25 日增补)
饶荣华　曾志平　谢　翔
蔡　辉

赣州市工商业联合会

华旭明　王水龙　王德文
邓卫城　邓增婴　刘贤才
孙赣华(女)　许　伟　何　宏
张人尧　张礼文　张慈锦
张德荣　李　云　李　文
邹新华　陈岳林　周　彬(女)
林　钦(女)　欧阳宇俊　罗镇城
钟玉良　钟行飞　袁宜海
梁立人　黄勇平　曾　明
谢来福　谢英华　廖北京

赣州市科学技术协会

叶　亮　叶和江　刘洪梅(女)
张丽萍(女)　李晖明　肖　明
肖祝元　谢银水
赖小龙(12 月 25 日增补)　潘振华
魏更新

赣州市归国华侨联合会

王　健(女)　张红林　李升隆
李建明　陈慧莲(女)
林重庆(12 月 25 日增补)　钟　山
钟玉英(女)　黄　艳(女)　谢永华

赣州市台湾同胞联谊会

许　华(女)　李坊涛　汪俊辉
肖利华　曾小育　程　竞

文化艺术界

丁少松　叶华昌　危先民
许　磊　吴宏敏　李　雷
杨美兰(女)　陈　混　林小平
陶晓俊　黄海燕(女)　曾　洁(女)
蓝　文(女)　赖义红　蔡艳燕(女)

科学技术界

邓旺华　卢泽宽　刘志高
刘荣平　江树华(女)
杜学东(12 月 25 日辞去)　何立衡
吴忠浩　吴明珠
张卫忠(12 月 25 日增补)　张惟城
李　芳(女)　李　朋　李　辉

李光生 杨仁荣 杨轶群
陈文渊 温建荣 童建文
谢志宏 詹小荣 廖龙江

社会科学界

卢　斌(女) 田先德 朱　斌
张志刚 陈玉毅 陈昌保
胡　晓 唐德瑜 钱雨森
黄世明 黄林海 傅江萍(女)
温莉梅(女) 谢芳桂 谭建平

经济界

毛定洲 邓近华 叶日山
叶扬焕 刘东明 刘铭三
刘瑞林 华晓斌 何　喆
张祖良 李远清(女) 李美芳(女)
杨中茂(12 月 25 日增补) 杨文瑞
肖东慧(女) 陈建春 林绍志
欧阳忠 赵乘南 钟定岩
高志坚 谌东海 彭东晓
曾少华 温荣喜 董海华
谢京华 熊锡平 蔡佳旺

农业界

马　飞 古清华 刘　杨
庄席福 严　翔 何世林
李　力 肖承忠 陈昌立
陈忠欧 陈章荣 欧阳常清
罗　迅 钟小华(女) 徐沈涛
梁梅青 谌明祯 黄小红
黄志明 傅　标 彭志坚
谢晓明 赖林生 蔡晓琰(女)

教育界

刘钦辉 张　毅 张爱荣(女)
李从华 李秀红(女) 李国清
李晓然 杨小平 邹志华
邹隆春 陈相飞 幸玉兰(女)
姜在东 钟昭锋 钟富有
郭　强 蓝晶晶(女) 蔡兰芳(女)
潘元生

体育界

刘丽华(女) 朱龙山 朱鑫华
吴玉华(女) 李　聪 肖　萍(女)
钟　斌 徐名忠

新闻出版界

甘建军(女) 许　军 张冠军
李　兵 凌　虹(女) 黄振武
彭　灏 曾德军

医药卫生界

余　凯(女) 张运祥 张辉阳
杨荣明 周兆锋 林　莉(女)
胡　烈 钟子金 桂家祥
郭敬茂 黄丽萍(女) 温桃芳
谢小春 廖小波 蔡元魁

社会福利和社会保障界

邓　明 王朝燕 刘光清
刘道军 梁小明 曾春元
温嘉吉(女) 程学文 廖梓琪(女)
谭红鸣

少数民族界

王泽明 石保香(女) 闭文焕
顾　玲(女) 黄　刚 蓝应尚
蓝志中 蓝流芳 黎　敏(女)

宗教界

尹林春 王洪涛 刘光弟
郭家明 释传昌 释登禧
释瑞印 赖红英(女)

特别邀请人士

丁振胜 龙小东 刘立新
刘立煌 刘建华 刘瑞河
朱检发 何春林 吴诗东
张衍欣 李子程 李干东
李云飞 李国念(12 月 25 日辞去)
沈宝春 肖承洪 陈庆明
郑成功 胡美良 胡敦祥
钟家伟 饶秋平 梅元生
黄圣勇 彭华峰 曾为东
曾令峰 曾宪柏 葛志程

董显明　　谢房才　　赖松林
廖永平　　廖志平　　魏　熠(女)
张人尧　　陈建春　　刘丽华(女)

【大事记】

1 月

10 日　市政协五届四次主席会议召开。会议传达学习了十八届中央纪委七次全会精神及省纪委、市纪委、市委办公厅有关通报和文件精神;讨论通过了市政协机关关于改进工作作风提高工作效率的实施方案;讨论通过了市政协 2017 年度协商工作计划安排;讨论了市政协五届二次会议联组会议发言选题;听取了办公厅、各专委会 2016 年 12 月份工作小结和 2017 年 1 月份工作安排情况汇报。主席刘建平主持,副主席肖明华、姚勇、谢宝河、华旭明、廖志刚、邹军、蓝赟、孔刃非,秘书长明心平出席。

24 日　市政协党组召开 2016 年度学习贯彻党的十八届六中全会精神民主生活会和吸取苏荣案及涉案人员违纪教训专题主生活会。

2 月

4 日　市政协五届五次主席会议召开。会议传达学习了中共赣州市委《关于加强社会主义协商民主建设的实施办法》;审议了《关于召开市政协五届二次会议有关事项的请示》;审议了《政协赣州市第五届委员会常务委员会工作报告(讨论稿)》;审议了市政协 2017 年度协商工作计划(讨论稿)。主席刘建平主持,副主席曾凡、肖明华、姚勇、谢宝河、华旭明、廖志刚、邹军、蓝赟,秘书长明心平出席。

8 日至 10 日　市政协社法民宗委与民建市委会赴深圳市中小企业发展署、深圳证券交易所、前海管理局,开展“开通 IPO 绿色通道、推进企业上市”专题调研。市政协副主席邹军带队。

9 日至 13 日　市政协文史和学习委组织部分市政协委员,赴江西省上饶市、湖南省郴州市开展“高铁经济发展”专题调研。市政协副主席孔刃非带队。

14 日　市政协五届六次主席会议召开。

19 日至 21 日　市政协五届二次会议在赣州召开。

21 日　市政协五届三次常委会会议召开,主席刘建平主持会议。

3 月

7 日　市政协五届七次主席会议召开。

14 日至 16 日　市政协港澳台侨和外事委组织部分市政协委员,赴大余县、赣县开展“非物质文化遗产传统工艺项目的保护盒利用情况”专题调研。市政协副主席姚勇带队。

17 日　市政协召开专门会议传达学习全国政协十二届五次会议精神。主席刘建平出席并讲话。

市政协召开“改进工作作风提高工作效率”专题民主监督情况通报会。市行政服务中心、市编办、市发改委、市公安局、市国土资源局、市城乡建设局、市工商局 7 个部门分别通报了本部门改进工作作风提高工作效率的基本情况,重点查找了工作中存在的问题、困难和薄弱环节,交流了下一步工作打算。主席刘建平出席并讲话,副主席肖明华、姚勇、谢宝河、廖志刚、邹军、孔刃非,秘书长明心平出席会议。

21 日　市政协经济委组织部分市政协

委员，赴章贡区开展“中华儿童新村旧址及共同周边地区保护与利用工作”专题民主监督。市政协副主席肖明华带队。

23日至24日 市政协文史和学习委组织部分市政协委员，赴崇义县、大余县开展“改进工作作风提高工作效率”专题民主监督。市政协副主席孔刃非带队。

24日 市政协港澳台侨和外事委组织部分市政协委员，赴安远县开展“改进工作作风提高工作效率”专题民主监督。市政协副主席姚勇带队。

29日至30日 市政协提案委组织部分市政协委员，赴兴国县、宁都县开展“改进工作作风提高工作效率”专题民主监督。市政协副主席廖志刚带队。

29日至31日 市政协经济委组织部分市政协委员，赴章贡区、南康区、经开区开展“改进工作作风提高工作效率”专题民主监督。市政协副主席肖明华带队。

市政协社法民宗委组织部分市政协委员，赴全南县、龙南县和市行政服务中心开展“改进工作作风提高工作效率”专题民主监督。市政协副主席邹军带队。

4月

5日 市政协五届八次主席会议召开。

5月

2日至4日 市政协人资环委组织部分市政协委员，到宁都县、石城县、寻乌县开展“精准扶贫项目推进和落实情况”专题调研。市政协副主席谢宝河带队。

3日 市政协五届九次主席会议召开。

4日 市政协港澳台侨和外事委组织部分市政协委员，到我市综合保税区开展“赣州综合保税区开放平台建设和运行情况”专题调研。市政协副主席姚勇带队。

11日至12日 市政协社法民宗委组织部分市政协委员，到我市信丰县、南康区开展“少数民族地区精准扶贫项目推进和落实情况”专题调研。市政协副主席邹军带队。

18日至20日 市政协教科文卫体委组织部分市政协委员，到我市龙南县、全南县开展“大众创业、万众创新”专题调研。市政协副主席蓝赟带队。

22日至23日 市政协提案委组织部分市政协委员，到我市上犹县、经开区开展“大众创业、万众创新”专题调研。市政协副主席廖志刚带队。

22日至24日 市政协文史和学习委组织部分市政协委员，到我市南康区、大余县开展“大众创业、万众创新”专题调研。市政协副主席孔刃非带队。

22日至25日 市政协人资环委组织部分市政协委员，到我市安远县、信丰县开展“大众创业、万众创新”专题调研。市政协副主席谢宝河带队。

23日至24日 市政协经济委组织部分市政协委员，到我市章贡区、于都县开展“大众创业、万众创新”专题调研。市政协副主席肖明华、华旭明带队。

市政协港澳台侨和外事委组织部分市政协委员，到我市赣县区、兴国县开展“大众创业、万众创新”专题调研。市政协副主席姚勇带队。

市政协办公厅组织部分市政协委员，到我市会昌县、宁都县开展“大众创业、万众创新”专题调研。市政协副主席曾凡带队。

市政协办公厅组织部分市政协委员，到我市瑞金市、石城县开展“大众创业、万众创新”专题调研。市政协主席刘建平带队，秘书长明心平参加。

24 日至 29 日 市政协文史和学习委组织部分市政协委员，到河南省安阳市、开封市、洛阳市、郑州市开展文化专题调研。市政协副主席孔刃非带队。

25 日至 26 日 市政协社法民宗委组织部分市政协委员，到我市寻乌县、定南县开展“大众创业、万众创新”专题调研。市政协副主席邹军带队。

27 日 市政协提案委组织部分市政协委员，到我市崇义县开展“大众创业、万众创新”专题调研。市政协副主席廖志刚带队。

6 月

5 日 市政协五届十次主席会议召开。

13 日 市政协文史和学习委组织部分市政协委员，到我市安远县、会昌县、寻乌县开展“让光伏扶贫切实成为贫困户增收的好项目”专题调研。市政协副主席孔刃非带队。

7 月

4 日 市政协五届四次常委会议召开，会议围绕“加快推进我市‘大众创业 万众创新’工作”协商建言，通报我市贯彻落实《国务院关于支持赣南等原中央苏区振兴发展的若干意见》五周年工作情况，审议人事事项。市政协主席刘建平，副主席曾凡、肖明华、姚勇、谢宝河、华旭明、廖志刚、邹军，秘书长明心平及五届市政协常委出席，住市区的省、市政协委员，县(市、区)政协主席，未担任常委的市政协机关县级干部列席。

18 日 市政协机关党组召开扩大会议，会议研究贯彻落实《中共赣州市委办公厅、赣州市人民政府办公厅关于深入贯彻中央八项规定精神进一步改进工作作风的实施意见》精神，讨论《赣州市政协机关用车管理制度》、重大支出安排等问题。市政协秘书长明心平主持。

市政协经济委组织部分委员，到赣州经开区开展“推进新能源汽车产业链招商”专题调研。市政协副主席肖明华带队。

19 日至 21 日 市政协教科文卫体委组织部分委员，到章贡区、赣县区、赣州经开区、蓉江新区开展“推动中心城区义务教育均衡发展”专题调研。市政协副主席蓝赟带队。

21 日 市政协社法民宗委召开“重视和改进律师队伍在法治赣州建设中的作用”对口协商会暨重点提案督办座谈会。市政协副主席邹军出席。

市政协经济委组织部分委员，到赣县区开展“扶贫专项资金使用情况”民主监督活动。市政协副主席肖明华带队。

8 月

2 日 市政协五届十二次主席会议召开。

市政协党组理论学习中心组(扩大)学习会召开。会议传达学习了习近平总书记、李克强总理关于赣南苏区振兴发展工作重要批示精神；传达学习省委十四届三次全体(扩大)会议、省委常委(扩大)会议精神、市委常委会(扩大)会议精神、市委五届三次全体(扩大)会议精神。市政协党组书记刘建平主持，党组副书记曾凡，党组成员肖明华、谢宝河、廖志刚、明心平出席，其他非中共党员副主席、市政协副秘书长、各专委会主任等列席。

4 日至 6 日 市政协提案委组织提案人、有关承办单位负责人，赴四川省成都市就“甲醛污染防治工作”课题进行考察。市政协副主席廖志刚带队。

10 日 市政协提案委召开重点提案督办协商座谈会。市政协副主席廖志刚参加。

14 日至 16 日 市政协文史和学习委组织部分委员，赴贵州省就“红色文化研究及开发路径”课题考察。市政协副主席孔刃非带队。

14 日至 18 日 市政协港澳台侨和外事委组织部分委员，赴贵州省就“美丽乡村特色小镇规划建设与发展情况”课题进行考察。市政协副主席姚勇带队。

21 日 市政协港澳台侨和外事委组织部分委员，到石城县、寻乌县开展“促进民间投资 优化发展环境”专题调研。市政协副主席姚勇带队。

23 日至 25 日 市政协经济委组织部分委员，到大余县、崇义县开展安全生产工作民主监督活动。市政协副主席肖明华带队。

24 日至 30 日 市委督查组赴章贡区、赣县区、大余、瑞金、会昌、龙南、定南、石城、寻乌、上犹、崇义、宁都、全南、兴国、安远等地就《中共赣州市委关于进一步加强政协工作充分发挥政协协商民主重要作用的若干意见》贯彻落实情况开展专题督查。市政协副主席曾凡、肖明华、谢宝河、邹军、蓝赟、孔刃非，秘书长明心平分别带队。

9 月

7 日 市政协五届十三次主席会议召开。

市政协党组理论学习中心组（扩大）学习会召开。会议传达学习贯彻习近平总书记 7 月 26 日在省部级主要领导干部专题研讨班上的重要讲话精神，并进行集中研讨。市政协党组书记刘建平主持，党组副书记曾凡，党组成员肖明华、谢宝河、廖志刚、明心平出席，非中共党员副主席、市政协副秘书长、各专委会主任等列席。

市政协党组中心组“两学一做”专题学习会召开。会议进行“两学一做”学习教育专题二“讲规矩、有纪律——做执行纪律合格的共产党员”学习。市政协党组书记刘建平主持会议，党组副书记曾凡，党组成员肖明华、谢宝河、廖志刚、明心平出席，其他非中共党员副主席、市政协副秘书长、各专委会主任等列席。

8 日 市委督查组赴于都县就《中共赣州市委关于进一步加强政协工作充分发挥政协协商民主重要作用的若干意见》贯彻落实情况开展专题督查。市政协副主席廖志刚带队。

19 日至 20 日 市委督查组赴南康区、信丰县就《中共赣州市委关于进一步加强政协工作充分发挥政协协商民主重要作用的若干意见》贯彻落实情况开展专题督查。市政协副主席蓝赟带队。

19 日至 22 日 市政协人资环委组织部分委员，到安远县、宁都县、于都县开展“农村环境综合整治工作情况”专题民主监督。市政协副主席谢宝河带队。

21 日 市政协提案委召开 2017 年提案办理工作民主评议会。市政协副主席廖志刚参加。

29 日 市政协党组理论学习中心组（扩大）学习会召开。会议传达学习了省委常委、市委书记李炳军同志在全市党的建设工作会议上的讲话精神，传达学习《江西省贯彻〈县以上党和国家机关党员领导干部民主生活会若干规定〉的实施细则》《江西省贯彻〈中国共产党问责条例〉实施办法》《赣州市学习贯彻和修改〈中国共产党巡视条例〉实施方案》。

10 月

17 日至 22 日　市政协人资环委联合市城投集团、市规划局等单位，到北京市、河北省唐山市、河北省许昌市、湖北省武汉市、江苏省无锡市开展“传统风情街区改造”专题调研。市政协副主席谢宝河带队。

18 日至 21 日　市政协社法民宗委组织部分委员对信丰县、安远县、寻乌县和市直有关单位落实2017年度市级民生实事和重点工程情况进行专题民主监督。市政协秘书长明心平带队。

23 日　市政协党组理论学习中心组（扩大）学习会召开。会议集中学习党的十九大报告，并进行学习研讨。市政协党组书记、主席刘建平主持并讲话，副主席曾凡、肖明华、姚勇、谢宝河、华旭明、廖志刚、孔刃非，秘书长明心平参加，机关县处级干部、各处室负责人等列席会议。

11 月

3 日　市政协党组会议召开。会议听取了市政协机关党建和党风廉政建设工作情况，研究《市政协党组学习宣传贯彻党的十九大精神阶段性计划》《市政协党组工作规则》。市政协党组书记刘建平，党组副书记曾凡，党组成员肖明华、谢宝河、廖志刚、明心平参加。

市政协党组理论学习中心组专题学习会召开。会议就“两学一做”学习教育专题“讲道德、有品行——做品德合格的共产党员”进行学习和交流研讨。市政协党组书记刘建平主持并讲话，党组副书记曾凡，党组成员肖明华、谢宝河、廖志刚、明心平出席，市政协党外副主席姚勇、邹军、孔刃非等列席会议。

7 日　市政协社法民宗委组织部分市政协委员参加市人大常委会召开的《赣州市城市道路车辆通行若干规定（草稿）》征求意见座谈会。

8 日　市政协五届十五次主席会议召开。

14 日至 17 日　市政协经济委组织部分委员，到湖北省武汉市、江苏省常州市开展“新能源汽车建设”专题调研。市政协副主席肖明华带队。

14 日至 18 日　市政协文史和学习委组织部分委员，到重庆市、四川省南充市、四川省成都市开展“推动历史文化资源与现代旅游业融合”专题调研。市政协副主席孔刃非带队。

16 日　市政协社法民宗委组织部分委员参加市中级法院审理的庭审旁听活动。

20 日至 24 日　市政协教科文卫体委组织部分委员，到安徽省芜湖市、湖南省岳阳市开展“全国文明城市常态化管理”专题调研。市政协副主席华旭明带队。

22 日至 23 日　全市政协提案工作座谈会召开。市政协副主席廖志刚出席。

29 日至 12 月 2 日　市政协社法民宗委组织部分委员赴云南省昆明市、玉溪市学习考察“高新区建设发展工作”情况。市政协副主席邹军带队。

30 日　市政协提案委全体委员会召开。市政协副主席廖志刚出席并讲话。

12 月

6 日　市政协五届十六次主席会议召开。

市政协党组理论学习中心组专题学习会召开。会议就“两学一做”学习教育专题“讲奉献、有作为，做发挥作用合格党员”进行学习和交流研讨。市政协党组书记刘建平主持并讲话,党组副书记曾凡,党组成员肖明华、谢宝河、廖志刚、明心平出席,市政协党外副主席姚勇、邹军等列席会议。

15 日 市政协党组(扩大)会议召开。会议传达学习了《中共中央办公厅印发习近平总书记关于进一步纠正“四风”,加强作风建设重要批示的通知》和市委常委会(扩大)会议精神,并进行交流学习。市政协党组书记刘建平主持并讲话,党组副书记曾凡,党组成员谢宝河、廖志刚、明心平出席,市政协副主席姚勇、华旭明、邹军、蓝赟等列席会议。

18 日 市政协五届三次会议秘书处组成人员第一次会议召开。会议听取大会秘书处各组进展情况,部署了全会各项筹备工作。市政协秘书长明心平出席。

21 日 市政协五届十七次主席会议召开。市政协主席刘建平,副主席曾凡、肖明华、谢宝河、廖志刚、邹军,秘书长明心平出席,副秘书长、各专委会主任、机关其他县级干部等列席。

29 日 市政协五届三次会议秘书处组成人员第二次会议召开。会议听取大会秘书处各组工作进展情况,部署了相关工作。市政协秘书长明心平主持。

(杨懿琳 编写 明心平 审稿)

政协宜春市委员会

【全体委员会议】

四届二次会议 2月6日至8日召开。会议听取和审议政协宜春市第四届委员会常务委员会工作报告；列席宜春市四届人大二次会议，听取并协商讨论政府工作报告及其他有关报告；协商通过了《关于“把昌铜高速生态经济带建设成为长江中下游生态屏障的绿心”的建议案》，审议通过了《政协宜春市第四届委员会常务委员会工作报告》（审议稿），协商通过了《2017年度市政协协商工作计划》，审议通过了《市政协办公室和各专门委员会2016年工作总结和2017年工作要点》，审议通过了《政协宜春市委员会常务委员会工作规则》。市委副书记、市长张小平、市政协主席陈荣出席会议并讲话。

【常务委员会会议】

第二次会议 1月5日召开。会议决定，2月6日至8日在宜春召开政协宜春市第四届委员会第二次会议。会议协商讨论了《政府工作报告》（征求意见稿），协商通过了《关于“把昌铜高速生态经济带建设成为长江中下游生态屏障的‘绿心’”的建议案》，审议通过了《政协宜春市第四届委员会常务委员会工作报告》，协商通过了《2017年度市政协协商工作计划》，审议通过了《市政协办公室和各专门委员会2016年工作总结和2017年工作要点》，通过了《关于召开政协宜春市第四届委员会第二次会议的决定》及会议建议议程和日程等事项，审议通过了《政协宜春市委员会常务委员会工作规则》，会议还通过了有关人事事项。市委副书记、市长张小平应邀出席会议并通报2017年市政府工作思路。市政协主席陈荣出席会议并讲话。

第三次会议 2月7日召开。会议通过了市政协四届三次常委会议议程；审议通过了政协宜春市第四届委员会增选常务委员选举办法（草案）；审议通过了政协宜春市第四届委员会第二次会议关于提案初步审查情况的报告（草案）；审议通过了政协宜春市第四届委员会第二次会议决议（草案）；审议通过了人事事项。市政协主席陈荣出席会议并讲话。

第四次会议 5月24日召开。会议专题协商了在推进医养结合体系建设中发挥中医药优势工作，审议通过了有关人事事项。市政协主席陈荣出席会议并讲话，副市长漆海云应邀出席会议并讲话。

第五次会议 9月29日召开。会议对市工信委、市民政局工作开展了民主评议集中测评，围绕“加快推进昌铜高速经济带建设”进行了协商讨论，审议通过了《彰显生态之美 力创绿色之富——关于加快推进昌铜高速生态经济带建设的专题视察报告》和有关人事事项。市政协主席陈荣出席会议并讲话，副市长兰亚青应邀出席会议并讲话。

第六次会议 12月22日召开。会议决定，2018年1月6日至8日，在宜春召开政协宜春市第四届委员会第三次会议。会议协商讨论了《政府工作报告（征求意见稿）》，审议通过了《政协宜春市第四届委员会常务委员会工作报告（审议稿）》《政协宜春市委员会第四届委员会办公室和各专门委员会2017年工作总结（书面）》《2018年度市政协协商监督工作计划（草案）》《关于表彰2017年度优秀市政协委员的决定》《关于表彰市政协四届一次二次会议以来优秀提案的决定》。市政协主席陈荣出席会议并讲话，市委常委、市纪委书记王玮应邀出席会议并通报全市党风廉政建设和反腐败工作情况，市委常委、副市长陈如标应邀出席会议并讲话。

【专门委员会工作】

提案委员会 主要工作:征集和审查政协提案,根据市委、市政府中心工作和群众关注的热点、难点问题,市政协四届一次、二次会议以来,共收到会议提案497件,委员对四届一次、二次会议提案办理情况表示满意的占95.1%,基本满意的占4.9%。推进评选创优工作,初步评选出优秀提案31件、先进承办单位37家。完成了主席副主席督办重点提案17件,形成了《市政协主席、副主席领衔督办四届一次和二次会议重点提案的情况报告》。组织开展提案"回头看"活动,向57家承办单位下发了自查通知,并进行自查表的收集整理;建立提案信息化平台,现"提案公开网"已经正式运转;组织委员就我市锂电产业发展赴宜春矿业公司、金辉锂业等单位学习视察等。

经济科技委员会 主要工作:本委牵头组织开展了"关于加快昌铜高速生态经济带建设"常委会专题视察活动,形成了视察报告,市委颜赣辉书记对报告作出了重要批示。开展了"加快我市肉牛产业发展"专题调研活动,配合省政协开展了"降成本、优环境、促发展"和全市扶贫专项资金使用情况专题调研。牵头组织召开了三期市政协经济形势分析座谈会,形成建议案送呈市委、市政府供决策参考。协助分管主席做好扶村挂点工作。分管副主席多方协调帮助挂点乡村争取了320万元资金用于秀美乡村建设及修路。认真做好与袁州区凤凰街道滩下社区的联创联建工作和袁州区珠泉街道动员、督促拆违工作。积极组织委员开展"五个一"活动。本委委员累计做好事20件,捐款捐资30万元。

人口资源环境委员会 主要工作:围绕"现代农业发展情况"开展视察,形成了《关于推进宜春农业供给侧改革的思考》,获市委副书记、市长张小平的批示,发市政府参阅件供有关部门参考研究。围绕"四方井水利枢纽项目建设情况"开展专题视察,形成视察报告,供市委、市政府和有关部门决策参考。围绕"我市河长制实施情况"开展专项民主监督工作。形成《"河长制"实施情况专项民主监督工作报告》经市政协四届十四次主席会议审议同意后呈市委、市政府,围绕"宜春市锂资源合理开发利用、促进锂电新能源产业发展"开展专题调研活动。围绕"推进我市供电事业发展"进行走访调研。形成社情民意信息专刊,获市委常委、政府常务副市长王宏安的重要批示,并召集有关部门进行专题研究,将问题逐步解决。积极协助省政协做好了特色小镇建设情况、"河长监督行"以及"加快我省国家生态文明试验区建设"等专题调研活动。

教文卫体委员会 主要工作:牵头组织常委会"在我市医养结合体系建设中发挥中医药优势"的专题视察活动。并向市委、市政府呈报了《在我市医养结合体系建设中发挥中医药优势的建议案》。牵头组织"促进发展民办教育事业"的专题视察活动。向市委、市政府呈报了《促进发展民办教育事业的视察报告》,供市委、市政府决策参考。牵头组织"全民健身增强人民体质"的专题视察活动。向市委、市政府呈报了《全民健身增强人民体质的视察报告》,市委书记颜赣辉在报告上作出重要批示。认真开展界别活动,组织召开专委会界别活动会议,视察了梅州村一字溪生态园。协助分管副主席做好"关于我市民办幼儿教育事业发展的几点建议""关于发展中高端优质大米产业,打造'宜春大米'品牌的建议"两个四届一次、二次会议重点提案督办工作。

社会法制委员会 主要工作:积极开

展“社区依法治理和服务创新”专题协商。形成《关于我市社区依法治理和服务创新工作的调研报告》。牵头组织开展违建治理和环境整治视察活动。对中心城区违建情况进行了全面了解,查出存在的五个方面问题。深入开展“居家养老服务”跟踪问效调研。针对2014年、2015年专委会对“居家养老服务”调研视察提出建议落实情况。开展“预防保护未成年人违法犯罪”调研。形成书面调研报告报省政协社法委。开展保护温汤地热水条例专题协商。针对市委、市政府将出台的温汤富硒地热水保护条例征求意见稿进行专题协商,提出建议30多条,95%以上被采纳,对《条例》完善起到积极作用。协助分管领导做好扶贫点脱贫工作,共筹措资金100多万元,为挂点贫困村修路、架桥,并利用30万扶贫资金,采取股份合作形式启动养果子狸项目,为贫困户增收300多元。

港澳台侨外事和民族宗教委员会 主要工作:围绕“宜商返乡创业”开展了专题调研活动。所形成报告经市政协主席会议通过后上报市委市政府,得到市委颜赣辉书记的亲自批示。开展了“加强明月山温泉资源的合理开发与利用”专题视察。与民盟市委会携手就我市精准扶贫进程中存在问题和对策研究开展了专题调研,均得到颜赣辉书记的亲自批示。积极组织建言献策。提交了《关于加强农村饮用水安全监督的建议》和《加快推进宜万同城深度融合发展的建议》两篇大会发言,均受到政府及有关部门的重视和采纳。,广泛开展“喜迎十九大,委员在行动”活动,组织引导委员反映社情民意30余条,提交提案20余件。本委提交的《关于加强对秀江河河道水域及沿岸垂钓捕捞管理的建议》提案,列为本次全会1号提案和政协重点督办提案。

学习和文史委员会 主要工作:为抢救性的收集整理上海知青在宜春的相关史料,我委启动了《上海知青在宜春》的史料收集工作,目前该书已进入初稿整理阶段。《宜春市革命遗址通览》一书编辑工作进展顺利,目前,该书已进厂排版印刷,正在装订。完成了《江西省政协志》及《江西政协年鉴》(宜春篇)的编纂任务。按照省政协要求搜集、整理、编纂我市政协2013年至2017年的年鉴,并对1985年我市成立政协江西省宜春地区联络处以来的相关资料进行整理编纂,完成了省政协志及年鉴的撰稿任务。启动了征集胡耀邦同志视察我市重要史料工作。专题调研了我市绿色有机和功能农业。形成了《以富硒功能农业引领我市由农业大市向农业强市迈进》的调研报告及《关于推动我市绿色有机和功能农业发展外出考察情况报告》,市委书记亲笔批转市直有关部门和相关县市区主要负责人阅研。组织策划了纪念秋收起义90周年主题教育活动。聘请了中国井冈山干部学院陈胜华教授在市委党校对市政协委员等进行集中授课。积极组织引导委员提交提案38余件,反映社情民意25余条。

【重要活动】

专题视察市博物馆和规划展示馆 3月7日,市政协主席陈荣带队视察市博物馆和市规划展示馆。在视察过程中,陈荣对场馆的建设给予了充分的肯定,他指出,市博物馆和规划展示馆设施齐全、藏品众多、内容丰富,既有历史积淀,也不乏时代气息,展示效果出色,令人印象深刻,是宜春城市的亮丽名片。市政协副主席张育平、甘本新,秘书长冷慧敏随同视察。

市政协机关掀起向支月英同志学习热潮 为大力弘扬支月英老师的先进事迹和崇高品格,引导市政协机关全体干部职工争先锋、做表率,3月,市政协机关党总支下发了《关于开展向支月英同志学习的通知》,在全体干部职工中掀起向支月英同志学习的热潮。

专题调研加强和改进民主监督工作开展 3月上旬,由蔡佩兰副主席带队的调研组一行先后赴我市奉新县以及九江市、成都市、杭州市,就加强和改进政协民主监督工作开展调研和学习考察。调研组详细了解了各地政协民主监督工作开展情况,重点围绕组织实施民主评议这一监督形式进行了交流讨论。

召开机关干部作风突出问题集中整治工作动员会 3月14日上午,市政协机关召开干部作风突出问题集中整治工作动员大会,全面部署干部作风突出问题集中整治工作。会上,宣读了《市政协机关开展干部作风突出问题集中整治工作实施方案》,明确了市政协机关干部作风突出问题集中整治工作领导小组。市政协秘书长冷慧敏同志出席会议并讲话。

专题学习全国"两会"精神 3月20日,市政协党组召开专题会议,集中学习刚刚闭幕的全国"两会"和省、市领导干部会议精神。会议要求,要迅速行动起来,多形式、多渠道加强对全国"两会"精神的学习宣传和贯彻落实,切实把思想和行动统一到大会精神上来,为加快宜春发展建言出力。市政协党组书记、主席陈荣主持会议并讲话。

机关党员干部参观廉政警示教育基地 3月21日,市政协机关党员干部参观廉政警示教育基地。通过这种直观、生动的警示教育形式,大家深受触动,纷纷表示要居安思危,牢记前车之鉴,时刻警醒自己。要积极投身干部作风突出问题集中整治工作,以优秀共产党员的标准严格要求自己,做一名勤政廉洁的党员干部。

召开全市经济形势分析座谈会 5月4日,市政协组织中心城区部分市政协常委、企业界委员召开了全市经济形势分析座谈会。会议认为,我市一季度经济发展态势良好,稳中有进,取得了今年首季开门红。但当前我市经济下行压力依然较大、产业转型发展面临困难要素制约等问题仍然突出。市政协主席陈荣出席会议并讲话。

专题视察四方井水利枢纽工程建设情况 5月,市政协主席陈荣、副主席甘本新率领部分驻宜省政协委员和市政协委员对我市四方井水利枢纽工程建设情况开展视察活动。视察组实地察看了四方井水利枢纽工程沿线的入库公路口、拟建坝址、下巩村、下巩小学、仙巩村安置点,并召开座谈会。

召开全市政协宣传信息工作会议 5月,市政协召开全市政协宣传信息工作会议,对2016年度全市政协宣传报道和反映社情民意信息工作先进单位和个人进行表彰,征求《关于进一步加强和改进全市政协机关宣传报道和社情民意信息工作的意见》等文稿意见,并围绕做好宣传信息工作进行了交流。市政协主席陈荣出席会议并讲话。

开展市政协"喜迎十九大,委员在行动"主题活动 5月20日,市政协在宜春举行"喜迎十九大,委员在行动"主题活动启动仪式,市政协主席陈荣出席,副主席蔡佩兰出席并讲话。该项活动共有四项内容,分别是紧扣中心协商议政、围绕热点民主监督、参与中心务实作为、争当"四员"助推和谐(政策宣传员、社情民意信息员、矛盾调解员、执法监督员)。

开展市政协"四个一"系列活动纪念秋收起义90周年 6月,市政协办公室印发《关于举行纪念秋收起义90周年主题教育活动方案》,为纪念秋收起义90周年,市政协将开展"四个一"系列活动,即编辑一本史料专辑《宜春市革命遗址通览》;举办一堂党史专题学习会;组织一次爱国主义教育;开展一次红色文化征文活动。

召开市政协机关脱贫攻坚“一挂两帮”工作部署会 6月7日，市政协召开机关脱贫攻坚“一挂两帮”工作部署会。会议通报了市政协机关前期工作情况，宣布了脱贫攻坚“一挂两帮”工作方案，明确了强化村级组织建设指导、帮扶贫困村脱贫举措、机关干部结对帮扶贫困户等主要工作任务。

全市政协宣传信息工作调度会在樟树召开 7月7日，全市政协宣传信息工作调度会在樟树市召开。会议通报了2017上半年各县市区政协宣传报道和社情民意信息用稿情况；部署了“宜春政协”微信公众号有关工作；会议还邀请了省政协办公厅宣传信息处负责同志到会指导。市政协秘书长冷慧敏出席会议并讲话。

市政协机关掀起“学习廖俊波、做合格党员”热潮 7月，市政协机关通过集中学习《关于认真学习贯彻习近平总书记重要指示精神广泛开展向廖俊波同志学习的通知》、走访老党员、开展纪念建党96周年系列活动等形式，迅速掀起“学习廖俊波、做合格党员”的热潮。

专题视察民办教育事业发展情况 10月11日上午，市政协主席陈荣、副主席张育平率视察组，对中心城区民办学校开展“促进民办教育事业发展”的专题视察活动，视察组先后来到宜春昌黎实验学校、黄冈实验学校和百树外国语学校，现场听取学校负责人办学情况介绍，实地考察了解学校师资力量和校园环境建设等情况。

召开市政协“河长制”民主监督视察座谈会 10月16日至17日，市政协视察组在宜丰、上高、高安、丰城、樟树及中心城区等多地开展“河长制”实施情况专项民主监督视察活动，并于10月23日在宜春召开“河长制”民主监督视察座谈会，市政协主席陈荣出席座谈会并讲话，副市长漆海云对全市“河长制”总体工作情况作了说明，并对做好下一步工作提出了明确要求。

【重要文件】

政协宜春市第四届委员会常务委员会工作报告

（2017年1月6日在政协宜春市第四届委员会第二次会议上）

各位委员、各位同志：

我受政协宜春市第四届委员会常务委员会的委托，向大会报告工作，请委员审议，并请列席会议的同志提出意见。

换届以来工作回顾

2016年特别是10月换届以来，在中共宜春市委的坚强领导下，在市政府的大力支持和社会各界积极配合下，市政协常委会深入学习贯彻中共十八大，十八届三中、四中、五中、六中全会精神和习近平总书记系列重要讲话精神，围绕市委、市政府的重大决策部署，全面履行政治协商、民主监督、参政议政职能，倾力助推发展，真情服务群众，不断增进团结、扩大民主、汇聚合力，为建设美丽宜春决胜全面小康作出新的贡献。

一、坚持正确方向，自身建设推出新举措

常委会精心组织“两学一做”学习教育，始终保持坚定的政治定力，确保政协工作正确的政治方向，换届劲不松，履职更添彩，做到尽好责、抓到位、见实效。

（一）强化政治理论学习。采取常委会集中学习、主席会议专题学习、委员集中培训等形式，深入学习贯彻中共十八届六中全会精神，并与学习贯彻省第十四次、市第四次党代会和市政协四届一次会议精神结合起来，引导全市各级政协组织、各参加单位和广大政协委员进一步提高政治敏锐度和鉴别力，不断筑牢团结奋斗的共同思想政治基础，在思想上政治上行动上同以习近平同志为核心的中共中央保持高度一致，不断增强做好政协工作的责任感和紧迫感，确保履职活动与全市中心工作同步合拍、同频共振。

（二）加快履职制度建设。根据政协工作实际，以履职制度建设为契入点，不断强化政协党组和常委会自身建设，有效巩固“三严三实”专题教育和“两学一做”学习教育成果。围绕提升履职实效，出台《政协宜春市委员会常务委员会工作规则》《政协宜春市委员会主席会议工作规则》，完善《关于进一步加强和改进界别工作的意见》，印发《关于各专门委员会做好市政协委员联络服务工作的通知》《关于在县市区成立市政协委员联络组的通知》，进一步建立健全履职管理制度、议事规则和服务机制。

（三）推动履职能力提升。把提升委员履职能力和素质放在新一届政协工作的首要位置，主席会议专题进行研究部署。去年12月初，分两期在市委党校举行第四届市政协委员和全市政协机关干部培训，采取集中学习和自学、集中授课和交流讨论相结合方式进行，内容涵盖党的方针政策、统一战线理论和人民政协知识。并根据委员构成特点和安全生产的重要性，专门安排安全生产相关法律法规知识辅导。此次培训共有386委员参加，参训率达95%，为新一届政协履职开好局、起好步奠定了扎实基础。

二、围绕发展大局，民主协商实现新作为

常委会围绕建设美丽宜春决胜全面小康奋斗目标，紧扣市委、市政府“三区双核一盘棋”的发展战略和“三升级、三高于、两加强、一同步”的发展路径，精心组织民主协商活动，全力助推宜春经济社会发展。

（一）注重整体协商。充分发挥全体会议在推进民主协商中的重要作用，议大事、献良策。在市政协四届一次会议上，围绕建成全省新型工业支撑区、现代农业先行区、县域经济引领区、生态建设示范区、长江中游城市群融合承接区的目标定位，委员们通过提案、社情民意信息和联组会议、小组讨论发言等形式，主动建言献策，积极议政协商，共提出216条针对性和可操作性都很强的意见建议，经归纳整理为7大类35项，市委书记邓保生阅后做出重要批示，要求“各分管口逐条研究，件件有着落，条条要反馈”。目前，各相关部门正认真办理落实。

（二）强化重点协商。根据市委工作意见，以昌铜高速生态经济带建设为主题，选择打造生态旅游、禅宗文化、有机农业、运动健身、长寿养生五张“金牌”工程实施情况，精心组织专家专题调研和委员到昌铜四县实地视察，组织委员们咨政献计、建言出力，并邀请政府分管领导、专家学者、部门负责同志，开展“面对面”协商，得到市委、市政府主要领导高度评价。向省政协报送的《推进生态文明试验区建设 打造美丽中国江西样板——对推进“昌铜高速生态经济带总体规划”的几点建议》，被选为省政协十一届五次会议大会发言。

（三）推进对口协商。适应形势变化需要，推动市“两办”印发《关于调整与市政协专门委员会对口联系单位的通知》，进一步密切市委各部门、市直各单位与政协各专委会的工作联系，为开展对口协商创造良好条件。按照常委会工作安排，围绕我市房地产去库存工作情况，组织专题调研组，先后赴宜春中心城区、樟树、丰城等地，察看住宅小区建设现场9个，召开部门座谈会3场，并与城建、房管、国土等相关部门开展对口协商，为去库存提出“完善基础设施，增强城市承载力和吸引力；转变安置方式，利用棚改和拆迁安置去库存量；严格控制供给，减少商品房投入市场增量”等务实之策、管用之招。

三、突出务实创新，议政建言取得新成效

常委会从实际出发，坚持务实创新，找准参政议政契入点和着力点，不断探索新

形式，拓宽新领域，努力提升议政建言实效，不断为全市政协工作注入生机与活力。

（一）瞄准重点调研。着重围绕“充分发挥法律顾问作用，助推法治宜春建设”“推进城镇化进程，加强城市管理，着力提升我市城市工作新水平”“加快建设丰樟高循环经济区”“万载县撤县设区”等主题，通过委员视察、民主协商等有效形式，积极开展专题调研、专题民主监督活动，切实发挥人民政协作用和优势。提出的建立法律顾问动态经费保障机制等建议，市政府及时采纳，推动全市各级党政机关、部门、国有企事业单位等法律顾问覆盖率达100%。

（二）紧扣热点视察。为加强安全生产，营造良好发展氛围，市政协主席会议专题研究部署，并于去年11月底至12月初，采取市、县两级政协联动的方式，组织开展委员集中视察活动。市政协选择道路客运安全和校园安全等两项内容，精心挑选在中心城区的35名委员，组成三个视察组，分别深入宜春学院、宜春职业技术学院、宜春中学、宜春公交公司、汽车北站等地，认真察看安全防护设施，了解安全责任落实情况，并广泛听取意见建议，梳理存在的困难问题，督促整改落实，积极为营造良好的环境献计出力。

（三）选派监督员监督。支持监督员通过走访、视察、座谈和问卷调查等形式，提出意见建议，为促进部门改进作风、提升效能、优化发展环境出力谋为。先后推荐22名委员，分别担任信访监督员、行政复议常任委员、涉法涉诉案件第三方专家；推荐18名委员，积极参与我市出台加强城市工作有关文件意见征集、江西“十大法治事件”和“十大法治人物”评选工作；组织53批次委员积极参与全市普法教育、公正司法、文明城市创建等工作，积极履行监督职责，彰显委员作为。

四、践行为民宗旨，服务民生结出新成果

常委会始终坚持履职为民宗旨，始终把群众利益放在第一位置，充分调动广大委员的积极性、主动性，灵活运用提案、社情民意信息等形式，广泛集聚民智、反映民情、维护民利。

（一）搭建沟通平台，激发履职为民热情。11月上旬，先后在中心城区和上高县召开部分委员座谈会，了解委员思想动态，收集委员意见建议，动员全市各级政协组织和广大政协委员迅速行动起来，更快适应政协工作角色，更好地服务经济发展、服务民生改善。从11月底开始，开展了为期1个月的“进委员企业、访履职情况、促发展壮大”为主题的集中走访活动，引导广大委员做大做强自身企业，并积极回馈社会，为保障和改善民生做出新的贡献，树立了政协组织良好形象。

（二）提升提案质量，助推民生难点破解。充分发挥提案在委员履职中的抓手作用。在市政协四届一次会议上通报表彰14件优秀提案，与市委办、市政府办联合发文表彰22家政协提案先进承办单位。在四届一次会议上印发以民生为重点的提案征集提纲，引导各参加单位和广大政协委员深入基层和所联系的界别群众，反映民生热点难点，共立案提案306件，其中，民生方面的有163件，达53.27%。市政府高度重视《关于治理中心城区扬尘污染的建议》，张小平市长现场调研，多次召开专题会议研究部署，去年11月，启动中心城区空气质量攻坚行动，成立6个工作组，集中对周边矿山开采企业、建筑工地、工业企业等实施重点整治，中心城区环境空气质量明显改善。

（三）参与民生事业，大力开展惠民活动。引导委员以关注发展为重点，以改善民生为目标，通过捐资助学、结对扶贫等形式，积极参与公益活动，为改善民生、维护和谐主动作为。多次深入挂点的奉新县赤岸镇遐富村、靖安县中源乡合港村,积极牵线搭桥,引导村级组织争取项目和资金,发展特色农业产业,完善基础设施建设,得到了当地干部群众的广泛赞誉。组织开展"干群心连心 点亮微心愿"公益活动,为贫困学生赠送学习用品。充分发挥政协组织在扶贫济困等方面的优势,市、县两级政协共开展"三下乡"活动21次,捐款捐物累计210余万元。

各位委员,同志们,换届至今只有100天,总结回顾这段时间的工作,我们深切地体会到:市政协工作之所以能富有成效地顺利开展,是因为有市委的坚强领导,有市政府的大力支持,有历届政协打下的坚实基础,也得到各有关部门和单位的鼎力配合,得到政协各参加单位、全体委员的积极参与和辛勤付出。在此,我代表第四届市政协常委会,向关心、支持和参与政协工作的各位领导、各位委员、各位同志和各界朋友,表示衷心的感谢并致以崇高的敬意!

我们也清醒地认识到,换届以来所做的工作,与新形势、新任务、新要求相比,与市委和社会各界的期望相比,还存在需要改进和提升的地方,如履职制度的建设和完善有待加强、民主监督的范围和渠道有待拓宽、委员履职覆盖面有待扩大等问题。常委会将高度重视,认真研究,切实加以改进。

2017年工作安排

2017年是实施"十三五"规划的重要一年,是推进供给侧结构性改革的深化之年。常委会工作总体要求是:深入学习贯彻中共十八届五中、六中全会精神,牢固树立和贯彻落实新发展理念,把握团结和民主两大主题,大力弘扬愚公移山精神和井冈山精神,围绕稳中求进工作总基调和推进供给侧结构性改革这一主线,紧扣我市适度扩大总需求、加强预期引导、深化创新驱动等工作任务,主动适应新常态,认真履行政治协商、民主监督、参政议政三大职能,充分发挥社会主义协商民主重要渠道和专门协商机构作用,在民主协商上求创新之举,在经济发展上出务实之力,在维护稳定上献可行之策,不断提高政协工作科学化水平,为建设美丽宜春决胜全面小康再立新功。

一、加强学习引导,在增进思想共识上当表率。

二、紧扣中心工作,在建设美丽宜春上谏诤言。

三、充分发挥优势,在维护和谐稳定上做贡献。

四、切实提升水平,在强化自身建设上下功夫。

【组织概况】

政协宜春市第四届委员会
主席、副主席、秘书长、常务委员、委员名单

主　席:陈　荣

副主席:蔡佩兰　周志平　刘益民　张育平　甘本新　蔡劲松　孙国琴　程北平

秘书长:冷慧敏

副秘书长:彭红梅

常务委员

陈　荣	蔡佩兰	甘本新
蔡劲松	孙国琴	黄建平
杨国荣	涂水泉	武园萍
冷慧敏	易艺波	谢小平
杨　旭	崔　晨	陈　平
敖志文	陈　燕(女)	敖志海
彭　振	刘益民	付小飞
黄志刚	罗意然	杨翌嫘(女)
梁素虹(女)	熊春林	张育平
苏媛林(女)	邬　婧(女)	程北平
幸志强	黄和平	黄春红(女)
谌　勇	况青梅(女)	黄桂生
罗　进	周志平	邹小平
丁朝科	罗　丹	敖宝林

郑　亮　曾　莹（女）　吴凯萍（女）
甘宇红（女）　杨文龙　刘　锋
彭庚生　江晓云（女）　刘晓维
张荷花（女）　彭红梅（女）　钟　莉（女）
李建新　罗名鑫　漆春林
朱正明　张长根　余兆辉
张文彬　吕燕萍（女）　易清传
袁晓玲（女）　黄　磊　张晓波
吴朝军　邬李云（女）　罗海华
吴　平　范惠珍（女）　释妙安
单玉生　付振华　陈平和
罗　钢　游立新　戴娟娟（女）
辛永红（女）　南进喜　漆晓康
熊勤香

委　员

中国共产党宜春市委员会

陈　荣　蔡佩兰　甘本新
蔡劲松　孙国琴　黄建平
杨国荣　涂水泉　武园萍
冷慧敏　易艺波　黄南萌
谢小平　孙智红　谌厚有
熊建清　贾秋林　胡　健
丁杏花　晏晓勤　舒　彬
赖国梁　龙社庚　杨　鹤
龙荣敏　易长福　陈爱红
朱利平　孙　辉　朱国荣
齐远鹏　彭坤明　陈　飞
刘体煌　仇慧玲　袁剑波
杨　旭　王　战

中国国民党革命委员会宜春市委员会

熊勤香　陈　平　敖志文
陈　燕　刘方洲　付承未
敖志海　罗时春　魏亚军
彭　振　陈玉峰　梁　颖
杨家远　王　萍

中国民主同盟宜春市委员会

刘益民　付小飞　黄志刚
陈　斌　张春华　罗意然
谢黎青　周文军　钱水如
黄中兴　邹顺兰　黄若凡
吴枢武　张世冬

中国民主建国会宜春市委员会

杨翌嫘　梁素虹　谢　慧
熊春林　徐福华　陈智林
邱小平　付春兵　罗红星

中国民主促进会宜春市委员会

张育平　苏媛林　邹　婧
程小妮　陈小珊　张　颖
徐菊林　汤　莎

中国农工民主党宜春市委员会

程北平　幸志强　黄和平
黄春红　谌　勇　袁雪芳
刘　平　况青梅　巢艳梅
涂国思　易宝来　辛明辉

九三学社宜春市委员会

王　坚　黄桂生　罗　进
张子文　方　沛　袁任荣
柳海林　李　平　杨发云
邹向阳

无党派人士

周志平　邹小平　张凯军
汪　亮　辛荣均　王建军
张海峰　丁朝科　刘国栋
徐小军　周建军　杨森林
余华武　陆修威　梁飞文
鲍　滨

宜春市总工会

敖宝林　简江华　罗　丹
陈振辉　李坚强　卢世辉
王迎春　潘思德　斯立志
丁洪阳　周科文　吴　英

中国共产主义青年团宜春市委员会

涂婷婷　赖如宜　陈　高
任红生　梁星耀　孙红星
兰　海　时　凡　宋永峰
王　刚

宜春市妇女联合会

曾　莹　龙水莲　戴娟娟

杨　宜　丁　玲　韦　燕
舒　娜　王丽娟　谢小凤
时水莲　虞　琴　张　虹
刘克波　何　青　宋晓莲
吴凯萍　左伍香　易延玲

宜春市青年联合会

彭　涛　付　诚　甘宇红
付　强　杜武良　胡　尧
罗　芳　周宏亮　金　舒

宜春市工商业联合会

杨文龙　刘　锋　向　东
王明波　彭庚生　徐华健
易清松　姚　钧　钟存发
黄光明　李　政　孙　伟
王东明　周　军　杨建龙
欧向军　朱丁茂　鲍发根
黎建荣　李　洪

科　协

龚星华　江晓云　易中理
罗　隽　李最光　黄伟德
赵家春

侨台联

刘晓维　徐云珍　张荷花
肖剑军　黄　洋　熊慧琴
聂碧芳　彭梅艳　杨介仁

文艺界

彭红梅　饶智信　刘志文
何非儿　蔡长远　许姗姗
曾若水　欧阳娟　刘新宇
陶佑祥　湛海珍　陈圣冠
鲍　焱

科技界

周建鲜　李新海　彭金兰
熊战良　彭　澎　易维民
林源福　晏伦富　程双成
冯绪泉　熊知行　周明元
陈金晓　黄志辉　冷辉林

社会科学界

李建新　张洪锦　罗名鑫
倪　涛　许建国　邹进勇
喻得成　漆春林　辛永红
刘小平　吴成庚

经济界

朱正明　张　晶　张长根
聂靖生　喻连生　龙　翔
俞　刚　蔡　栋　张国干
付　平　肖水龙　熊试民
卢海根　熊波涛　林铭祺
南进喜　黄雨生　彭鹏乐
周学华　孔伟民　邹克琼
杨建国　罗斌飞　黄耀显
肖荣乐　曹明生

农业界

钟　莉　徐新发　王根辉
涂庆祥　陈宗杰　李苏荣
毛朝辉　刘小晖　陈　峻
邹　荣　周洪清　黄贤文
谭　勇　付爱平　刘梅英
易大发　章仁勇　黎社清

教育界

袁　勇　林　兰　余兆辉
杨云山　揭　青　林学英
张　帆　张文彬　廖秋劲
涂学远　吕燕萍　付继辉
刘　强　丁淑红　唐志坚
易清传　袁晓玲　游长华
黄　磊　姚世贵

体育界

张晓波　喻华敏　吴朝军
陶　敏　曾玉平　邹　莉
唐　诚　姜春贵

新闻出版界

邹李云　黄卫民　罗海华
李　蓉　聂庆华　冯荣平

医药卫生界

吴　平　范惠珍　杨　军
易献春　刘彩华　刘克力
唐　山　魏雄杰　杨小琴

李敏峰	高　镕	陈军耀
孙　恕	黄国华	周火平

社会福利界

漆晓康	李勇军	鄢礼俊
宋　玉	晏　斌	邹平力
周斯文	熊大辉	欧阳玉梅

少数民族宗教界

周满德	华占新	唐国徽
释大正	释衍真	释圣常
释顿雄	释永空	释照尘
释耀茂	易载忠	吴雪娥

特别邀请人士

单玉生	李　微	熊厚胜
黎卓玲	熊晓群	江少青
涂玉姬	万兰萍	钟新美
李北京	刘丹丹	易回香
晏红洁	徐　青	王柏青
赵美琳	张五芽	易建智
晏渠如	李绍光	付　娟
曾　军	夏传林	罗时通
黄胜福	付振华	陈平和
陈春良	汪咏中	丁高胜
谢文平	苗栋强	刘园平
黄绍忠	喻　川	罗　钢
彭　波	罗志勇	王　斌
胡艳萍	李长生	喻阳青
魏玉君	李辉春	张细华
邹小清	游立新	陈德进
刘银和	魏建生	朱　毅
陈　雷	肖　京	易利群

【大事记】

1 月

5 日　市政协召开四届二次常委会。陈荣主席出席会议并讲话，蔡佩兰、周志平、刘益民、张育平、甘本新、蔡劲松、孙国琴、程北平副主席，冷慧敏秘书长参加。

11 日　市政协党组召开民主生活会。陈荣主席，蔡佩兰、周志平、刘益民、张育平、甘本新、蔡劲松、孙国琴、程北平副主席，幸志强、杨国荣、涂水泉同志，冷慧敏秘书长参加。

12 日　程北平副主席、幸志强同志出席市政协文史和学习委委员座谈会。

19 日　在陈荣主席的率领下市政协机关全体干部赴袁州区凤凰街道滩下社区开展“迎新春环境卫生整治周”活动。蔡佩兰、蔡劲松副主席，冷慧敏秘书长及市政协办公室、部分专委会主要负责同志参加。

2 月

3 日　根据市委统一安排部署，陈荣主席赴袁州区走访企业，并赴万载县赤兴乡调研脱贫攻坚工作。

4 日　蔡佩兰、刘益民副主席分别赴奉新县、樟树市走访企业。

6 日至 8 日　市政协召开四届二次会议。会议听取并审议通过了政协宜春市第四届委员会常务委员会工作报告；市委书记邓保生、市政协主席陈荣分别在开幕大会、闭幕大会上讲话。

21 日　陈荣主席，蔡佩兰副主席，冷慧敏秘书长赴南昌与中国江西国际经济技术合作公司洽谈项目。

3 月

2 日　陈荣主席、周志平副主席、冷慧敏秘书长赴明月山调研。

3 日　蔡佩兰副主席赴奉新县、九江市学习考察关于“加强和改进我市政协民主监督工作”。

7 日　陈荣主席，张育平、甘本新副主席、冷慧敏秘书长视察市博物馆和市规划展示馆。

7日至8日 蔡佩兰副主席带队赴成都学习考察关于加强和改进我市政协民主监督工作。

8日 张育平副主席带队走访教育局并召开座谈会。

9日至10日 蔡佩兰副主席带队赴杭州学习考察关于加强和改进我市政协民主监督工作。

20日 陈荣主席、甘本新、蔡劲松副主席、冷慧敏秘书长参加市政协党组会议。

21日 冷慧敏秘书长带领市政协机关党员干部参观警示教育基地。

28日 蔡佩兰、孙国琴副主席带队赴明月山开展调研视察活动。

张育平副主席在樟树参加"发挥中医药优势,打造我市医养融合体系"专题视察活动。

30日 陈荣主席,蔡佩兰、周志平、刘益民、张育平、蔡劲松、孙国琴副主席,冷慧敏秘书长参加中心组学习会议。

31日 蔡劲松副主席赴靖安、奉新视察昌铜高速生态发展区"三金"工程。

4月

1日 陈荣主席,蔡佩兰、周志平、刘益民、张育平、甘本新、蔡劲松、孙国琴、程北平副主席,市领导幸志强,冷慧敏秘书长出席市政协四届七次主席会议。

10日 陈荣主席,蔡佩兰副主席到驻市委办纪检组走访,看望慰问驻市委办纪检组干部,了解纪检工作情况,向驻市委办纪检组征求意见和建议。

11日 陈荣主席、蔡劲松副主席、冷慧敏秘书长在樟树陪同全国政协经济委彭小枫副主任一行调研"降低企业财务杠杆率,规范地方政府举债行为"。

12日至13日 孙国琴副主席赴丰城市出席全市政协社会和法制委员会工作会议。

13日至14日 陈荣主席,蔡劲松副主席,冷慧敏秘书长赴上高县、高安市、丰城市调研委员企业服务当地经济发展情况。

14日 张育平副主席率队在樟树开展"大力发展中医药产业、打响'中国药都'品牌"调研活动。

16日至23日 孙国琴副主席赴南京、无锡、嘉兴考察财政预算管理及财政资金存放增效经验、审计全覆盖及审后整改、审计信息化建设等。

19日 陈荣主席、刘益民副主席会见赣江汇创始人刘书文一行,并洽谈金融小镇建设项目。

20日 陈荣主席,蔡佩兰、甘本新、蔡劲松副主席,冷慧敏秘书长出席市政协党组第4次会议。

20日至21日 程北平副主席、市领导幸志强率队赴丰城市、樟树市、高安市三地调研功能农业发展情况。

23日至27日 张育平副主席带队赴青海省西宁市,陕西省西安市、铜川市开展"发挥中医药优势,打造我市医养融合体系"专题学习考察活动。

24日至25日 程北平副主席赴上高县、万载县围绕功能农业进行调研。

26日 陈荣主席、甘本新副主席、冷慧敏秘书长率队对四方井水利枢纽项目建设情况进行视察。

5月

4日 甘本新副主席赴万载县视察三星现代农业园建设情况。

5日 陈荣主席,蔡佩兰、周志平、刘益民、张育平、甘本新、孙国琴、程北平副主席,市领导幸志强、涂水泉,冷慧敏秘书长出席市政协四届八次主席会议。

10日至12日 陈荣主席、刘益民副主席、冷慧敏秘书长赴万载县、宜丰县、袁州区调研生态农业发展和禅宗文化保护开发情况。

16日 蔡劲松副主席率队赴袁州区、上高县、高安市开展“关于加快我市肉牛产业发展”专题调研。

16日至18日 孙国琴副主席率队赴奉新县、高安市、袁州区开展“社区依法治理和服务创新”专题调研。

24日 市政协召开四届四次常委会议。市政协主席陈荣出席会议并讲话，副主席蔡佩兰、周志平、刘益民、张育平、甘本新、蔡劲松、孙国琴、程北平，秘书长冷慧敏出席会议。会议专题协商在我市医养结合体系建设中发挥中医药优势工作；通过了有关人事事项。

26日 张育平副主席出席市政协教科文卫体委员会牵头组织的界别活动。

26日至27日 甘本新副主席率队赴高安市、上高县、宜丰县开展“河长制”实施情况调研活动。

6月

2日 蔡佩兰副主席赴奉新县澡下镇汪家村开展精准扶贫“一挂两帮”工作。

5日 甘本新副主席赴宜丰县澄塘镇茜坑村开展精准扶贫“一挂两帮”工作。

6日 孙国琴副主席赴铜鼓县省定贫困村港口乡英朝村开展精准扶贫“一挂两帮”工作。

7日 刘益民副主席赴樟树市昌傅镇袁江村开展脱贫攻坚"一挂两帮"工作。

8日 陈荣主席、蔡佩兰副主席赴奉新县开展脱贫攻坚整改情况视察活动。

蔡劲松副主席赴宜丰县桥西乡石埠村督查扶贫工作。

9日 张育平副主席赴上高县镇渡乡江东村查看新农村建设和谐小康家园情况；并前往田心镇斜溪村开展脱贫攻坚“一挂两帮”工作。

13日 陈荣主席主持召开市政协四届九次主席会议，副主席蔡佩兰、周志平、刘益民、张育平、甘本新、蔡劲松、孙国琴、程北平，秘书长冷慧敏出席。

14日至15日 孙国琴副主席赴铜鼓县港口乡英朝村开展脱贫攻坚。

21日 市政协党组书记、主席陈荣主持召开市政协党组会议，党组副书记、副主席蔡佩兰，党组成员、副主席蔡劲松、孙国琴，党组成员、秘书长冷慧敏出席。

26日 蔡劲松副主席率队赴奉新县、宜丰县开展市工信委工作民主评议调研活动。

7月

3日 市政协主席陈荣、副主席蔡劲松赴靖安县工业园区开展降成本优环境专项活动。

5日 甘本新副主席率队赴宜丰县潭山镇院前村、天宝乡横岭村考察脱贫攻坚工作。

6日 市政协主席陈荣赴奉新县就挂点村百丈山长坪村的脱贫攻坚工作召开专题座谈会。并围绕如何开发利用地方特色资源在奉新园区开展调研活动。

4日至8日 张育平副主席带领民进宜春市委会赴河北省安国市、河南省禹州市、安徽省亳州市，围绕“大力发展中医药产业、打响‘中国药都’品牌”进行考察调研。

13日至19日 孙国琴副主席率队赴四川、重庆等地开展社区依法治理和服务创新的考察调研活动

8 月

1 日 陈荣主席,蔡佩兰、甘本新、蔡劲松、孙国琴副主席,冷慧敏秘书长出席市政协党组第 7 次会议。

陈荣主席、蔡佩兰副主席,冷慧敏秘书长出席市政协机关党组第 1 次会议

10 日 孙国琴副主席在中心城区督办“关于尽快启动宜春市直机关第二幼儿园建设的建议”和“关于优先发展城市公共交通的建议”等 2 件重点提案。

11 日 蔡劲松副主席赴宜丰县桥西乡石埠村石埠联组调研新农村建设工作。

21 日 主席陈荣主持召开市政协四届十一次主席会议并讲话,副主席刘益民、张育平、程北平,市领导幸志强,秘书长冷慧敏出席会议。会议专题学习市委四届三次全体(扩大)会议精神,研究部署贯彻意见。

20 日至 24 日 蔡劲松副主席率调研组赴河南省、内蒙古自治区学习考察肉牛产业发展情况。

23 日至 24 日 陈荣主席赴靖安县、奉新县督察脱贫攻坚和新农村建设工作。

30 日 市政协主席陈荣主持召开市政协党组(扩大)会议暨“两学一做”学习教育专题学习会议,副主席蔡佩兰、周志平、刘益民、甘本新、蔡劲松、孙国琴、程北平,市领导幸志强,秘书长冷慧敏出席。

市政协主席陈荣主持召开市政协四届十二次主席会议,副主席蔡佩兰、周志平、刘益民、张育平、甘本新、蔡劲松、孙国琴、程北平,市领导幸志强,秘书长冷慧敏出席。

张育平副主席出席宜春市第五届运动会闭幕式。

9 月

4 日 甘本新副主席带领部分市政协委员赴袁州区,樟树市,丰城市,高安市,上高县等地开展“河长制”民主监督活动。

5 日 周志平副主席赴袁州区南庙镇视察新农村建设情况。

7 日 孙国琴副主席赴铜鼓县对经济发展、脱贫攻坚、安全生产、环境保护、信访维稳等进行调研督导

8 日 市政协主席陈荣,副主席蔡佩兰、周志平、刘益民、张育平、甘本新、蔡劲松、孙国琴,秘书长冷慧敏出席纪念秋收起义 90 周年党史专题学习报告会,副主席程北平主持报告会。

11 日至 12 日 程北平副主席赴靖安县中源乡合港村调研指导扶贫工作。

12 日 陈荣主席、蔡佩兰副主席、秘书长冷慧敏赴奉新围绕经济发展、脱贫攻坚、安全生产、环境保护、信访维稳等事项进行调研督导。

市政协主席陈荣出席开班仪式并讲话,副主席蔡佩兰主持开班式,副主席周志平、蔡劲松、秘书长冷慧敏出席开班式。

18 日 陈荣主席,蔡佩兰、甘本新、蔡劲松、孙国琴副主席 ,冷慧敏秘书长出席市政协党组第 8 次会议。

19 日 周志平副主席赴樟树开展“举全市之力,将樟树中医药产业打造成新型旅游业”重点提案督办活动。

25 日 市政协主席陈荣,副主席蔡佩兰、刘益民、张育平、甘本新、蔡劲松、孙国琴,市领导幸志强,秘书长冷慧敏出席“人工智能与新经济发展战略”专题讲座。

市政协主席陈荣,副主席蔡佩兰、周志平、刘益民、张育平、甘本新、蔡劲松、孙国琴,市领导幸志强、杨国荣,秘书长冷慧敏出席市政协“讲规矩、有纪律——做执行纪律合格的共产党员”专题学习会以及市政协四届十三次主席会议。

10 月

11 日 陈荣主席、张育平副主席率队在中心城区开展“促进发展民办教育事业”专题视察。

12 日 蔡劲松副主席赴宜丰县督查安全生产、信访维稳、项目建设等工作。

16 日至 17 日 甘本新副主席赴宜丰县、上高县、高安市、丰城市、樟树市、袁州区开展对我市“河长制”实施情况专项民主监督视察。

23 日至 25 日 张育平副主席率队赴靖安县、奉新县和袁州区开展“全民健身增强人员体质”专题视察活动。

30 日 市政协主席陈荣，副主席蔡佩兰、周志平、刘益民、张育平、甘本新、蔡劲松、孙国琴、程北平，市领导幸志强，秘书长冷慧敏出席市政协党组（扩大）会议学习十九大精神暨“两学一做”学习教育第三专题学习会及市政协四届十四次主席会议。

31 日 陈荣主席，孙国琴、程北平副主席率队在中心城区开展城市建成区违建治理和环境整治工作专项视察活动。

11 月

1 日 市政协副主席蔡佩兰、周志平、甘本新、蔡劲松，市领导幸志强率队在中心城区开展城市建成区违建治理和环境整治工作专项视察活动。

2 日 陈荣主席，蔡佩兰、蔡劲松副主席，冷慧敏秘书长出席市政协召开的全市经济形势分析座谈会。

14 日 程北平副主席赴成都市参加招商引资洽谈会。

17 日 蔡佩兰副主席带队赴奉新县开展“委派民主监督员工作”调研。

22 日 市政协主席陈荣，副主席蔡佩兰、周志平、刘益民、张育平、甘本新、蔡劲松、程北平，市领导幸志强，秘书长冷慧敏出席市政协党组（扩大）会议暨“两学一做”学习教育第四专题学习会。

市政协主席陈荣，副主席蔡佩兰、周志平、刘益民、张育平、甘本新、蔡劲松、程北平，市领导幸志强，秘书长冷慧敏出席市政协四届十五次主席会议。

（刘冰 编写　冷慧敏 审稿）

政协上饶市委员会

【全体委员会议】

四届二次会议 2017 年 3 月 6 日至 8 日,中国人民政治协商会议上饶市第四届委员会第二次会议在市艺术中心隆重召开。共有 459 名政协委员参加会议。市委书记马承祖到会祝贺并讲话。市政协主席程建平,市政协副主席程观焰、黄统征、万冬梅、张晓洪、余忠效、张保卫,秘书长徐有林出席会议。市领导出席开幕和闭幕会议,听取大会发言。会议审议通过了市政协副主席黄统征代表政协上饶市第四届委员会常务委员会所作的工作报告和市政协副主席万冬梅代表政协上饶市第四届委员会作的提案工作情况的报告。会上还颁发了“市政协经济顾问”聘书。会议期间,共收到提案 192 件。

【常务委员会会议】

第二次会议 2017 年 1 月 10 日召开,会议应到 93 人,实到 84 人。市政协主席程建平出席会议并讲话。市委常委、常务副市长廖其志到会作《政府工作报告(征求意见稿)》情况说明。市政协副主席程观焰、万冬梅、张晓洪、余忠效、张保卫,市政协秘书长徐有林出席会议,市政协副主席黄统征主持会议。会议协商讨论了《政府工作报告(征求意见稿)》;审议通过关于召开政协上饶市第四届委员会第二次会议的决定(草案);审议通过了《政协上饶市第四届委员会常务委员会工作报告(审议稿)》以及《政协上饶市第四届委员会常务委员会关于四届一次会议以来提案工作情况的报告(审议稿)》。会议听取了市政协各专门委员会 2016 年工作情况的汇报。

第三次会议 2017 年 6 月 30 日召开,市政协主席程建平出席会议并讲话,副市长祝宏根作上饶县撤县设区的情况介绍,市政协副主席程观焰、黄统征、万冬梅、张晓洪、余忠效、张保卫出席会议。会议协商上饶县撤县设区有关事项,深入学习贯彻中共中央办公厅《关于加强和改进人民政协民主监督工作的意见》及省委的实施意见,研究部署我市具体贯彻意见,深入学习了全国、全省“两会”精神,进一步坚定做好政协工作的信心和定力。

第四次会议 2017 年 11 月 14 日召开,市政协主席程建平出席会议并讲话,市政协副主席程观焰主持。市政协副主席黄统征、万冬梅、张晓洪、张保卫,市政协秘书长徐有林出席。会议通报市政协四届二次提案办理工作情况,传达学习十九大精神,对全市政协系统学习贯彻十九大精神进行动员部署。

【专门委员会工作】

提案委员会 主要工作:全年共收到提案 260 件,其中集体提案 14 件、委员联名提案 26 件、个人提案 220 件,经审查立案 231 件,分送 49 个承办单位办理,未予立案的意见建议,转送有关部门研究或参考。截至 2017 年 8 月,所有立案提案全部办结,采纳率达到 98.7%。委员对提案办理情况反应良好,表示满意的 227 件,占 98.3%;表示基本满意的 4 件,占 1.7%;没有不满意件。召开全市政协提案工作座谈会。完善“提案网上系统”电脑版,在全省率先开通手机版,搭建起方便快捷的网上提案履职平台。完成四届二次会议提案交办和督办工作。推动市委、市政府以“两办”名义下发《关于对市政协提案办理工作实施监督和评议的通知》,组织开展了委员民主监督小组对提案办理单位的全覆盖监督和评议。对四届一次、二次会议优秀提案及提案办理先进单位进行了通报表扬。遴选并报请主席会议审定《大力推行“光伏+秀美乡村”新模式》等重点提案14件。就“缓解老城区停车难问题”开展专题协商;就“加强公安交通管理”开展视察和提案集中办理协商;组织开展“推进老旧小区改造”的专题调研,形成调研报告送市委、市政府。建立妇联界别、民盟界别委员之家,组织开展“委员看余干变化”“委员看广丰发展”等委员之家活动。做好了市政协四届三次会议提案征集工作,起草《市政协常委会关于四届二次会议以来提案工作情况的报告》等大会材料。

经济科技委员会 主要工作:组织部分市政协委员、市政协经济顾问对市供销合作社综合改革情况进行专项视察。委员们从“改革要切实提高认识,改革要创新业态模式,改革要解决当前急迫的实际问题”等三方面提出了9条建议。组织委员及相关部门人员就“上饶市创建国家全域旅游示范区”课题进行了调研,提出“旅游观念要更新,旅游品牌要创建,旅游业态要丰富,城区旅游要完善,管理服务要优化”等五个方面意见。组织召开金融业支持实体经济发展协商座谈会。组织开展“市政协百名委员视察上饶经济技术开发区发展情况”活动,视察后,委员们对经开区今后的工作提出了“四个坚持不懈”和四个“一定要”的意见建议,这些意见建议得到经开区的积极响应。组织科技界委员到上饶经开区参加“市政协科技界别委员之家活动”。制定了《市政协聘请经济顾问暂行办法》,聘请了13名市政协经济顾问,并在市政协四届二次全会上颁发“市政协经济顾问”聘书。

人口资源环境委员会 主要工作:召开了绿色施工协商请谈会,程建平主平主席亲临会议并讲话,张保卫副主席主持,并深入到广丰区、余干县进行绿色施工专题调研,听取区(县)政府的情况介绍,并进行实地视察,形成了《关于全面落实绿色施工的调研报告》。组织“百名市政协委员看秀美乡村”视察活动,市政协主席、副主席、秘书长,市政协办公厅、各专委会领导,各界别政协委员代表、市民代表,合计100余人,实地视察了横峰县司铺乡刘家“火车小镇”及莲荷乡亭子上、上畈、梧桐畈等地,并召开了座谈会。根据市政协主要领导的指示,组织了市政协委员视察市农垦改革发展工作,形成了《关于深化农垦改革发展的几点建议》,提出了规范农垦管理体制、加快垦区集团化改革等8条具体建议。该视察报告已报市委、市政府及有关部门,得到高度肯定。

教文卫体委员会 主要工作:组织召开“整合我市中心城区医疗卫生资源、提升医疗卫生服务能力”协商请谈会。组织专题调研组对我市基层义务教育工作情况进行了专题调研,先后实地走访调研了铅山、鄱阳等地,并召开了专题座谈会。在充分掌握第一手资料,广泛收集意见和建议,形成了《关于我市义务教育均衡发展情况的报告》,并提出五大建议:一是坚定如期完成义务教育均衡发展国家评估验收的目标和信心不动摇;二是明确和达到义务教育均衡发展评估验收标准不含糊;三是明确政府主体责任,实现工作整体推进;四是切实保障义务教育经费投入;五是加强督查指导,确保迎国检顺利通过。调研报告通过市政协常委会议研究,并作为市政协《建言献策》,向党政领导报送,得到广泛好评。在市政协主席程建平率领下,组织部分委员先后深入上饶市奥体中心、户外运动协会等地采取实地察看、听取汇报、现场询问等方式,详细了解了全民健身工作中存在的困难和问题,并召开了座谈会,形成了《视察我市中心城区全民健身工作情况的报告》,提出了依法规划和建设全民健身运动的基础设施、把市体育中心夜间亮化纳入市政统一管理、命名市体育中心为“上饶市体育公园”的三条建议，得到党政部门的高度重视。

社会和法制委员会 主要工作：组织部分法律界专家及政协委员就政府法律顾问制度建立、运行情况作了调研。市政协副主席余忠效参加。通过查阅资料、与部分市县法律顾问及相关部门进行交流、座谈，提出三条建议，一是强化政府法律顾问工作的重要性，二是理顺政府法律顾问的工作机制，三是提升政府法律顾问的素质。调研报告通过市政协《建言献策》报送市委市政府及相关部门。组织调研组，深入铅山县篁碧、太源畲族乡进行专题调研。通过实地参观、召开座谈会、体验民俗活动等形式，广泛收集资料，形成《关于我市少数民族地区特色旅游发展的调研报告》。组织40余名市政协委员对我市高层建筑消防安全工作开展视察，市政协主席程建平及在家班子成员领导参加。根据市政协工作安排，负责督办了《进一步加强法院民事执行工作的建议》(第67号)、《加强“天网”工程建设的建议》(70)两个重点提案，并组织提案督办见面会，邀请承办单位市法院、市公安局与提案委员面对面进行交流，市政协副主席余忠效参加。

文史和学习委员会 主要工作：深入弋阳方志敏故居和弋横暴动纪念馆，开展红色文化专题调研。深入市文广新局、上饶日报社、上饶电视台等部门以及上饶县、横峰县、铅山县就我市传统媒体与新媒体融合发展现状及存在的问题进行深入调研，形成了《关于我市传统媒体与新兴媒体融合发展的难点与对策》的调研报告，提出六点建议：第一，传统媒体的高管层应树立全方面融合的理念，为融合提供坚强后盾。第二，按照全方位融合的要求，制订完整、统一的融合方案。第三，更加注重新闻产品的内容建设。第四，传统媒体与新兴媒体要打通用户平台，实现用户的综合服务与开发能力。第五，要加大对技术的投入和对技术人才的储备。第六，广泛借助外力，创新媒体融合发展路径。得到领导认可。筹备成立了市政协艺术院。成功举办了“喜迎十九大、共画同心圆”上饶历届政协委员艺术作品展。作品以政协委员和民主党派中艺术家的作品为主体，以展示上饶特色文化，赞美上饶的古诗词、名文佳句、名胜古迹等为主要内容，活动得到了社会各界的广泛好评。编辑出版了“五百系列丛书”之一——《一百个革命将领》。

港澳台侨和外事委员会 主要工作：组织开展了国家安全工作视察活动，市政协班子领导和三十余名委员、港澳台侨特邀代表，市政府分管副市长、公安、台办、外侨办等相关部门负责同志，就新时期国安工作出现的新情况、新问题召开座谈会广泛商讨。会后以建言献策的形式向市政府提交了《关于进一步推进我市国安工作的建议》。针对我市实施“以企业为核心，五年决战七千亿”大战略，深入各县市区园区、深入企业进行调研，并先后前往浙江、江苏、广东等地考察学习，历经近半年时间的调查研究，形成了《关于我市五年决战七千亿战略实施的调查报告》，提交市委、市政府。召开了关于加强台侨企业服务和委员之家建设协商请谈会，邀请了港澳台侨委员、特邀代表以及市政府办、台办、外侨办、台联、侨联等部门负责人也一并参加。请谈会效果非常好，委员、特邀代表普遍认为，我市对港澳台侨委员、特邀代表非常关心，对支持他们在经济社会建设中发挥作用提供了广阔舞台，他们一定会为建设大美上饶倾情尽力。

【重要活动】

开展“脱贫攻坚政协委员在行动”系列活动 2017年，市政协把助推贫区脱贫致富作为一项重大政治责任，把推动打赢脱贫攻坚战作为履职重点。1月及6月，分别召开"脱贫攻坚政协委员在行动"动员推进会议和"脱贫攻坚政协委员在行动"捐赠仪式，并下发了专门文件。市政协领导多次深入贫困乡村调研，解决实际问题，广集各界智慧。2017年，市县两级政协累计组织捐款捐物超过3000万元。由市政协接受捐赠的横峰、万年两所敬老院已完成。《中国政协报》《光华时报》以《"虚功实做"，上饶政协扶贫倾注真心真情》为题，作了报道。

对各县(市、区)贯彻落实《中共上饶市委关于加强政协工作推进政协协商民主建设的实施意见》情况开展督查 2017年4月下旬，根据市委的安排部署，由市政协党组成员带队，市政协党外副主席、市委督查室、市委组织部、市委统战部、市财政局、市编办及市政协机关相关同志组成6个督查组，就全市各县(市、区)委贯彻落实《中共上饶市委关于加强政协工作推进政协协商民主建设的实施意见》(饶发〔2015〕17号)的情况进行了专项督查，详细了解了各地贯彻落实《意见》精神的好做法好经验，梳理了工作中存在的问题和困难，收集整理了各方面的意见建议，形成了督查报告，并将督查情况报告给市委，市委、市政府对此次督查情况进行了专题研究。

开展"秀美乡村"建设委员视察活动 2017年7月10日，市政协组织百名政协委员深入横峰视察"秀美乡村"建设。市政协主席程建平，副主席程观焰、黄统征、万冬梅、张保卫，市政协秘书长徐有林参加，副市长祝宏根陪同。视察组先后实地视察了司铺乡刘家"火车小镇"，莲荷乡亭子上自然村、上畈中心村、梧桐畈自然村，姚家乡聂家畈自然村及兴安街道吴家自然村等秀美乡村点。委员们提出，上饶的秀美乡村建设要充分尊重农民意愿；要把农业打造成令人向往的产业；要尊天重地，道法自然；要建文化挖文化，以文化为灵魂；要推进"产融合"，加快城乡一体化；要高标准打造乡村景观，让秀美乡村旅游成气候。

开展上饶市基层义务教育工作情况专题调研 2017年7月19日至20日，市政协调研组对市基层义务教育工作情况进行了专题调研，先后实地走访调研了铅山、鄱阳等地，并召开了专题座谈会。在充分掌握第一手资料，广泛收集意见和建议后，形成了《关于我市义务教育均衡发展情况的报告》，并提出五大建议：一是坚定如期完成义务教育均衡发展国家评估验收的目标和信心不动摇；二是明确和达到义务教育均衡发展评估验收标准不含糊；三是明确政府主体责任，实现工作整体推进；四是切实保障义务教育经费投入；五是加强督查指导，确保迎国检顺利通过。调研报告通过市政协常委会议研究，并作为市政协《建言献策》，向党政领导报送，得到广泛好评。

开展省、市政协委员视察上饶经开区活动 2017年8月29日，市政协组织百名省、市政协委员视察上饶经济技术开发区发展情况并召开座谈会。市政协主席程建平与百名省、市政协委员实地视察了上饶经开区的晶科能源四期、汉腾汽车有限公司、江西腾勒动力发动机、江西安驰新能源电池、江西中汽瑞华新能源汽车及核心零部件、双创科技城等项目。视察后，委员们提出，上饶经开区作为上饶经济发展的新引擎，在推动工业化进程中，要坚持不懈地发展制造业，坚持不懈弘扬工匠精神，坚持不懈创新创业；作为上饶经济发展的新平台，要有一批起支撑作用的大项目，抓好产业发展"上下游"，重视创新驱动力，强化跟踪服务"五人行"，进一步增强发展动力，创造崭新的发展"加速度"。

开展民主监督评议提案办理工作

2017年8月，市政协10个委员民主监督小组对49家四届二次会议提案承办单位开展监督和评议。民主监督小组共30位委员在走访视察相关提案承办单位后，从责任落实、办理时限、办理成效、办理态度、答复质量等5个方面对办理单位进行监督评议。对评议不合格的单位，市委、市政府对其进行通报批评和限期整改。

开展“全市农垦改革与发展工作”视察 2017年9月22日，市政协组织部分政协委员和专家视察全市农垦改革与发展工作。视察组一行先后视察了上饶县高泉场三联村垦区危房改造点、广丰区现代农业示范区、德兴大茅山集团垦区危房改造项目李家畈小区等地农垦改革发展成果展示以及大茅山集团国家现代农业庄园创建工作，并在德兴召开座谈会，市政协副主席程观焰、万冬梅、张晓洪，市政协秘书长徐有林出席。市政协副主席张保卫主持座谈会。视察后，形成了《关于深化农垦改革发展的几点建议》，提出了规范农垦管理体制、加快垦区集团化改革等8条具体建议，并报市委、市政府及有关部门，得到市委高度重视。

举办“喜迎十九大、共画同心圆”上饶历届政协委员艺术作品展 为充分反映上饶各级政协组织和广大政协委员迎接党的十九大胜利召开的喜悦心情，活跃群众文化艺术生活，展示委员风采，“十一”前后，市政协联合文广新局、文联共同举办了“喜迎十九大、共画同心圆”上饶历届政协委员艺术作品展。此次作品展从筹备到展出历时两个多月，收到市、县政协委员，各民主党派中的艺术家，市书协、市美协会员近期创作的书法、国画、夏布创作、艺雕等各类展品300余件，充分展示了上饶的特色文化，体现了政协大团结、大协作的精神。委员艺术家们用各种内容精深、艺术精湛、制作精良的艺术作品，歌颂伟大的中国共产党，赞美以习近平总书记为核心的党中央治国理政新理念新思想新战略，达到了画大同心圆，凝聚向心力，汇聚同行者的目的。

开展“上饶市创建国家全域旅游示范区”专题调研 2017年9月至11月，市政协组织部分委员及相关部门人员就“上饶市创建国家全域旅游示范区”课题进行了专题调研。通过调研，委员们提出，要对照上饶市国家全域旅游示范区创建工作的目标和任务，抓住供给侧结构性改革大好机遇，坚定创建国家全域旅游示范区的信心和决心，开拓发展思路，完善发展策略。

开展“高层建筑消防安全工作”视察 2017年10月20日，市政协主席程建平率部分市政协委员视察中心城区全民健身工作，副市长郑少薇，市政协副主席程观焰、黄统征、万冬梅、余忠效、张保卫，市政协秘书长徐有林参加。委员们先后深入万达嘉华酒店、九州奥城小区，视察高层建筑消防安全管理制度、规章的履行，消防设施运行和微型消防站建设等情况，并现场观摩了消防部队灭火器材装备及操作展示。在之后的座谈会上，委员们还对市高层建筑消防安全工作进行了民主评议，并针对存在的问题提出了“四靠”建议等解决办法。

召开金融业支持实体经济发展协商座谈会 2017年12月12日，市政协召开金融业支持实体经济发展协商座谈会，为我市实体经济发展建言献策。市政协主席程建平出席会议并讲话，副主席张晓洪主持。会上，市政协经科委负责人，市政协经济顾问、委员，市金融办负责人，部分金融机构和企业代表从实体经济发展的实际出发，从拓宽融资渠道、优化信贷结构、强化风险防控等方面，提出支持企业发展、化解现实资金困难的方法和途径。

【重要文件】

政协上饶市第四届委员会常务委员会工作报告

（2017年3月6日在政协上饶市第四届委员会第二次会议上）

黄统征

各位委员、各位同志：

现在，我代表政协上饶市第四届委员会常务委员会向大会报告工作，请予审议，并请列席会议的同志提出意见。

一、换届以来的工作回顾

换届以来的四个月，是全市上下深入贯彻落实中共十八届六中全会精神，深入落实省市党代会精神，深入落实“决胜全面小康、打造大美上饶”部署，奋力开创各项事业发展新局面的时期，是经济社会和党的建设巡查胜利结束、全市改革发展取得新进步、市民生活水平得到新提升的时期，也是四届市政协各项履职工作全面展开、不断深化的时期。

四个月来，我们广泛凝聚了思想政治共识。中共召开了十八届六中全会，通过了《中国共产党党内监督条例》，强调“党内监督和外部监督相结合”“人民政协依章程进行民主监督”，第一次把政协民主监督写进党内法规，成为中共加强外部监督的一种有效形式和制度安排。市政协迅速组建了一批民主监督小组，每组由三名以上委员组成，由政协常委或专委会主任带队，重点监督市委政府决策部署贯彻落实情况和提案建议的办理落实情况。通过理论中心组、会前学习、委员培训等形式，认真学习中共十八届六中全会精神，深入学习习近平总书记在庆祝中国共产党成立95周年大会、纪念红军长征胜利80周年大会、纪念孙中山先生诞辰150周年大会、庆祝人民政协成立65周年大会上的重要讲话和中央经济工作会议精神，深刻领会习近平总书记系列重要讲话精神和治国理政新理念新思想新战略，坚持把增进思想政治共识作为重大政治任务，坚决维护以习近平同志为核心的中共中央权威，坚持和完善中国共产党领导的多党合作和政治协商制度，坚定不移地走中国特色社会主义政治发展道路。举办了市政协委员履职培训班，邀请全国政协专家卞晋平同志作《做好新形势下的政协工作》的报告，并作为一次市委中心组专题集中学习。

四个月来，我们的工作始终得到了党政重视支持。市委高度重视政协工作，坚持把政协工作纳入全市发展大局，把加强政协工作作为发扬社会主义民主的重要形式。市委常委会多次研究政协工作，市委书记马承祖、市长颜赣辉专程到市政协调研指导、听取意见，并对市政协《建言献策》及时作出批示。市党政领导主动向委员通报《政府工作报告》起草情况和主要内容，多次参加政协视察调研，主动听取委员意见建议，为委员履职创造条件。这一切，让市政协在大局中有重要地位、条件上有充分保障、履职上有广阔舞台。

四个月来，我们主动拓展了履职舞台。响应市委、市政府“打造世界光伏城、中国光学城、江西汽车城”的决策部署，组织委员和经济顾问，深入企业调研，形成了《工业强市，关键在人》的调研报告，马承祖书记批示“人才的引进和培养确实很重要，所提建议很好，请师院、职院、人社局领导阅研。”针对经济转型升级中出现的问题，市政协主席会议推出了35项当前工作要点，提出了四届二次全会大会发言的八个方面重点，并就推进“两光一车”产业链建设、工业集约化发展、职工素质提升、加快对接上海自贸区、秀美乡村建设、城镇化与工业化紧密结合等内容，提出意见建议。到目前，委员共撰写调研建言200多篇，其中包括《在全市大力推广利用屋顶光伏发电，着力打造世界光伏城的建议》《新常态下促进民营经济健康发展的建议》《关于抓好上饶市主题文化公园建设的建议》等。针对助推我市历史文化和旅游生态建设的新任务，形成了《把“江南山水冠天下，上饶山水冠江南”打造成上饶旅游的独特名片》《关于利用好历史文化名人对上饶的评价、提升上饶文化旅游品味的建议》《把饶信文化融入中心城区，提高城区建设品位》《以旅游引领城市化建设，将中心城区打造成国际知名的旅游休闲胜地的调研报告》《伦潭水库落实“河长制”情况》等调研和建言，报市党政领导后，许多建议得到采纳。根据市政协《开发先贤墓地、丰富上饶旅游的三条建议》，有关部门进一步加强了对辛弃疾墓、黄道墓等9座名人墓地的保护力度。市政协《增强对饶信文化的自信、进而做大做实饶信文化的三点建议》，得到了马书记和颜市长的批示，得到了相关部门的采纳落实。《全面二孩政策下我市学前教育如何接招》《大美上饶应有大美教育》《加快中小学中华传统文化教育的建议》《关于加大对弋阳腔保护传承力度的建议》《关于设立文化保护和管理中心库房的建议》，得到有关方面积极回应。编撰出版的《上饶书院文化专辑》，撰写的《关于弘扬和开发瓦屑坝移民文化》的调研报告，受到好评。市政协创作的以最美爱情烘托最美乡村的故事片《我在这里等你》，在加拿大、澳门国际电影节分获最佳摄影奖和最佳剧情奖。

四个月来，我们在履职中更加聚焦了民生热点。开展了医院建设、健康保障专项视察，提出了加快中心城区医院建设与整合、增进百姓健康的四条建议。召开了“缓解老城区停车难”专题协商会，提出了“向规划要车位、向空中要车位、向规范管理要车位”等系列措施。时刻关注餐饮食品安全，完成了《强化餐饮业监管、保障‘舌尖上’的安全》的调研报告，提出了五条对策建议。民革市委会提交了《关于在我市建立公共自行车租赁服务的建议》，得到市政府及有关部门采纳，在中心城区主干道和人群密集处建设了一批共享自行车站点，方便了市民绿色出行。四个月来，共收到提案192件，审查立案175件，其中民生内容占比较大，到目前已全部办复。《中国政协》杂志以《上饶市政协：纾难解困暖民心》为题，对我市围绕民生热点开展履职活动进行了专题报道。

四个月来，我们积极开展了“脱贫攻坚政协委员在行动”活动。换届后市政协出台的第一个文件，就是《关于开展“脱贫攻坚政协委员在行动”活动的意见》；第一个大会，就是“脱贫攻坚政协委员在行动”活动动员推进会，会上募集帮扶资金600万元，其中饶商总会200万元、浙江商会200万元、福建商会100万元、万力时代100万元，委员企业晶科集团计划年内投入光伏扶贫300万元。会后，工商联深入开展“百企帮百村”行动，组织242家企业对接220个贫困村，累计投入各项帮扶资金1.06亿元；民革、民盟、民建、民进市委会开展捐资、捐物、助学活动，农工党开展医疗设备捐赠活动，九三学社开展下乡结对助学、助医、助就业、助创业活动，万达集团深入贫困地区捐款捐物、提供就业岗位。全市各级政协组织和广大政协委员积极投身脱贫攻坚的具体实践，因地制宜、因人制宜开展帮扶活动，获得好评。

四个月来，我们充分发挥了委员主体作用。按照“委员强则政协强”的理念，我们进一步强化了委员服务和管理。对“委员工作室”进行了规范，“委员工作室”发展到40个，比去年增加15个；委员社情民意信息员发展到100多人。委员工作室、信息员报送的《重型载重车城区行驶安全隐患多》、《城区公共厕所卫生环境急需改善》、《关于市内旅游景点对学生优惠的建议》、《关于加强一小、二小、四中门前交通管制的建议》、《科学合理规划建设城区排水系统》等社情民意信息，为各级党政了解民情、集中民智、科学决策提供了第一手资料。建立并落实了市政协和民主党派秘书长联席会议制度、县市区政协主席座谈会制度、提案工作督办落实座谈会制度、委员履职档案制度。“上饶微政协”在换届后的第一次常委会上正式开启。组织委员开展了“察城市、看变化”活动，促进委员知情明政。发挥界别专业优势，就实体经济发展、旅游业转型升级、社会养老机构发展等工作，开展界别调研协商。探索市县两级政协联系合作机制，做到重点课题联手、优势资源联合、工作统筹联动，并指导部分县举办专题咨政会。全市一半以上乡镇建立了政协联络组，三分之一县政协建立了文史馆，推动了政协工作向基层延伸。

四个月来，我们努力扩大了政协的社会影响力。分布在各个阶层、各个领域的政协委员，既广泛关注市域发展，又关注微观民生，开展了春节社情民意大调查，走进基层、深入一线，了解群众的真实想法，反映他们的真实诉求。旁听政协会议的市民达120人，人民群众感受到政协离自己很近。四个月来，《中国政协》杂志、《光华时报》、《上饶日报》对委员履职的报道达35篇。内容丰富、贴近民心、富有成效的履职活动，增强了市民群众对政协的认知度，提升了政协组织的感召力。

各位委员，成绩来自砥砺奋进，进步源于同心协力。四个月政协工作所取得的成绩，是中共上饶市委正确领导的结果，是市政府大力支持、各方面积极配合的结果，也是全体政协委员、各民主党派、工商联、各人民团体、无党派人士等政协参加单位和海外特邀代表等各界人士共同努力的结果。在此，我代表市政协四届常委会，向大家表示崇高的敬意和诚挚的感谢！

在肯定成绩的同时，也要清醒地认识到，面对新形势、新任务、新要求，市政协的工作还存在差距。主要有：协商议政的方式有待突破，民主监督的途径有待拓展，议政建言的质量有待提升，激发委员履职积极性、主动性、创造性的办法有待拓展，机关服务委员的精细度、精准度有待提高。对此，我们将在今后的工作中加以改进。

二、2017年的主要工作

2017年，市政协工作的总体要求是：在中共上饶市委的领导下，高举中国特色社会主义伟大旗帜，全面贯彻中共十八大和十八届三中、四中、五中、六中全会以及中央经济工作会议精神，深入贯彻落实以习近平同志为核心的党中央治国理政新理念新思想新战略，认真落实市四次党代会精神，按照中共中央和省市委有关加强政协工作的要求，自觉把履职实践放在全市工作大局中进行谋划和推进，围绕“决胜全面小康、打造大美上饶”目标，聚焦从严治党新部署、深化改革新举措、经济发展新常态、民生保障新改善、生态建设新目标等重点，深入调研，广听群言，广泛协商，广集民智，推动协商民主有新加强、民主监督有新举措、参政议政有新突破、自身建设有新进展，以优异的履职成效迎接中共十九大胜利召开。

（一）加强学习，坚定信念，为事业发展明方向。

（二）紧扣中心，务实履职，为绿色崛起献良策。

（三）直面问题，强化监督，为推动落实作贡献。

（四）凝聚力量，同心同步，为民主建设搭平台。

（五）守正创新，强基固本，为政协工作强保障。

【组织概况】

政协上饶市第四届委员会
主席、副主席、秘书长、副秘书长、常务委员、委员名单

主　席：程建平

副主席：程观焰　黄统征　万冬梅(女)　张晓洪　余忠效　张保卫

秘书长：徐有林

副秘书长：熊也林(女)　徐建平

常务委员

王　芳(女)　王平喜　王忠毅
王定水　王晓燕(女)　韦　情
毛敏珍(女)　计红日　方有水
艾　涛　占梦来　付波文
乐志华　朱元柏　朱明善
朱京忠　刘明利　刘诗发
刘贵生　刘辉凯　刘德奖
阮先红　阮祥华　杨文彪
杨寿海　杨学园　李　斌
李环宇(女)　李凯峰　李绍华
李海涛　李雅明　吴平华
吴恒忠　余晓平　汪春萍(女)
汪战军　宋方岚(女)　张天霞
张庆国　张志宏　张海清
陆志仁　陈　康　陈　新
陈小平　陈加明　陈伟强
陈武洲　陈武崇　陈康平
林　伟　周　军(女)　周建东
周新兴　郑　滨　郑兆国
郑艳斐(女)　胡艺川(女)　俞银水
贺英霞(女)　饶朝伟　夏丽云(女)
徐　伟　徐　卓　徐存国
郭华峰　黄重新　龚新辉
程　茹(女)　程德冰　释净明
童晓闻　温见远　曾宝芽
詹　剑　蔡永廉　蔡福伟
廖　健(女)　熊　奔　熊也林(女)
樊桂芳(女)

委　员

中国共产党上饶市委员会

万冬梅(女)　韦　情　方有水
艾　涛　叶礼茂　占梦来
乐志华　司德轩　刘　坚
刘向阳　刘德奖　朱明善
江卫农　李圣安　张晓洪
张　平　张保卫　张荣旺
吴　华　吴宪翔　杨　林
杨学园　汪茶英(女)　汪德荣
陈　康　林　伟　陈武洲
周　锋　周新兴　周茂树
周清华　周建中　幸更新
郑录武　姜松阳　姚少陆
胡伟勋　胡保才　查奇智
饶竞若　徐有林　徐先佑
徐建波　徐饶花(女)　舒玉平
黄爱武　黄优平(2017 年 12 月 18 日辞去)
黄璐宝　梁霜红(女)　程建平
程观焰　程德冰　程　鹏
曾宝芽　童晓闻　詹远耀
熊也林(女)
孙亚非(2017 年 12 月 18 日增补)
吴　拉(2017 年 12 月增补)

中国国民党革命委员会上饶市委员会

王　芳(女)　叶兵荣　叶胜兰(女)
朱　琳(女)　李　玲(女)　张　雄
吴福林　余晓平　邱若琳(女)
汪　健　郑耀龙　赵志平
宣俊杰　黄统征　章俊琦(女)
蒋　健　蒋昌月(女)

中国民主同盟上饶市委员会

支少蓉(女)　江晓红(女)　余　红(女)
杨　咏(女)　陈　瑜(女)　余信彪
汪华兰(女)　张培园(女)　周文锋
胡艺川(女)　胡银根　俞银水
祝剑真　武晓华(女)　夏丽云(女)
温桂凤(女)　童腮军

中国民主建国会上饶市委员会

毛敏珍(女) 方乾文 孔德伟
李 斌 吕雅娟(女) 李 清(女)
阮琦波 殇桂豫(女) 周 浩
郑俊秀 林 琳(女) 俞慧民
姜钟建 祝寿龙 徐存国
徐忠英(女) 黄廉忠

中国民主促进会上饶市委员会

于德全 王平喜 王品辉
户才彪 刘慧芬(女) 张 莉(女)
张有福 张庆国 吴恒忠
陈永常 郑向东 施双江
姜开桦(女) 柴莉萍(女) 盛 超
熊敏鹤 潘文彪

中国农工民主党上饶市委员会

付波文 华 青 刘 波
刘家丰 吴亦丰 沈佳坤
张斐鸿(女) 郑国正 郑曼华(女)
胡 珩(女) 赵 明(女) 姜文胜
俞 琪(女) 赵吴富 徐 军
桂黎剑 魏强华(女)

九三学社上饶市委员会

王 设 刘玉姬(女) 陈文武
张丽娟(女) 陈彩群(女) 杨晓莉(女)
郑志强 盛世明 蒋 勇
傅之艳(女) 樊桂芳(女) 戴国民

无党派民主人士

王学球 邓 菲(女) 朱元柏
朱京忠 李继炎 吴 青(女)
张海清 李甜甜(女) 杨军民
陈亦飞 洪岳善 胡春伟
胡嘉琳(女) 梁小云(女) 曾日辉
谢旭慧(女) 詹永旺 廖 健(女)
潘显峰(女) 戴红燕(女)

中国共产主义青年团上饶市委员会

王 菲(女) 尤秀敏(女) 江鹏翀
纪 念(女) 余子男 余先党
周 昕(女) 胡曼婧(女) 赵晓龙
韩 潇(女) 虞俊丽(女) 熊 洁(女)

上饶市总工会

王太和 王叔涛(女) 叶岩明
艾旺华 刘晓芳(女) 张美菊(女)
邱美娟(女) 周晓昊 徐建华
聂朝阳 黄亚莉(女) 琚伟林
翟安军

上饶市妇女联合会

王 艳(女) 王晓燕(女) 王春梅(女)
王抒静(女) 王美玲(女) 江 洪(女)
李云云(女) 张 圆(女) 陈兰芝(女)
余芳萍(女) 汪春萍(女) 郑 琪(女)
郑柳静(女) 周立群(女) 梁丽娟(女)
程 茹(女) 谢艳珍(女) 戴福招(女)
蔡美芳(女,2017 年 12 月增补)

上饶市青年联合会

李 丽(女) 陈志琳(女) 郭华峰
章园婷(女) 鲍红云(女)

上饶市工商业联合会

王 英 王 斐(女) 王军平
王定水 计红日 刘万杰
朱建础 江金盛 阮先红
阮祥华 何 杰 余允义
余忠效 宋方岚(女) 张处平
张晓忠 李凯峰 李海涛
杨有明 杨寿海 陈木枝
陈武崇 陈康平 周小群(女)
项明亮 姚少栋 姚忠平
饶朝伟 徐水林 徐 伟
黄美珍(女) 龚 桃 龚新辉
喻东辉 彭德琴(女) 曾歆颖(女)
温见远 游春明(女) 廖建斌
熊 奔 戴宁忠

科学技术协会

刘贵生 朱元军 胡昊葵
姬灵力 徐德才 徐德林

台湾同胞联谊会

刘明利 邱明瑞 周玲玲(女)
祝芙静(女) 朱木华 蔡福伟

归国华侨联合会

毛映敏(女) 朱岩富 刘向阳
汤宏荣 沈　捷 郑兆国
赵小杰 徐　雷 蔡永廉
潘元娟(女) 王　俊(2017年12月增补)

文化艺术界

王红英(女) 叶建辉 刘兴丰
许晓可 吴　婷(女) 何　燕(女)
余小翔 张天霞 林桂华(女)
钟文良 俞有桂

科学技术界

王忠毅 王鹏磊 刘辉凯
李　离(女) 李朝晖 周焕文
徐　欢(女) 涂相春 黄茜君
鄢庆清

社会科学界

尤石林 毛　成 张江生
祝跃光 程忠义

经济界

丁文军 王海波 毛成武
方根民 叶缪苗 叶镇平
朱志根 刘长海 刘利军
刘冬根 江亮根 汤红富
苏光都 李卫汉 李云峰
李雅明 杨万军 杨寿顺
杨盛江 吴平华 吴　斌
余坦仁 汪泽林 汪战军
张志宏 张学霖 陆志仁
陈小平 陈加明 陈伟强
陈　兵 陈　胜 陈　棋
陈　新 周　军(女) 周油建
郑敏强 官弼仁 俞水淼
俞立新 施卫星 徐　君
徐柏青 徐晨辉 徐　巍
黄　彤 黄　鹤 康明国
程建华 傅利平 舒　剑
谢伟林 谢　磊 鄢绿阳
谭武山 糜璨粲
涂仁堂(2017年12月增补)
姚礼清(2017年12月增补)
史　可(2017年12月增补)
何　宇(2017年12月增补)

农业界

王圣荣 王宜军 兰成兵
苏振双 李荣根 杨文彪
邱华丰 张太升 段建能
徐源成 黄先铭 黄重新

教育界

马　艳(女) 王　志 甘红梅(女)
刘克琦 许　波 杨学农
汪冬英(女) 张长德 周　丹
周守勤 郑艳斐(女) 柳雪芳
姜　平 秦　霞(女) 董学友

体育界

王　瑾(女) 李元辉 周宏伟
童晓航(女) 游小健

新闻出版界

朱炳亮 余晓娟(女) 陈华英(女)
陈　琼(女) 郑　滨 姜南勇

医药卫生界

王晓岚(女) 李阳平 杨宏辉
杨学平 吴发启 吴　军
邱永生 佘盛飞 汪益荣
陈忠华 周建东 郑建勇
祝宇杰 聂兴华 钱培鑫
徐绍萍(女) 舒新华 詹　剑
黎　臬(2017年12月增补)

社会福利与社会保障界

朱仕发 刘惠芳(女) 齐辉达
吴细和 胡锦斌 贺英霞(女)
黄帅敏(女) 潘有歆

少数民族界

尹　琳(女) 杨怀宝 周　茜(女)
赵庆华 雷王佳然(女) 雷　丹(女)
雷春鸣(女)

宗教界

刘诗发 李绍华 张　鑫
张青山 林袭寿 常　斌

释正智(女)　释照荣　释净明

特别邀请人士

丁　一　王尚文　叶建华
毕晓红(女,2017年12月辞去)
吕小珍(女)　吕　军　刘任军
刘旭涛　刘栋义　刘晓华
李永芳(女)　李环宇(女)　杨　羿
吴吉江　闵增富　汪东军
汪洪林　汪雅达(女)　张　斌
罗　飞　郑福群　俞坤文
徐　卓　徐明福　高荣博
彭明敏(女)　程兆平　程　钧(女)
曾锡沪　黎　刚
蒋陆平(2017年12月增补)
宋　伟(2017年12月增补)

【大事记】

1月

4日　市政协召开四届第4次主席会议。市政协主席程建平主持会议并讲话,市政协副主席程观焰、黄统征、万冬梅、余忠效、张保卫,市政协秘书长徐有林出席会议。姜松阳列席会议。

市政协副主席、民革上饶市委会主委黄统征带领市政协港澳台侨和外事委员会以及20余名民革界别政协委员,来到定点帮扶联系点——上饶县清水乡保洁希望小学开展教育扶贫献爱心捐赠活动。

10日　市政协召开"脱贫攻坚政协委员在行动"动员推进会议。市政协主席程建平出席会议并讲话。

市政协四届委员会常务委员会第二次会议召开。市政协主席程建平出席会议并讲话。市委常委、常务副市长廖其志到会作《政府工作报告(征求意见稿)》情况说明。市政协副主席黄统征主持会议。副主席程观焰、万冬梅、张晓洪、余忠效、张保卫,秘书长徐有林出席会议。

11日　市政协组织部分市政协委员与上饶万达义工共同深入龙门畈乡土岩村开展"寒冬送温暖"活动。

市政协副主席张晓洪一行在弋阳县湾里乡李桥村开展春节前走访慰问活动,并视察了李桥村光伏发电扶贫项目和陈辽村秀美乡村建设情况。

17日　市政协召开全市政协提案工作座谈会。市政协党组副书记、副主席程观焰出席会议并讲话。座谈会上,各县(市、区)政协、各民主党派市委会、市工商联分别作了交流发言。

20日　市政协党组召开专题民主生活会。会议以学习贯彻党的十八届六中全会精神和汲取苏荣案及涉案人员违纪教训为主题,从理论学习、党性锻炼、宗旨意识、道德品行修养等方面深刻剖析了存在的问题和产生的根源,有针对性地提出了整改方向和措施。

2月

20日　市政协召开四届第5次主席会议。市政协主席程建平主持会议,市政协副主席程观焰、黄统征、万冬梅、张晓洪、余忠效,市政协秘书长徐有林出席会议。

24日　市政协召开"缓解老城区停车难"专题协商会。市政协主席程建平出席会议并讲话,市政府副市长李高兴出席会议,市政协副主席程观焰主持会议,市政协副主席万冬梅、张晓洪、余忠效、张保卫出席会议。政协委员和市城管局、市城乡规划局、市交警支队等近10家相关单位主要负责人面对面协商,就如何进一步缓解老城区停车难进行了沟通交流。

27日　市政协召开四届第6次主席会议。市政协主席程建平主持会议,市政协副主席程观焰、黄统征、万冬梅、张晓洪、余忠效,市政协秘书长徐有林出席会议。

3 月

6 日至 8 日 中国人民政治协商会议上饶市第四届委员会第二次会议隆重召开。市政协主席程建平主持开幕大会。市委书记马承祖到会祝贺并讲话。受政协上饶市第四届委员会常务委员会委托,市政协副主席黄统征向大会作政协上饶市第四届委员会常务委员会工作报告。市政协副主席万冬梅受政协上饶市第四届委员会常务委员会委托,在会上作了关于政协上饶市四届委员会常务委员会提案工作情况的报告。

14 日 市政协党组副书记、副主席程观焰陪同山西朔州市政协党组书记、主席贾桂梓一行,深入市经开区调研。

23 日 市政协召开四届第 7 次主席会议,市政协主席程建平主持会议,市政协副主席程观焰、黄统征、张晓洪、余忠效、张保卫,秘书长徐有林参加了会议。

4 月

11 日 市政协委员一行视察市供销社综合改革工作并召开协商座谈会。市政协主席程建平率队并在座谈会上讲话。市政协副主席黄统征、万冬梅、张保卫,市政协秘书长徐有林参加。市政协副主席张晓洪主持座谈会。

13 日 市政协主席程建平深入横峰县龙门畈乡,就脱贫攻坚工作开展调研。

14 日 市政协召开加强民主监督学习部署会,围绕中共中央办公厅近日下发的《关于加强和改进人民政协民主监督工作的意见》(以下简称意见)进行专题学习,研究贯彻落实具体措施。市政协主席程建平出席会议并讲话,市政协副主席余忠效主持会议,市政协秘书长徐有林参加会议。

25 日 市政协副主席程观焰出席上饶市庆祝“五一”国际劳动节暨表扬大会。

26 日 市政协召开全面落实绿色施工协商请谈会。会议紧紧围绕如何将生态文明建设贯穿于项目施工过程,实现绿色施工,并充分展现大美上饶的科学内涵而建言献策。市政协主席程建平出席会议并讲话,市政协副主席张保卫主持会议。

5 月

17 日 市政协组织开展了国家安全工作视察活动。市政协班子领导和三十余名委员、港澳台侨特邀代表参加。

24 日 市政协召开四届第 8 次主席会议。市政协主席程建平主持并讲话,副主席程观焰、黄统征、万冬梅、张晓洪、张保卫,市政协秘书长徐有林参加。

6 月

9 日 市政协召开加强医疗资源配置、提升卫生服务能力协商请谈会。市政协主席程建平出席会议并讲话,市政府副市长郑少薇出席会议,市政协副主席万冬梅主持会议。

13 日 市政协机关党支部在玉山县开展“党员主题活动日”和秀美乡村、精准扶贫现场调研活动。市政协党组副书记、副主席程观焰,市政协党组成员、副主席万冬梅,市政协党组成员、秘书长徐有林等参加活动。

23 日 市政协召开四届第 9 次主席会议。市政协主席程建平主持,市政协副主席程观焰、黄统征、万冬梅、张晓洪、余忠效、张保卫出席会议。

30 日 市政协组织政协委员举行了

"脱贫攻坚政协委员在行动"捐赠仪式。市政协主席程建平,市政协副主席程观焰、黄统征、万冬梅、张晓洪、余忠效、张保卫出席捐赠仪式。

政协上饶市第四届委员会常务委员会召开第三次会议,市政协主席程建平出席会议并讲话,副市长祝宏根作上饶县撤县设区的情况介绍,市政协副主席程观焰、黄统征、万冬梅、张晓洪、余忠效、张保卫出席会议。

7月

3日 市政协老干部支部开展了"庆祝建党96周年生日活动"。

10日 市政协组织百名政协委员深入横峰视察"秀美乡村"建设,市政协主席程建平率队,市政协副主席程观焰、黄统征、万冬梅、张保卫,市政协秘书长徐有林参加,副市长祝宏根陪同。

17日 市政协召开公安交通管理类提案集中办理协商会。市政协主席程建平出席会议并讲话。副市长、市公安局长邱木兴,市政协秘书长徐有林出席,市政协副主席程观焰主持会议。

19日至20日 市政协专题调研组对我市基层义务教育工作情况进行了专题调研。调研组先后实地走访调研了铅山、鄱阳等地,并召开了专题座谈会。

31日 市政协召开纪念八一南昌起义90周年座谈会。市政协副主席黄统征出席并讲话。

8月

2日 市政协召开提案督办见面会,邀请相关提案承办单位与提案委员面对面进行交流,市政协副主席余忠效参加。

22日至23日 市政协副主席、民革上饶市委会主委黄统征率调研组,先后到广丰、弋阳、德兴三县市调研工业发展情况。

29日 百名省、市政协委员视察了上饶经济技术开发区发展情况并召开座谈会。市政协主席程建平带队视察并在座谈会上讲话。市政府副市长俞健,市政协副主席程观焰、黄统征、万冬梅、余忠效,市政协秘书长徐有林参加,市政协副主席张晓洪主持座谈会。

9月

22日 市政协组织部分政协委员和专家视察全市农垦改革与发展工作,并在德兴召开座谈会。市政协副主席程观焰、万冬梅、张晓洪出席,市政协副主席张保卫主持,市政协秘书长徐有林出席座谈会。

28日 为充分反映上饶各级政协组织和广大政协委员迎接党的十九大胜利召开的喜悦心情,活跃群众文化艺术生活,展示委员风采,市政协联合文广新局、文联共同举办了"喜迎十九大、共画同心圆"上饶历届政协委员艺术作品展。市政协副主席程观焰出席艺术作品展并宣布开幕,市政协副主席黄统征主持,市政协秘书长徐有林出席。

10月

20日 市政协主席程建平率部分市政协委员,视察中心城区全民健身工作,并召开座谈会。副市长郑少薇,市政协副主席程观焰、黄统征、万冬梅、余忠效、张保卫,市政协秘书长徐有林参加。

23日 市政协召开四届第10次主席会议。市政协主席程建平主持。市政协副主席程观焰、黄统征、万冬梅、余忠效、张保卫,市政协秘书长徐有林出席会议,市政协领导姜松阳、叶礼茂列席会议。

24 日 市政协主席程建平率队视察市高层建筑消防安全工作，并召开座谈会听取委员意见建议。副市长、公安局长邱木兴，市政协副主席黄统征、万冬梅、张晓洪、余忠效、张保卫，市政协秘书长徐有林参加。

25 日 市政协副主席张晓洪到上饶经开区参加“市政协科技界别委员之家活动”，市政协经科委主任周军、市科技局局长王忠毅、经开区副调研员郑德庆陪同。

11 月

7 日 上饶市政协召开机关党委扩大会议。会议深入学习贯彻党的十九大精神，市政协秘书长徐有林主持会议，全体机关干部职工参加会议。

14 日 政协上饶市第四届委员会常务委员会召开第四次会议，通报市政协四届二次提案办理工作情况，传达学习十九大精神，对全市政协系统学习贯彻十九大精神进行动员部署。市政协主席程建平出席会议并讲话，市政协副主席程观焰主持。市政协副主席黄统征、万冬梅、张晓洪、张保卫，市政协秘书长徐有林出席。

市政协主席程建平率领视察组前往弋阳县视察重点工程项目。

15 日 上饶市政协主席工作座谈会在弋阳县行政中心召开。会议深入学习贯彻十九大精神，交流 2017 年各县（市、区）政协工作情况，并就新形势下如何加强基层政协组织建设进行探讨。

21 日 市政协秘书长徐有林率队走访政协委员工作室。

22 日 市政协召开“关于加强台侨企业服务和委员之家建设”协商请谈会，市政协副主席黄统征出席会议并讲话。

12 月

4 日 市政协召开四届第 11 次主席会议。市政协主席程建平主持，副主席程观焰、黄统征、万冬梅、张晓洪、余忠效、张保卫，市政协秘书长徐有林出席。姜松阳、叶礼茂列席会议。

6 日 市政协召开传统媒体与新兴媒体融合发展调研座谈会，围绕推动传统媒体和新兴媒体融合发展建言献策。市政协副主席黄统征出席会议并讲话。

12 日 市政协召开金融业支持实体经济发展协商座谈会，为我市实体经济发展建言献策。市政协主席程建平出席会议并讲话，市政协副主席张晓洪主持。

（余姚贞 编写　徐有林 审稿）

政协吉安市委员会

【全体委员会议】

四届二次会议 2017 年 2 月 14 日至 16 日,中国人民政治协商会议吉安市第四届委员会第二次会议在吉安市中心城区举行。应邀出席委员 383 名,实到 365 名。中共吉安市委书记胡世忠在开幕大会上讲话。市领导出席开幕和闭幕会议,听取大会发言,参加联组讨论,与委员互动交流。

会议审议通过四届市政协主席龙波舟代表常务委员会所作的工作报告、四届市政协副主席操建民代表常务委员会所作的关于提案工作情况的报告。与会委员列席吉安市第四届人民代表大会第二次会议,讨论并赞同市政府工作报告及其他报告。会议审议通过政协吉安市第四届委员会第二次会议决议和提案审查情况的报告。会议以无记名投票方式,补选罗燕萍同志为政协吉安市第四届委员会副主席。会议期间,共收到提案 223 件。

【常务委员会会议】

第二次会议 2017 年 1 月 12 日举行,应出席 58 人,实到 51 人,龙波舟主席主持。会议听取和审议《政协吉安市第四届委员会常务委员会工作报告(草案)》《政协吉安市第四届委员会常务委员会关于 2016 年提案工作情况的报告(草案)》,审议通过关于召开政协吉安市第四届委员会第二次会议的决定,书面听取市政协办公室、各专委会 2016 年工作情况汇报。

第三次会议 2017 年 2 月 4 日举行,应出席 58 人,实到 50 人,龙波舟主席主持。会议听取市政府副市长王大胜所作《政府工作报告(协商稿)》有关情况说明,听取市政府办公室 2016 年度提案办理情况通报。

第四次会议 2017 年 2 月 15 日举行,应出席 58 人,实到 55 人,龙波舟主席主持。会议听取市委常委、组织部长李镇发关于人事事项的说明,审议通过提交大会分组会议酝酿讨论的政协吉安市第四届委员会补选副主席建议人选名单(草案),审议通过提交大会分组会议酝酿讨论的政协吉安市第四届委员会第二次会议选举办法(草案)和选举大会总监票人、监票人名单(草案)。

第五次会议 2017 年 2 月 16 日举行,应出席 58 人,实到 53 人,龙波舟主席主持。会议听取大会秘书处关于委员协商和讨论的情况汇报;审议通过提交大会选举的政协吉安市第四届委员会补选副主席候选人名单(草案);审议通过政协吉安市第四届委员会第二次会议选举办法(草案)和选举大会总监票人、监票人名单(草案);审议政协吉安市第四届委员会第二次会议决议(草案)和提案审查情况的报告(草案)。

第六次会议 2017 年 2 月 16 日举行,应出席 58 人,实到 53 人,龙波舟主席主持。会议审议通过《政协吉安市第四届委员会常务委员会 2017 年工作要点》。

第七次会议 2017 年 7 月 27 日举行,应出席 58 人,实到 49 人,龙波舟主席主持。会议传达学习省委十四届三次全体(扩大)会议和全市领导干部会议、市委常委(扩大)会议精神,审议通过《关于吉安特色小镇建设的调研报告》和有关人事事项。市政府副市长徐开萍列席会议并讲话。

第八次会议 2017 年 9 月 1 日举行,应出席 58 人,实到 49 人,龙波舟主席主持。会议审议通过《关于发展壮大我市电子信息产业的调研报告》,传达学习市委四届四次全会精神。市政府副市长邓淑斌列席会议并讲话。

第九次会议 2017 年 11 月 9 日举行,应出席 58 人,实到 46 人,龙波舟主席主持。会议专题学习传达党的十九大精神,协商审议《市政协关于〈吉安市河长制工作方案〉落实情况专题民主监督活动的报告》。市委常委、副市长王大学列席会议并讲话。

第十次会议 2017 年 12 月 14 日举行，应出席 58 人，实到 50 人，龙波舟主席主持。会议听取市政府办公室通报 2017 年度政协提案办理情况，市委统战部就市政协委员请辞、撤销、增补事项作说明；审议通过《政协吉安市第四届委员会关于同意王思仁等同志辞去委员的决定》《政协吉安市第四届委员会关于撤销王传喜、张旺兴委员资格的决定》《政协吉安市第四届委员会增补委员名单》《关于召开政协吉安市第四届委员会第三次会议的决定》。

第十一次会议 2017 年 12 月 29 日举行，应出席 58 人，实到 50 人，龙波舟主席主持。会议协商讨论《政府工作报告(协商讨论稿)》，听取和审议《政协吉安市第四届委员会常务委员会工作报告(草案)》《关于市政协四届二次会议以来提案工作情况的报告(草案)》，审议通过《关于召开政协吉安市第四届委员会第三次会议的有关事项》，书面听取市政协办公室、各专委会 2017 年工作情况汇报。市委常委、常务副市长杨丹列席会议并讲话。

【专门委员会工作】

提案委员会 主要工作：全年共征集提案 237 件，经审查，立案 227 件，全部办复。向市委、市政府报送 20 期《重要提案摘报》，推荐 15 个提案年度先进承办单位。遴选并报请主席会议确定 7 件重点提案和 14 件优秀提案。组织开展全市公共健身场所建设专题调研，形成《关于推进我市公共健身场所建设的调研报告》。参加与市人大、市政府、市政协联合对市政府金融办、市水利局、市市场和质量监督管理局、市发改委、市旅发委、市工信委、市商务局等承办单位开展现场督办活动。在万安县召开全市政协提案工作座谈会。联合吉安广播电视台制作《解决中心城区停车难的建议》、《加快我市中药材产业发展的建议》等提案追踪节目。协助分管副主席开展挂点永新县芦溪乡社园村脱贫攻坚、吉州区永叔路街道青石街社区创城督导等工作。协助省政协、四川绵阳市政协等来吉开展调研考察。

经济委员会 主要工作：组织开展全市高新技术产业发展情况专题调研，形成《吉安市高新技术产业调研报告》。协助主席和市政协机关开展挂点永新县埠前镇高贤村脱贫攻坚、美丽乡村建设、基层平安创建等工作。协助分管副主席督办《关于规范地下停车泊位交易行为的建议》重点提案，挂点永新县龙田乡胜利村脱贫攻坚，督导吉州区古南街道太平桥社区创城工作，推进吉安大桥北匝道改建及中心城区停车场建设等城建重点项目。组织开展新一届经济委员会委员和联系委员专题培训。配合全国政协经济委员会在吉开展“降低企业财务杠杆率，规范地方政府举债行为”专题调研，协助省政协在吉开展挂点帮扶工作及“县域经济发展情况”调研活动，协助内蒙古自治区政协、辽宁大连市政协等来吉学习考察。

人口资源环境委员会 主要工作：组织开展青原山周边水质环境状况专题调研，形成《关于青原山周边水质环境状况的调研报告》。参与文明城市创建、扶贫攻坚、社区帮扶等中心工作，协助分管副主席挂点河长制、扶贫攻坚、企业降成本优环境、重点提案督办等工作。定期召开本委委员全体会议，帮助委员解决实际困难和问题。主动加强与对口单位的联系，配合开展“世界人口日”“世界气象日”“世界地球日”“世界环保日”等纪念活动。配合做好全国政协来吉开展国家生态文明试验区建设情况视察工作，协助省政协在吉开展新农村建设工作、河长监督行、加快我省国家生态文明试验区建设等专题调研视察，协助山西、贵州等地政协来吉学习考察。

教科文卫体委员会 主要工作：组织开展全市公立医院改革情况专题调研，形成《关于我市公立医院改革情况的调研报告》。组织委员视察青原区红色资源保护利用及古村古镇旅游发展情况。做好委员联络和服务工作。协助分管副主席督办《加大苗木生产扶持力度，确实促进农民增收》重点提案。参与扶贫攻坚、文明城市创建及社区环境综合整治工作。协助省政协及教科文卫体委员会在吉开展徐霞客游线文化旅游发展、医疗卫生资源下沉等专题调研。

社会法制和民族宗教委员会 主要工作：组织开展推进我市电商扶贫专题调研，形成《关于推进我市电商扶贫的调研报告》。组织委员视察青原区新圩中学青少年法治教育基地、杨慧芝工作室（全国十佳法治人物）、璋塘社区以及东固畲族乡、青原山净居寺堂等具有代表性的民族宗教场所委员活动日活动。协助分管副主席督办《关于加强法治宣传教育工作的几点建议》重点提案。协助配合省政协开展促进我省少数民族地区旅游发展、关于做好民间信仰工作、关于未成年人司法保护及预防犯罪工作等专题调研。协助广西玉林市政协、黑龙江大庆市政协来吉学习考察。

港澳台侨和外事委员会 主要工作：组织开展安福武功山旅游发展现状专题调研，形成《武功山景区旅游发展现状调研报告》。协助分管副主席督办《抢救挖掘庐陵文化，建立庐陵文化数据库》重点提案，挂点永新县高市乡樟木山村脱贫攻坚。派员长期参与招商引资、市政协机关挂点贫困村脱贫攻坚。参与全国文明城市创建、社区帮扶、在职党员进社区等工作。加强与市直单位对口联系，继续保持与市政协三届特聘港澳台委员的经常性联系。配合做好全国政协海外列席侨胞考察团在井冈山、吉安考察服务工作，协助四川宜宾市政协、新余市政协来吉学习考察。

文史和学习委员会 主要工作：组织开展我市对接“西气东输”项目建设情况专题调研，形成《关于我市对接“西气东输”项目建设情况的调研报告》。征编《庐陵文化专号·纪念井冈山革命根据地创建90周年专辑》，出版《庐陵文史》丛书。协助全国和省政协征集文史资料，全年向全国政协文史馆选送文史书籍20余本，向省政协报送文史资料20余万字。协助分管副主席督办《关于加强法治宣传教育工作的几点建议》重点提案，督导社区创建全国文明城市活动，推进挂点市重点建设项目等工作。协助省政协文史和学习委员会在吉开展“大力推进我省大遗址保护和利用工作”专题调研、“徐霞客游线文化旅游发展”专题视察、召开全省政协文史工作座谈会。协助浙江省政协、安徽省政协等来吉学习考察。

【重要活动】

省政协主席黄跃金来吉走访慰问企业 2017年2月15日，省政协主席黄跃金来到其挂点联系的青原区河东经济开发区，走访慰问企业，实地了解企业期盼和愿景，向企业家和职工致以新春祝贺和良好祝愿。省政协秘书长肖为群随同，市领导王少玄、龙波舟、程以金等分别陪同。

全省政协文史和学习工作座谈会在吉召开 2017年3月29日，全省政协文史和学习工作座谈会在吉召开，会议传达贯彻全国政协第十二届五次会议和全国暨地方政协文史和学习工作座谈会精神，总结交流全省政协文史和学习工作情况。省政协副主席李华栋出席并讲话，市领导喻志勇致辞，龙波舟、卢正大、刘晓明出席。

举办四届市政协委员培训班 2017年4月5日至7日，市政协举办四届市政协委员培训班。四届市政协全体委员，各县（市、区）政协主席、副主席、秘书长，市政协机关全体干部共400余人参加培训。市政协主席龙波舟出席开班仪式，并围绕做好新形势下政协工作为学员授课。

省政协副主席刘晓庄率队来吉开展脱贫攻坚民主监督 2017年4月6日至7日，根据省委统一安排，省政协副主席、民盟省委会主委刘晓庄率队在吉开展脱贫攻坚民主监督。省政协副秘书长、民盟省委会专职副主委任江南，省监察厅副厅长、民盟省委会副主委何建洋参加。市领导卢正大、龙新、李伟平等分别陪同。

开展建设吉安特色小镇专题调研 2017年4月11日至14日，市政协组织常委和部分委员，分赴全市13个县（市、区）开展建设吉安特色小镇专题调研。调研前，通过召开情况通报会，听取市规划建设局、市旅发委等市直有关部门工作情况汇报。此外，还专程前往浙江、江苏、贵州等地学习考察，历时4个月，形成《关于吉安特色小镇建设的调研报告》。

全国政协来吉调研"降低企业财务杠杆率，规范地方政府举债行为" 2017年4月12日至13日，全国政协常委、经济委员会副主任彭小枫率全国政协经济委员会调研组在吉调研"降低企业财务杠杆率，规范地方政府举债行为"。省政协副主席陈俊卿，市政协主席龙波舟，副市长王大胜，市政协副主席陈军民陪同调研。

省政协来吉调研少数民族特色旅游工作 2017年5月15日至17日，省政协常委、民族和宗教委员会主任舒国华率调研组在峡江县、永丰县，就少数民族特色旅游工作开展调研。市政协副主席刘晓明陪同。

全国政协来吉视察国家生态文明试验区建设情况 2017年6月1日至2日，全国政协副主席兼秘书长张庆黎率全国政协视察团在吉视察国家生态文明试验区建设情况。市领导胡世忠、王少玄、龙波舟、程以金等陪同。

省政协来吉调研医疗卫生资源下沉工作 2017年6月19日，省政协常委、教科文卫体委副主任王萍率调研组在吉开展医疗卫生资源下沉专题调研。市委书记胡世忠，市政协主席龙波舟，市政府副市长徐开萍，市政协副主席罗燕萍陪同。

开展降成本优环境促发展和发展壮大电子信息首位产业专题调研 2017年6月20日至22日，市政协组织部分常委和委员，赴有关县（区）开展"降成本优环境促发展"和发展壮大电子信息首位产业专题调研。调研前，通过召开情况通报会，听取市工信委、市财政局等市直有关部门工作情况汇报。历时3个月，形成《关于开展"降成本优环境促发展"专项民主监督活动的调研报告》《关于发展壮大我市电子信息首位产业的调研报告》。

省政协副主席陈俊卿来吉调研县域经济发展情况 2017年8月29日，省政协副主席陈俊卿在安福县、永新县就县域经济发展情况开展调研。市政协副主席陈军民陪同。

开展河长制工作方案落实情况民主监督活动 2017年9月6日至7日，市政协组织常委和部分委员，分赴13个县（市、区）开展《吉安市河长制工作方案》落实情况民主监督活动。活动前，通过召开情况通报会，听取市水利局、市发改委等市直有关部门工作情况汇报。形成《关于〈吉安市河长制工作方案〉落实情况专题民主监督活动的报告》。

全国政协海外列席侨胞回国考察团在井冈山考察 2017年9月15日至16日，全国政协常委、全国政协港澳台侨委员会副主任喻林祥率全国政协海外列席侨胞回国考察团在井冈山考察。省政协副主席胡幼桃，市政协副主席徐年春等陪同。

开展建立精准扶贫长效机制专题协商 2017年11月22日，市政协围绕建立精准扶贫长效机制，通过实地视察井冈山市、吉安县脱贫攻坚及精准扶贫长效机制建设情况，召开专题协商座谈会等形式开展专题协商，市政府副市长王大胜，市政府办、市扶贫和移民办等单位负责人参加座谈，形成《市政协建立精准扶贫长效机制专题协商纪要》。

【重要文件】

政协吉安市第四届委员会常务委员会工作报告

（2017年2月15日在政协吉安市第四届委员会第二次会议上）

龙波舟

各位委员：

我代表政协吉安市第四届委员会常务委员会向大会报告工作，请予审议，并请列席会议的同志提出意见。

一、2016年工作回顾

2016年是全面实施“十三五”规划的开局之年，是全面建成小康社会决胜阶段的攻坚之年。在中共吉安市委的坚强领导下，市政协常委会深入贯彻落实习近平总书记系列重要讲话精神，特别是对江西工作新的希望和“三个着力、四个坚持”的总体要求，高举爱国主义、社会主义伟大旗帜，牢牢把握团结和民主两大主题，认真履行政治协商、民主监督、参政议政职能，为“十三五”良好开局作出了积极贡献。

牢记使命，接力前行。市政协四届一次会议以来，新一届市政协在继承中创新，在创新中发展，紧扣年初确定的目标任务，激发政协组织新能量，展现政协委员新风采，开创政协工作新局面，接好接力棒，跑出“加速度”。一年来，主要做了以下工作：

（一）坚持同心同向，把牢正确方向

加强理论学习。积极组织、引导各级政协组织、广大政协委员，深入学习贯彻中共十八大，十八届三中、四中、五中、六中全会和习近平总书记系列重要讲话精神，组织收看学习习总书记在庆祝中国共产党成立95周年大会、纪念红军长征胜利80周年大会上的重要讲话，不断增强政协委员和社会各界人士的“四个自信”和“五个认同”。深入开展“两学一做”学习教育，在深学、实做、真改上下功夫，使学习成果转化为做好工作的行动自觉。

提高政治站位。深入贯彻以习近平同志为核心的党中央治国理政新理念新思想新战略，准确把握“四个全面”战略布局、“五大发展理念”的深刻内涵，牢固树立“四个意识”特别是核心意识、看齐意识。把坚持和发展中国特色社会主义作为巩固共同思想政治基础的主轴，不断提高坚持中国共产党领导的多党合作和政治协商制度的坚定性、自觉性，始终坚持党的领导，坚决维护以习近平同志为核心的党中央权威，自觉与中央、省委、市委在思想上同心、政治上同向、工作上同步。

凝聚思想共识。贯彻落实市第四次党代会的重要部署，深刻认识“三个走在前列”“两大战略任务”赋予政协组织的新使命、新要求，按照“党委想什么政协议什么、政府干什么政协帮什么、群众盼什么政协呼什么”的要求，紧扣市委、市政府中心工作和决策部署，紧密联系党派团体和社会各界人士，建务实之言，献发展良策，让市委的重大决策转化为政协组织的自觉行动，转化为政协委员的广泛共识，转化为社会各界的共同追求。

（二）紧扣主题主线，助推吉安发展

推进政治协商。认真贯彻中央、省委关于推进社会主义协商民主建设的重要决策部署，协助召开了市委政协工作会议，出台了《关于进一步加强政协工作推进协商民主建设的实施意见》。拓展协商形式，首次推行"季度协商"，坚持党政点题与政协选题并重，以"三办"名义联合下发《吉安市政协2016年度协商工作计划》，制定出台《专题协商座谈会工作办法》，先后开展了"策应高铁时代到来""推进全市人才战略"专题协商活动，促进了全市重大战略的实施，提高了政协协商的科学性和实效性。

强化民主监督。围绕市委、市政府重点工作开展民主监督，策应坚决打赢脱贫攻坚战的决策部署，开展了对市委、市政府《关于大力开展精准扶贫的实施意见》落实情况的专题民主监督活动，提出了15条具体意见建议，得到市委、市政府的高度重视，有关部门积极采纳。推荐民主监督员，认真开展特约监督、行风监督、重点工程监督和民主评议监督，向法院、检察院、发改委等单位委派民主监督员60余人次，力促部门作风转变和形象提升。

积极参政议政。聚焦吉安经济社会发展的重要课题，找准切入点，围绕供给侧结构性改革、农村电商、农业发展方式、快递业发展、工业企业科技创新等热点问题，认真开展调研，汇聚委员智慧，积极献计建言。开展了打造生态文明"吉安样板"专题调研，为探索具有吉安特色的绿色崛起新路、打造全国生态文明先行示范区"吉安样板"提供了路径参考。开展了挖掘和弘扬庐陵文化、让中心城区充分展现"吉安文脉"专题调研，为我市争创中国历史文化名城，传承庐陵文化，贡献了智慧力量。

（三）服务民生福祉，促进社会和谐

关注社情民意。发挥社情民意察民情、解民忧的"百姓直通车"作用，针对群众反映的热点难点问题，组织开展了中心城区行车难停车难、备用水源地建设、完善社会保障体系、推进绿色养殖业发展等调研，市委、市政府主要领导对调研报告均作出重要批示，要求有关部门牵头研究，积极借鉴，市直有关部门及时研究论证，制定落实时间表，社会反响较好。

倾情为民解忧。在所办复的142件提案中，涉及民生的共78件，常委会都予以高度重视，由主席、副主席领衔对《关于解决吉安十三中师生入校交通安全问题》等8件提案进行了重点督办，促进了安全出行、市容环境、家政养老、学前教育等一批百姓关切问题的解决。与市人大、市政府协同对市财政局、市房管局等6家单位开展了提案办理督查，重点对电梯安全、生态保护、交通出行、健康产业等民生问题加大督办力度，提出意见建议，大部分建议被市政府采纳。

参与中心工作。组织带领机关干部和引导政协委员积极投身脱贫攻坚主战场，着力抓好井冈山市黄坳乡、柏露乡、大陇镇，永新县三湾乡九陇村和遂川县黄坑乡古洲村等16个贫困村挂点帮扶工作，帮助争取各类扶贫资金430余万元。深入开展"降成本、优环境"专项行动，先后帮扶工业园区25家重点企业和两家委员企业，协调解决企业招工、用地、水电等问题，其中两家企业成功在上海股交所Q板上市。挂点重点项目建设，顺利完成总投资7亿元的全民健身体育中心项目挂点工作，协调、支持和推进新井冈山大桥、禾河大道路堤结合改造等项目。主动参与文明城市创建、美丽乡村建设、社会治安综合治理、社区共建等中心工作，展示了人民政协攻坚克难、敢于担当的良好形象。

（四）加强联络联谊，增进团结合作

重视党派作用。坚持团结和民主两大主题，积极邀请各民主党派、工商联、无党派知联会和各人民团体参加政协的调研视察、民主评议、民主协商等活动,加强同新经济组织和新社会组织等各阶层、各领域人士的联系,为党派、团体参政议政创造了良好条件。一年来,各民主党派和团体共提交提案18件,作大会发言和专题发言14次,参与市政协重点调研、视察180余人次,在政协履职中担负着重要作用。

发挥联络优势。建立了主席会议成员联系界别和委员制度,协助市委出台了《市政协各专门委员会与市直单位对口联系制度》,坚持开展提一件提案、反映一条社情民意、参加一次调研视察、提供一条招商信息、为群众办一件实事的“五个一”活动,抓好委员联络服务工作,建立委员履职档案,积极为委员履职创造良好条件。深化与港澳台同胞和海外侨胞的联系,主动为他们投资吉安牵线搭桥,一年来,洽谈项目12个,达成意向投资2.2亿元,井冈山农业科技园电商项目已经开工。

抓好文史宣传。注重文史资料研究,修订再版了《吉安历代进士录》,协助省政协征集吉安文史资料20余册、相关史料10余万字。完成了市政协庐陵文化研究会换届,启动了《吉安人民政协志》编纂工作。讲好吉安故事,传播吉安好声音,认真办好吉安政协网、《吉安政协》杂志,在《人民政协报》《光华时报》《井冈山报》及人民网、人民政协网、中国江西网等媒体刊发稿件420余篇,为更高层次、更宽领域宣传推介吉安发挥了积极作用。

(五)坚持改革创新,提升履职能力

推动机制创新。按照市委全面深化改革的统一部署,着力健全政协协商的制度性规定和工作机制,搭建起政协协商议政的经常性平台,初步形成了以政协全会为龙头,以专题协商为重点,以对口协商、界别协商、提案办理协商为常态的协商新格局。

密切上下联系。配合做好全国政协来吉安考察工作,协助省政协在吉安开展加快推进生物农药使用、推动产业转型升级等专题调研。不断完善市政协领导班子联系县(市、区)政协等工作制度,邀请县(市、区)政协负责同志列席市政协常委会议、专题协商会议,开展专委会对口交流,确立文件指导、会议联系、对口交流等多种形式,形成了上下联动、成果共享、协调推进的良好工作格局。

加强自身建设。贯彻落实习近平总书记“懂政协、会协商、善议政”要求,加强政协组织自身建设。按照省市统一安排部署,认真做好市政协换届工作,顺利完成了市政协领导班子和政协各界代表人士的新老交替。落实管党治党“两个责任”,严格执行中央八项规定精神和省市有关规定,扎实推进政协领导班子和机关作风建设,营造了风清气正的良好政治生态。组织机关干部参加全国政协、省市党校和江西干部网络学院等多种培训,促进了履职能力的提高。

各位委员,上述成绩的取得,是中共吉安市委正确领导,市人大、市政府大力支持的结果,是全市各级政协组织、广大政协委员和各参加单位团结奋斗的结果,也是社会各界关注帮助的结果。在此,我代表市政协常委会,向所有关心支持政协工作的同志们、朋友们,表示衷心的感谢!

我们也清醒地看到,面对新形势、新要求,政协工作还存在一些不足。协商民主的内容有待拓展,民主监督力度仍显薄弱,参政议政质量还需提高,委员主体作用要进一步发挥,政协自身建设要进一步加强,等等。这些都必须在今后工作中认真研究,切实加以解决。

二、2017年工作建议

2017年是实施“十三五”规划的重要一年,是推进供给侧结构性改革的深化之年,也是我市决胜全面小康、实现绿色崛起的攻坚之年。市政协常委会的总体思路是：全面贯彻中共十八大和十八届三中、四中、五中、六中全会精神，深入贯彻落实以习近平同志为核心的党中央治国理政新理念新思想新战略，高举爱国主义和社会主义伟大旗帜，牢牢把握团结和民主两大主题，围绕"四个全面"战略布局和"五大发展理念"，紧扣市第四次党代会提出的"三个走在前列""两大战略任务"，认真履行政治协商、民主监督、参政议政职能，充分发挥协调关系、汇聚力量、建言献策、服务大局的作用，努力开创人民政协工作新局面，以优异成绩迎接中共十九大胜利召开。

（一）讲政治勤学习，在巩固共同思想政治基础上得到新加强。

（二）会协商善议政，在服务中心大局上作出新贡献。

（三）察民情知民意，在促进民生福祉上发挥新作用。

（四）增团结促合作，在凝聚智慧力量上彰显新优势。

（五）建机制重落实，在推进协商民主建设上再上新台阶。

（六）强基础增活力，在加强自身建设上取得新成效。

【组织概况】

政协吉安市第四届委员会

主席、副主席、秘书长、副秘书长、常务委员、委员名单

主　席：龙波舟

副主席：陈军民　欧阳剑雄　操建民
程以金　刘晓明　徐年春
罗燕萍（女，2017 年 2 月 16 日补选）

秘书长：曾玉田

副秘书长：肖吉雄
边晓玲（女，兼，正县级）
谢氏乐（兼，正县级）
周　密（女，兼，正县级，2017 年 7 月 27 日补选）

常务委员

毛润根　王小华　王丽萍（女）
王忠平　甘月红（女）　边晓玲（女）
刘　勍（女）　刘中民　刘云峰（女）
刘东方　刘希谷（女）　刘志伟
刘烨球　孙建中　庄显光
吴小莲（女）　张仕志　张爱祥（女）
李建新　李晔彬　李海滨
杨昌华　沈胜寒　肖军平
肖吉雄　邱秀华（女）　陈　方
周忠平　周晓霞（女）　罗小群
罗彩燕（女）　罗梅英（女）　郁丹清
姜治宇　施林彬　胡金根
夏经智（女）　徐　渊　聂桑影
郭继国　康万明　黄小来
彭西洪　彭丽英（女）　彭朝晖
谢氏乐　廖佳成　熊　彤（女）
管　萍（女）

委　员

中国共产党吉安市委员会

王　军（2017 年 12 月 14 日起担任）
卢正大（满族）　龙波舟
刘永杰（2017 年 2 月病逝）
刘昌荣　刘晓明　刘烨球
江万友（2017 年 12 月 14 日起担任）
宋春生　李发芽
李慧明（2017 年 12 月 14 日起担任）
李庐琦（女，2017 年 12 月 14 日起不再担任）
杨小勇　肖吉雄　陈　方
陈文珠　陈军民　胡江川
胡志敏
侯毅军（2017 年 12 月 14 日起担任）
饶开东（2017 年 12 月 14 日起不再担任）
聂桑影　郭伙生　黄少峰
彭西洪　曾玉田　程以金
舒海波　操建民

中国国民党革命委员会吉安市委员会

万冬梅(女) 任德胜 刘东波
刘金平 刘媚琪 吴　建
张文昌 陈芳芳(女) 周忠平
姚仁发 郭　翠(女) 黄柳青(女)
熊　彤(女) 蔡庆华

中国民主同盟吉安市委员会

龙三桂 刘理述 张美华(女)
李明志 李婵媛(女) 沈胜寒
陈晓星 周志勇 涂军堂
曾庆鸿 赖苏平 鄢　涛
廖筱华 谭美玲(女)

中国民主建国会吉安市委员会

王嘉强 边晓玲(女) 孙泉本
余　玮 张爱祥(女) 汪庐云
林　娜(女) 罗淑兰(女) 施林彬
胡红元 夏晓峰 曹名放
黄初升 彭仁才 赖振阁
颜钱香

中国民主促进会吉安市委员会

龙　兵 刘　强 刘　琪
刘云兰(女,2017 年 12 月 14 日起担任)
刘红林 陈　青(女) 易明东
欧阳剑雄 罗　敏(女) 罗晓萍(女)
罗梅英(女) 罗善福 曾荣祥
谢氏乐 管　萍(女)

中国农工民主党吉安市委员会

习海业 刘希谷(女) 刘康成
庄显光 许志华 李建兵
邱日锋 罗燕萍(女) 秦流生
郭春根 黄　敏(女) 曾　喆

九三学社吉安市委员会

刘　勍(女) 刘冬兰(女) 邢　琳(女)
孙心瑗(2017 年 12 月 14 日起担任)
李小平 李雪艳(女) 练继勇
胡仁孝 康万明 黄美琪
彭　忠 彭　聪 曾祥辉
温志琳(女)

无党派人士

习春晖 王小兵 王连贞(女)
王斌平 刘丽红(女) 吴小莲(女)
吴望茂 张海峰 李卫东
肖建军 陈万洵 陈秋菱(女)
贺余光 饶吉斌 夏经智(女)
郭建军 魏斯民

吉安市总工会

刘　葵(2017 年 12 月 14 日起不再担任)
张淑华(女) 周　密(女) 赖日明
赖晓华 廖佳成

中国共产主义青年团吉安市委员会

文伟峰
王传喜(2017 年 12 月 14 日撤销委员资格)
邓孝凡 刘　佳(市公安局)
肖莺华 周军华(女) 周晓霞(女)
胡庆晖(女) 曾志斌

吉安市妇女联合会

邝葵华(女) 何晓梅(女) 张剑涛(女)
李金花(女) 杨艳晖(女) 陈继红(女)
周　真(女) 周敏安(女) 胡足莲(女)
贺兰萍(女) 蔡　玫(女)

吉安市青年联合会

叶舒浩 刘　婧(女) 杨昌华
罗红梅(女) 饶兴军

吉安市工商业联合会

王忠平 王振兴 卢志宽
叶华青 刘光林 孙建中
张建军 李建新 肖军平
肖敏安 周　军 郁丹清
唐　潮 徐年春 黄小来
黄保华 彭永乐 赖家福

吉安市科学技术学会

王小华 王泽桐 罗玉秀(女)
罗时波 钟路生 程水清

吉安市归国华侨联合会

艾新东 刘云峰(女) 李晔彬
胡红英(女) 陶林华 盛清泉

文化艺术界

甘月红(女)　贺家龙　郭继国
董海涛　黎　勇

科学技术界

王惠星　王曦明　刘新华
张　群(女)
张旺兴(2017 年 12 月 14 日撤销委员资格)
李金荣　肖啟宗　周少蓉(女)
罗小群
彭见贤(2017 年 12 月 14 日起担任)
蔡富旗

社会科学界

艾小梅(女)　孙　菁(女)　何　殷(女)
何晓奉(女)　何新春　张仕志
肖为民　陈谦昌　林保卫
罗建光　康　安　彭修德
雷玉明

经济界

尹德飞　王　洁　王卫冈
王文平　王永永　邓洪涛
邓道龙　刘　佳(女)　刘　昊
刘卫华　刘书芹　刘志伟
刘亮民　宋　聪　张小忠
张治平　李　岚(女)　李海滨
吴泽昆(2017 年 12 月 14 日起担任)
汪小华　肖锦先　陈信朗
周　钢　周志刚　周志强
林洪彪　罗静婷(女)　姜治宇
胡金根　唐勤根　徐根芽
郭卫华　郭小康　郭晓霞(女)
绳启云　彭海金　曾春玉
谢庆武　潘月高　颜　晔

农业界

尹　峰　尹作帆　王丽萍(女)
刘　英(女)　刘亨馗　刘像波
何桂强　吴明传　邹先佼
陈贱根
周方平(2017 年 12 月 14 日起不再担任)
宗锦武　罗　红(女)　施向宏
胡斌铭　聂　丹　康冬柳
黄　春　黄江东　黄亮光
彭四香(女)　彭金平　谢义元

教育界

毛晓青(女)　王华生　王跃平
仰和芝(女)　朱姿娟(女)　严　峻
吴　江(女)　邱秀华(女)　邹流球
金启云　洪　燕(女)　胡文海
胡丽萍(女)　胡珍元　黄雪平(女)
龚冬秀(女)　彭丽英(女)

体育界

于林平
王思仁(2017 年 12 月 14 日起不再担任)
刘　伟　肖　红(女)　赵晓斌

新闻出版界

于江轶(女)　王晓娟(女)　刘　雯(女)
刘之沛　张　平　张　晶(女)
肖卓霖

医药卫生界

刘中民　刘建平　何小伟
张元辉　张和胜　李辉成
肖　昱(女)　周明海　郑　华
郭晶晶(女)　黄会香(女)　彭莲红(女)
曾常爱

社会福利和社会保障界

王　健　刘在中　刘松青
刘珊红(女)　朱日钦　张　蕾
李　蔚(女)　李玉秀(女)　李喜生
李朝栋　李皖民　陈建平
周　毅　周必勤　罗　琼(女)
茅惠民　赵雪林　郭婷婷(女)
龚上迈　彭建林　曾薇华(女)
谢启恩

少数民族界

汤兴国(京族)　吴运忠(畲族)
金江平(蒙古族)　蓝开珍(畲族)
雷明生(畲族)

宗教界

刘群大　罗彩燕(女)　黄淡珠(女)

释早还(女)　廖永强

特别邀请人士

万建中	尹忠善	毛润根
王克齐	刘书文	刘东方
刘修桢	刘路生	刘锡锋
孙永昌	朱　发	汤耀明
吴　杰	张　伟	陈年胜
周建如	胡新明	徐　渊
郭小健	郭白云	郭钰山
陶保平	彭朝晖	曾　锋
曾志华(女)	曾志珍	曾建平
曾春保	曾道功	童熙平
赖　宏	雷　芳(女,畲族)	
廖文来		

【大事记】

1月

5日　主席龙波舟出席全市经济工作会议。

6日　主席、党组书记龙波舟主持召开市政协党组中心组集体学习会议。

12日　主席龙波舟主持召开市政协四届四次主席会议。

主席龙波舟主持召开市政协四届二次常委会议。

13日　副主席徐年春参加市党外代表人士座谈会。

15日至18日　主席龙波舟在南昌参加省政协十一届五次会议。

19日　主席龙波舟参加走访慰问省军区官兵活动。

20日　主席龙波舟出席市老干部迎春茶话会。

22日　副主席徐年春出席市客商代表迎春座谈会。

24日　主席、党组书记龙波舟主持召开市政协党组专题民主生活会。

副主席刘晓明出席首届吉安“十大警营创客十大警务创品”评选决赛暨颁奖仪式。

2月

4日　主席龙波舟主持召开市政协四届三次常委会议。

7日　主席龙波舟出席中国共产党吉安市第四届纪律检查委员会第二次全体会议。

10日　主席龙波舟参加新春义务植树活动。

14日至16日　市政协四届二次会议在市中心城区召开。

15日　省政协主席黄跃金在青原区河东经济开发区走访慰问企业。

主席龙波舟主持召开市政协四届四次常委会议。

16日　主席龙波舟主持召开市政协四届五次常委会议。

主席龙波舟主持召开市政协四届六次常委会议。

24日　副主席程以金出席全市农村工作会暨新农村建设落实会。

25日　副主席程以金出席全市总河长会议。

28日　主席龙波舟主持召开市政协挂点重大项目禾河大道路堤结合改造工程推进会。

3月

20日　十二届全国人大代表、主席龙波舟主持召开市政协机关干部大会,传达学习全国两会精神。

22日　副主席陈军民参加全市国防教育领导小组会。

27 日 主席龙波舟主持召开市政协四届五次主席会议。

29 日 全省政协文史和学习工作座谈会在吉安召开。

31 日 副主席徐年春出席全市对台工作会。

4 月

1 日 省政协副主席姚亚平在泰和出席浙江大学老校长竺可桢雕像落成仪式。

5 日至 7 日 市政协举办四届市政协委员培训班。

7 日 主席龙波舟出席全市卫生与健康大会。

8 日 主席龙波舟、副主席陈军民出席第八届井冈山杜鹃花节开幕式。

10 日 主席龙波舟参加全市领导干部2017 年第二期学习讲坛学习。

11 日至 14 日 市政协组织开展建设吉安特色小镇专题调研。

12 日至 13 日 全国政协经济委员会调研组在吉开展“降低企业财务杠杆率，规范地方政府举债行为”专题调研。

18 日 副主席刘晓明率队督导吉州区习溪桥街道友谊社区创建全国文明城市工作。

21 日 副主席罗燕萍陪同国家卫计委家庭司司长王海东率组在吉调研医养结合工作。

5 月

11 日 主席龙波舟出席全市脱贫攻坚推进会暨推行“担当实干、马上就办”工作作风动员会。

15 日至 17 日 省政协常委、民族和宗教委员会主任舒国华率组在吉调研少数民族特色旅游工作。

15 日至 19 日 省委原副书记、省政协原主席朱治宏率老领导在吉调研农业、工业、美丽乡村建设情况。

18 日 主席龙波舟深入挂点的永新县埠前镇高贤村开展脱贫攻坚调研。

副主席刘晓明率队前往遂川县、万安县开展电商扶贫专题调研。

23 日 主席龙波舟深入永丰县调研产业扶贫工作。

6 月

1 日至 2 日 全国政协副主席兼秘书长张庆黎率全国政协视察团在吉视察国家生态文明试验区建设情况。

8 日 主席龙波舟主持召开市政协四届六次主席会议。

20 日至 22 日 市政协组织开展“降成本优环境促发展”和发展壮大电子信息首位产业专题调研。

29 日至 30 日 主席龙波舟参加市委中心组“两学一做”学习教育第一专题集体学习。

30 日 主席龙波舟出席吉安市纪念中国共产党成立 96 周年暨“一树两强”先进典型表彰会。

7 月

5 日至 6 日 主席、党组书记龙波舟主持开展市政协党组中心组“两学一做”学习教育第一专题集体学习。

7 日 副主席刘晓明现场调度吉安市对接西气东输三线工程重点项目建设情况。

副主席徐年春深入挂点的永新县高市乡樟木山村开展扶贫助困活动。

25 日 主席龙波舟主持召开市政协四届七次主席会议。

26 日 主席龙波舟率队开展“八一”走

访慰问活动。

27日 主席龙波舟主持召开市政协四届七次常委会议。

主席龙波舟出席吉安市庆祝建军90周年军政座谈会。

8月

1日 副主席操建民参加调研推进吉安高铁新区建设。

15日 主席龙波舟深入挂点的永新县埠前镇高贤村开展脱贫攻坚工作调研。

22日 副主席刘晓明在吉出席2017年江西工会金秋助学资金发放仪式。

23日 主席龙波舟主持召开市政协四届八次主席会议。

29日 省政协副主席陈俊卿在安福县、永新县调研县域经济发展情况。

9月

1日 主席龙波舟主持召开市政协四届八次常委会议。

6日至7日 市政协就《吉安市河长制工作方案》落实情况开展民主监督活动。

12日 主席龙波舟深入市政协办公室创城包干区指导督促做好迎检工作。

13日 副主席操建民率组开展推进公共健身场所建设专题调研。

21日 主席龙波舟深入泰和县调研工业和城建项目建设。

30日 秘书长曾玉田率机关干部职工深入挂点的永新县埠前镇高贤村，开展“我为贫困村(户)做实事”主题扶贫日活动。

10月

10日至11日 主席、党组书记龙波舟主持开展“两学一做”学习教育第二专题集体学习。

11日 副主席操建民率队参加市人大、市政府、市政协联合开展现场督办建议、提案活动。

12日 全市政协提案工作座谈会在万安县召开。

13日 副主席徐年春率组开展武功山景区旅游发展专题调研。

17日 副主席陈军民率队督办《关于规范地下停车泊位交易行为的建议》重点提案。

23日 主席龙波舟深入遂川县调研脱贫攻坚工作。

26日 主席龙波舟率队督办《关于促进吉安市中医药材产业创新发展的建议》重点提案。

31日 副主席刘晓明率队督办《关于加强法治宣传教育工作的几点建议》重点提案。

11月

1日 副主席徐年春率队督办《抢救挖掘庐陵文化，建立庐陵文化数据库》重点提案。

3日 市政协机关党总支组织赴瑞金开展“不忘初心 牢记使命”党员活动日活动。

7日 主席龙波舟主持召开市政协四届十次主席会议。

9日 主席龙波舟主持召开市政协四届九次常委会议。

22日 市政协围绕“建立精准扶贫长效机制”组织开展专题协商。

12月

8日 全市政协秘书长(办公室主任)、各参加单位负责人会议召开。

副主席程以金参加全市生态文明建设领导小组会议。

11 日　主席龙波舟、副主席徐年春出席吉安赣商联合会成立暨返乡兴业推进大会。

12 日　主席龙波舟主持召开市政协四届十一次主席会议。

14 日　主席龙波舟主持召开市政协四届十次常委会议。

15 日　主席龙波舟出席市创建全国文明城市总结表彰暨常态长效巩固提升动员会。

18 日　市政协召开全体干部会议传达学习中央及省委有关文件精神。

27 日　市政协主席龙波舟主持召开市政协四届十二次主席会议。

29 日　主席龙波舟主持召开市政协四届十一次常委会议。

（柯结根 编写　曾玉田 审稿）

政协抚州市委员会

【全体委员会议】

四届二次会议 中国人民政治协商会议抚州市第四届委员会第二次会议，于2017年1月10日至12日在抚州举行。大会应到委员350名，实到335名，市领导出席开幕和闭幕会议，参与联组讨论，与委员互动交流。

会议听取并赞同张鸿星市长所作的《政府工作报告》及其他报告。会议审议并同意黄晓波主席代表政协抚州市第四届委员会常务委员会所作的工作报告和柏林副主席代表政协抚州市第四届委员会常务委员会所作的提案工作情况报告

【常务委员会会议】

第二次会议 1月11日在抚州召开市政协四届二次常委会议。会议审议通过了市政协四届二次会议提案审查报告（草案），审议通过了市政协四届二次会议决议（草案），并决定将以上（草案）提请委员分组审议，提交大会表决通过。

第三次会议 1月13日在抚州召开市政协四届三次常委会议。市政府副市长蔡青应邀出席会议。会议听取了《市人民政府关于东乡县撤县设区有关事项的通报》，审议通过了《政协抚州市委员会关于东乡县撤县设区后有关事项的决定（草案）》。

第四次会议 6月29日在抚州召开市政协四届四次常委会议。市政府副市长方百春应邀出席会议。会议审议并通过了《关于发挥抚州文化优势，积极创建国家级汤显祖文化产业示范园区专题调研报告（审议稿）》和有关人事事项。方百春对政协调研报告予以充分肯定，表示将认真吸纳政协建言成果，并对着力创建好国家级汤显祖文化产业示范园区提出了有针对性的具体措施。

第五次会议 9月28日在抚州召开市政协四届五次常委会议。市政府副市长肖承贵应邀出席会议。会议审议并通过了《把"绿水青山"变成"金山银山"——关于加强抚河流域生态保护与综合治理，加快绿色产业发展的调查报告》。肖承贵充分肯定了市政协专题协商会议成果，并对吸纳政协调研成果、进一步加强抚河流域生态保护与综合治理、加快绿色产业发展提出了具体措施。

第六次会议 12月27日在抚州召开市政协四届六次常委会议。市政府副市长肖承贵应邀出席会议。会议听取了肖承贵代表市政府所作的《政府工作报告（征求意见稿）》起草情况的说明和市政协四届二次会议以来提案办理情况的说明；听取了市财政局、抚州高新区主要负责同志分别就市本级、抚州高新区2017年预算执行情况和2018年预算草案所作的通报；协商讨论了《政府工作报告（征求意见稿）》；审议通过了关于召开政协抚州市第四届委员会第三次会议的决定（草案）；审议通过了政协抚州市第四届委员会第三次会议议程（草案）和日程（草案）；审议并原则通过了市政协第四届委员会常务委员会工作报告（审议稿）和市政协四届二次会议以来提案工作情况报告（审议稿）；审议通过了2017年度优秀市政协委员、优秀提案、优秀调研报告、优秀社情民意和宣传信息工作先进单位评选名单（审议稿）。会议还审议了有关人事事项。

【专门委员会工作】

提案委员会 主要工作：2月22日至24日，配合省政协提案委在抚州召开全省政协提案分办调整会。3月22日至24日，配合省政协就"特色小城镇建设"课题开展

了专题调研。6月4日，召开全市政协提案工作座谈会，传达贯彻落实全省政协提案工作座谈会精神，讨论修改《中国人民政治协商会议抚州市委员会提案办理协商实施办法（征求意见稿）》，研究进一步做好新形势下全市政协提案工作。8月1日，组织部分委员就"抚州物业管理现状"课题，视察市中心城区部分小区，对于规范小区物业管理予以大力推进，同时拓宽了委员的视野，增加了委员之间的交流，增强了专委会的凝聚力。8月17日，就"完善抚州至东乡公路路灯及隔离带建设"提案，召集相关县（区）政府、职能部门的同志与委员代表面对面协商座谈，形成会议纪要，督促了提案的落实。9月4日至7日，就《保护畲族文化遗产传承》提案，组织职能部门和相关委员赴浙江丽水学习考察，帮助职能部门开阔视野，明晰思路。11月30日，就《做强中医药产业，助推绿色产业体系构建》提案组织职能部门和相关委员赴南城县开展专题视察督办，市政府分管领导参加协商座谈并听取意见。

经济委员会 主要工作：2月17日，召开市政协经济委员会全体委员会议。3月16日，组织部分经济界委员赴崇仁县开展"走进委员企业，献计企业发展"委员活动日活动。5月23日至27日，就"大力实施'百亿企业'工程，挺起抚州工业经济转型发展的脊梁"课题开展专题调研。调研组深入高新区、东乡区、临川区和崇仁县进行实地调研，并形成专题调研报告报市委、市政府决策参考，得到市委、市政府主要领导的高度重视和充分肯定，市委肖毅书记作出重要批示，认为"这个调研报告甚好，有事实，有问题，有建议"。要求"市政府分管领导认真研阅，有关部门进行专题研究"。市政府张鸿星市长和各位副市长传阅后认为，"调研报告立意高、落点实，分析问题客观实际，研究提出的对策具有很强的针对性、操作性"。要求"各职能部门认真研究，大胆改革实践，切实把市委、市政府'百亿企业培育工程'战略，变为部门认真履职的具体行动，让宏伟的蓝图早日变为现实"。市委、市政府《现代抚州》杂志全文刊发了该调研报告。10月31日至11月2日，就"'三新'产业（新产业、新业态、新模式）发展情况"进行专题视察，并向市委、市政府报送了专题视察报告，就视察中发现的情况和问题，提出了一系列具有较强针对性和操作性的意见和建议，得到市党政主要领导的高度重视和充分肯定，市委肖毅书记、市政府张鸿星市长均作出重要批示，认为视察报告很有借鉴意义，要求有关部门认真采纳报告中的意见和建议，全力以赴推进"三新"产业加快发展。

教科文卫体委员会 主要工作：5月份，《发挥抚州文化优势，积极创建国家级汤显祖文化产业示范园区》调研报告，市委书记肖毅对报告做出批示，要求市政府和相关部门研究落实。调研报告还被《现代抚州》转载。8月份，联合市旅发委赴南城县、南丰县开展"挖掘徐霞客游线资源，助推旅游产业发展"专题视察，提出了"加强领导，实现全市一盘棋统筹；注重保护，护好标志地独有特征；跨界融合，以工业理念抓徐霞客游线资源开发；挖掘内涵，弘扬徐霞客精神文化"等15条建议，撬动了部分县的思想，激发了对徐霞客游线资源保护和开发的积极性。11月份，开展"擦亮文化名片，打造'戏剧之都'"调研。形成《擦亮文化名片，打造"戏剧之都"》的大会发言材料，在市政协四届二次会议上进行大会发言，市委书记肖毅当场作批示，助推了全市戏剧传承和发展。

人口资源环境委员会 主要工作：8月至9月，联合各县（区）政协及相关市直部门，围绕加强抚河流域生态保护与综合治理，加快绿色产业发展开展专题调研，形成

《把“绿水青山”变成“金山银山”——关于加强抚河流域生态保护与综合治理 加快绿色产业发展的调查报告》,提交市政协常委会议进行专题协商。协商成果得到市委肖毅书记批示:转发改委研究,有些内容可充实到上报材料之中。市发改委在向国家发改委汇报材料中吸纳借鉴了报告部分意见建议。《光华时报》《现代抚州》《抚州日报》等报刊对专题调研报告取得的成果进行了详细的报道,有力地推动了我市生态文明建设的发展。11 月,围绕我市现代农业示范园建设开展专题视察活动。对调研中发现的问题,以提案和社情民意形式向市政府及相关部门提出了针对性的意见建议,有力地推动了全市现代农业示范园建设。

社会和法制委员会 主要工作:3 月份,积极配合省政协社法委就“未成年人司法保护及犯罪预防”课题开展专题调研,向省政协报送专题调研报告,提出一系列有针对性的意见和建议。6 月份,组织委员和建设、规划等职能部门分 3 个调研组赴崇仁、宜黄、南城、南丰、东乡和临川 6 个县(区),就乡村规划和农民建房管理开展专题调研,形成《加强村庄规划,建设美丽乡村——关于全市乡村规划和农民建房管理的调研报告》报市委、市政府。得到市委、市政府主要领导的充分肯定和批示。市建设局根据调研报告,草拟了《抚州市农村建房规划管理办法》,政协建言成果得到了较好转化运用。市委、市政府《现代抚州》杂志全文刊发了该调研报告。在巩固与法院、检察院对口联系制度的基础上,先后组织 30 多名委员和机关干部旁听了“黄钰刚等人非法拘禁案”“原九江市委常委、共青城书记黄斌受贿案”“小区健康权纠纷致业主受伤案”等法院庭审;选派委员参加市检察院“4 · 16”保障特殊人群人权宣传日、“防治校园欺凌,护航未成年人成长”为主题的“检察开放日”,市中级人民法院“公正司法”座谈会、“抚州微法院”新闻发布会等活动,委员们认真履行职责,为相关部门依法办案、改进工作提出了许多好的意见建议。配合市政协办公室认真做好黎川县日峰镇店前村综治挂点工作,并经常深入挂点乡村,对其和谐平安创建活动进行面对面认真指导。

港澳台侨外事和民族宗教委员会 主要工作:2 月份,针对委员反映的灵谷峰权属纠纷问题,对“灵谷峰景区优环境、促发展”开展专题调研,促进灵谷峰权属问题得到较好解决。4 至 5 月份,积极配合省政协民族和宗教委员会分别就“做好我省民间信仰工作情况”“促进我省少数民族地区特色旅游发展”两个课题开展专题调研,向省政协报送了有关调研报告。5 月份,港澳台侨外事和民族宗教委员会联合市侨联、侨办、市委组织部人才办等六部门开展了市侨情调查,对全市侨情工作进行了全面摸排。8 月份,就少数民族地区脱贫攻坚工作开展专题调研,形成《加大精准帮扶力度,同步建成全面小康—关于我市少数民族地区同步建成小康社会的调研报告》得到市党政领导的高度重视和充分肯定,市委肖毅书记作出批示,认为调研报告认真实在,要求政府和相关单位对所提建议进行专题研究。市委、市政府《现代抚州》杂志全文刊发了该调研报告。10 月份,组织委员开展“落实宗教政策,促进宗教和谐健康发展”专题视察。11 月 26 日,组织本委委员赴抚州中科健康体检中心开展界别视察,为委员知情明政搭建了平台。

文史委员会 主要工作:加强文史资料征编工作,以“乡贤考略、回首 40 年、牌坊祠堂文化、家风家训”为主题编撰四期《抚州文史》,出版发行《留住乡愁》《至德崇仁》《乐安民国风云》,发挥存史、资政、团结、育人的作用。

【重要活动】

市政协机关举办党员固定活动日 2月15日，市政协机关举办党员固定活动日。市政协党组书记、主席黄晓波，副主席柏林，秘书长徐容宁参加。活动日组织机关党员集中学习了党章和习近平总书记系列重要讲话精神，对2017年机关党建工作进行安排布置。黄晓波指出，开展党员固定活动日，既符合市委的部署要求，也契合机关党建工作的现实需要，对规范机关党的组织生活意义重大。黄晓波要求，今后，市政协机关党员固定活动日要进一步创新形式，丰富载体，着力激发机关党员干部参加党员固定活动日的积极性和主动性，使活动日固定化和常态化，努力把党员固定活动日打造成具有政协特色的党建品牌，成为加强党员教育的平台、严格党员管理的平台、强化党内监督的平台、发扬党内民主的平台、发挥党员作用的平台。

全市县(区)政协主席座谈会 11月10日，全市县(区)政协主席座谈会在黎川县召开。会议专题就“深入学习贯彻党的十九大精神，加强政协民主监督工作”课题进行研究探讨。

各界人士中秋座谈会 9月28日，市政协召开各界人士中秋座谈会，邀请各民主党派、工商联、无党派人士代表、港澳台胞、侨胞及亲属代表、在我市投资创业的港澳台侨资企业代表一起进行“中秋”联谊，大家共聚一堂，叙乡情友情、议经济社会发展，充分展示了人民政协民主团结和协商议政的政治优势，增进各界团结，广聚发展合力。

“界别活动月”活动 12月份，以“服务基层群众，助力抚州发展”为主题，组织25个界别350名市政协委员深入基层，宣讲中共十九大精神，开展调研视察，收集民情民意，共形成调研和大会发言材料27篇，开展扶贫帮困、捐资助学、法律咨询、送医送药等服务群众活动18场次，捐款捐物45万元，惠及2500余名城乡群众，得到群众的拥护和称赞，取得良好的社会效果。

【重要文件】

政协抚州市第四届委员会
常务委员会工作报告

（2017年1月10日在政协抚州市
第四届委员会第二次会议上）

黄晓波

各位委员、各位同志：

我代表政协抚州市第四届委员会常务委员会，向大会报告工作，请委员审议，并请列席会议的同志提出意见。

一、2016年工作回顾

刚刚过去的一年，是我市“十三五”实现“科学发展、绿色崛起”的首战之年，也是市政协承前启后，继往开来，履行职能卓有成效的一年。一年来，在中共抚州市委的正确领导和市人民政府的大力支持下，市政协以换届为契机，认真贯彻落实中共十八届六中全会和省、市党代会精神，牢牢把握团结民主主题，奋发有为，扎实履职，各项工作取得了新进展，为促进我市经济社会平稳较快发展作出了积极贡献，为四届市政协顺利开局打下了良好基础。

（一）牢牢抓住学习这个基础，履职根基进一步夯实

一年来，特别是换届以来，市政协坚持以学习为先导，开展了一系列学习培训活动，有效提升了委员的能力和素质。

筑牢思想基础。始终把坚持和发展中国特色社会主义作为巩固共同思想政治基础的主轴，深入学习贯彻中共十八大和十八届三中、四中、五中、六中全会精神，深入学习贯彻习近平总书记系列重要讲话精神和治国理政新理念新思想新战略，组织收看习近平总书记在庆祝中国共产党成立95周年大会和纪念红军长征胜利80周年大会上的重要讲话精神，确保中共中央的决策部署在政协工作得到贯彻和落实。换届后，我们把学习贯彻落实好中共十八届六中全会、省第十四次党代会、市第四次党代会精神，更加主动地维护核心、服务中心作为履行职能的首要政治任务，利用政协党组会议、主席会议、机关全体会议、委员座谈会和印发学习资料等形式，组织广大政协委员和政协工作者深入学习这三次重要会议精神，做到深刻领会和把握中共十八届六中全会取得的政治成果、思想成果、理论成果和制度成果，以扎实有效的举措，推进全面从严治党落到实处；做到深刻领会省、市党代会提出的新部署、新要求，结合政协工作实际，把握履职方向，明确履职重点，引导各级政协组织和广大政协委员践行新理念、激发新动能，为科学发展、绿色崛起，全面建成小康新抚州凝聚思想共识，汇聚发展合力。

抓好委员培训。针对换届后新委员较多的实际情况，市政协于去年12月上旬，利用1天半的时间，在抚州职业技术学院对227名新任委员进行了集中培训。为确保这次培训班的质量和效果，我们编写了《政协委员手册》，邀请了汪玉奇、杨斌、王国龙、崔健四位省政协理论专家，分别就怎样做一名合格的政协委员、人民政协协商民主理论与实践、如何撰写政协提案、如何撰写好社情民意信息作专题辅导报告。通过学习培训，广大委员明确了“人民政协是什么、政协组织干什么、政协工作怎么做”等问题，提高了参政议政的能力和水平。

(二)紧紧围绕发展这个主题，协商质量进一步提升

市政协紧扣科学发展、绿色崛起这个主题，充分利用全委会、资政会、常委会等平台，积极开展协商议政活动。

整体协商聚众智。市政协高度重视发挥好政协全会协商功能，在市政协三届六次会议期间，精心安排大会发言、界别讨论、专题座谈会，组织委员就深入落实“十三五”规划纲要、打造汤显祖品牌文化经济带、促进工业转型升级、推进区域信息产业示范区建设等经济社会发展中的热点、难点问题进行大会发言，引起党政领导及有关部门的重视，并将大会发言转为当年的重点提案予以办理落实。在市政协四届一次会议上，市委书记肖毅同志发表了重要讲话，协商讨论了《政府工作报告》，审议通过了政协有关报告和政治决议，选举产生了四届市政协领导班子和常务委员。这是一次承前启后、继往开来的大会，是一次民主求实，团结鼓劲的大会，进一步统一了广大政协委员的思想，凝聚起共谋发展、共促崛起的强大合力。委员们围绕“科学发展、绿色崛起，全面建成小康新抚州”这个主题深入协商讨论，提出了许多有价值的意见和建议。对委员们的睿智建言，我们经归纳整理后，从壮大工业产业、繁荣现代服务业、加强城镇管理服务、保障和改善民生等四个方面梳理出47条具体建议，以专报的形式报送市委、市政府，为党委、政府了解民情、把握民意、科学决策提供了重要参考。

专题协商献良策。市政协突出常委会议专题协商功能，将“实施创新驱动发展战略推动产业升级”和“加快发展抚州健康养生养老产业”分别作为2016年市政协第二季度和第三季度常委会的协商议题，集党派、专委会、界别及县(区)政协之力，聚全体常委之智，打造出常委会协商的“精品之作”。关于实施创新驱动发展课题，我们采取常委会专题协商暨资政会的形式，组织7个课题组，深入各县(区)广泛调研，并赴武汉江岸区、湖南浏阳市学习考察，形成了

《关于我市实施创新驱动发展战略的调研报告》和6个分报告。关于加快发展抚州健康养生养老产业课题，我们采取市、县(区)政协互动，专委会与市直相关部门联动的方式，协同调研，经常委会协商后，形成了《关于加快发展抚州健康养生养老产业的调研报告》。这两次常委会协商成果均得到了市委、市政府主要领导的充分肯定，并批示以《抚办通报》的形式印发各县(区)及有关部门参考，专题议政成果得到了充分运用。

(三)切实把握履职这个重点，参政成果进一步彰显

一年来，特别是换届以来，市政协坚持围绕市委、市政府中心工作，积极开展各项履职活动，提高了参政议政的质量和水平。

调研视察深入扎实。市政协把调研视察作为履行职能的重要抓手，在工作中大力倡导调查研究之风。市政协班子成员多次深入县(区)和高新区就产业升级、项目建设、园区经济、脱贫攻坚等进行调研，向基层和群众宣传市委、市政府的决策部署，协调解决发展中遇到的困难和问题。各专委会注重发挥"专家、专业、专长"的优势，围绕壮大电商产业、构建法律服务体系、做大做强中医药产业等课题深入调研视察，形成的《加快电子商务发展，推进电商产业崛起》《加快构建覆盖城乡公共服务法律服务体系，推进依法治市战略实施》《做强中医疗机构，提升中医药服务能力》等调研报告，得到了市委、市政府主要领导的充分肯定。换届后，我们紧扣党政工作思路，围绕推进精准扶贫实现脱贫致富、建立气象灾害防御机制两个课题开展专题调研，并分别形成了调研报告。市委书记肖毅对政协精准扶贫的报告作出批示，要求有关部门认真吸纳，积极落实政协建议，有力助推了我市精准扶贫工作。

提案办理注重实效。换届后，我们加强对委员撰写提案的指导，向委员寄送《提案选题调研参考提纲》，发挥民主党派、工商联、党外知联会等党派团体的组织优势，引导他们围绕选题深入基层调研，确保政协提案更加贴近中心，体现民意，切合实际。不断创新和完善提案工作机制，切实改进提案督办方式，推动提案办理由重答复向重落实转变。全年共收到提案283件，经审查立案270件，提案数量和质量较上年均有所提升。截至2016年底，提案已全部办复完毕。其中，提案得到采纳落实或基本解决的116件，占提案总数的43%；正在解决或列入计划解决的154件，占57%。《促进我市民间融资阳光化规范化发展》《推进农村公路建设改造升级》等提案，经市领导领衔督办，相关部门积极办理，促进了问题的落实解决。

反映民意渠道畅通。广辟民意来源渠道，充分发挥社情民意联系点作用，不断完善重点社情民意编审报送和跟踪问效机制。全年共收到重要社情民意110条，编报《社情民意》36期，向省政协报送社情民意信息17条。《开启徐霞客游线标志地申报工作，加快我市旅游开发步伐》《关于拆除市中心城区部分交叉路口花圃的建议》《关于在抚州职业技术学院北大门增设交通安全设施的建议》等重要社情民意，经市政府领导批示后，市政协及时抓好跟踪问效，推动了一些事关百姓切身利益问题得到较好解决。

文史征编成果丰硕。我们注重拓展文史工作思路，加大文史资料征编力度，召开了文史馆顾问和馆员座谈会，为四届市政协文史征编工作谋篇定航。分别以"纪念荆公、临山抚水忆汤翁、乐史及其后裔、抚州商邦"为主题编印4期《抚州文史》。注重挖掘抚州文化和名人史料，公开出版《抚州历代书画人文大观》《宋明理学之桥——元草庐吴澄》2本专著。征集储备《毛泽东弟媳周文楠》《乐安民国风云》等重要史料，扩大了政协文史工作的社会影响，较好地发挥了文史资料存史资政育人的作用。

（四）注重发挥团结这个优势，整体合力进一步增强

一年来，特别是换届以来，市政协注重发挥人民政协大团结、大联合的优势，认真做好团结各方、凝聚人心工作，较好地发挥了协调关系、汇聚力量的作用。

突出界别特色。为发挥政协界别优势，密切界别委员与所代表群众的联系，去年12月份，我们在25个界别广泛开展了“界别活动月”活动。各界别以专委会为依托，深入基层调研，广泛收集民意，共形成调研和大会发言材料27篇，开展形式多样、各具特色的扶贫济困、捐资助学、法律咨询、送医送药、送教下乡等服务群众活动17场次，捐款捐物45万元，惠及城乡群众2200余人。我们还拓展界别活动内容，创新界别活动方式，组织经济、工商联、科学技术、党外知联会界别到抚州职业技术学院开展送“现代金融知识”进校园活动，为现场群众和师生就经济发展趋势、理财方法、银行借贷政策等问题释疑解惑，反响良好。界别活动的深入开展，彰显了政协委员的公益情怀和责任担当，赢得了社会各界广泛赞誉。

积极参与中心。市政协继续秉持奋发有为、干事创业的良好风貌，坚持“议政”与“实干”相结合，在县（区）挂点帮扶、重点项目建设、招商引资、“四进四联四帮”等中心工作中积极作为，尽心尽力。根据市委统一部署，新一届市政协班子成员深入挂点县（区），就安全生产、环境保护整改和脱贫攻坚等工作进行督促检查，发现问题，总结经验，推动工作落实。配合市委、市政府做好汤显祖逝世400周年纪念活动有关工作。市政协党组暨主席会议专题听取市政协机关“四进四联四帮”连心小分队工作汇报，研究部署精准扶贫工作。市政协班子成员对牵头负责的市三纺夜市广场建设工程、戏剧演出中心剧场建设、教育园区安置房建设、崇仁师范新校区建设工程、中心城区LED灯节能改造工程、赣东大道南延伸段综合管廊工程、抚州高新区纬七路道路及排水排污工程等重点项目及早介入，加强调度，确保项目及时推进，展现了政协服务中心的良好形象。

加强联系协作。加强与全国政协和省政协的工作衔接，积极做好全国政协和省政协领导来抚参加纪念汤显祖逝世400周年活动的服务工作。密切与省内外兄弟市政协的联系沟通，做好甘肃省政协考察团来抚调研接待工作；以推进政协协商民主为主题，参加闽浙赣皖四省九市政协第26次工作交流会；成功承办全省政协民族和宗教工作座谈会。换届后，市政协主要领导专程到省政协汇报工作思路和打算，主动争取省政协对新一届市政协工作的指导和支持。加强对县（区）政协的工作联系和指导，市政协领导在深入县（区）企业、乡村调研的同时，进政协门，说政协话，办政协事，与县（区）政协共同探讨新形势下做好政协工作的方法和途径，进一步增强了政协系统整体工作合力。

（五）坚持强基固本这个关键，自身建设进一步强化

加强市政协领导班子建设。认真执行市政协党组会议、主席会议和常委会议议事规则，做到决策民主化、科学化。市政协班子成员分管专委会继续实行“双线分工”法，形成协同推进的工作格局。充分发挥市政协班子成员的表率作用，严格执行“一岗双责”，认真践行“三严三实”，以身作则，以上率下，带头加强学习，带头转变作风，带头联系群众，带头发扬民主，带头严于律己，树立市政协领导班子求真务实、开拓进取的新形象。

加强委员队伍建设。完善市政协班子成员和专委会对口联系委员制度，定期走访委员，听取委员意见建议，帮助委员解决履职中遇到的困难和问题，进一步激发广大委员的参政热情。加强委员履职管理，建立委员履职档案，对委员参加政协会议和各项履职活动签到登记，规范委员履职行为。继续在委员中开展“提一件提案、开展一次调研、献一条良策、反映一条社情民意、办一件实事”的“五个一”活动，增强委员履职的责任感和使命感。

加强政协机关建设。以创建学习型、创新型、服务型、责任型机关为目标，建立和完善机关工作目标责任制，深入开展“两学一做”专题学习教育，持续深入抓好党风廉洁建设和机关效能建设，引导机关干部强化党性修养，改进工作作风，增强服务观念，提升保障能力，不断提高机关干部为全市大局服务、为政协工作服务、为政协委员服务的能力和水平。市政协机关较好地完成了招商引资、“四进四联四帮”、文明创建、绩效考核等各项中心工作任务。加大政协宣传力度，及时报道市政协各项履职活动。市政协机关共在《光华时报》和省政协《每日信息》发表稿件156篇，在省政协办公厅开展的2016年度政协好新闻、优秀社情民意评选中，抚州市政协有5篇分获政协好新闻一、二、三等奖，2篇获优秀社情民意奖，浓墨重彩地宣传了抚州和市政协履职成果，扩大了政协社会影响。

各位委员，同志们，过去的一年，市政协各项工作扎实推进，活跃有序。特别是换届以来，新一届市政协开局顺利、成效明显，呈现出良好发展态势。这些成绩的取得，是市委正确领导的结果，是市政府和社会各界大力支持的结果，是市政协各参加单位、全体委员和各县（区）政协共同努力的结果。在此，我代表市政协常委会向大家表示衷心的感谢！

在肯定成绩的同时，我们也清醒地看到，工作中还存在不少需要进一步加强和改进的地方，尤其是新一届市政协工作刚刚起步，一些履职活动还没有全面开展，一些工作机制还没有健全完善，委员的履职能力还有待在实践中进一步提升。这对我们今后的工作提出了更高的要求，我们将不辱使命，不负重托，团结带领广大政协委员，尽心尽责，再接再厉，再创我市政协工作的新辉煌。

二、2017年主要工作

（一）强化理论武装，为更好履行职能夯实基础。

（二）服务全市大局，为助推科学发展、绿色崛起建言献策。

（三）坚持团结协作，为全面建成小康新抚州汇聚力量。

（四）加强自身建设，为促进政协事业发展奋发努力。

【组织概况】

政协抚州市第四届委员会

主席、党组副书记、副主席、秘书长、副秘书长、常务委员、委员名单

党组书记、主席：黄晓波

党组副书记、统战部长：韦　萍

副主席：黄耀波　刘菊娇（女）
郑友清　周付德
徐建辉　柏　林
刘忠华　戴晓文

秘书长：徐容宁（女）

副秘书长：刘海滨　郑荣钦

常务委员

马　颖（女）　王　勇　王　彬
王钦铭　王裕良　邓久泉
甘少华　叶芝云（女）　付燕萍（女）
向　往（女）　邬丽梅（女）　刘　胜（女）
刘海滨　刘新萍（女）　许萍乡

李　凌　李建明　李信德
李淑雯(女)　杨利文　连佩忠
吴　辛　吴　昊(女)　吴　薇(女)
吴世伟　吴茶香(女)　吴胜兰(女)
吴晓妮(女)　邱京望　何　明
何　磊　何海荣　汪志强
陈　辉　陈克胜(女)　林小红(女)
罗亦文(女)　郑振荣　赵卫平
胡会华　胡海荣　姜东兴
袁晓明　唐永文　涂国卿
黄文英(女)　黄国文　黄晓红(女)
黄港清　释学辉　曾无非
雷东水　裴　涛　魏志中

委　员

中国共产党抚州市委员会

王　勇　邓久泉　刘海滨
何　磊　吴茶香(女)　李　慷
杨利文　陈　辉　周付德
柏　林　胡会华　徐建辉
徐容宁(女)　黄晓红(女)　黄晓波
黄耀波　谢发明　谢晓宇
王钦铭　龙志强　肖建明
连卫振　徐　韡　梅明阳
符　伟　黄　纲　谢小辉
谢树英(女)

中国国民党革命委员会抚州市委员会

刘忠华　吴　辛　张　锦(女)
杨正荣　陈小临　周抚阳
胡志华　饶伟斌　黄　珊(女)
黄文英(女)　黄港清　戴员生

中国民主同盟抚州市委员会

吕红红(女)　邬丽梅(女)　吴　岚(女)
吴国华　李淑雯(女)　杨小平
陈云斐　陈春梅(女)　姚　黎(女)
唐　化(女)　唐卫和　黄国华
蔡乔乔(女)

中国民主建国会抚州市委员会

邓子鹏　艾　婧(女)　刘新萍(女)
吴霞英(女)　张志红(女)　周于凡
姜东兴　胥莲香(女)　饶赤明
席　红(女)　高心琦(女)　熊　伟

中国民主促进会抚州市委员会

于　勤(女)　刘菊娇(女)　李　凌
邱　敏(女)　欧阳海华　范书祥
黄　卓

中国农工民主党抚州市委员会

王　彬　邓莘芸(女)　刘和平
何子琴(女)　汪永荣　邹炳德
周　红(女)　周　晶(女)　郑友清
郑晓樵　赵卫平　涂国卿
黄金玉(女)　揭仁贵(九三学社)
刘　华　刘晓玲(女)　余庆华(女)
吴贺华　郑启祥　郑振荣
胡琍玲　唐永文　章建岚(女)
黄辉才　曾群浪

无党派人士

王志勇　邓斗新　帅金高
白　洋　孙小林　汤丽娜(女)
何　明　吴　军　吴胜兰(女)
张寿荣　张建华　李宇平
李彩梅(女)　邹吉和　陈顺锋
周志遥　赵　锋　黄军良
龚育梅(女)　戴晓文

抚州市总工会

乐美红(女)　刘冬国　何远生
杨国飞　汪　亮　陈　华
胡敏绮　徐珊玲　熊庆文

抚州市妇女联合会

王雅兰(女)　付晓红(女)　冯燕萍(女)
张志珍(女)　陈克胜(女)　周鹏燕(女)
罗亦文(女)　郑燕华(女)　徐江英(女)
高红梅(女)　高晓英(女)　赖文英(女)

侨联和台联

吴世伟　杨　平　陈少泉
林翠英(女)　欧阳家平　郑宇乐
袁晓明　黄　烨　黄　琛(女)
龚冬根

少数民族宗教

马　颖(女)　兰　卫　兰启东
向　往(女)　张冠雄　龚小茂
释学辉　释崇度　满江生

抚州市工商业联合会

孔繁林　王　华　冯志榕(女)
刘敏龙　庄彬春　汤庆慧(女)
吴正顺　张建荣　李信德
贡建平　邱京望　陈明辉
陈恩斌　陈德勋　林保生
胡海荣　赵庭平　徐金昌
曾小智(女)　蔡滩水

经济界

丁武安　王军球　何海荣
吴根福　吴爱平　吴福清
吴鉴铭　杨　正　陆中和
陈建明　周　红　周九龙
周晓健(女)　季智强　林　涛
林小红(女)　徐晤明(女)　桂世芳
袁筱春　梁建民　黄剑鸣
董建新　熊炳生

农业界

丁应良　艾华康　龙　平
朱仁宽　汤建新　许萍乡
吴德志　杨国伟　邹建明
陈小华　林兵泉　胡文军
徐建云　聂平太　黄　勃
黄国文　赖昌明　廖小娟(女)
魏志中

社会福利和社会保障

叶应钦　刘迎燕(女)　刘前进
许　瑶(女)　吴晓妮(女)　李伟才
李慧华(女)　杨全娣(女)　娄红玲(女)
段　鑫(女)　温良发

教育界

万晓定　王　昱　王裕良
付燕萍(女)　刘　胜(女)　华小明
吴　薇(女)　李小鹏　陈　侃(女)
黄双龙　喻华堂　鄢素芬(女)
熊建红(女)　蔡　盛(女)

文化体育界

王　音(女)　王银茂　帅凯晖
甘少华　吴　昊(女)　杨吉荣
陈胜华　周辉勤　胡永生
饶　芳(女)　夏婉燕(女)　徐建元

社科界

孔友明　方丽萍(女)　余志建
吴　华(女)　吴泉辉　李建明
汪志强　邹志坚　陈菊莲(女)
郭文华　蒋年德　裴　涛

医药卫生界

丁爱民　邓棋卫　叶全裕
甘志松　李雪梅(女)　杨　柳(女)
连佩忠　单银根　周小平
戴寿昌

科学技术界

叶　标　叶芝云(女)　朱　博
江　鸿　许建纲　张卫忠
张学文　李　群(女)　杨书斌
肖青峰　邱灿毅　陈洲洋
易德福　罗小刚　徐　驰
黄耀伦　曾爱民　漆小勇
戴　建

科　协

付云飞　黄　晨　彭明高
曾无非　雷东水

新闻出版界

吴胜茂　黄小明　黄文彪
谭海斌　魏　玮(女)

特别邀请人士

万　鸣　万全阳　王　萍(女)
邓　军　邓泉兴　乐小红(女)
艾玉如(女)　刘文波　江瑞庆
过初良　何建江　吴建国
吴忠鸿　吴剑秋　吴瑞云
张　勇　李以庚　李剑平
杨卫国　杨金耀　邱江峰
陈　刚　周建平　易忠华

郑学铨　赵品晓　徐小明
桑　辉　高自辉　曹捷生
章志芳　章燕萍(女)　黄火生
黄宝安　黄武平　揭秉华
曾　彪　游件如　程胜文
谢光明　廖金平　熊瑞环(女)
魏建明

【大事记】

1月

9日　市政协副主席郑友清率抚州日报社负责人,深入挂点单位金溪县陈坊积乡润湖村走访、慰问困难群众。

9日至10日　省政协副主席胡幼桃深入乐安县走访慰问困难群众,并就脱贫攻坚工作进行调研。

10日　省政协副主席、民进省委会主委汤建人深入广昌县驿前镇南坊村走访慰问困难群众。

10日至11日　省政协副主席、民盟省委会主委刘晓庄深入广昌县视察对口帮扶企业、走访慰问贫困群众。

10日至12日　市政协召开四届二次全会。

17日　市政协副主席徐建辉到市第一人民医院,走访慰问市优秀人才、市第一人民医院神经外科主任周于凡。

19日　市政协主席黄晓波深入黎川县走访慰问困难群众。

20日　市政协副主席黄耀波、徐建辉、刘菊娇、刘忠华分别到帮扶挂点村,走访慰问困难户和退伍老兵。

23日　市政协党组召开2016年度民主生活会和汲取苏荣案及涉案人员违纪教训专题民主生活会。

23日　市政协副主席刘菊娇到市第一人民医院走访慰问市优秀人才、市第一人民医院院长曹瑞林。

25日　市政协副主席、民进市工委主委刘菊娇率民进市工委班子成员、市政协教科文卫体委工作人员赴市第三医院新院区慰问患者。

2月

14日　市政协教科文卫体委员会召开四届一次全体委员会议。市政协主席黄晓波出席并讲话,市政协副主席刘菊娇主持。

15日　市政协港澳台侨外事和民族宗教委员会召开四届一次全体委员暨对口联系单位会议。市政协主席黄晓波出席并讲话,市政协副主席、民革抚州市委会主委刘忠华主持。

17日　市政协经济委员会召开四届一次全体委员会议。市政协主席黄晓波出席并讲话,市政协副主席徐建辉主持会议,市政协副主席戴晓文、秘书长徐容宁出席会议。

21日　市政协主席黄晓波深入黎川县,向该县县委、县政府主要领导传达省委副书记、省长刘奇在黎川、宜黄两地调研时重要讲话精神及市委常委会贯彻落实意见。

市政协副主席徐建辉先后视察市城区赣东大道南延伸段建设工程、赣东大道综合管廊工程进展情况。

22日　市政协人口资源环境委员会召开四届一次全体委员会暨市城市规划情况通报会。市政协主席黄晓波出席并讲话,市政协副主席黄耀波主持。

24日　市政协社会和法制委员会召开四届一次全体委员会议市政协主席黄晓波出席并讲话,市政协副主席郑友清主持会议。

27日　市政协副主席、民革市委会主委刘忠华率队就“灵谷峰景区优环境、促发展”课题赴临川区和金溪县开展专题调研。

3 月

2 日 市政协主席黄晓波到市各民主党派、党外知联会机关调研。市人大常委会副主任段院龙,市政协副主席郑友清、刘忠华、戴晓文及秘书长徐容宁随同。

7 日 市政协主席黄晓波深入文昌里历史文化街区,现场调研玉隆万寿宫、横街、过家湾、河东湾老街等项目改造工作。

16 日 市政协经济委员会组织部分经济界委员赴崇仁县开展“走进委员企业,献计企业发展”委员活动日活动。市政协副主席徐建辉参加活动。

27 日至 29 日 省政协党组副书记、副主席姚亚平率省政协调研组一行深入我市,专题调研文化工作。

4 月

6 日至 7 日 省政协副主席、九三学社江西省委会主委李华栋率省政协视察组深入黎川县,就“持续推动徐霞客游线文化旅游发展”开展委员界别视察工作。

10 日至 12 日 省政协人资环委主任朱荣辉率队深入我市崇仁、金溪开展“推进城乡环卫一体化工作体系建设”专题调研。

12 日 全国政协副主席、农工党中央常务副主席刘晓峰,省政协主席黄跃金,省政协副主席郑小燕出席在抚州举行的农工党中央书画院、江西省政协、农工党江西省委会捐赠书画作品暨锦绣公益基金会成立仪式。锦绣控股集团董事局主席管飞讲话。

13 日至 14 日 全国政协常委、省政协副主席郑小燕率调研组深入我市东乡区,就“未成年人司法保护及犯罪预防”工作开展专题调研。

13 日 市政协副主席、民革市委会主委刘忠华率市政协港澳台侨外事和民族宗教委员会部分委员走访市政协委员、抚州羊易实业有限公司董事长王华。

17 日 市政协文史委员会召开四届一次全体委员会议市政协主席黄晓波出席并讲话,市政协副主席周付德主持。

20 日 市政协经济委员会组织部分经济界委员到市玉茗建设集团开展委员主题活动日。市政协副主席徐建辉参加。

25 日 市政协主席黄晓波深入黎川调研指导脱贫攻坚工作。

26 日 市政协澳台侨外事和民族宗教委员会召开四届二次全体委员会议,市政协副主席、民革抚州市委会主委刘忠华出席并讲话。

27 日至 28 日 省政协副主席、农工党省委会主委郑小燕深入广昌县开展健康扶贫跟踪调研。

5 月

2 日 市政协副主席刘菊娇率队到临川温泉景区、文昌里历史文化街区开展调研,探讨如何打造国家级汤显祖文化产业示范园。

5 日 市政协副主席黄耀波率队深入东乡区开展乡村休闲旅游专题调研。

16 日 市政协副主席郑友清率抚州日报社负责人,深入挂点单位金溪县陈坊积乡润湖村调研脱贫攻坚工作。

23 日 市政协就“大力实施‘百亿企业’工程,挺起抚州工业经济转型发展的脊梁”课题召开调研座谈会。市政协副主席徐建辉出席并讲话,市政协副主席戴晓文主持。

24 日至 26 日 广西壮族自治区柳州市政协副主席温其辉率队就政协文史馆建设及打造特色旅游名片到抚州市调研。

24 日至 27 日 市政协副主席徐建辉、

戴晓文率市调研组分别到高新区、东乡区、临川区和崇仁县,就“大力实施‘百亿企业’工程,挺起抚州工业经济转型发展的脊梁”课题进行专题调研。

26 日至 27 日 省政协副主席胡幼桃深入乐安就降成本优环境、脱贫攻坚等工作进行调研,并走访慰问贫困群众。

31 日 市政协主席黄晓波深入黎川县挂点帮扶企业,调研指导“降成本、优环境”工作。

6 月

1 日 市政协副主席徐建辉到南城县,调研企业降成本优环境工作。

2 日 市政协副主席刘忠华深入抚州高新区挂点企业——江铃集团轻型汽车有限公司,就贯彻落实“降成本、优环境”政策情况进行走访调研。

5 日 市政协召开全市政协提案工作座谈会。市政协主席黄晓波出席并讲话,市政协副主席郑友清、柏林等出席会议。

6 日至 7 日 市政协副主席、市农工党主委郑友清率工作组前往金溪、资溪开展脱贫攻坚专项民主监督工作。

9 日 广西壮族自治区玉林市政协副主席周豪率考察团到东乡区考察“强化扶贫资金监管,助力精准扶贫”工作,市政协副主席郑友清陪同考察。

10 日 市政协副主席、民革市委会主委刘忠华率队就“加大帮扶力度,实现我市少数民族地区精准脱贫”课题赴宜黄、南丰和崇仁等县开展专题调研。

12 日至 16 日 市政协主席黄晓波率队赴上海市、江苏省开展“抚商才子大走访”活动。市政协副主席柏林、刘忠华,市政协秘书长徐容宁,市直相关单位、高新区主要负责同志随同走访。

13 日 市政协副主席徐建辉率市人民医院负责人,深入挂点单位南城县新丰街镇田东村调研扶贫攻坚、村庄环境整治工作。

17 日 省政协副主席陈俊卿率领省政协调研组一行,深入乐安县调研指导新农村建设工作。

26 日 市政协主席黄晓波率市政协机关和临川区挂点单位相关同志,深入临川区挂点堤段实地巡查并督导防汛工作。

市政协副主席徐建辉深入临川区唱凯镇三个挂点堤段督查防汛工作。

28 日 市政协召开党组(扩大)会暨四届四次主席会议。

29 日 市政协召开四届四次常委会议。市政府副市长方百春应邀出席。

7 月

6 日 市政协副主席徐建辉、戴晓文率队到抚州羊易实业有限公司,开展走访委员企业活动,调研企业发展情况。

7 日 市政协副主席戴晓文率市政协经济委、市发改委相关负责人走访调研挂点企业——回音必集团抚州制药有限公司。

18 日 市政协副主席刘忠华深入市重点建设项目——祝家安置地(一期)工程,察看项目进展情况,协调解决有关建设问题。

19 日 市政协副主席戴晓文率部分市政协委员深入南丰县白舍镇白舍窑遗址、宋元白舍窑古瓷展示馆和爱泥陶艺美学馆,就市政协四届二次会议《充分挖掘南丰白舍窑历史文化资源,助推我市文化旅游产业加速发展》提案进行视察和督办,并召开了提案督办协商座谈会。

25 日 市政协副主席周付德就《市区汽车喷漆污染严重汽修管理漏洞亟待弥补》提案,在市市场和质量监管局召开提案办理协商座谈会。

市政协港澳台侨外事和民族宗教委员会联合民革市委会组织部分委员对《关于加大农村垃圾无害化处理力度的建议》提案进行了调研督办。市政协副主席、民革市委会主委刘忠华出席并讲话。

26 日 市政协副主席、民革市委会主委刘忠华率市政协港澳台侨外事和民族宗教委部分政协委员深入乐安县牛田镇员陂村调研考察村基础设施和产业扶贫项目情况。

27 日 市政协召开“加大精准帮扶力度,同步建成全面小康——关于我市少数民族地区同步建成小康社会”专题调研报告协商座谈会。市政协副主席刘忠华出席并讲话。

31 日 市政协副主席徐建辉就市政协四届二次会议《关于加快我市大型现代化物流仓储基地建设,促进仓储业健康发展的建议》提案进行现场视察和督办。

8 月

1 日 市政协副主席戴晓文率队就市政协四届二次会议《如何改善抚州物业管理现状》提案开展协商督办。

2 日 市政协副主席徐建辉深入抚纺二、三片区棚户区改造现场,就进一步加快棚户区改造工作进行专题调研。

10 日 市政协主席黄晓波深入金溪县,就该县文化剧场建设工作进行指导、调度。

14 日 市政协召开党组(扩大)会议,专题传达学习习近平总书记在省部级主要领导干部“学习习近平总书记重要讲话精神,迎接党的十九大”专题研讨班上的重要讲话精神。

16 日 市政协副主席刘忠华深入临川区秋溪镇溪山湖水上乐园和崇仁源野山庄,就市政协四届二次会议《关于推进全市民宿型农家乐休闲旅游的建议》提案进行视察和督办。

17 日 市政协副主席柏林就市政协四届二次会议上的重点提案《抚州至东乡的公路的路灯及隔离带安装实施方案调研》召开督办协商座谈会。

18 日 市政协经济委员会组织部分经济界委员到江西环球建设集团开展委员主题活动。市政协副主席徐建辉参加活动。

22 日至 25 日 市政协副主席戴晓文率市政协教科文卫体委、旅发委有关负责人赴南城、南丰县开展“挖掘徐霞客游线资源,助推旅游产业发展”专题视察。

23 日 市政协召开党组(扩大)会暨四届五次主席会议。会议审议了《关于召开市、县(区)政协主席座谈会的工作方案(审议稿)》;安排部署了市政协电子政务协同办公系统有关事宜;听取了市政协机关“四进四联四帮”连心小分队工作汇报。

25 日 市政协副主席黄耀波率领专题调研组围绕绿色产业健康发展深入黎川、南丰县开展专题调研活动。

27 日 市政协召开四届六次主席会议。

29 日 市政协副主席徐建辉就市政协四届二次会议《如何解决抚州中小企业融资难的建议》的提案进行视察和督办。

30 日 市政协副主席刘忠华深入市重点建设项目祝家安置地(一期)工程,现场察看项目建设进展情况,协调解决有关建设问题。

9 月

28 日 市政协召开四届五次常委会议。

市政协举行各界人士中秋座谈会。

10 月

17 日 市政协主席黄晓波深入挂点的“十三五”贫困村——黎川县日峰镇店前村走访慰问部分贫困户。

18 日 市政协副主席、民革市委会主委刘忠华率队就“落实宗教政策，引导宗教和谐健康发展”课题赴资溪、崇仁和黎川县开展专题视察。

27 日 市政协召开党组（扩大）会议。传达学习党的十九大精神，研究部署市政协学习宣传贯彻工作。

31 日 市政协副主席徐建辉率队分别到金溪县、抚州高新区、东乡区，就“三新”产业（新产业、新业态、新模式）发展情况进行专题视察。

11 月

8 日 市政协副主席徐建辉深入挂点村——南城县新丰街镇田东村，向广大基层干部群众宣讲党的十九大精神，并走访贫困户和视察乡村建设项目。

10 日 全市县（区）政协主席座谈会在黎川县召开。会议专题就“深入学习贯彻党的十九大精神，加强政协民主监督工作”课题进行研究探讨。

市政协主席黄晓波深入挂点村——黎川县日峰镇店前村宣讲党的十九大精神。

12 日 市政协民进界别利用休息日时间，赴临川区展坪乡敬老院，开展“贯彻落实中共十九大精神，情系百姓送医下乡献爱心”活动。

14 日 市政协副主席黄耀波深入挂点村——崇仁县白路乡汀桥村，向广大基层干部群众宣讲党的十九大精神。

22 日 市政协经济委员会在江西金品铜业科技有限公司举办界别活动。市政协副主席徐建辉和经济、工商联、科技界别的30多名委员参加活动。

24 日 市政协副主席柏林深入挂点企业——高新区森鸿科技产业园宣讲十九大精神。

30 日 市政协提案视察组深入南城县，就市政协四届二次会议第195号提案《做强中医药产业，助推绿色产业体系构建》开展专题视察督办活动。市政协主席黄晓波、副市长方百春、市政协副主席柏林、市政协秘书长徐容宁等参加活动。

12 月

5 日 市政协副主席刘忠华率部分市政协港澳台侨外事和民族宗教委员会委员来到中科体检中心开展界别视察。

11 日至 13 日 省政协副主席汤建人率队赴我市资溪县开展“政协委员资溪行”文化艺术界别委员活动，并考察资溪县文化产业发展情况。

12 日 市政协主席黄晓波到金溪县调研指导文化旅游产业发展工作。

14 日 市政协召开四届七次主席会议。传达学习市委办《关于转发〈中共中央办公厅印发习近平总书记关于进一步纠正“四风”、加强作风建设重要批示的通知〉的通知》，审议市政协常委会工作报告和2018年调研视察课题。

19 日 市政协副主席徐建辉深入挂点村——南城县新丰街镇田东村，调研指导脱贫攻坚工作，并深入挂点贫困户家中走访慰问。

26 日 市政协召开党组（扩大）会议暨四届八次主席会议传达学习《鹿心社同志在省委常委（扩大）会议上讲话》；审议《关于召开政协抚州市第四届委员会第三次会议的决定（草案）》《政协抚州市四届三次会议议程（草案）及日程（草案）》《市政协四

届三次会议期间主席、副主席工作分工》《市政协提案工作报告(送审稿)》《2017年度优秀市政协委员、优秀提案、优秀调研报告、优秀社情民意和宣传信息工作先进单位评选名单(送审稿)》《市政协四届六次常委会议议程及日程(草案)》和人事事项。

27日 市政协召开四届六次常委会议。

(吴志贤 编写 徐容宁 审稿)

省直管试点县政协篇

政协共青城市委员会

【全体委员会议】

二届二次会议 2017年1月19日至21日，中国人民政治协商会议共青城市第二届委员会第二次会议在南湖影剧院举行。应出席委员140名，实到129名。市政协主席况泉水在开幕会议上作政协常务委员会工作报告，九江市政协副主席、共青城市委书记王丰鹏在闭幕会议上讲话。市领导出席开幕和闭幕会议，听取大会发言。

会议审议通过二届市政协主席况泉水代表常务委员会所作的工作报告、二届市政协副主席雷声代表常务委员会所作的关于提案工作情况的报告。会议审议通过共青城市政协二届二次会议决议。会议期间，共收到提案62件，经审查立案58件。

【常务委员会会议】

第一次会议 2017年1月12日举行，应出席26人，实到24人，况泉水主席主持。会议决定市政协二届二次会议于2017年2月19日至21日举行。会议审议通过市政协常务委员会工作报告和关于二届一次会议以来提案工作情况的报告，审议通过市政协二届二次会议议程（草案）和日程（草案），审议通过市政协二届二次会议委员分组及召集人名单等有关事项。协商讨论关于加强政协委员界别活动的意见（讨论稿）、市政协常委会2017年工作要点（讨论稿）、市政协常委会2017年协商工作计划（讨论稿）等。会议决定免去余昌萍同志市政协经济和社会发展委员会主任职务，增补吴碧云、张锐、刘晖、蔡春水为市政协委员，选举吴碧云为市政协经济和社会发展委员会主任、张锐为市政协文史和学习委副主任，陈敏不再担任市政协委员。

第二次会议 2017年1月21日举行，应出席26人，实到25人，石新善副主席主持。会议听取各小组对市人民政府工作报告、市政协常委会工作报告及其他工作报告的意见，协商讨论市政协一届五次会议提案审查情况的报告（草案）和会议决议（草案）。

第三次会议 2017年6月16日举行，应出席26人，实到17人，陈保平副主席主持。会议审议通过《“建设私募小镇，服务实体经济”调研报告》（讨论稿）、《“壮大经济总量，助推赣江新区建设”调研报告》（讨论稿）、《政协共青城市委员会关于开展优秀政协委员等考评奖励办法（试行）》（讨论稿）、《2017年市政协常委会上半年工作总结和下半年工作安排》（讨论稿）。会议决定刘大兵不再担任市政协委员。

第四次会议 2017年10月25日举行，应出席26人，实到22人，雷声副主席主持。会议学习传达中国共产党第十九次全国代表大会精神，听取市委、市政府关于市政协二届一次、二次会议以来提案办理情况的通报，协商讨论市人民政府关于全市经济社会发展和民生工程情况的通报，审议通过“推进新工业十年行动，深化银企合作，助推企业发展”专题协商报告（讨论稿）、“建设鄱阳湖（共青城）生态湿地工程，提升市民幸福指数”专题视察报告（讨论稿）、关于开展政协第二届共青城市委员会2017年度委员履职考评的通知（讨论稿）、关于做好市政协二届三次会议大会发言工作的通知（讨论稿），审议通过周礼胜同志任市政协办公室副主任。

第五次会议 2017年12月27日举行，应出席26人，实到21人，卫龙炎副主席主持。会议审议通过关于召开政协第二届共青城市委员会第三次会议的决定（草案）、政协第二届共青城市委员会第三次会议议程和日程（草案）、政协第二届共青城市委员会第三次会议执行主席名单（草案）

等有关事项。会议协商讨论政协第二届共青城市委员会常务委员会工作报告(讨论稿)、政协第二届共青城市委员会常务委员会关于市政协二届一次、二次会议以来提案工作情况的报告(讨论稿)、政协第二届共青城市委员会第三次会议大会发言材料(讨论稿)、市政协常委会2018年度工作要点(讨论稿)、市政协常委会2018年度协商工作计划(讨论稿)、“弘扬共青精神,建设‘四个共青’”专题协商报告(讨论稿)、市政协各专门委员会2017年工作总结及2018年工作要点。会议听取关于2017年度市政协社情民意工作情况的通报。会议决定李友元、窦晓燕不再担任市政协委员。

【专门委员会工作】

提案委员会 主要工作:全年共收到提案126件,经审查立案123件,全部办复,不予立案提案转为社情民意。汇编市政协二届二次会议提案目录,送市委、市政府及其有关部门办理。5月份开展“提案办理推进月”活动,各承办部门开展“面对面”办理政协提案11次,办结提案19件。扫描提案原件和答复件存为电子版。历时2个月,开展“建设鄱阳湖(共青城)生态湿地工程,提升市民幸福指数”专题调研活动,赴江苏徐州贾旺区、安徽铜陵市考察了解情况,形成《“建设鄱阳湖(共青城)生态湿地工程,提升市民幸福指数”专题调研报告》。开展市政协二届三次会议提案征集工作,起草市政协常务委员会关于二届二次会议以来提案工作情况的报告。

经济和社会发展委员会 主要工作:历时2个月,开展“助推共青城私募基金小镇的加快建设,使私募基金更好的服务实体经济发展”专题调研,赴浙江杭州市玉皇山南基金小镇、宁波市梅山海洋基金小镇调查了解情况,召集规划、建设、金融等部门人员座谈,形成《“他山之石可以攻玉”专题调研报告》。开展“怎样做好‘产业+’,壮大经济实体,打造共青城市生态文明示范区”界别协商活动,实地走访荷塘板鸭厂、金牛山庄、共青源、中塘山庄等地,把了解政策的经办人带到现场视察,当场为企业解决实际问题。

文史和学习委员会 主要工作:组织对口联系界别委员深入学习党的十九大精神、共青城市委二届四次全会精神。组织委员参加“南昌起义、秋收起义、井冈山革命根据地创建90周年”知识竞赛。按省政协要求,编写2013至2016年江西省政协年鉴共青城篇。历时三个月,开展“推进新工业十年行动,深化银企合作,助推企业发展”专题协商活动,向银行和企业发放调查问卷80份,实地走访企业并召开座谈会,形成了《“推进新工业十年行动,深化银企合作,助推企业发展”协商报告》。

【重要活动】

省政协专题调研组来我市调研 3月29日,省政协副主席蔡晓明、陈俊卿率省政协“加快地方金融体系建设,促进实体经济发展”专题调研组来我市调研,九江市政协主席杨小华,九江市政协副主席、共青城市委书记王丰鹏,共青城市委副书记、市长卢宝云,共青城市政协主席况泉水等陪同调研。调研组一行先召开座谈会,听取共青城市在金融体系建设及以金融带动实体经济发展方面的情况介绍,后到私募基金创新园区、电子商务示范基地、工业园区等地进行实地调研。

市政协专项视察组来我市视察 6月6日,九江市政协副主席、共青城市委书记王丰鹏率九江市政协“新工业十年行动暨重大项目落实年”专项视察组来我市视察,市政协主席况泉水、市政府常务副市长曾宝柱、市政协副主席雷声、秘书长雷爱华等陪同视察。视察组一行先召开座谈会,共青城市委常委、常务副市长曾宝柱汇报共青城市政府重大项目落实情况。后到中信重工机器人有限公司、金酷集团、志阳新材料有限公司、亚华电子、甘露公园等地视察共青城重大项目推进落实情况。

开展“社情民意信息月”活动 11月，市政协组织开展“社情民意信息月”活动，向市政协各参加单位、各专门委员会、政协委员、各民主党派和工商联及无党派人士寄发社情民意反映笺，鼓励大家围绕全市政治、经济、文化和社会生活中的重要问题以及人民群众普遍关心的民生热点问题，通过社情民意信息的形式向市委、市政府和相关部门反映情况，提出意见和建议。此次活动共收到社情民意信息17件，编发《社情民意信息专报》报送市委、市政府、市政协和相关部门。

开展党的十九大精神宣讲 11月22日，市政协主席况泉水到甘露镇园林村宣讲党的十九大精神。围绕党的十九大主题，新时代、新思想、新目标、新任务等方面，将党的十九大提出的乡村振兴战略、生态文明建设等内容与村委各项工作相结合，讲解怎样加快建设机制活、产业优、百姓富、生态美的新农村。参加宣讲活动的有驻村第一书记、帮扶干部、甘露镇驻村责任人及园林村党员群众等。

【重要文件】

政协共青城市第二届委员会常务委员会工作报告

（在2017年1月19日政协共青城市第二届委员会第二次会议上）

况泉水

各位委员、同志们：

我代表中国人民政治协商会议共青城市第二届委员会常务委员会，向大会报告工作，请予审议，并请列席会议的同志提出意见。

二届一次会议以来的工作回顾

自去年9月换届以来，在市委的正确领导下，深入贯彻以习近平同志为核心的党中央治国理政新理念、新思想、新战略，牢牢把握团结和民主两大主题，紧紧围绕“打造鄱湖明珠、率先全面小康”建设目标，依靠全体政协委员，切实履行政治协商、民主监督、参政议政职能，为推进活力、实力、美丽、幸福共青建设作出了贡献。

一、积极建言献策，服务发展大局。紧紧围绕市委、市政府中心工作，充分发挥政协组织人才荟萃、智力密集的优势，深入开展调研视察活动，参政议政水平不断提升。一是开展了精准扶贫调查研究。为推进我市精准扶贫工作，12月1日，组织委员深入苏家垱乡、泽泉乡、金湖乡进行了实地调查，了解贫困户对精准扶贫工作的愿望和需求，听取贫困村、村组干部及党员对精准扶贫工作的意见和建议。撰写了《加大精准扶贫力度，推进共同富裕》调研报告。调研报告提交后，王丰鹏书记作出重要批示：政协调研报告很好，对共青精准扶贫工作底数摸得清、问题查得实、建议提得准。二是组织了专题视察、协商活动。坚持“少而精、重实效”的原则，就全市“大力发展生态农业”开展了专题协商活动，就食品安全管理开展了“加强食品安全监督与管理”大型视察活动，分别撰写了《大力发展生态农业、创建生态文明新村》《加强监督与管理、创建食品安全城市》视察报告，共提出有参考价值的意见建议20多条。组织委员专题视察“万商城”建设情况，并就如何更好地发挥万商城的引领作用，促进传统产业转型升级开展专题座谈会，激发企业家委员立足本职，率先垂范，更好地发挥在转型升级中的骨干作用。三是进行了多层面的协商议政。共组织召开8次委员和相关职能部门座谈会,2次农业界别及文艺界别的交流活动,全体政协委员通过建议、意见、社情民意等多种形式,围绕赣江新区建设、农业产业化、传统产业转型发展、社会事业发展、社会和谐稳定、共青精神传承等问题,积极议政建言,充分发挥了政协及政协委员参政议政的职能作用。新一届委员中,有72人提交了提案,32人报送了社情民意信息,182人次参加了市政协组织的会议和活动。

二、坚持以人为本,倾心关注民生。始终坚持以人为本、履职为民,把关注民生、体察民情、反映民意作为重要工作内容,为改善民生作出了积极努力。一是扎实开展"三联"活动。结合"两学一做"专题教育和"先锋创绩"活动,坚持把开展"三联"工作作为了解民意、锻炼委员的重要抓手,动员和引导民主党派和政协委员,深入联系点开展"三联"活动,通过各种形式和途径,力所能及地为挂点帮扶企业、村和贫困户做实事、解难事、办好事。全市政协委员和政协机关通过直接投入和推荐项目等方式,共投入各类帮扶资金达156万元,为群众解决热点难点问题215个。二是积极反映社情民意。围绕全市中心工作,政协委员和各民主党派、工商联通过各种渠道和层面,注重关注不同阶层的利益诉求,就事关群众利益的全局性、苗头性、倾向性问题,及时准确地反映舆情信息。二届一次会议以来,共收到各类意见建议共20余条,通过采编整理,共编发信息简报3期,这些信息都以《社情民意专报》等形式报送市委、市政府领导和有关部门,使群众的呼声和愿望得到了及时回应。三是着力开展科学普及。成立了共青城市农村专业技术协会,吸纳全市个人农户及团体农业企业会员共114名。协助共青数媒科技发展有限公司成功申报江西省"创客之家",帮助耀邦红军小学、珍珠湖公园成功申报九江市森林生态科普示范基地。成功申报互联网+科普、科普云平台建设等项目。积极组织开展送科技下乡活动,邀请农技专家先后为340多名群众讲授了果树和草莓种植等实用技术,发放农业科技书籍1200余册,直接把党和政府的温暖送到了群众家里和田间地头。

三、加强团结民主,扩大交流联络。始终将团结和民主两大主题贯穿于政协工作的各方面,以坚强的团结保证广泛的民主,以广泛的民主促进坚强的团结,发挥政协独特优势,凝聚各方智慧力量,共同致力于推进共青城各项事业的发展。一是发挥党派团体作用。坚持"长期共存、互相监督、肝胆相照、荣辱与共"方针,促进民主党派、无党派人士的合作共事。在政协会议、调研视察、协商议政、提案信息等工作中,积极为他们表达意见和主张创造条件,不断增进共同政治基础上的团结合作。如民进共青支部充分发挥联系广泛的优势,通过联络联谊、交流考察等途径积极开展招商引资、宣传推介共青等工作。工商联组织积极开展社会公益事业,为贫困家庭扶贫帮困、捐资助学,共计捐款62万元。充分展现了政协委员回报社会、热心公益的时代风采。二是加强各方联络联谊。积极创新理念、拓展内涵、发挥优势,主动搭建平台。在"三联"活动中,政协委员就围绕赣江新区建设、经济转型发展、民生福祉改善等重点、热点、焦点问题,做好政策宣传、释疑解惑、理顺情绪工作,为共青发展稳定创造了良好氛围。通过委员文体联谊活动、情况通报、微信平台等方式,加强与政协委员的联系沟通,畅通信息渠道,及时快速地反映社情民意。同时,加强与省市及兄弟县市政协的联系与合作,共接待来自黑龙江、安徽等6个省级政协及各地市、县级政协等考察团12余批次,近100余人。三是突出宣传引导作用。主动与媒体沟通对接,广泛宣传我市政协工作动态和委员典型。先后在共青城电视台、《共青城报》、共青城新闻网上播发有关政协的稿件20篇；在九江市政协网、《九江政协信息》发表新闻稿件12篇；在江西省政协新闻网、《江西省政协信息》、《光华时报》发表新闻稿件6篇。其中，《共青城市政协“三联”活动暖民心》《共青城政协助推企业科技创新》等信息在《光华时报》二版头条发表，《政协提案助推天然气入户工程》《共青城市：社情民意解民忧》等信息在江西政协每日信息刊登，《共青城市政协号召全体委员投身四城同创》《共青城市政协开展进园区入企业送政策活动》等信息在九江政协网发布。通过扩大宣传，增强了委员的荣誉感，扩大了政协的影响力，提升了共青的美誉度。

四、重视自身建设，提升履职水平。主动适应转型发展新形势新任务对政协工作提出的新要求，不断夯实履职基础，提升履职实效，使人民政协永葆蓬勃生机和旺盛活力。一是加强学习研究。坚持定期集中学习制度，以中心组学习会议、集体学习、专题辅导等形式，组织机关干部职工深入学习贯彻中共十八届六中全会、中央经济工作会议和习近平总书记在文艺工作座谈会上的讲话等系列重要讲话精神，认真学习党的路线方针政策、统一战线理论和人民政协知识。积极开展理论研究，《提高协商民主实效应把握“五个强化”》被九江市政协理论研究会评为优秀论文。二是开展委员培训。换届后，我们把提高委员素质和创建学习型政协组织当作重要任务来抓，经过主席会议研究，制定了常委、委员及机关学习培训方案，明确了学习内容和时间。去年11月，通过邀请省政府参事、原市政协办公厅副主任王国龙同志，省政协提案委专职副主任张康平同志就“人民政协是什么、干什么、政协委员怎么做、收获什么”和“提案撰写与办理协商”等进行授课，对全体新任委员进行了集中学习培训。组织共青的九江市政协新委员参加了九江党校的专题培训。通过培训，开拓了委员的视野和知识面，加深了委员对中国共产党领导的多党合作和政治协商制度的认识，增强了做好政协工作的使命感和责任感，提高了政协委员履职尽责的能力。三是建设“四型”机关。结合“两学一做”主题教育，深入开展“先锋创绩”活动，以努力创建“学习型、服务型、创新型、责任型”政协机关为契机，强化干部教育培训工作机制，加强对各项既有制度的执行落实力度，重点对机关近年来形成的36项规章制度进行了系统修订，从政协工作、机关党建、委员工作、提案工作、专委会工作、机关管理等六个方面作了健全完善，促进了政协工作的制度化、规范化和程序化。加强常委会班子建设，切实发挥委员的主体作用、界别的骨干作用、专委会的基础作用和政协机关的服务保障作用。四是抓好重点工作。按照中共共青城市委的部署要求，市政协领导班子分别对接服装研究院、出口服装产业园、博川电器、华达医材、昌九大道南连接线、G532等重大项目服务工作，我们始终把挂点服务项目工作作为政协整体工作的重要组成部分，主席、副主席经常走访、及时掌握各联系点动态，通过反映情况、组织协调、建言献策等方式，为项目解决困难问题78个，有力地推动了有关重点项目建设进度。充分发挥政协企业界委员的优势，广泛搜集招商线索，主动外出招商对接，共引进项目5个，合同资金16亿元。积极组织机关干部投身“四城同创”，除坚持每周大扫除外，共更换固定性宣传牌2块、宣传提示牌5块、添置垃圾桶10个、清理垃圾5吨。

各位委员，二届一次会议以来，市政协常委会工作所取得的成绩，是中共共青城市委坚强领导、市政府重视关怀的结果，是全市各级党组织和社会各界热情帮助、鼎力支持的结果,也是市政协各参加单位和全体委员团结协作、共同奋斗的结果。在此,我代表市政协常委会表示衷心感谢和崇高敬意!

回顾总结二届一次会议以来市政协常委会工作,我们清醒地认识到,按照中央、省市对政协工作的新要求,对照人民群众的新期望,我们的工作仍然存在诸多不足。比如对政协委员的联络、培训和服务还跟不上形势发展的需要;协商建言的针对性、精准性、操作性还需进一步增强;民主监督的方式方法还需进一步探索;发挥委员主体作用的途径还需进一步拓宽等。针对这些情况,我们将在今后的工作中不断加以改进。

2017 年的主要工作任务

2017 年是中共十九大召开之年,是全面推进赣江新区建设的开局之年,是实施"十三五"规划的攻坚之年,也是"科教立市、双创兴城"战略的关键之年。新的一年里,市政协要在中共共青城市委的领导下,高举中国特色社会主义伟大旗帜,深入贯彻以习近平同志为核心的党中央治国理政新理念、新思想、新战略,全面落实市第二次党代会精神,按照中央和省市加强人民政协工作的要求,围绕"科教立市、双创兴城"战略,紧扣"打造鄱湖明珠、率先全面小康"建设目标,大力弘扬共青精神,把促进发展作为履行职能的第一要务,把促进社会和谐作为第一责任,认真履行政治协商、民主监督和参政议政职能,充分发挥人民政协协商民主重要渠道,为助推"赣江新区"和"四个共青"建设作出新贡献,以优异的履职实效迎接党的十九大胜利召开。

一、加强学习,增进共识,主动适应推进"赣江新区"建设的时代要求。

二、深入调研,建言立论,充分发挥协商民主重要渠道作用。

三、反映民意,维护民利,努力促进民生事业发展和社会公平正义。

四、发扬民主,增进团结,不断凝聚改革发展强大合力。

五、锐意进取,开拓创新,切实提升履行职能实效。

【组织概况】

政协共青城市第二届委员会
主席、副主席、秘书长、常务委员、委员名单

主　席:况泉水

副主席:石新善　陈保平　雷　声　卫龙炎　陈国方

秘书长:雷爱华(女)

常务委员

王友庚　占方鹏　叶天明
吕　勇　刘照龙　邱敏蓉(女)
何　平　余水平　邵燕怡(女)
郑　东　郑国高　郑南星
施　翔　袁有超　徐朝辉
黄　琦　龚继荣　释果照
潘雪林

委　员

中国共产党共青城市委员会

冯雪峰　吕宗明　刘照龙
李　强　况泉水　郑　东
徐朝辉　曹亚军　龚继荣
康科峰　雷爱华(女)

中国民主促进会共青城市委员会

王友庚　文　娜(女)　占方鹏
张小燕　张仁秋(女)　陈保平
施　翔

无党派人士

石　华　刘如宏　杨　辉
何　平　查晨曦(女)　袁　敏
张锐(女,2017 年 1 月 12 日增补)
徐幸福　蔡孝文　燕中帮

共青城市总工会

吕　勇　何小明　张少兵
查云火　袁水平　殷云金
黄　冰

中国共产主义青年团共青城市委员会(青联)

王　日　王子瑜　方树平
石　恒　汪　皓　查启耀
秦　杰
窦晓燕(女,2017 年 12 月 27 日起不再担任)
熊胜君(女)　潘雪林

共青城市妇女联合会

万荷花(女)　王　芳(女)　孙小倩(女)
邱敏蓉(女)　张　弩(女)　胡丽霞(女)
胡煜媛(女)　梁　萍(女)　熊菊平(女)

共青城市工商业联合会

王四龙　叶天明　叶文榜
刘　转　刘艳火　江　涛
陈国方　袁　平　夏频捷
董璐犹

科　技(科技、科协、社科)界

丁志勇　古久春　邬年华
陈　敏(女,2017 年 1 月 12 日起不再担任)
刘　晖(2017 年 1 月 12 日增补)
郑南星　黄　琦
吴碧云(女,2017 年 1 月 12 日增补)
曹　君(女)　谢　云(女)　雷　声
熊奇水

文　教(文艺、教育、体育、新闻)界

王胜枫　左森滚　刘　敏(女)
孙燕萍(女)　杨行山　何淑珍(女)
余德平　邵燕怡(女)　夏万勇
高积成　彭　静(女)
蔡春水(2017 年 1 月 12 日增补)

农业界

卫龙炎　王先金　张俊平
陈景略　郝　春　雷　宏
熊次桂

经济界

石新善　任力云　吴　强
余水平　余荣高　沈先文
张炳林　周　鹏　周　磊
胡伟云(女)　段建新　袁有超
夏桂香(女)　徐忠道　梅　超

医卫界

祁思斌　张小花(女)　林俊杰
郑国高　赵令明　程爱英(女)

社会福利界

王　莉(女)　王新华　芦　婷(女)
张方元　张李云(女)　欧阳慧明
盛家玲(女)　童　敏(女)　燕传华

民族宗教界

苏辉冬(女)
李友元(土家族,2017 年 12 月 27 日起不再担任)
汪德文(回族)　程根生(回族)
释果照

特别邀请人士

方　勋　卢法永　朱　亮
刘　翰
刘大兵(2017 年 6 月 16 日起不再担任)
苏旺贵　杨德友　邱建华
侯　勇　黄朝中　潘火英(女)

【大事记】

1 月

12 日　市政协二届第一次主席会议召开。

市政协第二届委员会常务委员会第一次会议召开。

21 日　市政协第二届委员会常务委员会第二次会议召开。

23 日　市政协主席况泉水主持召开市政协党组 2017 年度民主生活会,市政协副主席石新善、陈保平、雷声、卫龙炎、陈国方,秘书长雷爱华参会。

2 月

28 日 市政协主席况泉水一行赴安徽合肥奥瑞科技有限公司、武汉新兴际华3561 工厂、黄石美岛工业园参观考察。

3 月

3 日 广西壮族自治区政协副主席刘君一行来我市进行“大力发展县域经济”专题调研,省政协经济委员会专职副主任尹小明,市政协主席况泉水、副主席石新善、秘书长雷爱华陪同调研。

4 日 市政协主席况泉水一行赴贵州省贵安新区开展“壮大经济总量,助推赣江新区建设”专题调研。

21 日 市政协召开党员干部违规借贷问题专项治理动员部署会。

29 日 省政协副主席蔡晓明、陈俊卿一行来我市开展“加快地方金融体系建设,促进实体经济发展”专题调研,九江市政协主席杨小华,九江市政协副主席、共青城市委书记王丰鹏,共青城市委副书记、市长卢宝云,共青城市政协主席况泉水等陪同调研。

4 月

2 日 市政协推荐邵燕怡、袁敏、刘敏、张仁秋、王四龙、杨行山 6 名政协委员担任市纪委党风廉政特邀监察员。

6 日 中共共青城市委办、市政府办、市政协办联合下发共办字〔2017〕16 号文件《关于印发〈2017 年度市政协协商工作计划〉的通知》。

19 日 市政协副主席石新善一行赴杭州玉皇山南基金小镇、宁波梅山海洋金融小镇等地开展“建设私募小镇,做大做实私募基金,服务实体经济”调研。

26 日 市政协副主席卫龙炎到金湖乡和平村精准扶贫。

5 月

6 日 市政协推荐芦婷、彭静、王日、邬年华、雷宏 5 位政协委员担任市质监局食品安全质量监督员。

18 日 市政协主席况泉水与市商管办、嘉欣制衣、苏展服饰等服装企业负责人一行赴杭州市阿里巴巴总部,洽谈阿里巴巴和共青城羽绒服装产业带事宜。

23 日 市政协机关组织全体干部与精准扶贫户“一对一”结对帮扶。

25 日 市政协主席况泉水到甘露镇园林场和泽泉乡泽泉村走访慰问贫困户。

26 日 市政协开展迎端午创建卫生城活动。

27 日 市政协副主席卫龙炎走访慰问金湖乡和平村精准扶贫户。

6 月

5 日 市政协组织委员参加共青城市黄斌案整改情况通报会。

6 日 九江市政协副主席、共青城市委书记王丰鹏一行来我市开展“新工业十年行动暨重大项目落实年”专项视察活动,市政协主席况泉水、市政府常务副市长曾宝柱、市政协副主席雷声、秘书长雷爱华等陪同视察。

16 日 市政协二届第二次主席会议召开。

市政协第二届委员会常务委员会第三次会议召开。

27 日 市政协机关党支部前往方志敏烈士墓开展“永远跟党走”主题党日活动。

29 日 九江市政协副主席徐红梅一行

来我市开展尽快建立“僵尸企业”和困境企业处置机制专题调研，市政协主席况泉水、秘书长雷爱华陪同调研。

7 月

1 日 市政协全体机关干部上堤防洪。

19 日 市政协副主席雷声主持召开“推进新工业十年行动，深化银企合作，助推企业发展”专题协商座谈会。

市政协副主席雷声、秘书长雷爱华到交警大队召开《关于治理占用城区消防安全应急通道的建议》重点提案督办会。

8 月

1 日 九江市政协副主席、共青城市委书记王丰鹏批示《关于市党政主要领导领办督办政协重点提案的通知》。

20 日 山西省吕梁市政协副主席白荣欣一行来我市学习考察精准扶贫工作，九江市政协副主席邓君安、人资环委主任周光灿，共青城市政协主席况泉水、秘书长雷爱华陪同考察。

29 日 市政协副主席卫龙炎一行赴徐州贾旺区、安徽铜陵市考察生态公园建设。

9 月

3 日 市政协主席况泉水一行赴安徽鸿润集团、上海和鹰智能工厂学习考察。

7 日 安福县政协副主席李敢一行来我市调研医疗纠纷预防与处理，市政协副主席石新善陪同调研。

10 日 市政协主席况泉水一行赴浙江绍兴市柯桥区参加国家纺织面料馆共青城分馆签约仪式。

21 日 江苏省宜兴市政协副主席莫克明一行来我市调研加快美丽乡村建设，市政协副主席石新善、秘书长雷爱华陪同调研。

26 日 市政协主席况泉水一行赴广东省广州市广贸天下网络科技有限公司洽谈共青城羽绒服跨境电商事宜。

28 日 市政协推荐蔡孝文、曹君 2 名政协委员担任市法院乡村司法协理员。

10 月

17 日 市政协主席况泉水到甘露镇园林场走访慰问精准扶贫户。

18 日 市政协组织全体机关干部观看十九大开幕式直播。

25 日 市政协二届第三次主席会议召开。

市政协第二届委员会常务委员会第四次会议召开。

31 日 市政府召开全市城区禁止燃放烟花爆竹动员会，在市政协 52 名委员《关于加强市区烟花爆竹燃放管理，推进“四城同创”的建议》联名提案推动下，发布《共青城市人民政府关于在城区禁止燃放烟花爆竹的通告》。

11 月

1 日 市政协组织开展“社情民意信息月”活动。

市政协副主席陈国方一行赴宜春市万载县调研农业基础设施建设。

6 日 山东省秦皇岛市政协一行来我市考察城市建设，九江市政协秘书长洪华，共青城市政协主席况泉水、秘书长雷爱华陪同考察。

10 日 安徽省铜陵市政协副主席蒋叶贵一行来我市考察滨湖经济开发，市政协副主席卫龙炎陪同考察。

13 日 市政协主席况泉水主持召开全

体干部职工会议，传达学习贯彻十九大精神，市政协副主席石新善、陈保平、雷声、卫龙炎、陈国方，秘书长雷爱华参会。

16日 市政协副主席陈国方主持召开“加大农业基础设施建设，提升综合生产能力”界别协商座谈会。

22日 市政协主席况泉水到甘露镇园林村宣讲党的十九大精神。

12月

13日 市政协组织全体干部参加“凝心聚力画出最大同心圆”全省统一战线学习党的十九大精神知识竞赛。

15日 共青城市委副书记、市长卢宝云一行到市政协征求政府工作报告等四个报告意见建议。

20日 市政协二届第四次主席会议召开。

26日 市政协组织政协委员旁听法院刑事案件公开审理。

27日 市政协第二届委员会常务委员会第五次会议召开。

（张锐 编写　况泉水 雷爱华 审稿）

政协瑞金市委员会

【全体委员会议】

六届二次会议 2017年2月7日至9日，中国人民政治协商会议瑞金市第六届委员会第二次会议在瑞金召开。应出席委员198名，实到181名。瑞金市委书记许锐在大会开幕式上讲话，主席彭强在大会闭幕式上讲话。市领导出席开幕和闭幕大会，听取大会发言。

会议认真学习了中共瑞金市委书记许锐同志在开幕大会上的重要讲话；审议并批准市政协主席彭强同志所作的市政协常委会工作报告；审议并批准市政协副主席温家振同志所作的市政协2016年度提案工作情况报告；举行了大会发言和专题协商会议；列席了市人大六届二次会议，听取讨论并赞同市人民政府市长赖联春同志所作的政府工作报告；讨论并赞同市人民法院工作报告、市人民检察院工作报告和其他报告；对2016年度优秀政协委员和优秀政协提案进行了表彰。会议审议通过瑞金市政协六届二次会议决议。会议期间，共收到提案78件，经审查立案71件。

【常务委员会会议】

第二次会议 2017年2月4日举行，应出席40人，实到35人，主席彭强主持。会议协商讨论《政府工作报告》（征求意见稿）；听取瑞金市政府《2016年度政协提案办理情况的通报》；审议通过《政协瑞金市委员会第六届委员会常务委员会工作报告》（讨论稿）、《政协瑞金市第六届委员会第一次会议以来关于提案工作的报告》（讨论稿）；审议通过瑞金市政协六届二次会议召开事宜。

第三次会议 2017年2月9日举行，应出席40人，实到38人，主席彭强主持。会议审议通过《政协瑞金市第六届委员会常务委员会第二次会议提案审查情况的报告》（草案）、《政协瑞金市第六届委员会第二次会议决议》（草案）。

第四次会议 2017年3月28日举行，应出席40人，实到37人，主席彭强主持。会议专题学习全国两会精神；审议讨论《政协瑞金市第六届常务委员会2017年工作要点》（讨论稿）。

【专门委员会工作】

提案委员会 主要工作：全年共收到提案92件，经审查立案74件，全部办复，办结率和答复率100%，满意率95.28%，基本满意率4.72%。提案所提问题已经解决或所提建议被采纳的（A类）共40件，占54.06%；列入计划拟解决或采纳的（B类）共31件，占41.89%；作为工作参考的（C类）3件，占4.05%。遴选并报请主席会议审定《关于提高脱贫质量，推进精准扶贫的建议》等重点提案8件，做好市政协主席、副主席促办重点提案的服务组织工作。11月，分5个小组，对10个承办单位提案办理工作情况进行了督办，召开民主评议会议以无记名测评的方式对10个承办单位进行了民主评议。

文史委员会 主要工作：编辑出版第十二辑文史资料《记住乡愁》，发行1500本；第十三辑文史资料《记住瑞京》形成初稿，进入出版社编审阶段。7月，召开市政协文史资料编撰工作座谈会，邀请文史委委员、文史工作者、有关市直单位、乡镇分管领导参加，畅谈文史编撰工作心得，提出意见建议，推动市政协文史工作上台阶。

经济科技委员会 主要工作：10月至11月，就我市政策性贷款情况开展专题调研,形成《关于我市政策性贷款情况的调研报告》,指出了存在的问题,提出“整合政策性贷款资源”“加强贷后跟踪管理”“做大做强我市融资担保平台”等意见建议,得到市政府主要领导肯定。

人口资源环境委员会 主要工作:6月,组织开展“生态文明试验区建设”专题调研,形成调研报告,供市委、市政府决策参考。10月,组织专委会委员,通过走访视察、召开座谈会的形式对我市精准扶贫工作进行了视察调研,形成视察调研报告。

教文卫体委员会 主要工作:5月,围绕义务教育均衡发展工作情况开展调研,召开座谈会,提出工作意见建议30多条,为助推我市义务教育均衡发展建言献策。7月,对2017年形成的《关于引进和培养产、儿科医生的建议》调研报告落实情况进行“回头看”,召开座谈会,听取我市产、儿科医生工作情况汇报,提出合理建议。

社会和法制委员会 主要工作:4月,就非公经济发展情况开展调研,形成调研报告。10月,就普遍建立“法律顾问制度”落实情况等专题开展调研,形成专题调研报告。

港澳台侨委员会 主要工作:5月,开展城市公共自行车建设与管理专题调研,对我市城市公共自行车运行情况进行了调研,针对存在的问题,提出意见建议13条。

【重要活动】

召开市政协党组2016年度民主生活会暨结合苏荣案开展警示教育专题民主生活会 1月24日,市政协党组召开2016年度民主生活会暨结合苏荣案开展警示教育专题民主生活会.市政协党组书记、主席彭强主持,市政协党组成员参加并开展批评与自我批评,党外市政协副主席列席,对党组成员提出了批评意见。

“喜迎十九大,委员在行动”主题实践活动 组织开展了“喜迎十九大,委员在行动”主题实践活动,引导政协委员、机关干部以优异成绩迎接中共十九大胜利召开。分别开展“改作风、提效率”“委员联百村、携手共扶贫”“政协委员为主攻工业献一策”“政协委员助推全国文明城市创建”“喜迎十九大,政协委员书画摄影展”等活动,团结带领全市广大政协委员,认真履行政治协商、民主监督、参政议政职能,以优异成绩向党的十九大献礼。

开展学习贯彻中共十九大精神系列活动 召开主席会议、常委会议,专题学习贯彻中共十九大精神,深入学习贯彻习近平新时代中国特色社会主义思想。在政协机关全体党员干部中开展诵读、抄写《党章》《十九大报告》活动,使中共十九大精神入口入心,内化于心外化于行。开展政协委员“五个一”履职实践,将学习贯彻中共十九大精神与委员履行政协职能、发挥委员主体作用紧密结合,加快助推瑞金各项事业发展。

召开市政协机关脱贫攻坚“百日行动”动员部署会议 9月29日,召开市政协机关脱贫攻坚“百日行动”动员部署会议,主席彭强主持并讲话,对市政协机关脱贫攻坚“百日行动”进行动员。

政策性贷款情况专题调研 10月至11月,利用两个月的时间,对全市政策性贷款情况进行了专题调研。调研分成两个组进行,以走访视察、座谈交流等方式分别对产业扶贫信贷通、油茶贷等政策性贷款进行调研,形成了《关于我市政策性贷款情况的调研报告》上报市委、市政府,相关意见建议得到职能部门的采纳吸收。

政协委员“看扶贫、议扶贫”活动 11月27日至28日,组织政协委员“看扶贫、议扶贫”活动,对全市17个乡镇29个行政村脱贫攻坚工作情况进行视察,积极宣传我市脱贫攻坚亮点特色,并围绕“打造革命老区脱贫攻坚瑞金样板”主题分成四个小组进行议政建言,提出“发挥特色农业产业优势,打造可持续的扶贫产业”“加强村庄环境卫生整治”等6个方面的意见建议,市委主要领导作出批示,要求责任单位进行整改落实。

【重要文件】

政协瑞金市第六届委员会常务委员会工作报告

(2017年2月8日在政协瑞金市第六届委员会第二次会议上)

彭 强

各位委员、各位同志:

受政协瑞金市第六届委员会常务委员会的委托,我向大会报告工作,请予审议,并请列席会议的同志提出意见。

2016年主要工作

市政协在中共瑞金市委正确领导、市政府大力支持和上级政协指导下,圆满完成市政协五届委员会各项工作,新一届政协高举中国特色社会主义伟大旗帜,坚持团结和民主两大主题,全面贯彻落实中共十八大和十八届三中、四中、五中、六中全会精神和习近平总书记系列重要讲话精神,认真贯彻落实省第十四次党代会、赣州市第五次党代会、瑞金市第六次党代会精神,围绕“振兴经济、决胜小康、打造龙头”三大任务,打好“六大攻坚战”,切实履行政治协商、民主监督、参政议政职能,为建成富有活力实力魅力的区域性中心城市,实现“十三五”良好开局作出了积极贡献。

一、紧扣中心,有效开展协商议政

围绕实施“十三五”规划,建真言、出实招。政协常委会坚持把围绕实施“十三五”规划协商议政作为中心任务,通过组织委员开展调研、协商、视察、监督等活动,认真履职,建言献策,助力我市“十三五”开好局、起好步。围绕“三降一去一补”主题,组织委员开展“台资侨资企业经营情况”“优化发展环境”等专题调研视察,所提意见建议得到有关部门的采纳吸收,推动了相关工作的落实。围绕区域性交通中心建设,就“南丰—瑞金城际铁路”建设开展调研,以赣州政协委员提案的形式向上反映,有力地助推了该项工作。

围绕热点问题,开展广泛多层协商。一年来,常委会坚持围绕事关全市经济社会发展的重大问题、热点问题,组织委员开展多层次、全方位的协商。就普遍“二孩”政策实施后,产、儿科医生严重不足等问题,组织界别委员开展“引进和培养产、儿科医生”的专题调研,与相关职能部门“面对面”进行协商;就“旅游发展升级”课题召开协商座谈会,委员们针对我市旅游存在的问题提出“加快启动我市全域旅游示范区创建工作、唱响我市旅游品牌”等意见建议,有关部门在制定旅游发展规划中给予采纳,并筹划召开了瑞金旅游发展高峰论坛,邀请知名专家学者,为推动我市旅游转型发展出谋划策;就精准扶贫工作,开展了民主监督活动,提出了实施贫困户动态管理、培育特色主导产业、激发贫困户内生动力、健全社会力量参与机制等建议;就“非物质文化遗产的保护与利用”,开展了委员视察活动,提出“建立健全工作机制、推动文旅深度结合”等意见建议,协商质量和效果不断提升。

围绕民生关切,及时反映社情民意。注重发挥各界别和专委会作用,不断拓宽社情民意收集渠道，重点围绕教育、医疗、卫生、住房、交通等民生关切的热点、难点问题，及时反映社会各阶层心声，使社情民意“直通车”作用得到充分发挥。向市委、政府报送的《火车站站前广场亟待加强管理》的社情民意，客观真实地反映我市火车站站前广场管理存在的问题，得到市委、政府主要领导和分管领导的高度重视，提出“科学设计站前广场、增设地下通道，建立长效管理机制”等建议，职能部门给予采纳，火车站站前广场秩序明显好转。报送的《关于我市城区空气质量差的情况反映》，得到市委、政府领导的重视，要求相关部门查清原因，研究解决办法。

二、凝心聚力，扎实推进基础工作

认真开展提案办理。一年来，共收到委员提案72件，立案51件，截至目前全部办复完结。紧紧围绕全市工作大局，牢牢把握提案工作全局性定位，以提高质量为基础，增强办理实效为目标，创新工作机制，突出协调配合，形成了广泛参与、联合办理、整体推进、协调高效运行模式。着力加强委员培训，坚持寄发提案选题参考，引导委员精心选题，深入调研，充分运用提案建真言、献良策。狠抓事关全局、涉及民生提案跟踪督办，确保合理建议得到采纳，提出问题得到解决。提案工作已成为党委政府了解社情民意、掌握社会动态、推动工作落实有效方式。

充分发挥专委会作用。在市委的领导下，配齐了专委会兼职副主任，充实了专委会力量，提高了专委会履职的针对性、科学性和有效性。各专委会分别围绕各自对口联系单位有针对性地开展了对口协商、提案办理协商等活动；根据委员专业特长，加强与委员的联系，积极开展各项视察活动。在视察活动中，委员们向政府有关部门和被视察单位积极建言献策，推进了政府部门和有关单位的工作。

加强团结联谊工作。市政协把宣传瑞金、营造氛围、凝聚力量作为己任，借助政协系统资源平台，积极开展联谊交流活动，促进了瑞金与全国各地有关部门的联系与交往。一年来，密切加强与各级政协的交流联系，全年共接待全国各地政协组织赴我市学习考察团50余批1000多人次，配合市委圆满完成全国政协副主席陈元、卢展工、马飚的接待工作。配合完成全国政协、省政协和外省市政协来我市开展“基层公共文化建设”等11个专题调研视察课题。

做好文史资料和宣传信息工作。常委会以立足市情、传承弘扬、存史留后、服务为民为指导思想，大力挖掘、收集整理瑞金史料。配合省政协开展《江西政协年鉴》编撰工作。同时，注重抓好政协宣传信息工作，拓宽新闻渠道，广辟信息稿件，全方位、多角度宣传和推介瑞金，及时向社会各界展示政协协商民主成效。一年来，市政协有100多篇稿件在《人民政协报》《中国政协》《光华时报》等媒体刊发采用，获省、赣州市政协宣传信息工作“先进单位”。

三、发挥优势，助力打好“六大攻坚战”

认真做好挂点工作。政协领导把参与党政中心工作作为服务振兴发展的重点，围绕打好“六大攻坚战”，认真做好挂点的重点工程、企业、乡镇的联系服务工作。主动承担起市委、市政府安排的各项重点工程建设，千方百计搞好组织实施和协调调度，确保了每项工作的顺利推进。积极做好挂点乡镇工作，为挂点乡镇做好化解矛盾、理顺情绪的工作，协助乡镇抓好精准扶贫、乡镇换届、信访维稳、贫困村建设等工作。

积极开展“百日攻坚”及招商引资工作。依托政协组织优势，政协领导班子成员围绕“百日攻坚”目标，主动外出广东、福建、浙江、上海等地开展招商活动；同时，扎实做好安商、稳商等服务工作。2016 年，新增入规 10 家企业中，委员企业就有 4 家，金字牌电线荣获“2016 年江西名牌产品”称号，江西中藻被评为 2016 年赣州市创新型成长型企业。充分发挥乡贤创业促进会、客家联谊会的作用，先后到上海、深圳等乡贤创业促进会走访联系乡贤企业，做好宣传推介瑞金和服务沟通等工作。

做好做实精准扶贫工作。按照上级和市委部署要求，市政协领导和机关干部深入挂点乡（镇）、村结对帮扶贫困户家中，调研掌握贫困户致贫原因、发展意愿等基本情况，按照“一户一策”原则，综合运用产业扶贫、搬迁扶贫、教育扶贫、就业扶贫、保障扶贫、金融扶贫、光伏扶贫等帮扶措施，为贫困户量身制定帮扶规划。协调各方面力量，为谢坊镇安背村、瑞林镇禾塘村等挂点贫困村建立光伏发电站，解决资金、技术等问题，帮助贫困群众发展特色产业，进一步夯实脱贫攻坚基础。

认真做好绵江河“一江两岸”棚改征迁工作。政协领导率先垂范，带领各自片区干部深入征迁对象，动之以情、晓之以理，发挥政协委员在征迁工作的宣传、表率作用，带头宣传好征迁政策，积极营造和谐的征迁工作氛围，助推我市棚改征迁工作顺利进行。

四、固本强基，全面加强自身建设

加强学习，增进履职共识。组织引导政协各参加单位和各界委员，深入学习党的十八大和十八届三中、四中、五中、六中全会精神，习近平总书记系列重要讲话，深入学习中共中央《关于加强社会主义协商民主建设的意见》，进一步坚定中国共产党领导的多党合作和政治协商制度的政治认同和思想认同。深入学习习近平总书记在庆祝人民政协成立 65 周年大会上的重要讲话，以及中央、省委、赣州市委和瑞金市委关于人民政协工作的新思想、新部署和新要求，注重思想政治建设，努力提高政协委员的政治把握能力和参政议政能力，培养“懂政协、会协商、善议政”的合格委员。对新任政协委员举办了委员培训班，集中培训学习了政协章程、人民政协理论、统战知识，让新任委员系统地接受了政协知识的学习，为卓有成效地履行职能打下了坚实的理论基础。

创新载体，激发履职活力。常委会坚持继承发扬、创新发展的工作方针，认真总结经验，勇于探索、大胆实践，不断推进工作创新。依托网络等新媒体，开通了政协微信公众号、微信群，给政协委员搭建好相互学习、相互促进、彼此交流的平台。发挥“瑞金市政协委员爱心救助会”平台作用，引导政协委员积极开展扶贫帮困、结对助学等社会公益活动，倡导社会新风气。2016 年，委员通过“瑞金市政协委员爱心救助会”捐资 20 万余元，帮助 50 余名贫困学生上学。组织文化科技界委员，积极开展送文化、卫生、科技下乡活动。建立了界别活动小组，选举产生了界别召集人，为进一步加强政协组织建设，切实有效地发挥委员作用，创建了有效载体。同时，通过“界别座谈会”、学习联谊等多形式地开展界别活动，进一步加强界别委员之间的联系，增进界别委员之间的团结，更好地开展政协工作。

改进作风，提升履职效能。扎实开展“两学一做”学习教育，不断增强“四个意识”，特别是核心意识、看齐意识，紧密团结在以习近平同志为核心的中共中央周围，向中共中央看齐，向党的核心看齐，向党的理论、路线、方针、政策看齐，向党中央决策部署看齐，坚决维护以习近平同志为核心的中共中央权威，确保正确的政治方向，努力打造“讲政治、有信念，讲规矩、有纪律，讲道德、有品行,讲奉献、有作为”的政协党员干部队伍。严格遵守中央八项规定和反“四风”要求,不断改进文风会风,厉行勤俭节约,提高干部的思想政治素质和业务能力,促进了政协工作的规范化和程序化。

严格程序,顺利完成换届。坚持和完善中国共产党领导的多党合作和政治协商制度,在市委的正确领导和全力支持下,认真按照换届工作要求,充分发挥民主,严格组织程序,推荐产生了204名新一届政协委员,选举产生了新一届政协班子,圆满完成了换届选举工作。

加强管理,彰显委员风采。完善委员服务,在服务委员、组织活动上做到积极主动、方便高效,坚持常委会议、主席会议、调研视察、专题座谈、民主监督、提案办理协商等活动邀请相关委员参加,为委员履职创造条件和便利,确保委员切实发挥好在本职工作中的模范作用、政协工作中的主体作用和界别群众中的代表作用。2016年度,有50多名政协委员荣获“劳动模范”“优秀党务工作者”“十大扶贫标兵”“最美教师”“最美医生”“十大杰出青年”等国家级、省级、市级荣誉,充分展现了良好的委员风采。

各位委员、同志们,市政协一年来取得的成绩,是市委正确领导,市政府及各有关部门积极协作,社会各界密切配合,政协各参加单位和全体政协委员共同奋斗的结果。在此,我代表市政协常委会,向所有关心和支持政协工作的各位领导、同志们,致以崇高的敬意和衷心的感谢!

在看到成绩的同时,我们也清醒地认识到:民主监督的形式和方法不够灵活;提案工作重答复轻落实的问题仍然存在;社情民意信息在反映焦点问题方面做得还不够到位;政协委员履职的覆盖面有待扩展,主动性和活跃度还不够强。真诚希望广大委员和其他同志对常委会工作提出意见建议,共同推动政协事业创新发展。

2017年工作建议

2017年是党的十九大召开之年,是全面贯彻市第六次党代会决策部署的开局之年,也是实施“十三五”规划的重要一年。市政协常委会工作总体思路是:以党的十八大和十八届三中、四中、五中、六中全会精神为指导,深入贯彻习近平总书记系列重要讲话精神和治国理政新理念新思路新战略,在中共瑞金市委的坚强领导下,高举中国特色社会主义伟大旗帜,坚持团结和民主两大主题,牢固树立和贯彻落实新发展理念,主动适应经济发展新常态,围绕市第六次党代会确定的发展思路和目标,落实“解放思想、内外兼修、北上南下”的实践路径,紧紧围绕打好“六大攻坚战”,干成三件大事、实现六个突破,认真履行政协职能,以优异成绩迎接党的十九大胜利召开。

一、加强理论学习,坚定正确政治方向。

二、服务发展大局,打造聚智政协。

三、不断探索创新,打造效能政协。

四、加强自身建设,打造活力政协。

【组织概况】

政协瑞金市第六届委员会

主席、副主席、秘书长、常务委员、委员名单

主　席:彭　强

副主席:钟天雨　陈家祥　陈上海　温家振　陈殷鸿　刘瑞林

副调研员:刘美春

副处级干部:邱俭云

秘书长:泽　林

常务委员

毛小福　石恒良　刘　艳(女)
杨小洲　杨利勇　杨洪萌
杨翠英(女)　邱云华　宋海军

张晓芬(女) 邵金凤(女) 肖称荣
罗海发 胡棱研(女) 钟　华
钟小毛 钟同锋 钟建平
钟爱福 钟喜文 黄　珊(女)
梁凤华(女) 梁文昌 释耀融(女)
温渗财 谢小春 谢世斌
谢春明 谢丽春(女) 谢黎明
廖俊云 廖小俊

委　员

中国共产党瑞金市委员会

彭　强 钟天雨 陈上海
温家振 朱泽林 肖称荣
邱瑞红 石恒良 钟粮山
邹文芳(女) 谢丽春(女) 张晓芬(女)
黄宗钧 谢　澍 黄早咪(女)

瑞金市总工会

钟爱福 谢冬生 刘桂英(女)
刘荣金 朱惠东 危惠芳(女)
杨长海 黄人俊 曾艳彬

中国共产主义青年团瑞金市委员会

刘　艳(女) 谢春华 丁　琼(女)
陶　军 廖俊云 钟　刚
余秋梅(女) 胡棱妍(女)

瑞金市妇女联合会

黄　珊(女) 钟佳霖(女) 朱　娜(女)
邵金凤(女) 李　欢(女) 陈　欢(女)
宋晓云(女) 曾理旋(女)

民族宗教界

赖仕亮 释耀融(女)
罗胤如(女) 严　文
兰玲玉(女,畲族) 兰小明(畲族)
崔吉瑞(朝鲜族) 罗　芳(女,壬田镇)
欧阳海华(女)

瑞金市工商业联合会

陈殷鸿 黄宗汉 林锦煌
赖海庆 谢明琎 钟喜文
邓新发 陈德桢 刘衍福
廖北明 廖小俊 危志忠

陈晓斌 郭　伟 陈训斌
赖泽峰 杨和文 钟丽荣
李永春 朱述福

经济界

刘瑞林 谢黎明 余红忠
曾卫平 曾　圣 梁海洲
周永春 谢爱东 钟金艳
罗名榕 肖长春 竺　敏

科学技术与科协界

钟建平 杨洪萌 曾文熹
谢　臻 赖瑞云 张　玲(女)
钟　明 杨逢春 朱甲文
黄　瑜 杨　建 刘石林
罗　冠 聂李迅

农业界

毛燕群(女) 谢小春 刘　琳(女)
钟　华 黄宗红 李文英(女)
陈泽茂 严　萍(女) 胡桂源
曾丽华(女) 王利霞(女) 古永青
罗　芳(女,农粮局) 许水庆
邹丙晨 钟海平 曾延陵
詹继东 李其剑

社会科学界

钟同锋 谢世斌 郭建军
钟小毛 郭建平 谢　燕(女)
钟子健 刘前华 刘小明
毛小福 温渗财 刘善梅(女)
杨艳华(女) 杨　云

教育界

杨小洲 邱云华 黄小东
刘志平 廖树华(女) 钟秋华(女)
钟小兰(女) 许宝利 钟瑞萍(女)
莫燕玲(女,壮族) 谢敏祥
陈　斌 朱慧英(女) 林新华

文化艺术体育界

杨翠英(女) 宋　平 周邦园
谢春明 宋冬岚(女) 曾　翻
李菊梅(女) 谢如华 胡书鹏

医药卫生界

陈家祥　三天赟　钟柏林
杨利勇　邓建林　郭守林
梁凤华(女)　谢世华　钟胜频
陈北洋　邦训茂　刘建平

台胞台属、侨联界

罗海发　刘　玲(女)　武吉平(女)
杨和禄　矢家权　朱宏亮
杨建有　梁文昌　梁东平
刘上泉　杨　钦　李宇辉
许　蕙(女)　季　佳(女)　谢瑞平
周　哲　潘建章　廖　军

特别邀请人士

李　权　邱海山　杨小平
钟亚江　谢　忠　杨　慧(女)
宋海军　杨　华　钟丽芳(女)
刘雅珍(女)　矢　娟(女)　朱红萍(女)
欧阳昀　鲁国振　杨庆华
杨醒国　陈茂生　李　琴(女)
钟金宬　范建昌　李金泉
郭海山　冷　凯

【大事记】

1 月

24 日　市政协党组 2016 年度民主生活会暨结合苏荣案开展警示教育专题民主生活会在政协二楼会议室召开，市政协主席彭强主持。

2 月

20 日至 22 日　湖北省枝江市政协副主席黄卫民一行 12 人，在我市考察赣南脐橙产业发展情况。市政协副主席陈上海陪同调研。

3 月

9 日　山东省政协副主席许立全同志一行 17 人，在我市调研政协发挥界别载体作用、提高委员履职能力情况。市政协主席彭强陪同调研。

10 日至 11 日　福建省建瓯市政协主席叶国壮一行 8 人，在我市调研殡葬服务和陵园建设情况。市政协副主席陈殷鸿陪同调研。

16 日至 17 日　山西省朔州市政协主席贾桂梓一行 7 人，在我市考察“开发区和各类园区建设”情况。赣州市政协副主席曾凡、市政协副主席陈殷鸿等陪同视察。

31 日　江西省政协副主席汤建人调研组一行 10 人，在我市督查脱贫攻坚开展情况。市委副书记曾平、市政协主席彭强、副主席陈家祥等陪同调研。

赣县区政协副主席张军调研组一行 14 人，在我市考察“保障房建设和管理工作”。市政协副主席温家振陪同考察。

4 月

5 日　赣州市政协副主席曾凡一行在我市开展“改作风、提效率”专题民主监督。市政协主席彭强、副主席刘瑞林等陪同。

13 日　兴国县政协主席魏国寿一行在我市学习考察红色旅游产业发展。市政协主席彭强陪同考察。

11 日至 12 日　湖南省靖州苗族侗族自治县政协主席尹翠华一行 8 人，在我市调研红色文化保护与发展。市政协副主席陈上海陪同调研。

12 日至 13 日　山东省政协副主席赵润田一行 10 人，在我市考察“完善重点提案督办制度”和“完善提案审查制度”工作。

市政协主席彭强、副主席温家振等陪同考察。

5 月

18 日至 19 日 宁夏回族自治区固原市政协主席马玉芳一行 6 人,在我市考察脱贫攻坚工作。市政协副主席温家振陪同考察。

20 日 南昌市西湖区主席、党组书记唐于禄带队,组织区主席委员企业联合会会员在我市开展“纪念建军 90 周年”之“走进红都瑞金”主题教育活动。市政协副主席陈殷鸿陪同。

23 日至 24 日 赣州市政协主席刘建平率调研组在我市开展推进“大众创业万众创新”工作专题调研。市政协副主席陈殷鸿陪同调研。

6 月

1 日 全国政协视察团在我市考察“国家生态文明试验区建设情况”。市政协主席彭强、副主席温家振等陪同考察。

6 日至 7 日 广东省惠州市惠城区政协副主席胡爱华一行 7 人,在我市学习考察政协机关规范化建设情况。市政协副主席陈上海陪同考察。

9 日至 10 日 广东省清远市政协党组副书记、副主席肖文一行 13 人,在我市调研。市政协副主席温家振陪同调研。

15 日 广东省大埔县政协副主席吴振石一行 12 人,在我市学习提案工作情况和文化旅游产业及城市规划建设。市政协副主席温家振陪同。

17 日 广东省汕头市政协原副主席、联谊会会长林合坤同志率考察组一行 11 人,在我市参观考察。市政协副主席陈上海陪同考察。

21 日 广西壮族自治区百色市政协副主席黄宗道一行 13 人,在我市开展“推进农业品牌建设,做大做强优势特色产业”专题调研。市政协副主席温家振陪同调研。

28 日 湖北省赤壁市政协主席李满林一行 3 人,在我市学习考察文化产业发展和政协工作。市政协副主席陈上海陪同考察。

7 月

8 日 山东省济南市政协副秘书长、研究室主任李慎生同志一行,在我市参观考察。

9 日 安徽省铜陵县政协副秘书长陈文权一行 4 人,在我市学习考察。

10 日 安徽省芜湖市政协人资环委主任靳伟一行 8 人,在我市学习考察。

四川省广元市政协文史委主任刘志国一行 2 人,在我市考察培训前期工作和考察当地文化。

11 日 福建省宁化县政协副主席王盛通一行 24 人,在我市学习考察红色文化保护利用工作。市政协副主席陈上海陪同考察。

22 日 全国政协原副主席、全国工商联名誉主席黄孟复一行在我市考察。市政协主席彭强、副主席殷鸿等陪同。

26 日至 27 日 福建省龙岩市政协副主席姚植华一行 10 人,在我市学习考察红色资源开发利用情况。市政协副主席刘瑞林陪同考察。

8 月

4 日至 5 日 贵州省铜仁市松桃苗族自治县政协主席桑士棕一行 25 人,在我市学习考察红色文化保护与传承工作。市政协副主席陈上海陪同考察。

22日 山西省吕梁市政协副主席白荣欣一行10人，在我市考察学习产业扶贫工作经验。

24日至25日 赣州市政协副主席谢宝河率督查组，在我市开展“《中共赣州市委进一步加强政协工作充分发挥政协协商民主重要作用若干意见》贯彻落实情况”专项督查。

9月

3日至4日 江苏省江阴市政协社会理事会理事长黄满忠（原江阴市十三届政协主席）一行16人，在我市考察革命老区经济社会发展情况。市政协副主席刘瑞林陪同考察。

28日至29日 上犹县政协副主席陈世干一行6人，在我市学习考察加强重点工程项目建设质量监督情况。市政协副主席温家振陪同考察。

10月

10日至11日 省政协副主席孙菊生率调研组一行，在我市开展“加快我省国家生态文明实验区建设”专题调研。市政协主席彭强、副主席温家振等陪同调研。

11日 定南县政协副主席胡东胤一行9人，在我市学习考察提案委工作。市政协副主席陈家祥陪同考察。

12日至13日 广东省湛江市人民政府副市长、九三学社广东省湛江市委员会主委欧先伟一行22人，在我市开展红色教育学习活动。市政协副主席陈家祥陪同。

13日至14日 陕西省延安市黄陵县政协党组书记、政协主席赵建忠一行16人，在我市考察学习全域旅游工作情况。市政协副主席陈上海陪同考察。

17日 加拿大全加客属联谊会主席王文康一行15人，在我市参观考察客家文化。市政协主席彭强、副主席陈家祥等陪同。

17日至19日 赣州市政协副主席蓝赟率视察组一行12人在我市开展2017年市级民生实事和重点工程落实情况专题视察。市领导彭强、罗俊腾、陈家祥等陪同接待。

26日至27日 河南省漯河市政协副主席宗万志一行15人，在我市学习考察新型农业经营主题发展、清真食品企业发展和健全完善政协民主监督“四项机制”等方面工作情况。市政协副主席温家振陪同考察。

石城县政协主席黄运群一行7人，在我市学习考察“走汀州”有关情况。市政协主席彭强、副主席陈上海等陪同考察。

11月

3日 吉安市政协秘书长曾玉田率机关党员干部25人，在我市开展“不忘初心、牢记使命，深入学习贯彻党的十九大精神”主题党员活动。市政协主席彭强陪同。

赣州市政协秘书长明心平率机关党员及挂点联系的石城县珠坑村乡村两级扶贫干部一行25人，在我市学习考察脱贫攻坚工作。市政协主席彭强陪同考察。

7日至8日 广西壮族自治区灌阳县政协副主席郑有成一行5人，在我市开展红色旅游专题调研。市政协副主席温家振陪同调研。

11日 陕西省西安市政协考察组一行6人，在我市考察学习拓展红色教育基地功能方面的经验和做法。市政协副主席陈上海陪同。

14日至15日 黑龙江省双鸭山市政

协原主席高民一行11人,在我市学习考察政协书画院工作。市政协副主席陈家祥陪同考察。

17日至18日 赣州市政协主席刘建平一行在我市视察调研精准扶贫工作。市政协主席彭强陪同考察。

安徽省政协副主席李修松一行7人,在我市学习考察“生态农业方面的经验和做法”。市政协主席彭强、副主席陈上海等陪同考察。

22日 赣州市政协副主席邹军一行3人,在我市考察。市政协副主席陈殷鸿陪同。

12月

1日至2日 广西壮族自治区河池市政协副主席韦凯钟一行12人,在我市开展红色旅游宣传营销、红色纪念设施建设等工作。市政协副主席陈上海陪同调研。

7日 浙江省龙泉市政协副主席陈吉明一行7人,在我市考察红色旅游工作。市政协副主席刘瑞林陪同调研。

(陈海平 编写 朱泽林 审稿)

政协丰城市委员会

【全体委员会议】

八届一次会议 2017年1月10日至12日，政协丰城市第八届委员会第一次会议在新城区文化大会堂召开。来自全市各地各界的340多名政协委员齐聚一堂，积极为丰城发展建言献策。中共丰城市委书记胡江萍在开幕大会上讲话，市政协主席熊建清在闭幕大会上讲话。市领导出席开幕和闭幕大会。会议听取和审议丁晓东副主席代表政协丰城市第七届委员会常务委员会所作的政协工作报告，吴恺熙副主席所作的提案工作报告和本次会议提案审查情况的报告；列席丰城市第八届人民代表大会第二次会议，协商讨论并赞同江伟斌市长所作的政府工作报告，协商讨论并赞同丰城市人民法院工作报告、丰城市人民检察院工作报告和其他报告。

【常务委员会会议】

第三次会议 2017年1月6日召开，商讨召开八届二次全会事宜。

第四次会议 2017年2月24日召开，讨论《政协常委会2017年工作要点》和《政协常委会工作规则》，增补丁国兴为政协委员。

第五次会议 2017年11月14日召开，收看宜春政协组织的“宣讲十九大”委员培训。

第六次会议 2017年11月17日召开，听取“市政府关于提案办理情况的通报”；听取经济科技委员会“棚户区改造调研”，社会法制委员会“医养结合工作调研”；增补罗义华、邹兴国为政协委员。

第七次会议 2017年11月29日召开，学习《宜春市委关于加强和改进人民政协民主监督工作的实施意见》和《中共丰城市委加强人民政协民主监督工作实施意见》（送审稿），审议丰城市政协教科文卫体委员会、人口资源环境委员会、文史委员会开展的三个调研报告，雷应国宣讲十九大精神。

【专门委员会工作】

提案委员会 主要工作：2017年1月9日至12日市政协八届二次会议大会期间收到提案4件，经审查立案3件，占提案总数的75%；未立案1件，占提案总数的25%。已立案的提案中，委员个人提案2件；联名提案1件；按类别分：经济、城市建设方面3件，占立案提案总数的100%。2月23日樟树市政协提案委主任聂正洪来丰城调研提案管理系统方面的工作。

3月10日，市政协提案委员会研究拟定2017年市政协提案委员会工作要点。3月21日拟定市政协八届一次、八届二次会议提案审查立案交办情况的报告。3月24日下午市政协吴恺熙副主席参加第八届市人民政府第6次常务会议，提案委员会主任鄢瑞琴列席第八届市人民政府第6次常务会议。会议研究关于2017年政协委员提案办理工作的议题。3月28日下午，市政协吴恺熙副主席、市政协提案委鄢瑞琴主任参加市委市政府组织召开的两办议案提案交办会。5月24日至26日，市政协提案委主任鄢瑞琴、副主任丰杰在九江武宁县参加省政协提案工作座谈会。6月6日市政府办牵头对交通运输局、房管局、卫生监督局等部门单位开展提案督办，市政协提案委委员陈淑芬参加。7月27日下午召开市政协提案委员会工作会议。组织学习传达全国政协、省政协、宜春政协等文件会议精神，前期工作情况通报，筛选重点提案，下一步工作打算。

2017年9月，八届一次和八届二次会

议所有立案提案全部办理完。其中八届一次188件,涉及承办单位有41个,A类提案35件,B类提案141件,C类提案12件,D类提案0件,承办单位联合办理提案3件;八届二次3件,涉及承办单位有3个,A类提案1件;B类提案2件;C类提案0件;D类提案0件。10月11日至10月14日,市政协提案委员会组成的调研组5人在政协副主席吴恺熙的带领下,先后赴长沙县、株洲县、铜鼓县就水资源保护和水污染治理问题进行调研视察。

11月29日下午,市政协八届七次常委会审议市政协提案委员会关于水资源保护和水污染治理情况调研报告。12月14日下午,市政协副主席吴恺熙组织开展重点提案督办情况座谈。12月25日,市政协提案委员会组织召开优秀提案和先承办先进单位评议推荐会议。评选出市政协八届一次会议28件优秀提案,八届二次会议1件优秀提案。17个先进承办单位,协商研究撰写全年提案工作情况。

经济科技委员会 主要工作:2017年6月,组织专委会部分委员,对全市开展了“降成本、优环境、促发展”专题调研。通过走访26个部门单位、大中型企业,听取了部门单位服务企业、制定帮扶企业措施情况,视察了窗口单位为企业办证的现场,了解企业内部在降成本促发展方面所作的工作,征集企业对政府各部门、单位的意见建议以及亟需政策扶持的要求等。7月份,结合丰城实际情况,围绕扶贫专项资金的规模、管理模式、监管措施、项目资金等情况,对全市扶贫专项资金使用情况开展了调研。9月份,经科委针对目前棚户区改造工程是我市当前的一项重大民生工程,受到社会各界的普遍关心关注,为助推棚改工作,牵头组织部分委员及剑光街办、市财政局、建设局、规划局等相关单位负责人组成调研组,对我市棚改工作进行了专题调研。针对调研中发现的问题,提出了意见建议,并专题向市委呈交了建议案。12月份,经科委根据市委主要领导出题、政协主席办公会议交办,对我市商贸物流园区的林安、豪瀚、同创、龙润四个项目的商业业态、运营状况开展了专题调研。征对调研中发现的运营状况佳、市场活力不足等问题,提出了完善园区基础设施、合理规划布局、转变经营理念、拓展市场业务等6条意见建议。为市委决策提供了有力的参考,得到了市委主要领导的高度称赞。

学习和文史委员会 主要工作:8月24日,丰城市政协主席熊建清主持召开《上海知青在丰城》史料征集会议,市政协副主席袁斯斌、市政协副县级干部陈兰、文史委员会主任李国金、社会法制委员会副主任黄超以及十多名知青代表参加座谈。9月1日,丰城市政协主席熊建清主持召开《上海知青在丰城》史料征集会议,市政协相关领导,有知青下放的17个乡镇街道主管领导和编辑参加会议,会议就乡镇、街道开展史料征集提出要求。9月25日至27日,在上海中福大酒店召开上海知青代表座谈会。市政协主席熊建清主持会议,市政协正县级干部丁国兴、副县级干部陈兰、正科级干部李国金、社会法制委员会副主任黄超,以及熊学义、程亮、杨和平和丰城电视台记者左小刚,上海知青牵头人陈金龙等一行10人到上海组织并参加座谈,会议还邀请了50多名曾经在丰城插队的上海知青参加座谈。10月17日,丰城市政协主席熊建清主持召开《上海知青在丰城》编辑会议,会议就上报宜春政协知青资料和文章作了安排,并就征集到的知青文章进行分类整理。11月24日,市政协副县级干部陈兰主持召开《上海知青在丰城》编辑会议。

社会和法制委员会 主要工作:5月初,市政协社会法制委员会开展走访委员活动,先后到上塘镇、梅林镇等走访委员并座谈。10 月 9 日到 15 日,丰城市政协副主席梁素虹、市政协副县级干部陈兰、市卫计委主任邹四清、市政协社会法制委员会主任杨子龙、社会法制委员会副主任黄超、市民政局干部谭思思、泉港卫生院院长谢六平、小港镇饮水思源老年公寓董事长谢学军一行 8 人先后学习考察了成都市双流区、重庆市鹤壁区两地医养结合情况。

人口资源环境委员会 主要工作:3 月 29 日,丰城市政协丁玲副主席和人资环委主任参加全省政协人口资源环境委员会工作座谈会。7 月 5 日,为了贯彻落实中央和省委、省政府关于生态文明建设的决策部署,助推我省国家生态文明实验区建设,丰城市政协人资环委召开相关部门负责人座谈会,听取了各单位生态文明建设的进展情况、经验作法、存在的突出问题及对策建议,形成了《丰城市生态文明建设实施进展情况》的调研报告。10 月 31 日,丰城市政协丁玲副主席率领部分人资环委委员赴武汉学习借鉴该市的创新驱动促进产业发展的先进经验。

教文卫体委员会 主要工作:4 月份就配合宜春市政协构建"医养组合体系"开展"关于发展中医药优势,打造我市医养配合体系"进行专题调研并形成调研报告上报宜春市政协。10 月对我市全民健身情况进行专题调研;11 月赴广西州就创新城市管理模式进行专题调研;12 月就我市"1618"工程中第二人民医院建设、教育网点布局、丰电二期复工建设等课题进行专题调研。

港澳台侨和民族宗教委员会 主要工作:9 月 7 日,在熊建清主席的带领下,赴铁路镇开展调研,分别到铁路中心幼儿园、铁路中心医院以及省级非物质文化遗产——洪州窑碗泥岭陶瓷基地开展调研视察。9 月 13 日,在熊建清主席的带领下,到石江镇的云牯岭,对芭蕉潭瀑布、巷背石砻等待开发的旅游景点进行实地考察调研,参观了石江中心小学和石江中学。

【重要活动】

省市及外地来丰调研 2017 年 3 月 2 日,广西壮族自治区政协刘君副主席一行来丰城就"发展县域经济"进行调研。宜春市政协副主席、党组成员蔡劲松,宜春市政协经济委主任朱正明,丰城市领导熊建清、熊晓群、丁黎清、李济春等陪同调研。调研组先后视察了江西华伍制动器股份有限公司、江西和美陶瓷有限公司、江西格林美资源循环有限公司、江西瑞林稀贵金属科技有限公司。3 月 21 日至 22 日,广西河池市政协副主席陆克一行来丰城调研"循环经济发展情况"。4 月 14 日,宜春市政协主席陈荣一行从高安出发,来丰城调研"委员企业服务当地经济发展情况",实地参观调研了江西华伍制动器股份有限公司、江西恒顶食品有限公司等企业。4 月 17 日,袁州区政协副主席罗坤一行来丰城调研义务教育均衡发展情况。4 月 18 日,宜春市老年教育工作视察组徐汉芝副校长一行从宜春出发,来丰城视察老年教育工作情况。4 月 20 日宜春市政协副主席程北平一行从宜春出发,来丰城视察调研"推动绿色有机和功能农业发展",视察了江西兴泰农业综合开发有限公司等企业,并与有关部门负责人进行座谈。5 月 25 日,省政协副主席汤建人一行来丰城走访调研企业"降成本、优环境"工作,视察了江西格林美资源循环有限公司等企业,并与有关部门负责人进行座谈。6 月 26 日,宜春市政协副主席孙国琴来丰开展"居家养老服务调研",并对宜春市民政局开展民主评议,调研组先后视察了丰城市社会福利院和梅林镇敬老院并与有关部门负责人进行座谈。8 月 3 日,省政协副主席汤建人来丰城督办重点提案,走访调研赣龙大市场,并与有关部门负责人进行座谈。8月8日,省政协副主席陈俊卿一行来丰城视察调研秀美乡村建设。9月5日,省政协副主席孙菊生一行来丰城开展调研"河长监督行"活动。9月18日,九江市政协秘书长洪华就"基层政协联络组建设情况"开展调研。10月16日,省政协副主席李华栋一行从新余出发,莅临丰城视察调研民办教育发展情况,宜春市领导幸志强、漆晓康,丰城市领导熊建清、丁晓东陪同调研。10月16日,宜春市政协副主席甘本新一行来丰城视察调研"河长制"实施情况。10月27日,靖安县政协副主席漆晓松来丰调研城区电动三轮车管理做法。11月2日,省政协教科文卫体委主任杨春燕来丰城调研现代农业示范园区建设。11月8日至9日,浏阳市政协副主席谢建国来丰城调研文化源流情况。12月21日,万载县政协副主席辛永红来丰城调研职业教育发展情况。12月27日,上高县政协主席晏晓勤来丰城学习考察"推进城市棚户区改造项目"。

召开宜春市社会法制委员会工作会议

4月13日,宜春市政协社会法制委员会工作会议在丰城市召开,宜春市政协副主席孙国琴参加会议,与会人员参观了"社区依法治理和服务创新建设情况",会议通报2016年宜春市政协社会和法制委员会工作总结及2017年工作要点;各县市区政协就社会和法制委员会工作进行交流发言。

开展义诊活动 2017年3月1日下午,丰城市政协副主席、市人民医院副院长梁素虹带领人民医院五官科、普外科、口腔科、心内科、呼吸内科专家及三名护理人员组成的政协委员联系组下乡到剑南夕阳红养老院开展义诊活动,为该院70余老人分别做了血压测量等全身体格检查,还为他们全部建立了健康档案,并发放免费药品约1500余元,让老人感受到党和政府的关怀与温暖。

【重要文件】

政协丰城市第八届委员会常务委员会工作报告

(2017年1月10日在政协丰城市第八届委员会第二次会议上)

各位委员、各位同志:

我受政协丰城市第八届委员会常务委员会的委托,向大会报告工作,请各位委员审议,请列席会议的同志提出意见。

2016年工作回顾

2016年是全面深化改革的开局之年,也是我市经济社会发展取得丰硕成果的一年。2016年10月,市政协成功召开了八届一次全体会议,选举产生了新一届市政协班子。一年来,市政协常委会在中共丰城市委的坚强领导下,在市人民政府的大力支持和有关部门的密切配合下,弘扬"改革闯新路,实干再跨越"正能量,团结带领广大政协委员和社会各界人士,按照中共丰城市委的部署,认真履行政治协商、民主监督、参政议政职能,主动为丰城发展献计出力,为民生幸福履职尽力,为社会和谐倾心助力,彰显了政协独特优势,发挥了履职积极作用,为丰城经济社会发展作出了新的贡献。

一、围绕中心,服务大局,主动政治协商

精心组织,认真开好政协全体会议。 2016年是政协换届年,我们先后召开了两次政协全会。市政协充分发挥全会整体协商作用,认真组织委员围绕"一府两院"工作报告以及全市经济社会发展重大事项,开展协商讨论,撰写提案,建言献策。市政协八届一次会议,委员积极运用提案履行职责,提出提案190件。同时,邀请市委市政府领导参加委员分组讨论,听建议、议措施、谋发展。会议期间,委员们提出的箴言良策,为市委市政府科学民主决策提供了更加广泛的民意基础和智力支持。

精选议题,认真开好政协常委会议。充分发挥政协常委会议专题协商议政作用,紧扣党政所思、社会所需、群众所盼,多层次开展协商民主活动,在齐心协商、共谋良策中体现政协作为。市政协常委会围绕我市"十三五"规划的实施、教育医疗网点布局调整、食品药品安全监管、城市自来水取水口周边环境整治和饮用水源点建设、社会养老服务体系建设等开展了协商议政和调研视察活动,切实发挥了政治协商的作用。

精减高效,及时召开主席会议。主席会议先后就年度工作安排、调研视察、提案督办等事关政协全局性的问题内部协商,充分协商事务,进行民主决策,推动了政协全体会议各项任务的落实。

二、关注民生,服务发展,积极参政议政

认真参与中心工作。市政协紧贴发展一线力行担当。根据市委市政府的统一部署,市政协班子成员积极投身经济建设和社会发展主战场,参与中心工作和重大项目建设。在启动筹建玉华山水库城市饮用水源建设项目和城西防洪大堤建设中,亲力亲为,全力以赴,扎实推进。在联系服务重点企业、包村挂点、环境污染大整治、安全生产大排查等工作中尽职尽力。在"降低企业成本、优化发展环境"活动中,深入联点企业,宣传党委政府对企业发展的利好政策,了解企业生产经营情况,尽力为企业排忧解难。市政协机关积极参与文明城市创建活动,认真做好了牵头片区的创建工作。各民主党派、工商联和无党派人士发挥自身优势,为民生改善和社会事业发展作出了贡献,农工党市委会组织开展了扶贫助学和送医送课活动;民建市总支组织为乡镇和社区居民义诊,开展了送医送药活动。一年来,市政协委员在认真履行政协职能的同时,立足本职岗位,积极投身经济建设和社会公益事业,以出色成绩回报社会,推动了丰城经济社会发展。

扎实开展调研活动。一是做好了市政协常委会和各专委会的调研视察。组织委员先后就精准扶贫、教育医疗网点布局调整、城市自来水取水口周边环境情况和饮用水源点建设、发展古村文化旅游等进行了调研视察。各专委会组织开展了加强法律顾问制度建设、城区停车场管理现状与对策、学前教育和职业教育发展、饮用水安全、加强校园安全和客运安全等课题的调研。报送的调研视察报告得到了市委市政府领导和相关部门的重视,有效推动了工作的落实和相关问题的解决。二是做好了民生工程的调研。根据市委市政府安排部署,去年 12 月下旬,市政协分成六个调研组,由分管副主席带队,组织各专委会和有关部门对全市"1618"工程涉及的龙头山水电站枢纽工程,城区新建学校,围里废旧物资市场整治,高新园区科技企业孵化器及"双创"服务体系建设,小康示范区建设,老城区棚户区改造等 15 个项目进行了调研,提出了建议意见,供市委市政府决策参考。三是做好了省、宜春市政协来丰调研视察服务工作。认真做好了省政协开展的"优化农产品有效供给、建设生态农业强省"和宜春市政协开展的精准扶贫和新农村建设,提高森林质量,加强建设丰樟高循环经济园区、打造宜春三区发展新高地,降低企业成本、优化发展环境,实行"河长制",房地产去库存等调研视察服务工作。

三、拓宽渠道,注重实效,搞好民主监督

抓好了提案工作。建立了市委办、政府办、政协办共同交办和督办提案工作机制,市委、市政府、市政协领导领衔督办重点提案,定期听取提案办理工作情况汇报,通过专项督办、联合督办、跟踪督办等方式,确保了委员提案办理工作取得实效。

《关于治理建筑施工材料运输中砂石泥土撒落》《关于完善丰城火车站基础设施》《关于加大电商产业集群化生产、推进丰城品牌促销力度》等许多提案提出的问题都得到了较好的解决,有效发挥了政协提案在促进我市经济社会发展中的重要作用。

选派监督员参与政风行风评议。去年,共有二十多名政协委员被市“双优”办、市法院、市有关医院等聘为特约监督员。政协委员积极主动参与评议监督工作,讲究监督方式方法,对改进政风行风、推动部门工作起到了积极作用。

做好了宣传报道和社情民意信息工作。为充分发挥政协宣传和社情民意信息工作的重要作用,我们聘请了一批宣传骨干为特约信息员,及时宣传政协工作,报道委员服务经济社会发展、岗位建功立业典型事迹,发挥社情民意在政协参政议政和民主监督方面的“直通车”作用。《丰城市奏响“三谷”产业生态立市新曲》《丰城市农村电商拓宽农民致富路》《“医药结合”新型养老服务模式存在的问题及建议》《记丰城市招商办主任罗国芬“十年招商情、不解产业缘”》《省政协委员雷应国的新年新打算猴年再出发》等被国家、省市有关媒体刊登。去年,市政协在各类报刊上刊登反映政协工作、展示丰城发展的通讯报道及理论文章80多篇。市政协被江西省政协评为“2016年度宣传发行工作先进单位和读报用报工作先进单位”。

四、改进作风,夯实基础,加强自身建设

加强了委员队伍建设。举办委员培训班,提高委员整体素质和参政议政能力。开展走访委员活动,为委员履职创造条件,引导委员发挥主体作用。加强委员的联系和管理,建立了委员履职档案,对委员履职情况进行考核,评选表彰优秀市政协委员。

加强机关自身建设。市政协党组认真开展了“两学一做”学习教育,始终保持坚定的政治定力,发挥了党组在政协工作中的核心作用。健全完善了机关学习、工作等七个制度,按制度履职,按规章办事。深化机关干部的政治理论和业务知识学习,提升机关干部的工作能力和水平。认真贯彻中央八项规定和省市廉洁建设规定,切实解决“四风”方面存在的问题。积极开展创建文明机关活动,机关精神文明建设跃上新台阶,有力推动了机关各项工作。

各位委员,政协工作离不开党委的领导和政府的支持,过去的一年,市委市政府高度重视支持政协工作,极大地推动了政协工作的开展;政协工作也离不开各方的配合,社会各界对政协工作给予了宝贵的支持。在这里,我代表市政协常委会向所有关心、支持政协工作的各级领导和社会各界人士,向所有为政协事业辛勤工作、默默奉献的各位委员、各位同志表示崇高的敬意和衷心的感谢!

回顾过去一年来的工作,我们也清醒地看到工作中存在的不足,有待于进一步改善与提升。履职成果的转化有待进一步提高,委员主体作用还没有充分发挥,委员小组、界别、乡镇(街道)政协联络组活动有待进一步丰富等问题,我们将在今后的工作中认真研究和解决。我们真诚地希望广大委员和各位同志对政协工作提出批评和建议,以更好地改进我们的工作。

2017年工作任务

2017年是实施“十三五”规划的重要一年,更是建设和谐秀美、幸福小康丰城的决战年。市政协常委会工作总体要求是:全面贯彻落实习近平总书记系列重要讲话精神,认真落实中共丰城市委的部署,弘扬“改革闯新路、实干再跨越”正能量,围绕市委市政府提出的“市域创新引领、激发全民再创业、工业转型升级、做强现代服务业、昌丰同城化大接轨、城市经济聚集、做特文化旅游休闲、同步农村建成小康”等目标任务和大力实施“1618”工程，切实履行政协职能，努力为丰城发展出团结之力，谋和谐之举，建睿智之言，献务实之策。

一、围绕中心，紧扣主题，为丰城发展履职尽责。

二、团结合作，关注民生，为和谐丰城凝心聚力。

三、发挥作用，开拓创新，不断推进政协自身建设。

【组织概况】

政协丰城市第八届委员会
主席、副主席、秘书长、常务委员、委员名单

主　席：熊建清

副主席：李济春　丁晓东　吴恺熙　梁素虹(女)　丁　玲(女)　袁斯斌　甘宇红(女)

秘书长：李兆华

常务委员

丁　磊(女)　甘茂煌　甘国星
朱　曦　刘碧兰(女)　李国金
杜　瑶(女)　李　红(女)　杨子龙
吴新高　张理红(女)　陈小发
林源福　罗　鸿(女)　罗利艳(女)
罗国芬(女)　周林杰　周剑凤(女)
赵　武　胡　辉　施少刚
袁　钢　唐智勇　袁雪芳(女)
崔文艳(女)　释耀茂　曾玉平
鄢瑞琴(女)　谭思思(女)　潘满华(女)
魏　谦

委　员

中国共产党丰城市委员会

丰　杰　毛凯航　兰　国
甘国星　白志刚　白俊文
刘辉军　吴　华　吴恺熙
李　文　李兆华　李济春
邱　麒　邹德龙　陈友斌
罗来贺　郑联州　姜平亮
胡　辉　徐华刚　徐贤明
聂建斌(女)　袁　勇　袁斯斌
袁琰锋(女)　黄文艾　黄进锋
黄福林　曾　斌　曾　晸
葛红峰　鄢瑞琴(女)　雷启珍(女)
廖　明　熊天龙　熊军辉
熊华胜　熊建清

中国农工民主党丰城市委员会

丁晓东　卢邦辉　刘小兰(女)
吕四英(女)　朱建亮　杜东恩
杨　娟(女)　邹文飞(女)　陈　兰(女)
陈娇莉(女)　罗　斌　徐　红(女)
徐东阳　徐兴云　徐金广
涂梨花(女)　袁国新　袁雪芳(女)
崔文艳(女)　龚桂芳(女)　龚梨华
谢春兰(女)　熊国民

中国民主建国会丰城市委员会

朱　曦　余丽萍(女)　李文荣
周小琴(女)　欧阳兵　范火金
范雅囡(女)　洪宝兰(女)　梁素虹(女)
聂爱华　龚卫芳(女)　曾伟根(女)
曾锦澜(女)　熊西耀　谭思思(女)

无党派人士

丁　玲(女)　丁　磊(女)　丁军峰
付小琴(女)　甘宇红(女)　孙赛男(女)
李　红(女)　李润连(女)　杜　瑶(女)
杨　萍(女)　陈　洁(女)　尚　琴(女)
金　珊　金细娜(女)　唐智勇
袁斯华　傅瑶华(女)　曾玉平
熊美玲(女)

丰城市工商业联合会

丁何龙　王喜安　刘志军
朱美英(女)　张国金　杨　成
杨美荣　杨爱芬(女)　陈　卫
范志勇　范建亮　范展飞
倪　涛　聂异华　聂国华
曹小华　黄明忠　黄春根
程小秋　熊玉华　黎　链

丰城市总工会

丁新云 孔学平 王四飞
邓小歆 甘育松 甘登发
刘星辰 吴海宝 张彪辉
邱晓波 陈路平 周建辉
赵　武 袁建新 高仕平
喻　敏 鄢绍平 熊华明
熊海清 熊雷辉 魏　谦

中国共产主义青年团丰城市委员会

万子威 王　璆(女) 王君珺(女)
刘　灵(女) 刘雅婷(女) 孙爱平(女)
余　璐(女) 杜学武 杜武良
杨　珊(女) 杨　娟(女) 杨　瑜(女)
周云秋(女) 涂顾开 聂博文
喻佳美(女) 葛梦扬 熊玉涛(女)
谭娣娟(女) 黎文娟(女)

丰城市妇女联合会

丁　艳(女) 王雯斌(女) 刘慧康(女)
张理红(女) 杨　艳(女) 杨彬华(女)
邹　霞(女) 陈淑芬(女) 周　新(女)
周　静(女) 周保军(女) 周满香(女)
孟　琴(女) 欧阳云霞(女) 罗菊芬(女)
曾文艳(女) 蒋恒英(女) 熊美华(女)
熊梨芳(女) 熊景芳(女)

侨联、台联

刘凤莲(女) 余顷思 李瑞雪
杨介仁 邵　磊 陈海良
周　鹏 周林杰 易文庭
罗　鸿(女) 罗海斌

少数民族宗教

万艳红(女) 文海强
张瑞明(女,回族) 李晓卫
孟小兵 郑群英(女) 曾慧琴(女)
释耀茂 熊光辉

科学技术界

万　方(女) 王　斌 王钦平
甘茂煌 寸增水 任履兴
刘碧兰(女) 朱元芳 苏文华
陈艺新 林源福 金　晖
金卫民 郭振华 曹明生
盛　伟 彭建辉

农业界

刘宏宇 吕发星 邬海清
吴新高 张　露(女) 杨建新
杨笑阳 陈永青 周　鹏
周建平 罗友平 徐敢珍(女)
聂丽烽(女) 袁　钢 黄　炎
黄斯进 傅鉴文 鄢章云
蔡万根

经济界

丁火华 邓福保 叶剑文
刘永生 刘志强 邬红华
杨正辉 陈志平 罗利艳(女)
罗国芬(女) 施少刚 胡天祥
徐建新 晏仲华 涂爱平
袁剑勇 章　剑 黄　栋
黄金华 谢十根 熊贞精

教育界

万珍英(女) 邬国良 陈　坚(女)
陈娴姝(女) 周　磊(女) 周剑凤(女)
胥志波(女) 徐　斌 徐东鹏
袁春波 彭学华 曾红玲(女)
程根云 谢月英(女) 谢学军
赖蓉艳(女) 熊　燕(女) 熊平华
熊全发

医药卫生界

付　宇 刘国栋 刘剑军
杨广花(女) 陈小发 罗　军
钟琳娜(女) 徐美林 聂小梅(女)
聂鸿平 喻映光 嵇爱平
曾生福 熊　颖(女) 蔡乐乐
谭慧忠 潘满华(女)

文化广播新闻出版界

丰伟明 卢仁义 李国金
李秋保 杨达庆 汪咏中
陈　欢(女) 徐　良 黄　欢(女)
傅太慧 谢爱平 廖青焜

体育界

丁　斌	刘国梁	吕　欢
张年青	张辉华	杨建伟
陈飞荣	周永龙	罗文轩
罗华荣	黄　晋	喻　援
游秋福	熊　睿	

社会福利界

刘佰根	何竹成	张　玮
杨子龙	邹节鹤	陈晓峰
周　胜	胡毅鹏	晏　斌(女)
曹红珍(女)	黄　超	

特别邀请人士

丰国喜	朱海龙	余满堂
宋德萍	杨秋华	陈锋龙
罗　军	罗小平	罗新荣
范江华	胡金发	徐勇庆
涂琼瑶(女)	崔见光	葛春华
管德华		

【大事记】

1 月

6 日　召开八届政协第三次常委会议，商讨召开八届二次全会事宜。

10 日至 12 日　召开政协丰城市第八届委员会第一次会议。

2 月

24 日　召开八届政协第四次常委会议，讨论《政协常委会 2017 年工作要点》和《政协常委会工作规则》，增补丁国兴为政协委员。

3 月

1 日　市政协副主席、市人民医院副院长梁素虹带领人民医院五官科、普外科、口腔科、心内科、呼吸内科专家及三名护理人员组成的政协委员联系组下乡到剑南夕阳红养老院开展义诊活动，为该院 70 余老人分别做了血压测量等全身体格检查，还为他们全部建立了健康档案，并发放免费药品约 1500 余元，让老人感受到党和政府的关怀与温暖。

2 日　广西壮族自治区政协刘君副主席一行来丰城就“发展县域经济”进行调研。熊建清、熊晓群、丁黎清、李济春等陪同调研。调研组先后视察了江西华伍制动器股份有限公司、江西和美陶瓷有限公司、江西格林美资源循环有限公司、江西瑞林稀贵金属科技有限公司。

21 日至 22 日　广西河池市政协副主席陆克一行来丰城调研“循环经济发展情况”。

4 月

13 日　宜春市政协社会法制委员会工作会议在丰城市召开，宜春市政协副主席孙国琴参加会议，与会人员参观了“社区依法治理和服务创新建设情况”，会议通报 2016 年宜春市政协社会和法制委员会工作总结及 2017 年工作要点；各县市区政协就社会和法制委员会工作进行交流发言。

14 日　宜春市政协主席陈荣一行从高安出发，来丰城调研“委员企业服务当地经济发展情况”，实地参观调研了江西华伍制动器股份有限公司、江西恒顶食品有限公司等企业。

17 日　袁州区政协副主席罗坤一行来丰城调研义务教育均衡发展情况。

18 日　宜春市老年教育工作视察组徐汉芝副校长一行从宜春出发，来丰城视察老年教育工作情况。

20 日　宜春市政协副主席程北平一行

从宜春出发，来丰城视察调研“推动绿色有机和功能农业发展”，视察了江西兴泰农业综合开发有限公司等企业，并与有关部门负责人进行座谈。

5月

25日 省政协副主席汤建人一行来丰城走访调研企业“降成本、优环境”工作，视察了江西格林美资源循环有限公司等企业，并与有关部门负责人进行座谈。

6月

26日 宜春市政协副主席孙国琴来丰开展“居家养老服务调研”，并对宜春市民政局开展民主评议，调研组先后视察了丰城市社会福利院和梅林镇敬老院并与有关部门负责人进行座谈。

8月

3日 省政协副主席汤建人来丰城督办重点提案，走访调研赣龙大市场，并与有关部门负责人进行座谈。

8日 省政协副主席陈俊卿一行来丰城视察调研秀美乡村建设。

9月

5日 省政协副主席孙菊生一行来丰城开展调研“河长监督行”活动。

18日 九江市政协秘书长洪华就“基层政协联络组建设情况”开展调研。

10月

16日 省政协副主席李华栋一行从新余出发，莅临丰城视察调研民办教育发展情况，宜春市领导幸志强、漆晓康，丰城市领导熊建清、丁晓东陪同调研。

宜春市政协副主席甘本新一行来丰城视察调研“河长制”实施情况。

27日 靖安县政协副主席漆晓松来丰调研城区电动三轮车管理做法。

11月

2日 省政协教科文卫体委主任杨春燕来丰城调研现代农业示范园区建设。

8日至9日 浏阳市政协副主席谢建国来丰城调研文化源流情况。

12月

21日 万载县政协副主席辛永红来丰城调研职业教育发展情况。

27日 上高县政协主席晏晓勤来丰城学习考察“推进城市棚户区改造项目 ”。

（丰杰 编写　李兆华 审稿）

政协鄱阳县委员会

【全体委员会议】

十五届二次会议 2017年2月13日至2月16日，中国人民政治协商会议在鄱阳县城举行，应出席委员326人，实到317人。

会议听取了上饶市人大常委会副主任、鄱阳县委书记张祯祥同志在县政协十五届二次会议开幕式上的重要讲话。审议并批准了县政协副主席万国同志代表政协鄱阳县十五届委员会常务委员会所作的工作报告；委员们听取、讨论并赞同县人民政府县长胡斌同志所作的政府工作报告；讨论并赞同县人民法院工作报告、县人民检察院工作报告和计划、财政、环境等报告。会议选举了丁有胜、江国才、张秀桃、刘明、叶家炼、张许六名政协常委。这是一次凝心聚力、团结民主、风清气正、共商发展的大会。

【常务委员会会议】

第三次会议 2月6日举行，应到人数55人，实到人数50人。协商县政府工作报告、计划、财政、环保工作报告，协商有关人事事项，协商十五届二次会议召开有关事项。

第四次会议 2月14日举行，应到人数55人，实到53人。协商有关人事事项，协商提出十五届二次会议选举办法，协商提出十五届二次会议选举大会的总监票人、监票人名单，各委办主任向常委会述职。

第五次会议 2月15日举行，应到人数55人，实到53人。审议通过有关人事事宜，审议通过十五届二次会议选举办法、审议通过选举大会总监票人、监票人名单。

第六次会议 2月16日举行，应到61人，实到59人。听取十五届二次会议各讨论组讨论县政府工作报告情况，审议通过县政协十五届二次会议决议，审议通过县政协十五届二次会议提案初步审查情况报告。

第七次会议 9月22日举行，应到61人，实到58人。上午，县政协常委组织带领百名政协委员视察鄱阳工业园区。下午，召开常委专题协商会，听取了副县长、工业园区管委会党工委书记李丹专题汇报工作园区发展情况，常委会们就工业园区发展提出了30余条意见建议，并形成了视察报告。会议还组织学习了中央、省委、市委关于加强协商民主有关文件精神，讨论了《主席联系常委、常委联系委员工作制度》，并审议了有关人事事项。

【专门委员会工作】

提案委员会 主要工作：全年共收到提案207件，其中：经济建设类29件、占14%，政治建设类13件、占6.3%，文化建设类33件、占15.9%，生态文明建设类28件、占13.5%，社会建设和民生类104件、50.3%。对收到的提案，县政协高度重视，会议期间组织提案审查委员会初审、会后与政府办进行了协商复审、最后提请政协主席会议终审，共立案195件，不立案12件。立案过程体现了标准严格、程序严谨、审查严肃。对未立案提案，及时通知提案者并转送有关部门进行参考。提案已全部办复，办复率达100%，委员满意率达97.5%。

经济科技委员会 主要工作：2月份组织经科委委员举行迎春茶话会，并为双港镇三汊村捐助3万余元扶贫资金。5月份，组织部分工商、经济界委员赴温州招商并考察紧固件产业。6月份，组织经济工商界5名委员对全县2017年度保障性住房实物配租公开摇号仪式进行现场监督。8月26

日，组织本界别委员对六名高考贫困学子每人捐款5000元，圆了他们的大学梦。11月份对温州、新余、南昌、广东、深圳、厦门等6个驻外商会进行走访视察。全年完成了省政协交办的《降成本、优环境、促发展》和《开展"扶贫专项资金费用情况民主监督工作"》的调研，完成了"鄱阳工业园区发展情况"和"我县绿色能源产业发展情况"的视察调研。

人口资源环境委员会 主要工作：4月份，组织30名界别委员赴莲花山乡开展生态文明建设视察，并召开座谈会，撰写了《尽心尽力尽职 护山护水护城》（鄱阳县政协锲而不舍推进生态文明建设）一文，刊登在《光华时报》头版头条。6月份，组织部分委员赴湖北仙桃市、四川成都双流区，就建设现代农业示范区进行为期一周的调研。全年完成了"全县生态文明建设"和"关于加强鄱阳县现代农业园区建设"的调研，组织界别委员捐款2.5万元用于扶贫，发动界别委员胡刚、吴小余、程文义等每人投资100余万元进行农业产业扶贫。

法制社团"三胞联谊"委员会 主要工作：年初，4次组织50名界别委员学习座谈会，就有关水资源利用和保护执法情况，留守儿童成长情况，妇女工作等有关课题开展座谈学习讨论。5、6月下旬，组织部分政协委员深入自来水公司、民政局、妇联、教体局、双港镇、团林乡、油墩街镇等单位进行调研，形成了《关于我县留守儿童成长情况的调研报告》。8月份，组织部分委员深入工商、药监、财政、公安、法院等单位进行重点提案督办。9月底10月初，携手县图书馆，举办"喜迎十九大 巾帼在行动"系列活动，通过举办国学讲堂、诗歌朗诵、观看图书等形式，打造"委员书香之家"。全年还组织委员捐款2万元用于扶贫，组织开展了2次委员志愿者服务活动。

学习文史教文卫体委员会 主要工作：3月份，文史委全力以赴参加县东湖棚户区改造拆迁工程，被评为全县拆迁工作先进集体和个人。组织人员编写出版了《雁过觅声》和《姜夔编年研究》两部长达100万余字的文史资料。10月份，组织部分委员深入城管局、交警大队、药监局、文广局等单位开展了整治校园周边环境调研，形成了调研报告，并组织大会发言。11月份，对全县101个卫生计生服务所建设情况进行了视察，并监督其资金使用情况。

【重要活动】

开展脱贫攻坚活动 主席、副主席分别挂点五个乡镇开展精准扶贫，对接帮扶贫困户48户，派出多名机关干部常驻机关挂点的双港镇三汊村扶贫。各专委会积极发动委员为挂点贫困村、贫困户捐款近40万元，发展产业扶贫项目3个，发展村集体经济产业项目1个，引进就业扶贫车间1个，全部投产后每年将解决贫困户用工2000余人次，为贫困户增收20余万元。同时，组织发动委员捐款捐物达530余万元用于全县扶贫，省政协《光华时报》在头版头条报道了鄱阳县政协的事迹。

开展服务重点项目活动 2017年，县启动一系列重点项目工程建设，按照县委的安排，县政协领导参加组织实施的"姜夔大道三期"项目建设计划总投资3亿元，已完成房屋征收工作，平稳征收房屋119户，为下步顺利施工打下良好基础。参与的"环东湖棚户区改造"项目，完成了房屋征收补偿任务，拆除房屋3300余栋。"九景衢铁路"建设项目，经过3年来的艰苦奋战，终于正式营运通车，圆了鄱阳人民的铁路梦，结束了我县不通铁路的历史。

开展助推工业发展活动 积极响应县委、县政府"五年决战工业600亿"的号召，充分发挥人才荟萃、智力密集优势，9月份，组织开展了“百名政协委员视察鄱阳工业园区”活动，从打造主导产业链、优化企业发展环境、建设现代电子商务等不同角度持续参政建言，提出了60条意见建议，形成了视察报告，为促进工业园区快速发展起到了推波助澜的作用。同时，还组织部分经济界委员对温州、新余、南昌、广东、深圳、厦门等驻外商会进行走访，为推动鄱商回归、资本回归、人才回归起到了牵线搭桥的作用。

开展联谊活动 先后接待云南、广东、江苏、吉林等地政协领导、政协委员来我县实地考察。组织机关干部和政协部分委员赴广西、贵州、湖北、四川、西安、青海等省开展食用菌在扶贫攻坚中发挥的作用，留守儿童管理、现代农业园区建设、整治校园周边环境等课题的调研。

狠抓文史宣传工作 成立了鄱阳县政协文史馆，落实了6名事业编；出版了两本长达200余万字的文史资料，完成了《渔家傲——鄱阳渔俗文化通览》初稿，启动了《鄱商文史资料》《鄱阳民间文学三集成》的编纂工作。组织政协委员新闻骨干培训班，聘请了20名特约通讯员，在《光华时报》发表新闻稿件30余篇，其中《鄱阳县助推生态文明建设》《同搏主战场，共筑小康梦》两篇报道刊登在《光华时报》头版头条。县政协囊括2017年度《光华时报》好新闻、优秀通讯员、订报用报先进单位三个奖项。

【重要文件】

政协鄱阳县第十五届委员会常务委员会工作报告

（2017年2月14日在县政协十五届二次会议上）

万 国

各位委员、同志们：

我受政协鄱阳县第十五届委员会常务委员会委托，向大会报告工作，请各位委员予以审议，请出席会议的各位领导和列席会议的同志提出意见。

一、2016年工作回顾

一年来，在中共鄱阳县委的坚强领导下，县政协常委会认真贯彻中共十八大和十八届三中、四中、五中、六中全会精神，牢牢把握团结和民主两大主题，紧紧围绕全县改革发展稳定工作大局，积极履行政治协商、民主监督、参政议政职能，为促进全县经济社会又好又快发展和人民政协事业创新进步作出了积极贡献。

（一）坚持学习、增进共识，思想基础更加牢固。认真组织各个层面的学习活动，坚定理想信念、深化认知认同，着力夯实团结奋斗的共同思想政治基础。一是扎实开展“两学一做”学习教育。政协领导班子和机关党员干部聚焦“做合格党员”，认真学习党章党纪，学习习近平总书记系列重要讲话精神，利用专题学习、民主生活会认真查摆问题，深刻剖析根源，征集到20余条意见建议，从6个方面进行了整改，取得了阶段性成效，党员先锋模范作用得到发挥，为民服务宗旨意识明显增强。二是坚持系统的理论学习。先后6次召开党组（扩大）会、主席会，4次常委会和专题学习会，集中学习了《政协章程》《人民政协简明教程》以及中共中央办公厅、国务院办公厅《关于加强人民政协工作的意见》和省、市委政协工作会议精神；邀请专家学者授课，举办了全体政协委员培训班，引导委员与党委、政府在思想上同心同德、行动上同向同行。三是广泛凝聚发展共识。围绕县委十四次党代会和《政府工作报告》确定的工作任务和奋斗目标，选定“为建设绿色富裕美丽新鄱阳献计策”作为服务县域经济社会发展的着力点，开展了“我为建设绿色、富裕、美丽新鄱阳建言献策”征文活动，收到各类文章112篇，评选出优秀文章20余篇，广泛汇聚了智慧，增进了群策群力促发展的思想认同，为全县改革发展稳定凝聚共识。

（二）围绕中心、服务大局，协商议政更加深入。紧紧围绕事关全县经济社会发展的重大问题，认真开展协商议政，积极献计出力。一是服务大局建真言。组织委员对“一府两院”工作报告进行了认真协商讨论，就改进工作作风、城区道路改造、旅游与新农村建设等方面的工作坦诚建言；专门召开了“鄱阳县三清工作方案”协商会，提出了高位推进、突出重点、细化分工、落实责任等多条建议，被县委、县政府文件采纳。各专委会和有关界别也精选议题，围绕新型城镇化建设、农业产业化等课题进行专题协商。县政协领导借助参加省、市政协有关会议的机会，主动争取各方面对鄱阳发展的关注和支持，“加强互联互通，推进湖区交通基础设施建设”的提议，受到省政协的高度认可和重视。二是助推发展献良策。精心组织委员开展调研活动，把调研活动作为向党委、政府献计献策的重要抓手。组织开展了外出务工人员返乡、加强电子商务发展、农村清洁工程、宗教寺庙建设以及农村公共卫生服务等调研活动。根据县委的命题，为推动秀美乡村建设和搞好东湖综合治理，由四位副主席分别带领部分政协委员，先后赴省内外6个县市学习取经，集中一个月时间组织各方力量，形成了两份针对性强的调研报告，为县委、县政府提供决策参考。三是围绕中心出实力。按照县委的统一分工，政协领导班子成员积极投入重点项目建设、抗洪抢险、挂乡包村、精准扶贫等中心工作。在鄱阳湖赣剧院建设验收、饶州北大道即棚户区改造房屋征迁、九景衢铁路建设等项目中，挂点服务领导积极为项目的实施尽智出力；在去年的抗洪抢险中，班子成员及全体干部连续20多天坚守在圩堤上，发扬一不怕苦，二不怕累的精神，和全县干部群众一道战胜洪魔，并发动广大政协委员捐款捐物70余万元，有力地支援灾区渡过难关。在脱贫攻坚战中，政协常委会视脱贫攻坚工作为己任，下发了《关于开展脱贫攻坚政协委员在行动的通知》，要求全体委员在社会扶贫中，立足自身，出智出力，添砖加瓦；印发了《鄱阳县政协机关电商精准扶贫工作方案》，将扶贫与互联网+联系起来。政协机关挂点帮扶双港镇三汊村，一年中，帮助建造猪舍两个、捐助垃圾桶430个，建村级卫计室1个，硬化道路700米，修建晒谷场1800平方米，对村中一口20亩的水塘进行了清淤、筑坝。还为村里筹建了村邮乐购站，配备了电脑，培训了人员。因户因人精准施策，为严重缺失劳动力的病残弱贫困家庭资助部分资金及生活必需品；帮助发展养猪专业户2家，种菜专业户3家，养鸭合作社1家，吸收20余户贫困户加入，带动10余家贫困户脱贫。同时，常委会积极发动政协委员开展扶贫捐款献爱心活动。市政协委员张志宏一次性捐款160万元，据不完全统计，委员捐款累计达400余万元，为打赢脱贫攻战提供了有力的支持。

（三）突出重点、注重实效，民主监督更加有力。坚持把民主监督作为推动全县政协工作、优化鄱阳发展环境的有效载体，着力在监督中服务、在服务中监督。一是发挥提案抓手作用。十四届七次会议以来收到提案201件，立案194件，全部在规定时间内办结，委员满意率96%，有效发挥了提案工作的积极作用。为做好新一届提案工作，在全会期间举办了提案撰写培训班，专门研究下发了《关于征集十五届二次会议提案的通知》，对提案质量作出了具体要求。二是发挥视察督导作用。有针对性地对交通设施建设、特殊教育、水利执法等工作开展视察，并跟踪工作进度和建设质量，针对问题提出意见。在对交通设施建设视察中，县政协视察组一行深入田畈街等乡镇，就九景衢铁路施工和我县火车站建设进行现场察看，为这项历史性工程提出许多建议，并就城区长途车站加快建设提出了具体可操作性意见。三是发挥评议监督作用。根据县委统一安排，对全县35个条管单位进行了民主评议。评议过程中，组织委员深入条管单位进行了视察，听取了各单位工作汇报，并由全体县政协常委和部分市、县政协委员当场投票测评。在专题会上，县长亲自作动员，县委书记做总结讲话，并为测评前五名的单位颁发了奖牌。会上，通报了评议结果，公布了各单位的排名，体现了政协民主监督的严谨性。2016年，县政协还选派部分委员担任司法机关和行政执法部门的社会监督员，配合纪检部门和政法部门开展好全县党风廉政建设和公众安全满意度社会评价工作，为提升我县的美誉度发挥了积极作用。

（四）关注民生、促进和谐，为民履职更加自觉。充分发挥政协优势，积极关注民生民情，广泛联络联谊，努力为全县科学发展、和谐发展凝聚正能量。一是高度关注民生。多次组织常委、委员开展民生工程项目建设视察活动，向县委、县政府及有关部门提出意见建议10余条，推动了东湖水面保护、芝山公园提升改造、饶州大道北段的房屋征迁等一批民生工程的推进；积极发动广大政协委员走进基层、深入群众，了解民生、反映民情，全年累计收集社情民意信息116条，编辑《社情民意》专刊12期，为县委、县政府掌握民情民意、科学谋划工作提供了参考；县政协班子成员经常深入双港、候岗、游城、莲花山、金盘岭等乡镇挂钩联系点，帮助理思路、谋发展，全力帮助建小康。二是广泛开展联谊。定期走访工商联、人民团体和无党派人士，多次赴外省参加鄱阳商会的年会和筹建活动，积极配合省市政协开展视察调研，经常与兄弟县区政协和部分来鄱考察客商的联系交流，接待了以根亲文化为主题的湖北麻城市政协、景德镇浮梁县、九江修水李氏宗族寻根团等考察组，推动了与各兄弟县市政协的联系，发展挖掘了鄱阳瓦屑坝移民文化。先后组织委员赴安徽铜陵、休宁，浙江杭州、桐庐，江苏无锡、高淳等地考察学习徽州文化、秀美乡村建设和城中湖治理工作，同时大力宣传推介我县经济社会发展成果、人文历史资源和发展优势，不断扩大鄱阳对外的知名度。三是注重团结育人。出版了《鄱阳景观诗词》、《雁过觅声》（鄱阳名人墓志铭集）两本书籍，并启动了《渔家傲——鄱阳渔俗文化通览》《鄱阳民间文化三集成》等文史书稿的编撰工作，先后与省内外30余个县市交流文史工作经验，既做到了存史、资政，又发挥了文史工作团结育人的作用。

（五）健全制度、夯实基础，自身建设更加务实。坚持把加强自身建设作为政协事业发展的基础工作，紧抓关键，着力夯实履职之基。一是工作制度不断完善。为推进基层协商民主建设，根据县委统一部署，在全县三十个乡镇（街道）成立了乡镇政协工作联络组，明确由乡镇一名党委副书记担任联络组长，制定了联系工作制度；为强化界别委员活动主体作用，出台了政协委员界别活动办法，选出了各界别委员小组组长，进一步丰富委员活动方式和活动内容。为加强机关管理，健全了反映社情民意信息工作意见，完善了机关印鉴管理办法和出差审批办法，初步形成了综合配套、管理科学的制度体系，政协工作规范化水平得到较大提升。二是队伍建设得到加强。在县委的统一领导下，依照有关规定和程序，圆满完成了换届选举工作，选举产生了新一届政协主席、副主席、秘书长、常委班子，从委员身份结构、文化、年龄、社会评价和贡献等方面严把了十五届政协委员进入关，委员整体素质有大幅提高，更具行业代表性、阶层广泛性。在委员产生中体现了三个方面的创新。注重基层委员的引入，给予每个乡镇3名以上委员推荐权，大大增加了农村委员的份额。注重文化艺术领域委员的发现和推荐，使得一些有意愿、有成就，能履职、素质高的人才加入政协委员队伍。注重加强对外联系，新增了10余名外省市鄱阳商会成员作为委员。鄱阳有约40万人口常年在外务工、就学，这些商会是家乡与游子们联系的纽带，他们的加入使得政协成为联系数十万外地鄱阳人有益的桥梁。三是工作作风有效提升。坚持严格遵守中央“八项规定”，健全政协工作规章制度，不断精简会议活动、控制文件简报、改进调研视察、厉行勤俭节约，简化了工作程序、提升了履职实效；不断推进信息化建设，大力加强县政协微信公众号管理运用，为委员学习、履职、交流提供了有效载体；机关服务管理更加规范，工作效率明显提高，机关整体形象得到提升。

各位委员、同志们：一年来，常委会的各项工作之所以能取得令人鼓舞的成绩，主要得益于中共鄱阳县委的坚强领导，得益于县人大、县政府的大力支持，得益于各部门、各乡镇和社会各方面的鼎力相助，同时也离不开县政协各参加单位、全体委员和广大政协工作者的共同努力。在此，我代表县政协常委会，向所有关心支持政协工作的各级领导、同志们表示衷心的感谢，向认真履职、努力奉献的全体委员致以崇高的敬意！

回顾一年来的工作，应该看到，成绩是主要的，但与肩负的职责相比，与人民群众的期盼相比，与上级组织的要求相比，还存在着差距和不足，主要是：协商民主的内容有待进一步拓展，参政议政的能力有待进一步提高，民主监督的机制有待进一步改进，履职成果的转化有待进一步提升，专委会和界别的作用有待进一步加强等。在新的一年里，常委会将认真研究，努力改进。

二、2017年工作安排

2017年是建设绿色富裕美丽新鄱阳的提升之年。在新的一年里，县政协常委会坚持以中共十八大和十八届三中、四中、五中、六中全会以及习近平总书记系列讲话精神为指导，紧紧围绕县委十四次党代会工作部署，牢牢把握团结和民主两大主题，积极履行“三大”职能，切实发挥协调关系、汇聚力量、建言献策、服务大局的重要作用，为共建绿色富裕美丽新鄱阳作出新的贡献。为此，要着力做好以下几方面工作：

（一）深化学习研究，不断夯实共同思想政治基础。

（二）创新工作机制，扎实推进协商民主深入开展。

（三）加大民主监督、助力民生改善促进社会和谐。

（四）深化团结联谊、广泛凝聚社会各界力量。

（五）加强自身建设，努力提高履职能力。

【组织概况】

政协鄱阳县第十五届委员会

主席、副主席、秘书长、常务委员、委员名单

主　席：占梦来

副主席：万　国　雷垦华　徐水林　卓　凡　闵小琴（女）

秘书长：毕晓红（女，2017年9月2日起不再担任）

党组成员：蒋陆平

常务委员

占梦来　万　国　雷垦华

徐水林　卓　凡　闵小琴（女）

毕晓红（女，2017年9月2日起不再担任）

乔建庸　祝训词　彭继志

方长敏　王叔涛　高　扬（女）

徐　燕(女)　李水琴(女)　章国仁
程亚民　于秀进　汪荣启
张津梁　李水堤　潘千水
章园婷(女)　程明春　郑晨义
周凡意　江秋平　袁春华
董英华　王梅武　吴会文
胡　军(女)　朱会进　曹端柏
黄　健　吴　炜　董红平(女)
王饶海　程水龙　高　敏
余学林　王　诚　石枝干
孙亚军　王　纪　王兴标
李　波　徐秋霞(女)　余木枝
王沁叶(女)　吴海珍(女)　蒋广勇
程　燕(女)　李　静(女)　喻细水
丁有胜　江国才　张秀桃(女)
刘　明　叶家炼　张　许

委　员

中国共产党鄱阳县委员会

占梦来　万　国　雷垦华
毕晓红(女,2017 年 9 月 2 日起不再担任)
方长敏　胡志华
胡　燕(女,2017 年 2 月 7 日起不再担任)
高雪峰　蒋陆平　李国建
王剑飞　吴国华　汪志勇
严有明　袁雨桥
胡长军(2017 年 9 月 2 日起不再担任)
李柏林(2017 年 9 月 2 日起不再担任)
范先军　丰俊伟　喻华亮
程归才　吴盈春
周同才(2017 年 9 月 2 日起不再担任)
徐胜海　张校锋　徐玲和
虞卫尊　封启正　樊启华
李文月　李　艳(女)　邓锦华
徐德顺(2017 年 9 月 2 日起不再担任)
刘贵爱　罗延寿　张进海
胡　磊　董早生　王冰华(女)
占海林　王　胜　李泽林

民主党派界

章园婷(女)　程明春　袁春华
吴海珍(女)　周春荣　汪建平
丁建国　叶荣民　程稳元
朱秋萍(女)　朱光明　黄金明

鄱阳县总工会

王叔涛(女)　黄帅敏(女)　潘桂英(女)
王晓保　李　楚　杨增产
叶新明　金红萍(女)　黄自喜

中国共产主义青年团鄱阳县委员会

王沁叶(女)　严雅丽(女)　胡敏佳(女)
王　鑫　吴　婷(女)　吴阿凡(女)
严迎春(女)　罗　斌　陈　杰
汪萍萍(女)　孙宇杰　方　芳(女)
王施婧(女)　毛丽群(女)

鄱阳县妇女联合会

高　扬(女)　董红平(女)　姚宝娇(女)
叶海燕(女)　包晚霞(女)　袁春燕(女)
刘中英(女)　王文凤(女)　江海珍(女)
万　敏(女)　吴菊香(女)　高喜凤(女)
余美香(女)　孙秀凤(女)　毛燕凤(女)
吴丽玲(女)

工商界

徐水林　周凡意　王饶海
程水龙　高　敏　王兴标
徐秋霞(女)　王金琴(女)　徐喜凤(女)
汪德保　万　吉　方建花(女)
张红清　孙泉怀　吴自华
范培赏　杜学松　张庭富
余云龙　曹星明　许国红
徐建雄　谢忠林　李天仁
唐金和　张文华　张怀江
邓晓元　吴重开　余盛国
陈执华(女)

科技界

吴会文　黄　健　李　波
于秀忠　王运振　邹金华
曹　阳　苏立华　熊　俊
王望兰(女)　刘国兴　邓震东
高　杰　汪　芳(女)　程周红
王春华　胡爱贵　张　许

经济界

丁有胜 王　诚 于秀进
张津梁 李水堤 潘千水
郑晨义 董英华 余木枝
李建文 石枝干 朱自新
孙元照 王运佐 陈荣欢
张华祥 王小葵 程爱水
李光红 陈　政 虞汉章
黄志民 余一芬(女) 陈明喜
黄主章 江　涛 吴体民
徐国华 朱四明 卢建华
李爱金 黄修杰 潘光智
刘五和 杨　波(女) 占权龙
丁金豹 李紫闺(女) 龚江霞
孙剑波 胡亚琼(女) 何献华
朱元平

农业界

汪荣启 江国才 蒋广勇
程　燕(女) 李　静(女) 余学林
吴东清 盛早明 万杨清
查清龙 陈冬林 韩金祥
吴小余 刘四妹(女) 姚文远
陈少平 程文义 彭水华
周秀华 胡中林 曹连平
滑　涛 程海清 熊　雄(女)
胡　刚 王韶华 桂同火
朱清亮 王延武 江雯婧(女)

教育界

卓　凡 朱会进 程亚民
胡　军(女) 余　武 叶学瑾(女)
占志虎 陈国军 王　海(女)
王俊艳(女) 胡地华 吴华芳(女)
胡玉海 董少来 曹丹凤(女)
胡文芳(女) 俞新发 李国萍(女)
韩进军 曹选民 胡晓玲(女)
段咸晏 高艳华(女)

医卫体界

李水琴(女) 章国仁 张秀桃(女)
胡俏平 金桂凤(女) 余雪琴(女)
占海清 刘　芬(女) 江兵奇(女)
胡润华 占新民 程　玮
应红青 占海港 黄体国
吴火林 叶家炼

文艺界

徐　燕(女) 刘甘霖 石立新
施嘉乐 王松年 胡文华
李菁华(女) 彭晓东 王忠华
曹芸芸(女) 程　娟(女) 黄　洁(女)
徐锦良

新闻界

喻细水 胡东华 程锦美
吴　蓓(女) 徐军英(女) 凌鹏飞
黄　迎 叶敏霞(女)

台侨界

祝训词 陈月霞(女) 周　建
幸庆华 施志兵 王　芳(女)
温怀亮 陈亚萍(女) 陈　洁(女)
范琦琪(女)

民族宗教界

曹端柏 石枝干 释恒月
释双昱 胡初柳 徐河南
董金东 李祝明 张振雄
释常悲

特别邀请人士

彭继志 程礼兵 彭　兵
余晓兵 操　俊 王　敏
王水生 易　松 朱冬生
胡　翰 刘玉婷(女) 邓长青
刘　明 江和贵

无党派人士

闵小琴(女) 江秋平 王梅武
王　纪 胡霞军 王大春
潘桂菊(女) 吕丽琳(女)
万　里(女) 徐慧玲(女) 江　吟(女)

社会福利与社会保障界

乔建庸 吴　炜 孙亚军
程林英(女) 陈亚婷(女) 邓水萍(女)
吴　斐 李重华 魏　枫
徐　啸

【大事记】

1 月

11 日 县政协十五届五次主席会议召开,协商东湖环境综合整治、秀美乡村建设调研报告。

19 日 县政协十五届六次主席会议召开,协商召开十五届二次会议有关事项。

2 月

4 日 县政协十五届七次主席会议召开。

24 日 县政协十五届八次主席会议召开。

3 月

16 日 县政协十五届九次主席会议召开。

22 日 县政协副主席雷垦华和经科委主任赴萍乡市参加省政协召开的经济委员会工作座谈会。

28 日 县政协副主席徐水林和人资环委主任赴南昌参加省政协人口资源环境委员会工作座谈会。

29 日 县政协副主席卓凡和文史委主任赴吉安市参加省政协召开的文史和学习工作座谈会。

31 日 县政协主席占梦来在全县东湖棚改动员大会发表讲话。

4 月

20 日 县政协十五届十次主席会议召开。

26 日 上饶市政协副主席程观焰率领5人赴我县开展《中共上饶市委关于加强政协工作推进政协协商民主建设的实施意见》贯彻落实情况督查。

5 月

23 日 县政协十五届十一次主席会议召开。

26 日 县政协副主席雷垦华和提案委主任赴九江市武宁县参加省政协召开的设区市政协提案工作座谈会。

6 月

7 日 吉林延边朝鲜族自治州政协副主席冯德远一行 8 人赴我县考察生态文明建设。

24 日 县政协机关全体组织抗洪抢险。

7 月

17 日 县政协十五届十二次主席会议召开。

19 日 上饶市政协副主席万冬梅一行8 人赴我县开展《基层义务教育均衡发展》专题调研。

8 月

20 日 江苏省沛县政协副主席王素真、李令军同志带队一行 9 人,赴我县考察生态保护、修复、建设方法的情况。

21 日 湖南省沅江市政协副主席肖正军一行 11 人,赴我县考察鄱阳湖湿地和旅游产业发展。

9 月

7 日 省政协常委、人资环委副主任熊根泉一行来我县开展“河长监督行”活动。

11 日 县政协主席赴省参加省政协十一届二十六次常委会。

15 日 县政协十五届十三次主席会议召开。

10 月

18 日至 19 日 安徽省黄山市徽州区政协副主席程晓珊一行 9 人来我县考察全国科普教育基地——鄱阳湖湿地国家公园和特色种植科技基地——江西田畈街宝农特色种植农业科技园。

19 日 江苏省灌云县政协主席王庆嘉一行 6 人赴我县考察履职工作思路和民主监督方面的情况。

11 月

3 日 县政协十五届十四次主席会议召开。

7 日 内蒙古自治区副主席王中和一行 14 人赴我县考察“因病返贫对策,特色博物馆建设”。

22 日 县政协十五届十五次主席会议召开。

12 月

5 日 县政协副主席闵小琴赴南昌参加省政协召开的设区市政协社会和法制委员会工作座谈会。

9 日 德兴市政协主席、副主席一行 25 人赴我县考察城市建设和湿地保护及旅游产业发展。

15 日 县政协十五届十六次主席会议召开。

25 日 县政协十五届十七次主席会议召开。

(刘甘霖 编写　占梦来 毕晓红 审稿)

政协安福县委员会

【全体委员会议】

十三届二次会议 2017年2月24日至26日,安福县政协十三届二次会议在会展中心举行。应出席县政协委员197名,实到189名。县委书记贺利华在开幕会议上讲话,县政协主席吴杰在闭幕会议上讲话。县领导出席开幕和闭幕会议,参加了联组讨论。

会议听取、审议、通过了吴杰主席代表常务委员会所作的工作报告、肖志华副主席代表常务委员会所作的关于提案工作情况的报告。与会委员列席了县人大十六届二次会议;讨论和赞同县政府工作报告,以及财政、计划、法院、检察院其他几个报告。会议审议通过了政协安福县第十三届委员会第二次会议决议和提案审查情况的报告。会议期间,收到提案125人次91件,表彰2016年度优秀提案8件。

【常务委员会会议】

第一次会议 2017年1月13日在政协会议室召开。应出席33人,实到27人,会议由吴杰主席主持。会议议程9项。主要是传达学习全市经济工作会议精神、县委贺书记在四套班子扩大会议上的讲话精神及省市政协常委会议精神,审议通过县政协全体会议、常委会议工作规则和委员管理办法,听取和审议各专委会2016年工作情况汇报,协商讨论关于我县农业科技示范区建设、大众创业万众创新两个视察报告,协商讨论20个政协工作联络组人事事项以及当前工作等。

第二次会议 2017年2月20日在政协会议室召开。应出席33人,实到32人,会议由吴杰主席主持。会议协商讨论政府工作报告和法、检、计划、财政工作报告征求意见稿,听取县政府2016年提案办理工作情况的通报,听取和审议县政协常委会工作报告、提案工作情况报告(草案),协商审议委员增补事项和召开十三届二次全体会议的有关事项,协商审定2016年优秀提案、2017年常委会工作要点。会上,彭润金常委副县长对政府工作报告的起草和主要内容进行了说明,法检两院领导以及计划、财政领导分别就各有关报告的起草和内容进行了说明,与会同志对几个报告进行了协商讨论,提出了意见建议。县政府办对2016年提案办理工作进行了通报。

第三次会议 2017年2月25日在会展中心政协常委会议室召开。应出席33人,实到33人,会议由吴杰主席主持。听取了二次全会分组审议讨论的情况,审议了县政协十三届二次会议提案审查情况的报告(草案)和县政协十三届二次会议决议(草案)。

第四次会议 2017年8月10日在政协会议室召开。应出席33人,实到27人,会议由吴杰主席主持,邀请常务副县长罗青球、纪委书记郭慧娟、副县长杨小军参加。会议听取县政府2017年上半年全县经济社会发展情况通报,县纪委关于换届以来全县党风廉政建设和反腐败工作情况通报,有关领导分别做了情况通报和说明,与会同志进行了协商讨论,提出了意见建议。会议还就“生态文明和护城河保护”、“加快安福特色小镇建设”两个调研报告,开展协商讨论,杨小军副县长作了讲话;会议还审议通过了周军、章湘赣、曹斌等有关人事事项。吴杰主席进行了会议总结。

第五次会议 2017年11月10日在政协会议室召开。应出席33人,实到29人,会议由吴杰主席主持。会议传达学习了中共十九大精神,并对全县政协系统学习贯彻十九大精神作出部署,还就“落实江西省医疗纠纷预防和处理条例”、“加强电动三轮车管理”两个调研报告进行协商讨论，提出了意见建议，王斌平副县长应邀参加协商并作了讲话。

第六次会议 2017 年 12 月 19 日在政协会议室召开。应出席 33 人，实到 25 人，会议由吴杰主席主持。会议就安福县馆藏文物和儒释道文化场所保护的调研报告，以及就全县中药材种植加工、落实江西省食品小作坊小餐饮小杂食店小摊贩管理条例、城区教育网点布局和办学工作、安福县社会养老工作四个视察报告，进行协商讨论，王斌平副县长应邀参加了协商并作讲话。会议还听取了各专委会 2017 年工作总结和 2018 年工作打算。

【专门委员会工作】

提案委员会 主要工作：开展了提案征集工作，全年收到提案 103 件，经审查立案 90 件，全部办复。从结果看，其中已经解决和列入计划解决的 81 件，占 90%。编辑《重点提案摘报》15 件报送县委、县政府主要领导批示办理。开展提案工作督办活动，如支持金(田)柘(田)公路改线的建议，吴杰主席作出督办批示，带领提案人、承办单位负责人以及提案委工作人员到实地察看，召开座谈会，共商改线的具体措施。县政协常委会议、主席会议多次听取提案工作情况汇报，审议提案工作重要事项，研究确定年度主席督办重点提案及督办方案，全面部署提案工作；主席、副主席分别领衔督办 7 件重点提案，参与提案专题调研和办理协商；各专门委员会结合开展专题协商、对口协商，牵头组织办理协商工作和督办重点提案；县委、县政府、县政协办公室加强了对提案工作的统筹协调和各项保障；形成了主要领导亲自抓，分管领导带领科室人员具体落实的工作格局。6 月下旬配合省政协开展了“降成本、优环境、促发展”专项民主监督活动，调研报告上报省政协。3 月底围绕“生态文明和护城河保护改造”开展调研活动，10 月下旬对全县的中药材种植加工产业情况进行专题视察，调研、视察报告均进行了协商。评选和提请表彰 8 件优秀提案。起草第十三届常委会 2016 年以来提案工作情况的报告。

法制社团三胞委员会 主要工作：4 月开展“以案释法”专题讲座；8 月组织“古村落保护与开发”为主题的委员活动日活动；9 月对安福县落实《江西省医疗纠纷预防与处理条例》进行专题调研，11 月 8 日就落实《江西省食品小作坊小餐饮小食杂店小摊贩管理条例》情况开展专项视察，均形成报告进行协商。

社会发展委员会 主要工作：二次全会期间就基层医疗机构建设、馆藏文物保护组织两个大会发言稿；8 月开展重点提案督办；8 月至 11 月就馆藏文物和儒释道文化场所的保护开展专题调研，10 月就城区教育网点布局和办学工作开展视察活动，均形成专题报告协商。12 月 12 日开展送医下乡扶贫活动，到金田乡钦村为 27 户贫困户等义诊和体检；为编辑《美好安福》丛书，做好征集资料、联系作者、协助选题、讨论纲目等服务工作；按照省市政协的协稿任务和要求完成了约稿征稿。

经济科技委员会 主要工作：5 月上旬开展金融知识和税收政策专题学习，并组织委员参观南方水泥公司技改项目。6 月下旬就加快安福特色小镇建设开展调研活动，形成了调研报告协商。6 月中旬配合省政协人资环委就“加快我省国家生态文明试验区建设”，7 月下旬配合省政协经济委就“扶贫专项资金使用情况”，开展调研活动，调研情况均上报省政协，前一课题调研报告入选成果汇编。10 月中旬就全县社会养老工作开展视察活动形成视察报告。10 月底组织了十九大精神和环保知识专题讲座。

【重要活动】

开展徐霞客游线标志地申报工作 在省政协推动下，安福县委、县政府联合印发《安福县申报徐霞客游线标志地认证工作实施方案》，成立了工作领导小组，下设综合办公室于县政协，县政协与县政府配合，调动省、市、县政协委员、本地文化研究工作者和武功山文化研究会等民间团体的积极性，各部门密切联动，开展申报工作。4月21日至24日，领导小组组织了江西师大、县政协、武功山管委会、县旅发委、县文广新局、武功山文化研究会等相关人员组成的考察组，从永新县禾山入境线路开始，沿徐霞客在安福境内的游线，实地考察《徐霞客游记》中所记载的地名和遗产点，并于4月24日下午发现《武功山志》《徐霞客游记》中所记载的"风洞石柱"，为武功山旅游增添一处新景点。现场考察完成后，考察组广泛搜集资料，整理申报文字材料15万余字，经多次研讨、修改，确定申报文本内容和申报策略。5月10日至12日，经周密工作通过主办方专家组初步评审。5月19日于浙江宁海，召开全国徐霞客游线标志地终审会，副县长杨小军作申请陈述，武功山管委会赵艳霞进行模拟导游，经与会专家和同志评审，一致通过安福县徐霞客游线标志地申报认证；武功山、陈山、九龙山三地被成功认证为全国第三批徐霞客游线标志地，县政协吴杰主席作为领队至第三批"徐霞客游线标志地"颁证现场接牌；在浙江天台县，安福县所做《文保先行助推旅游事业健康发展》的工作介绍，获得徐霞客游线资源保护利用第二届全国经验分享会"优秀探索案例"（全国仅4家）。

开展挂点扶贫工作 2017年政协机关科级以上干部分别挂金田乡、洲湖镇、钱山乡等乡镇贫困户44户。县政协机关挂点帮扶金田乡钦村村（年底增加广丘村），派驻第一书记和工作组，倾力脱贫攻坚，助推抓班子、建制度、强党建，入户走访，捐资捐物，争取项目资金，壮大村级经济，为民办实事，带动钦村27户贫困户脱贫致富。选定发展高产油茶和胡萝卜为主导产业，2017年组建高产油茶专业合作社1个，发展社员188户，其中贫困户27户，落实高产油茶400亩、胡萝卜100亩。争取项目资金等82.4万元，其中政协资金5.2万元。主要用于打造高产油茶示范基地、防病灭虫同防同治无人机施药示范项目、打造洋村文化礼堂、修建公益性公墓、整治村庄环境、维修改造钦村大桥、修建洋村组入户巷道、加宽江下到钦村进村主道、加长加固防洪堤、完善村部硬件设施。另外推动、协力环境整治。全村拆除危旧土坯房约1.1万平方米，清除余土废渣50余吨，生活垃圾10余吨，整治环境脏乱差及其行为；动员群众集资9万元参与新农村建设，打通断头路，新修通组水泥路2公里、入户路4.2公里。此外，发动政协委员投身脱贫攻坚，为贫困村和贫困户捐资捐物100多万元。

开展"广源化工杯"篮球赛活动 2017年9月11日至15日，安福县政协承办"广源化工杯"全市政协机关篮球赛第一阶段安福赛区赛事，井冈山市、吉安县、泰和县、遂川县、安福县、永新县六个队，经过小组循环赛角逐，安福县政协机关代表队以小组第一名出线，进入第二阶段赛程。9月20日至22日，在青原区体育馆第二阶段比赛中，经过淘汰赛拼搏，安福县代表队荣获全市亚军。

省政协到安福开展视察活动 2017年3月31日至4月1日，省政协副主席李华栋率省政协文史委视察组一行17人来我县就"持续推动徐霞客游线文化旅游发展"开展界别视察工作。视察组一行31日上午视察了塘边古村、严田五爪樟保护情况，下午至泰山羊思慕视察旅游发展，晚上召开推动徐霞客游线文化旅游座谈会，李华栋副主席作了讲话，全国政协委员王东林、省文化厅孙家骅等同志作了发言，会议讨论了安福申报徐霞客游线标志地工作的意义。县委书记贺利华，县委副书记、县长王玮，副书记龚海生，县政协主席吴杰、副主席彭莲红等同志陪同调研。

开展系列调研协商活动 2月20日县委办、县政府办、县政协办联合行文，以安办字〔2017〕57号下发《2017年度县政协协商工作计划》。协商议题五个：

3月底，在肖志华、胡愈副主席的带领下，提案委组织部分常委、委员以及相关单位负责人，开展了安福县生态文明和护城河保护改造调研活动，调研组先后在县内实地查看、外出南京溧水区、浙江绍兴市学习考察，通过现场了解情况、专题座谈讨论等，形成了调研报告。总结了外地经验，指出了我县存在的问题，从编制规划、管网建设、整治排污、强化监管、保护古迹、水景合一、管理办法、部门联动等方面提出了意见建议。在十三届四次常委会议上，邀请县政府领导对报告进行了讨论协商，并报送县委参考。

6月下旬起，为加快推进特色小镇建设，积极探索全域旅游与小城镇建设有机融合发展新模式，按照县政协工作安排和协商工作计划要求，在吴杰主席和分管副主席的带领下，经科委组织部分常委、委员到上饶市铅山县河口镇、浙江省龙泉市上垟镇、福建省武夷山市五夫镇考察学习特色小镇建设的先进经验，并到县内洲湖镇、横龙镇、泰山乡等地进行实地调研，了解全县特色小镇建设的工作现状、存在的问题，通过座谈讨论等，形成了《关于加快安福特色小镇建设的调研报告》。报告经过政协主席会议和常委会议协商讨论，还邀请了县政府分管副县长参加常委会协商讨论，得到充分肯定，从规划引领、明确重点、监管机制、经费政策、传承文化、聚集效应、做强产业等方面，提出了意见建议，报告以政协的名义报县委县政府参考。

8月起，社发委组织部分县政协委员，就馆藏文物和儒释道文化场所的保护开展专题调研，由吴杰主席和分管副主席带队，在县内外实地调研，学习考察了吉水县、山东历下区、青州市、曲阜市和安徽徽州区等地的古村保护、博物馆建设和馆藏文物、宗教场所的保护、开发和利用情况，经反复研究讨论，形成了《关于安福县馆藏文物与儒释道文化场所保护的调研报告》。报告经过十三届十次主席会议、六次常委会议协商讨论，并邀请县政府分管副县长参加，从进一步强化各方责任担当、多措并举加大经费投入、突出品牌打造一批重点文化工程、引进和培养专业文化人才四个方面，提出了建议。报告报送县委参考，部分建议为县委、政府吸纳。

8月中下旬，县政协办公室联合民盟安福总支，组织有关委员及民盟安福总支有关盟员，赴四川省广安市华蓥市等地对电动三轮车运营管理进行专题调研。在广泛调研的基础上，撰写了《关于加强电动三轮车管理的调研报告》，报告分析了安福县电动三轮车管理的现状，列举了外出学习的管理经验，并从宣传发动、营造氛围；依法依规、铁心治理；分类处理、合理疏导；完善公交、方便出行；常态治理、常态管控等五个方面提出了建议。报告报送县委后，县委批转县交警大队，县交警大队将加强电动三轮车管理列入年度深化改革项目。

9月上旬起，法制社团三胞委组织委员，与县有关职能部门联系，由李敢、刘松青副主席带队，采取县内查看，外出湖北崇阳、省内共青城市、峡江县学习考察，通过座谈讨论等，对我县落实《江西省医疗纠纷预防与处理条例》进行了调研,形成专题调研报告。从健全调处机构、制定调处规程、加强管理和队伍建设、加强法规宣传、依法打击医闹等方面,提出了意见建议,经县政协常委会议邀请县政府分管领导协商讨论,报告报送县委参考。

开展系列视察监督活动 10月中旬,为推进社会养老事业快速健康发展,经科委开展了全县社会养老工作视察活动,组织了经科委成员、有关部门负责人深入县社会福利院、平都镇、寮塘乡敬老院实地视察,并召开座谈会,委员们充分肯定了我县社会养老工作所取得的成绩,指出了存在的困难和问题,提出了四个方面的工作建议,在此基础上经过归纳整理研究,形成了《关于全县社养老工作的视察报告》,提出"加快社会化养老产业发展进程,实施精准社会养老工程,加大农村养老基础设施投入,加强农村老年人文化场所建设"的意见建议,通过政协主席会议和常委会议协商讨论,报告报送县委供相关领导和部门决策参考。

10月24日起,围绕城区教育网点布局和办学工作,由李敢副主席带队,社发委组织部分县政协委员开展视察活动,实地查看城东学校、城北幼儿园、安福中学、平都二小和三小等学校建设,通过了解情况、听取汇报、座谈交流和讨论分析等,形成了"关于城区教育网点布局和办学工作的视察报告"。从落实教育法规、加快城区学校建设、重点加强幼儿园建设、加大教师队伍建设力度、合力整治教育环境五个方面,提出了数十条意见建议。报告经过主席会议和常委会议讨论协商报送县委,部分建议为"政府工作报告"吸纳。

10月27日起,在肖志华副主席的带领下,提案委组织专委会全体成员和相关单位的负责人,对全县的《中药材种植加工产业情况》进行了专题视察,并形成视察报告,分析了我县中药材产业发展现状、存在的问题,从编制产业发展规划、大力培养专业人才、加大招商引资力度、示范引导扩大规模四个方面提出了建议。报告经县政协主席会议、常委会议协商讨论,报送县委参考。

11月8日起,法制社团三胞委组织部分常委、委员,由李敢副主席带队,通过现场视察、座谈讨论等,开展了专项视察活动,深入了解全县《江西省食品小作坊小餐饮小食杂店小摊贩管理条例》落实情况,形成视察报告,指出了工作现状、存在的问题,提出"加大法律法规宣传力度,加强食品'四小'专项整治,齐抓共管完善监管体系,强化食品'四小'工作保障"四个方面建议。经主席会议、常委会议讨论协商,报告报送县委参考。

【重要文件】

政协安福县第十三届委员会常务委员会工作报告

(2017年2月24日
在政协安福县第十三届
委员会第二次会议上)

吴 杰

各位委员,各位同志:

我代表政协安福县第十三届委员会常务委员会,向大会报告工作,请予审议,并请列席会议的同志提出意见。

一、2016年工作回顾

2016年,在县委的坚强领导和县政府的大力支持下,县政协常委会牢牢把握团结和民主两大主题,深入贯彻落实中共十八大和十八届三中、四中、五中、六中全会以及习近平总书记系列重要讲话精神,围绕中心、服务大局,认真履行政治协商、民主监督、参政议政职能,较好地完成了各项工作任务，为实现"十三五"良好开局作出了积极贡献。

(一)不忘初心，牢记使命启新程

坚持党的领导。县政协常委会牢固树立政治意识、大局意识、核心意识、看齐意识，始终坚定不移地维护以习近平同志为核心的党中央权威，始终自觉在思想上、行动上与以习近平同志为核心的党中央保持高度一致。定期向县委请示汇报政协工作中的重大事项和重要安排，主动向县委报告年度协商工作计划，落实县委对政协工作的要求，主动服从县委、县政府的决策部署。

凝聚思想共识。贯彻落实县第十三次党代会部署，深刻认识"当先锋、做样板、走前列"与"实现绿色崛起、决胜全面小康、建设美好安福"的目标赋予政协组织的新使命、新要求，按照"党委想什么政协议什么、政府干什么政协帮什么、群众盼什么政协呼什么"的要求，紧密联系民主党派、人民团体和社会各界人士，建务实之言，献发展良策，将县委的重大决策转化为政协组织的自觉行动，转化为政协委员的广泛共识，转化为社会各界的共同追求。

积极接力前行。2016 年是换届之年，按照市、县委统一安排，县政协顺利完成了领导班子和政协各界人士的新老交替。在换届工作中做到了换届不松劲，工作不断档，履职不停步。新一届县政协在继承中创新，在创新中发展，紧扣年初确定的目标任务，开好头，起好步，协助县委完善了乡镇政协工作联络机制，配齐了联络组组长，不断激发政协组织新能量，展现政协委员新风采。

(二)同轴共转，积极履职助发展

政治协商议大事。精心组织整体协商。县政协十二届六次会议期间，组织委员就精准扶贫、旅游开发等经济社会发展重大问题作大会发言，提出的意见建议，得到县委、县政府的肯定；十三届一次会议期间，组织委员就《政府工作报告》进行广泛协商，提出的 7 个方面 66 条意见建议，被县委、县政府采纳，促进了政府工作报告的落实。精心组织专题协商。就全县经济社会发展和"十三五"规划纲要，组织委员深入调查研究，并召开常委会议进行专题协商，委员们对产业布局、全域旅游、城市建设、生态文明建设等重大问题提出了建设性、针对性的意见建议，为科学编制"十三五"规划提供了参考。

民主监督促落实。围绕"十三五"规划"创新驱动"战略的实施，组织开展了视察监督活动，促进了相关工作的落实。组织开展了全县现代农业科技示范区建设情况视察，视察组深入县农业科技示范园、横龙镇井冈蜜柚等五个基地，详细了解相关情况，召开座谈会，就我县农业科技示范区建设提出了 4 个方面建议，为我县推进农业供给侧结构性改革和现代农业科技示范区建设提供了参考。组织开展了对全县大众创业、万众创新工作视察，提出了改善创业环境，提高创业者能力，加强创业人才培训，提升创业氛围等方面建议，促进了全县创新创业工作的开展。积极推荐了 20 多名委员担任法院、检察院、消防大队、教体局、国税局、地税局等有关单位特约监督员。安排委员参加省、市、县组织的行风、政风测评，通过参加座谈会、问卷调查等形式，积极向受聘单位反映意见建议，促进了相关工作的开展。

参政议政求实效。县政协经科委牵头组织相关界别委员，对全县精准扶贫脱贫攻坚工作进行了专题调研，在调动贫困户发展生产原动力、精准施策、落实责任、健全机制等方面向县委、县政府建言献策；提案委围绕生态文明示范县创建工作，专题调研形成的《扬长补短打造生态强县的调研报告》，为县委、县政府科学决策、精准施策提供了有益参考。积极组织机关干部投身脱贫攻坚主战场,选派责任心强、熟悉农村工作的同志担任“第一书记”,与帮扶工作组一起深入挂点贫困村,全年为金田乡罗圻村筹集各类项目资金共29万元,改善了该村的基础设施,美化了村容村貌,深受村民好评。同时发动广大政协委员为脱贫攻坚想实招、发准力,为精准扶贫工作营造良好的社会氛围,凝聚了强大的正能量。例如,经济界委员曾嵘积极促成银杉白水泥有限公司为瓜畲乡花园村捐资3万元、为枫田镇岭下村和上田村捐资5万元,帮助村民办实事办好事。深入开展“降成本、优环境”专项活动。县政协专业招商队成功引进了江西合众轻工机械有限公司等5家企业落户园区。同时主动参与文明城市创建、美丽乡村建设、社会综合治理等中心工作,展示了人民政协攻坚克难、敢于担当的良好形象。

文史宣传树形象。按照省、市政协的要求,保质保量完成了约稿征稿任务,积极上报文史资料课题,获得了市政协2016年庐陵文化研究优秀论文奖。深入挖掘安福古文化资源,编撰出版《安福村落》。积极策应县委弘扬跨越时空的井冈山精神走在前列暨思想大解放活动,谋划“美好安福”系列丛书,在策划、选题、资料收集等方面做了大量的前期工作。积极唱响“秀丽章乡、山水安福”品牌,讲好安福故事,传播安福好声音,全年在人民政协网和省、市各级媒体刊发信息90余篇,为建设美好安福凝聚了正能量。

(三)贴近民意,服务民生添福祉

提案办理惠民生。常委会加大提案督办力度,规范提案办理协商工作,完善提案办理协商机制。坚持政府领导领办、提案委分组督办、政协领导与专委会联合督办等形式,加强对县住建局、教体局、环保局等提案办理大户办理工作的督查督办。选取《关于对园区公租房进行合理分配的建议》等10件重点提案摘报给县委、县政府主要领导和分管领导进行批办,高位推动了提案办理落实。坚持办好县电视台“提案之窗”栏目,依托媒体舆论的监督作用,引起社会关注,提高提案办理的透明度、公认度。开展了提案办理“回头看”督办活动。县政协十二届六次会议以来立案的71件提案已全部办复完毕,满意率达99%,真正起到了增进民生福祉的作用。

体察民情解民忧。充分发挥委员代表性广、联系面宽的特点,通过大会发言、走访座谈、提案征集、调研视察等渠道,广泛收集社情民意,与群众零距离沟通,让各种信息交流畅通无阻。比如,县城锦绣花园小区排污管道堵塞,污水横流,严重影响小区100余户居民生活及城区卫生,政协委员积极反映社情民意,县住建局快速反应,筹措资金,及时更换排水管道,还小区居民干净卫生居住环境。全年共收集社情民意60余条,编发《社情民意》专刊4期。在县委、县政府的高位推动下,通过有关单位的共同努力,有的建议转化为部门改进工作的措施,有的建议被采纳后解决了经济社会发展中的实际问题,为化解矛盾、促进和谐、维护稳定起到了积极作用。

联络联谊促团结。充分发挥民主党派工商联无党派人士的作用。积极邀请民盟安福总支、工商联、无党派人士、知联会和各人民团体参加政协的调研视察、民主协商等活动,加强与新经济组织和新社会阶层、各领域人士的联系,为党派、团体参政议政创造良好条件。组织委员到兄弟县、市(区)政协学习考察,创建政协委员联络联谊微信交流平台,密切了联系、增进了友谊、促进了团结。

(四)团结自信,夯实基础提效能

加强协商民主建设。进一步增强协商广泛性。积极发挥协商民主重要渠道和专门机构作用，大力推进协商民主建设，不断推动政协协商民主广泛多层制度化发展。进一步增强协商规范性。逐步探索出年度协商工作计划议题提出、计划制定、活动组织、成果转化等工作运行机制。进一步增强协商多样性。初步形成了全委会整体协商、常委会专题协商、主席会重点协商、专委会对口协商、提案办理面对面协商的协商格局。

发挥委员主体作用。尊重委员的主体地位。将政协委员编入界别活动组，组织委员开展形式多样的主题活动，为委员知情明政，参政议政搭建平台，营造良好的履职环境。创新委员服务方法。用真心真情鼓励和保护委员敢讲话、能讲话、讲真话，把政协组织打造成“委员之家”。建立了委员联系制度。主席会议组成人员联系委员，委员联系群众，既体察了社情民意，又畅通了服务渠道。

强化政协自身建设。加强制度建设。修订完善了全体会议、常委会议、主席会议工作规则，建立和完善了财务管理、公务接待、学习培训等10余项制度，健全了以贯彻政协章程为核心，覆盖学习、工作、管理的制度体系，推进政协履行职能进一步制度化、规范化、程序化。加强业务培训。举办了委员培训班，邀请省、市政协领导、专家为委员授课，帮助委员尽快熟悉工作，更好地履行政治协商、民主监督、参政议政的职责。加强理论学习。扎实开展了“两学一做”学习教育，通过学习教育，党员干部理想信念更加坚定，精神状态更加饱满，工作作风更加务实。

各位委员、同志们，过去一年常委会取得的成绩，是中共安福县委坚强领导，县人大、县政府大力支持的结果，是县政协各参加单位、全体政协委员紧密协作、团结奋斗的结果，也是社会各界倾情支持、共同推动的结果。在此，我谨代表县政协常委会表示衷心的感谢！

在肯定成绩的同时，也要清醒地看到，与新形势、新任务、新要求相比，我们的工作还存在一些问题和不足。比如，协商民主的广度和深度还不够；民主监督的办法和手段还不多；委员履职的积极性和主动性还不强等等，这些问题和不足都需要我们在今后工作中认真研究解决。

二、2017 年工作建议

2017 年是实施“十三五”规划的重要一年，也是我县实现绿色崛起、决胜全面小康、建设美好安福的关键之年。今年县政协工作的总体思路是：全面贯彻中共十八大和十八届三中、四中、五中、六中全会和习近平总书记系列重要讲话精神，认真落实省、市、县党代会部署，牢牢把握团结和民主两大主题，切实履行政治协商、民主监督、参政议政三大职能，积极主动与“当先锋、做样板、走前列”和“实现绿色崛起、决胜全面小康、建设美好安福”对标对表，努力开创政协工作新局面，以优异的成绩迎接中共十九大胜利召开。

（一）维护核心，进一步把牢政治方向。

（二）紧贴中心，进一步落实三大职能。

（三）凝聚民心，进一步发挥团结功能。

（四）锤炼身心，进一步强化自身建设。

【组织概况】

政协安福县第十三届委员会
主席、副主席、秘书长、常务委员、委员名单

主　席：吴　杰

副主席：刘剑峰　李　敢　肖志华　彭莲红（女）　刘松青　胡　愈（女）　刘　勇

秘书长：刘　佳

常务委员

王小文　兰海仁　宁彬山

刘小平 刘云华 刘迁媛(女)
刘铨新 刘维维(女) 李学忠
杨尚珍 杨艳晖(女) 邹益健
汪达香 张卫国 张继生
陈宗华 罗小群 周炳金
唐文彬 章湘赣 彭吉江
董 莉(女) 熊光明 颜玉梅(女)

委 员

中国共产党安福县委员会

丁代华 万昌福 王 峰
王小文 王美媛(女) 王智勇
兰小勇 兰海仁 朱 珊(女)
朱文斌 刘 涛 刘 筱(女)
刘剑锋 李松林 李学忠
杨尚珍 吴 杰 吴海贤
邹益健 张友和 陈海波
周爱兰(女) 胡 愈(女) 黄初阳
龚秋莲(女) 康发林 章湘赣
彭连福 彭曦阳 廖红方

民盟无党派

王杜云 王贵平 伍超生
刘 炜 刘松青 刘维维(女)
李 敢 李慧珍(女) 杨 丽(女)
杨艳晖(女) 肖志华 吴嵩涛
陈宗华 陈亲亮 罗宗海
唐文彬 唐基忠 彭小华
彭吉江 詹小燕(女)

安福县工商业联合会

王 洁 王叶清 王郁华
毛前开 朱晓红(女) 刘小平
纪辉华 李向阳 李德明
余文斌 邹六兴 汪达香
张继生 欧阳秋宏 周炳金
项小波 姚 伟 董大鸣
喻卫平(女) 温官生 熊光明

工青妇界

王水洲 王光林 申安成
朱玖亮 朱慧清(女) 伍 芳(女)
刘 蓉(女) 刘天祥 江立华(女)
李 婷(女) 李艳萍(女) 李海燕(女)
邹宏燕(女) 郁 翔(女) 袁 琴(女)
涂宇琴(女) 黄卫红(女) 黄明玉(女)
黄春花(女) 黄晓琴(女) 董 莉(女)
曾 玮(女) 熊莉华(女)

台侨界

丁二莲(女) 朱文萍(女) 伍维钧
刘文娟(女) 刘杜梅(女) 刘素民(女)
周国良 赵卫星 颜玉梅(女)

文教卫体界

王小文 王小群 王红莲(女)
王钟舟 邓 蕾(女) 朱少华
朱金凤(女) 刘 佳 刘 琴(女)
刘冬梅(女) 刘荣坚 刘善章
何财山 张 慧(女) 张赣秋
陈 黎(女) 陈江武 周桂先
姚江华 贺剑平 彭建东
彭莲红(女) 曾林飞

经济界

王星晨(女) 王美容(女) 叶 敏
刘小年 刘云华 刘京南
刘桃开 李天员 李洪峰
吴志强 沈 卫 张卫国
周 福 胡东远 姚际信
贺 琳 夏金华 徐军平
郭方明 曹 斌 彭晓明
彭晓霞(女) 韩曙光 曾 嵘
熊伍仁

科学技术界

刘 军 刘 勇 刘文达
刘铨新 朱卫文 邹俊峰
郁林丽(女) 罗小群 周安颉
鲁林荣 谢黎明

农业界

王七妹(女) 王宜远 王跃程
王德懿 左彬凡 刘 勇
刘 涛 刘冬桂 刘迁媛(女)
刘学成 刘桂杨 朱伟华
李 平 李剑辉 李铁军

李雪生　肖　诚　陈小兵
欧阳素琴（女）　赵继文　彭银芳
戴蔚萍（女）

特别邀请人士

王伟宾　王秋恒　宁彬山
刘初文　杨晓兵　欧阳敏文
周新明　段才益　唐文魁
黄　勤（女）　黄华云　释照了
谢细明

2017 年 2 月 20 日十三届二次常委会议增补李松林、黄卫红、曾玮三人为县政协委员。

2017 年 8 月 10 日十三届四次常委会议同意宁曹斌辞去县政协委员职务。

【大事记】

1 月

13 日　召开十三届一次常委会议，通过了县政协全体会议、常委会议工作规则和委员管理办法。

2 月

16 日　召开十三届四次主席会议。简要传达市政协二次全会精神，协商十三届二次常委会议、二次全体会议、委员增补事项，协商讨论大会发言、常委会工作报告、提案工作报告，以及 2016 年度优秀提案、2017 年度县政办协商工作计划和常委会工作要点。吴杰主席总结发言。会议还就开展整治"宽松软"、宣战"慵懒散"、严惩"微腐败"作风整顿活动进行学习和动员。

20 日　县委办、县政府办、县政协办行文下发 2017 年度县政协协商工作计划。

召开十三届二次常委会议。

24 日至 26 日　十三届二次全体会议在县会展中心召开。

25 日　召开十三届三次常委会议。

3 月

14 日　下发委员（双周）活动计划。

24 日　召开十三届五次主席会议。学习全国两会、省政协会议精神，协商讨论县政协各专门委员会与县直单位建立对口联系制度，以及优秀调研成果和对外宣传奖励办法等，布置当前重点工作。

28 日至 30 日　参加省政协文史和学习工作座谈会。

29 日至 4 月 2 日　肖志华、胡愈副主席带队至浙江绍兴等地考察学习。

31 日至 4 月 1 日　省政协副主席李华栋率省政协文史委视察组一行 17 人来我县就"持续推动徐霞客游线文化旅游发展"开展界别视察工作。

4 月

12 日　吉安市政协主席龙波舟一行 19 人来我县进行特色小镇调研活动。

25 日至 27 日　省政协人资环委到安福县就老区精准扶贫精准脱贫进行专题调研。

27 日至 29 日　省政协文史和学习委到安福就推动徐霞客游线文化旅游发展进行视察。

5 月

25 日至 26 日　参加省政协提案工作座谈会。

6 月

13 日　召开十三届六次主席会议。学习省纪委文件精神，协商讨论生态文明和护城河保护改造调研报告、2017 年度四个协商调研课题的调研方案、“美好安福”丛书的策划方案，及承办市政协“广源化工杯”篮球赛事项，安排下阶段工作。

21 日至 24 日 吴杰主席带队到浙江龙泉市等地考察学习。

7 月

经科委开展扶贫专项资金使用情况调研活动。

8 月

4 日 召开十三届七次主席会议。就加快全县特色小镇建设调研报告进行协商讨论，听取各委办上半年工作汇报，通过人事事项，布置当前工作。

10 日 召开十三届四次常委会议。

15 日至 19 日 彭莲红副主席带队至四川广安区等地考察学习。

16 日 贵州省福泉市政协主席黄建菊一行 6 人来我县对福文化进行调研。

21 日 成立县政协招商引资工作组。

22 日 省政协副主席、民盟江西省委主委刘晓庄一行 4 人来我县视察旅游工作。

9 月

6 日至 9 日 李敢副主席带队赴湖北崇阳县等地考察学习。

11 日至 15 日 全市政协机关“广源化工杯”篮球赛安福赛区小组赛在安福县篮球馆举行。

10 月

10 日 福建省福鼎市政协到安福调研养老产业“公建民营”工作及生态文明城市建设工作。

13 日 起按县委统一部署开展脱贫攻坚“百日行动”。

11 月

9 日 召开十三届八次主席会议。传达学习中共十九大精神，并对全县政协系统学习贯彻十九大精神作出部署，还就落实江西省医疗纠纷预防和处理条例、加强电动三轮车管理两个调研报告进行协商讨论。

10 日 召开十三届五次常委会议。

13 日至 18 日 吴杰主席带队至山东历下区等地考察学习。

29 日 召开十三届九次主席会议。就县委“2017 年度县级干部争先创优工作考核奖励办法”征求意见，布置下一步重点工作。

12 月

19 日 上午召开十三届十次主席会议。协商讨论关于安福县馆藏文物和儒释道文化场所保护的调研报告，以及关于全县中药材种植加工、落实江西省食品小作坊小餐饮小杂食店小摊贩管理条例、城区教育网点布局和办学工作、安福县社会养老工作四个视察报告。下午召开十三届六次常委会议。

25 日至 29 日 吴杰主席带队至贵州福泉市等地考察学习。

26 日 萍乡芦溪县政协到安福考察学习文史及谱牒研究工作。

（李学忠 编写　刘佳 审稿）

政协南城县委员会

【全体委员会议】

十五届二次会议 政协南城县第十五届委员会第二次会议于2017年2月7日至2月9日(正月初十一至正月十三)在县行政中心十二楼会议室召开。应出席委员172名,实到163名。会议审议并同意杨春副主席受常务委员会的委托所作的《政协南城县第十五届委员会常务委员会工作报告》和龚育梅副主席作的提案工作情况的报告。与会委员列席南城县人大第十七届二次会议,讨论并赞同汪华辉县长所作的《政府工作报告》、县财政局关于2016年预算执行情况和2017年预算草案的报告,讨论并赞成县法院工作报告、县检察院工作报告。与会委员围绕我县经济社会发展中的重要问题、事关民生的热点难点问题,畅所欲言,各抒己见,提出了许多有价值的意见和建议。会议审议通过南城县十五届二次会议决议。全年共收提案57件,经审查立案57件,全部办复。

【常务委员会会议】

第一次会议 协商讨论《政府工作报告》(征求意见稿);协商讨论县财政局关于县本级2016年预算平衡情况和2017年预算草案;审议通过关于召开政协南城县第十五届委员会第二次会议决定;审议通过政协南城县第十五届委员会第二次会议议程(草案)和日程(草案);审议通过政协南城县第十五届委员会常务委员会工工作报告(审议稿)和政协南城县第十五届委员会常务委员会关于县政协十四届六次会议以来提案工作情况的报告(审议稿)和人事事项。

第二次会议 审议通过县政协十五届二次会议提案审查报告;审议通过县政协十五届二次会议的决议。

第三次会议 汪华辉县长通报南城县一季度经济发展情况和下步工作推进方向及重点;吴军副主席汇报石城、赣县古村落保护和开发对我县旅游开发的几点启示和建议;提案委员会汇报2017年上半年提案工作;协商讨论《麻姑风景名胜区建设情况的调研报告》。

第四次会议 协商讨论《政府工作报告》(征求意见稿);协商讨论县财政局关于县本级2016年预算平衡情况和2017年预算草案;协商讨论政协南城县第十五届委员会常务委员会工工作报告(审议稿)和政协南城县第十五届委员会常务委员会关于县政协十五届二次会议以来提案工作情况的报告(审议稿);协商讨论优秀政协委员、优秀提案、优秀调研报告、提案工作优先单位和个人;协商讨论关于撤销刘国平政协南城县第十五届委员会委员资格的事项。

第五次会议 审议通过县政协十五届三次会议提案审查报告;审议通过县政协十五届三次会议的决议。

【专门委员会工作】

经济委员会 主要工作:开展扶贫领域专项资金使用情况的调研。7月份组成专题调研组,深入到乡镇和相关单位,采取召开座谈会,调阅有关资料、账本,随机访谈等形式对我县扶贫专项资金使用情况进行了深入细致的调研。针对扶贫资金滞留问题突出,扶贫资金缺口较大等问题提出:强化管理,提高资金使用效益;压实责任,落实扶贫政策精准到位;完善制度,规范扶贫资金运行机制;严厉追责,疏通扶贫资金使用的“梗阻”等加大扶贫专项资金监管的意见和建议。开展“关于我县县乡两级财政状况”的专题调研。9月份,县政协经济委员会组成专题调研组对我县县乡两级财政状况进行了调研。针对我县县乡财政面临的财政收入增长压力大、财政平衡难度大、乡镇财源枯竭发展潜力小等困境提出：积极争取上级支持，大力培植税源，抓好支出预算执行，强化资金绩效管理，保障乡镇运转，妥善清理债务，防范财政风险等意见和建议。组织部分委员就河长制落实情况开展专题视察监督。实地视察了部分乡镇主要河流河段，听取了河长办工作通报，组织相关部门召开了座谈会。建议：要进一步健全组织体系，做到县乡村全覆盖；进一步开展专项整治，消除各类污染源；进一步完善督查机制，真正实现河长治；进一步加大宣传力度，为打造河畅、水清、岸绿、景美的生态环境，助力文明城市创建作出更大贡献。四是开展义卖咨询大型公益活动。

提案委员会　主要工作：全年共收提案110件，经审查立案108件，全部办复。交由县委系统办理的提案3件，交由政府系统办理的提案105件，其中提案得到采纳落实或基本解决的46件，占提案总数的42.6%；正在解决或列入计划解决的60件，占55.5%，因政策原因或条件所限暂无法解决的2件，占1.9%。汇编了县政协十五届二次会议提案目录，遴选并报送主席会议审定了6件重点提案，做好县政协主席、副主席领衔督办重点提案的服务工作，多次组织提案督办活动，开展集中走访提案承办单位活动，听取“两办”提案办理情况的汇报，参加省、市组织召开的政协提案工作座谈会，开展县政协十五届三次会议提案征集工作，起草县政协常务委员会关于十五届二次会议以来提案工作情况的报告。

教文卫体和文史委员会　主要工作：4月27日到4月28日，组织教文卫体部分委员到石城县、赣县政协学习考察其“秀美乡村”建设之农村古村、古建的保护和旅游开发的好做法、好经验。写出专题视察报告，《石城、赣县古村落保护和开发对我县旅游开发的几点启示与建议》。5月初组织委员对麻姑山旅游开发进行了专题调研。两次步行上山，召开四次专题座谈会，形成《麻姑山风景名胜区建设情况的调研报告》。该报告以详实的内容，准确的数据，严密的分析，切实可行的建议反映了麻姑山建设中存在的问题和修正的方案。得到县委、县政府的高度重视。县长汪华辉作出重要批示要求麻姑山管委会重视报告中提出的问题，拿出相应的措施；吸取报告中提出的意见建议及时进行整改和补救。编写了文史专著《古韵南城》。该书专门搜集、介绍、宣传南城县的名胜古迹、出土文物、非物质文化遗产和民间故事，该书集史料性、权威性、知识性和可读性于一体，读后使人耳目一新，精神振奋，对激发南城人民爱家乡、爱祖国，增强民族自豪感，具有积极的推动作用。组织委员对河东古建进行考察。写出考察报告《关于保留河东太平桥到干港桥之间区域和大德街为历史文化街的建议》。本委组织卫生组的委员在宏鑫广场开展义务义诊咨询服务。县人民医院、县中医院和南城精神病院的内科、外科、儿科、妇产科、骨科、影像科、精神科的专家医师共12人到场，接待群众300多人次，发放宣传资料700多份，收到广大群众的欢迎。

社会法制港澳台侨民族宗教外事委员会　主要工作：组织委员就如何加强对不良行为的青少年教育矫正，促进青少年健康成长进行了专题调研。今年四、五月份专委会组织委员走访了学校、公、检、法等有关部门和部分学生家长，了解详情，分析问题产生的原因，就如何综合治理提出了解决问题的办法。组织委员就如何加强环境保护，治理环境污染开了专题调研，今年10月份，专委会组织委员，深入街道、农村对城乡环境进行专题调研，并视察了我县垃圾处理场，对垃圾处理全过程有一次全面了解，针对垃圾如何更好地分化处理、利用提出了建议，并就调研情况形成了专题报告。

【重要活动】

规范机关党组织生活 2月份，以党建工作为引领，制定了《县政协机关2017年党员固定活动日方案》，规范机关党组织生活，县政协党组成员以普通党员身份参加党员固定日活动，推动机关党建工作规范有序开展。

开展委员培训活动 2月8日，组织全体政协委员进行培训，就如何做一个合格的政协委员，如何撰写提案开展培训活动。

开展脱贫攻坚及结对帮扶督促检查 3月中旬，根据县委统一部署，县政协班子成员深入挂点乡（镇），就安全生产、脱贫攻坚及结对帮扶等工作进行督促检查、推动工作落实。

举办迎国庆贺中秋书画精品展 9月上旬，县政协开展了迎国庆贺中秋书画精品展等多项有益活动。

开展"服务基层群众、助力南城发展"活动 11月中旬，以"服务基层群众、助力南城发展"为主题，组织政协委员深入基层、宣讲中共十九大精神，收集民情民意，开展扶贫帮困、捐资助学、送医送药等服务群众活动，取得良好社会效果。

【重要文件】

政协南城县第十五届委员会常务委员会工作报告

（2017年2月7日在政协南城县第十五届委员会第二次会议上）

杨　春

各位委员、各位同志：

我代表政协南城县第十五届委员会常务委员会，向大会报告工作，请委员审议，并请列席会议的同志提出意见。

一、2016年工作回顾

刚刚过去的一年，是我县"十三五"实现"绿色崛起，跨越发展"的首战之年，也是县政协承前启后，继往开来，履行职能卓有成效的一年。一年来，在中共南城县委的正确领导和县人民政府的大力支持下，县政协以换届为契机，认真贯彻落实中共十八届六中全会和省、市、县党代会精神，牢牢把握团结民主两大主题，奋发有为，扎实履职，各项工作取得了新进展，为促进我县经济社会平稳较快发展作出了积极贡献，为十五届县政协顺利开局打下了良好基础。

（一）牢牢抓住学习这个基础，履职根基进一步夯实

一年来，特别是换届后，我们学习贯彻落实好中共十八届六中全会、省、市、县党代会精神，更加主动地把维护核心、服务中心作为履行职能的首要政治任务，利用政协党组会议、主席会议、机关全体会议、委员座谈会和印发学习资料等形式，组织广大政协委员深入学习这些重要会议精神，深刻领会和把握中共十八届六中全会取得的政治成果、思想成果、理论成果和制度成果，以扎实有效的举措，推进全面从严治党落到实处；深刻领会省、市、县党代会提出的新部署、新要求，结合政协工作实际，把握履职方向，明确履职重点，引导广大政协委员践行新理念、激发新动能，为绿色崛起、跨越发展，全面建设富裕美丽幸福南城凝聚思想共识，汇聚发展合力。

（二）紧紧把握履职这个重点，议政成效进一步彰显

全会协商氛围浓。县政协高度重视发挥好政协全会协商功能，在县政协十四届六次会议期间，精心安排大会发言、界别讨论、专题座谈会，组织委员就加快我县撤县设市步伐，麻姑山旅游开发之宗教浅见，做强职业教育、助推经济发展等社会发展中的热点问题进行大会发言，引起党政领导及有关部门的重视，并将大会发言转为当年的重点提案予以办理落实。在县政协十五届一次会议上，县委书记王小林同志发表了重要讲话，审议通过了政协有关报告和政治决议，选举产生了十五届县政协领导班子和常务委员。这次民主求实、团结鼓劲的大会，进一步凝聚起共谋发展的强大合力。会议组织委员就《政府工作报告》以及我县经济、政治、文化、社会生活中的热点、难点问题深入协商讨论，提出了许多有价值的意见和建议。对委员们的睿智建言，我们从壮大工业产业、繁荣现代服务业、加强城镇管理服务、保障和改善民生等四个方面梳理出27条具体建议，为县委、县政府了解民情、把握民意、科学决策提供了重要参考。

专题调研效果佳。县政协把调查研究作为履行职能的重要基础，在工作中大力倡导调查研究之风。县政协班子成员多次深入乡镇和工业园区，就产业升级、项目建设、园区经济、脱贫攻坚等进行调研，向基层和群众宣传县委、县政府的决策部署，协调解决发展中遇到的困难和问题。我们还注重发挥专委会“专家、专业、专长”的优势，围绕推进精准扶贫开展专题调研。调研组充分吸纳委员中的专家和对口联系部门的业务骨干参与，采取现场察看与座谈讨论相结合的方式，形成了《推进精准扶贫，实现脱贫致富专题调研报告》，有力地助推了我县精准扶贫工作。

提案办理力度大。我们加强对委员撰写提案的指导，向委员寄送《提案选题调研参考提纲》，发挥无党派、工商联等党派团体的组织优势，引导他们围绕选题深入基层调研，确保政协提案更加贴近中心，体现民意，切合实际。不断创新和完善提案工作机制，切实改进提案督办方式，推动提案办理由重答复向重落实转变，提案数量和质量较上年均有所提升。截至2016年底，提案已全部办复。提案得到采纳落实或基本解决的27件，占提案总数的41.5%；正在解决或列入计划解决的36件，占55.4%，因政策原因或条件所限，暂无法解决的2件，占3.1%，《促进我县民间融资规范化发展》、《推进农村公路建设改造升级》等提案，经县领导领衔督办，相关部门积极办理，促进了问题的落实解决。

反映民意落实好。广辟民意来源渠道，充分发挥社情民意联系点作用，不断完善重点社情民意编审报送和跟踪问效机制。全年共收到社情民意47条，向省政协报送社情民意信息17条。《关注困难群体，构建和谐城市》、《加强无牌无证工程车管理》、《加大市场监管力度，打击伪劣产品》等社情民意，经县政府及时督办，推动了一些事关百姓切身利益问题得到较好解决。

文史征编成果丰。我们注重拓展文史工作思路，加大文史资料征编力度，制定了五年的文史工作征编规划，编印出版了《南城——洪门起源地》文史专著；编撰出版了《人文麻姑山》等书籍，同时，正在着手编撰一本有关南城非物质文化方面的文史专著《古风悠悠》，较好发挥了文史工作的存史资政育人的独特作用。

（三）注重发挥团结这个优势，整体合力进一步增强

县政协注重发挥人民政协大团结、大联合的优势，认真做好团结各方、凝聚人心工作，较好地发挥了协调关系、汇聚力量的作用。

积极参与中心工作。县政协继续秉持奋发有为、干事创业的良好风貌，坚持“议政”与“实干”相结合，在乡（镇）挂点帮扶、重点项目建设、招商引资、“四进四联四帮”等中心工作中积极作为，尽心尽力。根据县委统一部署，县政协班子成员深入挂点乡（镇），就安全生产、脱贫攻坚及结对帮扶等工作进行督促检查，发现问题，总结经验，推动工作落实。县政协过主席在负责麻姑山风景旅游区重点项目建设中，多次领衔召集文化名人对麻姑山项目进行论证，经常深入一线，靠前指挥，积极协调解决项目实施中存在的具体问题，展现了政协领导务实高效的优良作风。

搭建平台团结各方。县政协坚持以课题为纽带，及时加强与工商联、无党派人士沟通联系，坚持政协活动优先安排工商联、无党派人士参加，政协会议鼓励他们提出意见建议，有效推动了我县多方合作共事的良性互动。加强港澳台侨界委员和人士的联谊联络，搭建联系县重点港澳台侨资企业平台，帮助其解决生产经营中的困难和问题。组织部分企业委员到抚州高新开发区和职业技术学校学习考察，为企业家委员开阔眼界、交流学习搭建平台。

加强联系密切合作。我们注重加强对外交流与合作，配合市政协开展了诸如迎国庆贺中秋书画精品展等多项有益活动；积极开展对外交流活动，先后接待了湖南慈利县、浙江丽水市、江西鄱阳县政协赴南城考察组来我县开展视察活动，大力宣传幸福南城新形象。我们还积极参与市政协组织的“闽浙赣皖四省九市”联谊活动，围绕“基层政协如何推进协商民主建设”进行联合调研；加强与兄弟县（区）的交流互动，拓展了履职思路，加深了彼此友情。

（四）坚持强基固本这个关键，自身建设进一步强化

加强政协领导班子建设。认真执行县政协党组会议、主席会议和常委会议议事规则，做到决策民主化。充分发挥县政协班子成员的表率作用，深入开展“两学一做”学习教育活动，严格执行“一岗双责”，认真践行“三严三实”，以身作则，以上率下，带头加强学习，带头转变作风，带头联系群众，带头发扬民主，带头严于律己，树立县政协领导班子求真务实、开拓进取的新形象。

加强委员队伍建设。完善县政协班子成员和专委会对口联系委员制度，定期走访委员，听取委员意见建议，帮助委员解决履职中遇到的困难和问题，进一步激发广大委员的参政热情。加强委员学习培训和履职管理，建立委员履职档案，对委员参加政协会议和各项履职活动签到登记，规范委员履职行为。继续在委员中开展“提一件提案、开展一次调研、献一条良策、反映一条社情民意、办一件实事”的“五个一”活动，增强委员履职的责任感和使命感。

加强政协机关建设。以创建学习型、创新型、服务型、责任型机关为目标，建立和完善机关工作目标责任制，深入开展“两学一做”专题学习教育，持续深入抓好党风廉洁建设和机关效能建设，引导机关干部强化党性修养，改进工作作风，增强服务观念，提升保障能力，不断提高机关干部为全市大局服务、为政协工作服务、为政协委员服务的能力和水平。加大政协宣传力度，及时报道县政协各项履职活动。换届以来，县政协机关共在《光华时报》和省政协《每日信息》发表稿件23篇，在省政协办公厅开展的2016年度政协好新闻评选中，获政协好新闻三等奖，较好宣传了县政协履职成果，扩大了政协社会影响。

各位委员，同志们，县政协十五届一次会议以来，我们的各项工作开局顺利，呈现出良好发展态势。这些成绩的取得，是县委正确领导的结果，是县政府和社会各界大力支持的结果，是县政协各参加单位、全体委员共同努力的结果。在此，我代表县政协常委会向大家表示衷心的感谢！

在肯定成绩的同时，我们也清醒地看到，由于新一届县政协工作刚刚起步，一些履职活动还没有全面开展，一些工作机制还没有健全完善，委员的履职能力还有待在实践中进一步提升。这对我们今后的工作提出了更高的要求，我们将不辱使命，不负重望，团结带领广大政协委员，尽心尽责，再创我县政协工作的新辉煌。

二、2017 年主要工作

2017 年是实施“十三五”规划承上启下的关键一年。县政协常委会工作的总体要求是：全面贯彻中共十八大、十八届三中、四中、五中、六中全会和习近平总书记系列重要讲话精神，认真落实省、市、县党代会的决策部署，充分发挥协商民主重要渠道和专门协商机构的作用，更加主动服务发展，更加自觉关注民生，更加广泛凝聚力量，更加注重履职实效，为奋力迈出决胜全面建成小康社会，建设富裕美丽幸福南城贡献智慧和力量，以优异成绩迎接党的十九大胜利召开。

（一）强化理论武装，为更好履行职能夯实基础。

（二）服务全县大局，为助推绿色崛起、跨越发展建言献策。

（三）坚持团结协作，为全面建设富裕美丽幸福南城汇聚力量。

（四）提高监督实效，为履行政协职责尽展风采。

（五）加强自身建设，为促进政协事业发展奋发努力。

【组织概况】

政协南城县第十五届委员会

主席、副主席、秘书长、常务委员、委员名单

主　席：过初良

副主席：杨　春　吴　军　李应林　汤　岩（女）　龚育梅（女）

原主席副主席：李澄翔　郭文林

秘书长：阮英波

常务委员

白　莉（女）　付云华　包亦强
孙　洁（女）　危　娜（女）　尧龙祥
刘向阳　尹耿志　郭文华
熊炳生　杨　红　杜　昕（女）
邱　春　张义品　吴春凤
陈壮华　周冰凌（女）　梅建忠
揭如林　彭文贤

委　员

工业界

尧晓龙　张义品　郑贵林
唐水才　傅瑞发　边　疆
严安全　李雪辉　邓　辉
彭爱国　李火根　陈壮华
严　正　郭飞飞　吴卫东
王　琳（女）　吴宗畏　姚国良（女）
余子英　林财国　吕健如
周美根　章征利　郭瑞楚
符　翔　官学峰　王卫国
吴伟华　刘德平　李学祖
曲家寿　危晓敏　詹光华
刘　军　张卫良

第二组农业界

召集人：付云飞　孙　洁

委　员

陈玉欣　刘向阳　熊炳生
周　锋　谢中国　胡梅芬
范鲜红　吴　晖　周文慧
黎　华　李小华　樊弘宇
危　娜　尧龙祥　宁钰歆
崔和平　黄志红　周训仁
敖　蕾　黄国民

第三组财贸界

召集人：徐耀华　吴　清

委　员

曾文平　周国才　饶　斌
黄建辉　吴亚军　邱建勤
崔德雄　周　成　黄　辉
余慧玲　黄接平　邓　郁

沈　颖	肖莉娟	刘小春
黄　强	胡建华	王　兴
徐发勇	李海泉	孙金生
许　辉	贾　鹏	曾　朗
董保金	丁小刚	邱志新
吴建平		

第四组文化教育界

召集人:黄学文　　吴小文

委　员

林建国	崔钟义	王建明
尹耿志	何　伟	付红根
占少欢	林　平	杨　红
梅建忠	袁丹临	胡永生
揭如林	罗　琴	胡印生
范基祖	邓祎萍	吴春凤
罗九生	熊顺平	李小华

第五组卫生体育界

召集人:李东德　　王小兰

委　员

包亦强	姚三奇	全毅强
宁四仂	白　莉	罗少平
刘立群	吴明亮	彭小勇
胡　芳	朱　建	全文明
李水龙	卢志霞	谢小兰

第六组法制社会界

召集人:刘国平　　万程英

委　员

丁　敏	张胜辉	崔系炳
胡　进	罗仕群	姚细佬
饶建国	肖国荣	丁俊英
章爱军	宁可行	陶立华
熊国昌	刘　平	周冰凌
彭文贤	任　丹	饶永兰

第七组民族宗教外事界

召集人:邹军龙　　赖红炜

委　员

阮英波	付云华	释演宏
杨　斌	邓文峰	章国龙
尧艳华	郭文华	杜　昕
邱　春	杨　葵	吴国祥
彭学香	龚凯荣	李丽君
兰　轶		

【大事记】

1月

24日　南城县政协召开2016年度领导班子成员汲取苏荣案等违纪教训专题民主生活会。

2月

7日至9日　县政协召开十五届二次会议。

7日　县政协组织全体委员进行培训。

8日　县政协年会期间,汪华辉县长参加政协文教卫生小组讨论会。委员们积极建言,主要是有关我县文化及保护、旅游方面建议;县长一一记录并解答,气氛热烈。

20日　缘于政协年会期间委员的建议,汪县长及民政局、财政局、文广局、博物馆、洪门镇负责人到益端王、恭王墓遗址考察、座谈,制定了如何保护和维修好的措施。

22日　就省政协布置的各县年鉴编写计划,召开机关各主任会议,布置任务,明确分工,按时完成。

3月

21日　抚州市政协会议讨论我县在市博物馆布展的文字方案。

4月

27日至28日　组织教文卫体部分委员到石城县、赣县政协学习考察其“秀美乡村”建设之农村古村、古建的保护和旅游开发的好做法、好经验。

6 月

13 日 审查省政协关于南城县政协的2014 年工作年鉴文字;布置省、市政协的预调研课题:降成本、去库存、减污染。

9 月

8 日 县政协开展了迎国庆贺中秋书画精品展等多项有益活动。

10 月

11 日至 13 日 致公党中央在江西省召开会议,南城县政协应邀参加。

11 日至 12 日 安徽铜陵市政协副主席姚尚友等一行 8 人来南城县就洪门祖师方以智(安徽铜陵市人)隐名南城活动地点:洪门资圣寺、荷叶山荷叶寺,108 间船屋、万年桥、聚星塔等进行文史专题片《方以智》的相关拍摄工作。

11 月

15 日 以“服务基层群众、助力南城发展”为主题,组织政协委员深入基层、宣讲中共十九大精神,收集民情民意,开展扶贫帮困、捐资助学、送医送药等服务群众活动,取得良好社会效果。

12 月

10 日 接江西省台办安排,政协主席与曾斌副主委一起代表江西致公党与台湾国际洪门中华总会会长刘沛勋等一行联谊交流,并就洪门起源南城事宜商谈。

(包亦强 编写 吴军 审稿)

图书在版编目(CIP)数据

江西政协年鉴. 2017 /《江西政协年鉴》编纂委员会编. —南昌 : 江西人民出版社, 2018.10

ISBN 978 -7 -210 -10864 -1

Ⅰ. ①江… Ⅱ. ①江… Ⅲ. ①中国人民政治协商会议 -地方委员会 -江西 -2017 -年鉴 Ⅳ. ①D628.56 -54

中国版本图书馆 CIP 数据核字(2018)第 234037 号

江西政协年鉴. 2017
《江西政协年鉴》编纂委员会　编
责任编辑:李月华　李鉴和
封面设计:章雷
出版发行:江西人民出版社
经销:各地新华书店
地址:江西省南昌市三经路 47 号附 1 号
学术出版中心电话:0791 -86898702
发行部电话:0791 -86898815
邮编:330006
网址:www.jxpph.com
E -mail:web@jxpph.com
2018 年 10 月第 1 版　2018 年 10 月第 1 次印刷
开本:787 毫米×1092 毫米　1/16
印张:24.5
字数:600 千
ISBN 978 -7 -210 -10864 -1
定价:200.00 元
赣版权登字—01—2018—810

承印厂:浙江海虹彩色印务有限公司
赣人版图书凡属印刷、装订错误,请随时向承印厂调换